普通话
语气词系统论

王珏 著

商务印书馆
The Commercial Press

图书在版编目(CIP)数据

普通话语气词系统论/王珏著.—北京:商务印书馆,2023
ISBN 978-7-100-22563-2

Ⅰ.①普… Ⅱ.①王… Ⅲ.①普通话—助词—研究 Ⅳ.①H146.1

中国国家版本馆CIP数据核字(2023)第101856号

权利保留,侵权必究。

**本书系国家哲学社会科学基金项目
"现代汉语语气词系统研究"(13BYY119)成果**

普通话语气词系统论
王珏 著

商 务 印 书 馆 出 版
(北京王府井大街36号 邮政编码100710)
商 务 印 书 馆 发 行
北京虎彩文化传播有限公司印刷
ISBN 978-7-100-22563-2

2023年12月第1版　　　　开本710×1000 1/16
2023年12月北京第1次印刷　印张 24½
定价:120.00元

在汉语方面，由于语助词（经常是同一个语助词）兼具语法功能和表达功能，它们也必须作全面的系统研究，以便能在更高的视野来看它的表达功能。

——赵元任 1932

　　分析整个语气助词系统，从系统性方面去考察每个语气助词的语气意义。语气助词是一个封闭的子系统，应该有一定的系统性，而不应该是杂乱无章的。

——胡明扬 1988

序

　　汉语的语法研究，一百多年来是在西学东渐的大背景下展开的。借鉴印欧语的那套语法范畴和语法观念来研究汉语，一方面使我们对汉语有了新的认识，毕竟那套东西也在一定程度上反映了语言的共性，另一方面给我们一种负面的影响，自觉不自觉地受那套范畴和观念的束缚，多少失去以朴素的眼光观察汉语的能力。法国的汉学家戴密微说过一段话，大意是，面对汉语汉字的独特性，西方的学者发觉其中有冒犯他们从亚里士多德那儿继承下来的、倍加珍视和引以为傲的传统，他们感到脸红和愤慨，然而他们中许多人却放弃原则，把印欧语的那套词类系统强加给汉语，而中国的专家由于先入为主的原因，要摆脱印欧语眼光的束缚似乎比西方学者还要困难些。

　　情况正在发生变化。经过一百多年的持续努力，越来越多的中国学者已经觉悟，开始把进一步摆脱印欧语语法观念的束缚视为汉语语法研究的首要任务。王珏先生多年来对汉语语气词做全面而深入的研究，就是一个例子。相比于绝大多数印欧语，语气词是汉语独有的词类之一。本书中提到赵元任1935年说的话，语气词首先不是表示概念、观念之间的关系，而是表示说话人对言语的态度，包括他的情绪或意图，对汉语的语法结构而言，语气词是"一个极重要的关键"，"弄不好是根本不能体会国语的神气的"。

　　我曾经写过一篇文章叫《汉语词类的主观性》，讲汉语的词类首先不是区分名词、动词、形容词，而是区分"状词"和"大名词"。状词就是过去所说的状态形容词，大名词包括动词和（性质）形容词。这个区分的首要依据是重叠形式，重叠是汉语自身的一种语法形态，而名词、动词、形容词都能通过重叠变为状词。过去把状词归在形容词这个类的下面，与性质形容词并列，那是受了印欧语名动形三分词类系统的影响，并不切合汉语的实际。众所周知状词带有很强的主观性，因此汉语首先是把主观性很强的一类词跟其他词类区分开来。读了王珏先生的书，我感到以上这个看法的格局小了，要说汉语词类的主观性，大格局应该是首先把语气词和非语气词区分开来。书中论述,语气词和非语气词在句法、语义和功能上,在共时、历时两方面都存在诸多明显或截然的对立,特别表现在两者的语音形式——音节和声调——上。如果从"词类类型学"着眼,人类语言分为语气词语言和非语气词语言两种类型。

书中进一步展开道,受印欧语语法观念的支配,过去的做法是,将语气词和介词、连词、结构助词、体助词、叹词等同归虚词大类,或者将语气词跟语气副词、助动词和叹词等同归情态大类,这样归类无形中降低了语气词的重要地位。正是在这样的学术背景下,国内学界尝试用情态、语气/式、口气等来指称汉语语气词的功能,并分别对译英语的 modality、mood、tone 等,然而这样的做法遇到了圆凿方枘、扦格难通的难题,削头便冠,引起对语气词功能的认知和表述的混乱。我认为这段话是很有见地的。

过去对语气词的研究还有一个弊端是越分越细,缺乏简明性和系统性。书中说,围绕一个"啊"字,学界提出了近五六十种功能表述,"但是分得越细,衍生的问题却越多",不但无法做统一解释,各种表述甚至相互抵触。现在有一种观点,认为做语法研究就是要细分,要把各种各样的区别一一揭示出来。我认为这是对科学研究的本质有误解。爱因斯坦对科学研究的动机做过一个经典概括:消极的动机是逃避日常生活中的粗俗和沉闷,摆脱欲望的桎梏;积极的动机是画出一幅简化和易领悟的世界图像,这幅世界图像和现象世界之间有一种"先定的和谐"。研究汉语语法的积极动机是要画出一幅简明易解的图像,使之和现象汉语之间有一种天然和谐。

王珏先生的语气词研究,目的就是要增强简明性和系统性,重点在系统性上。作者以独到的眼光和判断力,把握住前人论述的语气词"带其声以见意"的"标音性质",在这个基础上构建起语气词的三大系统:聚合系统、功能系统、组合系统。书中说,聚合系统是从"音义象似"的原理出发构建的,具体说,声母以舌音、唇音和颚音/零声母的三元对立区分口气类型,主元音以舌位高低的二元对立和介音有无对立区分口气强弱及色彩。简单地说,每个语气词都是声母别口气、韵母别强弱及其色彩的功能复合体。再简明点,就是"声母别口气,韵母表口气之强弱"。这一规律的发现其意义怎么强调也不为过,书中论证的其他许多方面都跟这一发现有关系。最重要的是,它表明汉语的语法是"大语法",包含语义和语音,音义之间不能分割。

作者建立的功能系统着重于话语系统,话语系统着重于话题-述题,述题系统分肯定、惊讶、确信、确认四种口气,简单明了,这个四分系统的依据就是上面说的音义象似规律。作者吸取了赵元任汉语以"零句"为根本的思想，说如果构成整句的两个零句的后面同时都有语气词的话，整句的基本结构模式理应分析为：句子＝[话题＋语气词]+[述题＋语气词]。由此我联想到汉语语法研究的"了"字难题，过去受印欧语眼光的支配，从专属动词的"体"（aspect）出发来看"了"的性质和功用，结果是越弄越复杂，而且自相矛盾。从黎锦熙的《新著国语文法》开始，就有人将"了"（咯[啰、喽]、嘞、啦）视为语气词，可喜的是本书作者的语气词系统也包括"了"。我结合自己最近对"了"的研究认为，必须首先从语气词出发来看待"了"的用法才可以克服过去的弊端，给"了"画出一幅简化而易领悟的图像，一上来就从"体"着眼是舍本而逐末。就以"他喝了白酒了"一句为例，按照王珏先生的分析法，就应该分析为：[他喝_{话题}＋了_{语气词}]+[白酒_{述题}＋了_{语气词}]。在动态的汉语语流（所谓"流水句"）中，述题又成为下面续说的话的话题，"零句"可以独立，话题和述题之间可断可连，因此述题语气词和话题语气词还可以打通，语气词的功能系统似还有进一步简化的余地。

建立的组合系统着眼于语气词的迭用和重用，书中有详细地描写和解释，弥补了过去研究的不足，其中的规律仍然离不开音义象似。

其余数章，语气词系统的历时变迁、方言差异，我读后也获益良多，感到也都离不开语气词的"标音性"。英汉两种语言语气结构的比较，书中通过对语调、语气词、限定成分、疑问标记的功用的分析，理清两种语言明显的不同之处，给人启迪。如果要追究造成这种不同的原因，我想归根结底还是因为汉语是以字为基本单位，而字是音义结合体且带声调，这跟语气有割不断的联系。现代汉语虽然复合字组成为强势单位，但依然保持这个"字本位"。本书在这方面所做的工作为今后更深入地比较研究和语言类型研究做了铺垫。

总之，这本书是普通话语气词系统研究的力作，打通古今南北，吸收语言类型学、功能语言学、认知语言学的成果，可谓视野开阔，与时共进，相信读者也会跟我一样从中获得重要的启迪。我对语气词缺乏深入的研究，以上只是随意谈一点读后的体会，算作序。

沈家煊

目　　录

前言 ··· 1

第一章　语气词的特点 ··· 14
　　第一节　引言 ·· 14
　　第二节　已有研究回顾 ·· 16
　　第三节　确定语气词特点的原则 ·· 20
　　第四节　语气词特点的再认识 ·· 22
　　第五节　小结 ·· 30

第二章　语气词的界定标准 ··· 32
　　第一节　已有研究回顾 ·· 32
　　第二节　语气词界定标准的原则和参照系 ································ 34
　　第三节　语气词的新界定标准 ·· 37
　　第四节　小结 ·· 39

第三章　语气词的本质与聚合系统 ··· 41
　　第一节　引言 ·· 41
　　第二节　从语言类型学看汉语语气词的本质 ······························ 42
　　第三节　从非语气词和语气词语音的共时对立看语气词的本质 ·············· 45
　　第四节　从非语气词和语气词语音的历时对立看语气词的本质 ·············· 49
　　第五节　从非语气词和语气词的音义关系对立看语气词的本质 ·············· 54
　　第六节　语气词聚合的系统性 ·· 63
　　第七节　小结 ·· 67

第四章　语气词功能系统和功能模式概说 ··································· 70
　　第一节　引言 ·· 70
　　第二节　语气词新功能系统概说 ·· 71
　　第三节　语气词的功能模式概说 ·· 79
　　第四节　小结 ·· 82

第五章　述题语气词功能系统（一）：语气结构 ····························· 83

- 第一节　引言 …… 83
- 第二节　已有研究回顾 …… 86
- 第三节　语法调或疑标和语气词的共现关系及其类型 …… 91
- 第四节　语法调或疑标和语气词共现的层次 …… 104
- 第五节　述题的语气结构 …… 105
- 第六节　小结 …… 112

第六章　述题语气词功能系统（二）：上位范畴 …… 114
- 第一节　引言 …… 114
- 第二节　肯定语气词的上位范畴 …… 117
- 第三节　惊讶语气词的上位范畴 …… 126
- 第四节　确信语气词的上位范畴 …… 134
- 第五节　确认语气词的上位范畴 …… 136
- 第六节　小结和余论 …… 139

第七章　述题语气词功能系统（三）：口气及系统 …… 141
- 第一节　述题语气词的功能模式 …… 141
- 第二节　肯定语气词的口气和语气结构 …… 147
- 第三节　惊讶语气词的口气和语气结构 …… 155
- 第四节　确信语气词的口气和语气结构 …… 159
- 第五节　确认语气词的口气和语气结构 …… 163
- 第六节　小结和余论 …… 165

第八章　话题语气词功能系统 …… 176
- 第一节　正名 …… 176
- 第二节　话题标记系统及其分工 …… 177
- 第三节　对话题语气词功能的再认识 …… 183
- 第四节　话题语气词的个体功能 …… 190
- 第五节　话题语气词的选用 …… 196
- 第六节　小结 …… 197

第九章　准话语语气词功能系统 …… 198
- 第一节　引言 …… 198
- 第二节　准话语语气词和话语语气词的区别 …… 199
- 第三节　准话语语气词的句法功能 …… 201
- 第四节　准话语语气词的语义功能 …… 208
- 第五节　准话语语气词的韵律功能 …… 212
- 第六节　个案描写 …… 214

第七节	小结	223

第十章 语气词选用顺序及其规定性 ... 227
第一节	正名	227
第二节	已有研究回顾	227
第三节	可选用的语气词范围	229
第四节	选用顺序	230
第五节	制约机制	233
第六节	小结	234

第十一章 语气词选用系统 ... 235
第一节	引言	235
第二节	二选式的推导与验证	235
第三节	三选式的推导与验证	243
第四节	边缘选用式	245
第五节	小结和余论	247

第十二章 语气词句式系统 ... 253
第一节	引言	253
第二节	语气词句式的界定	253
第三节	单语气词句式	256
第四节	选用语气词句式	266
第五节	小结和余论	267

第十三章 语气词系统的历时变迁 ... 270
第一节	引言	270
第二节	上古语气词聚合系统及其语音格局	271
第三节	中古语气词聚合系统及其语音格局	274
第四节	近代语气词聚合系统及其语音格局	277
第五节	当代语气词聚合系统及其语音格局	280
第六节	小结	282

第十四章 语气词系统的方言对比 ... 288
第一节	引言	288
第二节	方言语气词的数量格局	288
第三节	方言语气词的音节格局	292
第四节	方言语气词的选用数量格局	293
第五节	方言语气词的声调格局	295
第六节	余论	296

第十五章　方言语气词的声调类型 ································· 300
  第一节　引言 ··· 300
  第二节　方言语气词的声调轻重 ······························· 300
  第三节　语气词声调类型与方言分区的关系 ··············· 305
  第四节　由语气词声调类型看其演变的三个阶段 ········· 307
  第五节　语气词声调与调尾的互动关系 ····················· 316
  第六节　小结 ··· 322
第十六章　英汉语言的语气、语气结构及其系统对比 ········ 325
  第一节　引言 ··· 325
  第二节　英汉语气范畴的定位 ···································· 328
  第三节　英汉语气手段及其功能对比 ························· 330
  第四节　英汉语气结构及其系统对比 ························· 334
  第五节　小结 ··· 342

结语 ·· 343

参考文献 ·· 350

图表目录 ·· 370

后记 ·· 374

前　　言

学界几乎一致公认，与绝大多数印欧语相比，汉语拥有如下四个突出特点：第一，语音上，印欧语为语调语言，汉语为声调语言。换言之，印欧语的音节或词没有声调，只有句子有语调；汉语的音节或词各有自己的声调，句子各有自己的语调。第二，词类上，印欧语是非语气词语言［同时也是非类词（classifier）语言和非方位词语言］，汉语是语气词语言（同时也是类词语言和方位词语言）。简言之，相比于绝大多数印欧语，语气词是汉语的独有词类之一。第三，句法上汉语是"孤立型"（isolating）语言，与印欧语言的"屈折型"（inflectional）构成对立；或称"分析型"（analytic）语言，与印欧语言的"综合型"（synthetic）构成对立。第四，印欧语句子（sentence）遵循低语境策略，结构上基本是由形态决定的主谓结构型且主语极少省略，主谓联系紧密，语音上可缩合为一个音节，句法上必须保持形态一致，语义上是及物性关系；汉语句子（utterance）遵循高语境策略，以零句为根本，零句组成的整句里话题和述题联系松散且话题以省略为常，[1]语音上不能缩合为一个音节，句法上没有形态一致性，语义上是相关性（含及物性）关系。以上四个特点，对汉语的语音、词汇、语法、韵律及其语用面貌都产生了巨大影响。尤其是作为当代语言类型学的标志性词类范畴之一，语气词的有无将人类语言分为语气词语言和非语气词语言。汉语语气词的功能，既不同于人类语言普遍使用的语调所表语气、情感调所表口气，也不同于形态语言的"主语＋限定动词"所表陈述、祈使、疑问等以及虚拟、委婉语气及其下位范畴，更不同于汉语内部的助动词、语气副词、叹词等所表情态。它们"在文法上的结构上是一个极重要的关键，助词弄不好是根本不能体会国语的神气的"（赵元任 1935）。受赵元任这句话的启发，拙著拟就语气词的聚合系统、功能系统、组合系统（含选用、重用系统）展开研究，并附带涉及与之有关的古今演变规律、方言类型学、英汉语气对比等问题。

---

[1] 刘丹青（2016）承认汉语是话题优先性语言，但认为也存在非话题主语。

一、已有研究的简单回顾

早在 18 世纪末，德国学者甲柏连孜就曾提出，汉语语气词"就其功用而言都表示情态，而且主要属于心理层面，而不属于逻辑层面。这意味着，这类助词首先不是表示概念、观念之间的关系，而是表示说话人对言语的态度，包括他的情绪或意图。至于也能表达逻辑上的情态，如确定性、可能性、或然性，已属其次"（甲柏连孜 2015：467）。甲氏还按句类分布将语气词分为表示命令、请求的语气词和用于疑问句、感叹句的语气词和尾助词（甲柏连孜 2015：656—718）。

20 世纪 20 年代，黎锦熙《新著国语文法》一书标志着普通话语气词研究的新起点，做出了多个堪称第一的贡献。（一）将情态词定义为"表示说话人的意趣、情感或态度的词"，包括语气词和叹词两类，"就汉字说，大都是借字表音的"（黎锦熙 2007：20）。（二）将语气词的功能界定为"用来帮助词和语句，以表示说话时之神情、态度的"词（黎锦熙 2007：23），"它的作用，只用在词句的末尾，表示全句的'语气'"（黎锦熙 2007：260）。"助词在文句之论理的结构上虽无重大的关系，但口语中的表情、示态，全靠把助词运用得合式，才可使所表示的情态贴切、丰美而细腻。"（黎锦熙 2007：260）"它与国语的内容和构造都不相干，却牵涉到口语的声调问题了。"（黎锦熙 2007：261）。（三）逐一详细描写了 15 个语气词的分布与功能，它们是：啊、吧（罢）、哦、的、了〔咯（啰、喽）、嘞、啦〕、哩、嘛、吗、么、嚜、呢、罢了、得了、就是了（就是）、来着。（四）将一切句子的语气归纳为决定句、商榷句、疑问句、惊叹句和祈使句五类，它们的语气"各用相当的助词来帮助，或竟由助词表示出来"（黎锦熙 2007：260）。（五）提出汉语语法学史上第一个四分两层的语气词功能系统。以上说明，现代汉语语气词研究的开局就出手不凡。

时隔两年，赵元任发表方言语气词研究史上的第一篇论文《北京、苏州、常州语助词的研究》（1926），[①] 至少具有如下四个方面的开创性意义：（一）用"口气"一词指称语气词的功能，并认为口气可由实词、副词、连词、形态、叹词、语气词和语调来表达，这是"广义情态词"或"大语气词"说的滥觞。（二）逐一详尽描写了北京话的 10 个语气词的分布、用法和功能，并与常州话、苏州话的相应语气词进行了详细对比。这可视为语气词类型学研究之萌芽。（三）详尽讨论了三地方言的"普通结合语助词"

[①] 1924 年至 1949 年的 25 年间，除赵元任的文章（1926）外，只有 4 篇语气词专题论文：黎锦熙《惊叹句的助词》（1924），凿可《疑问句和疑问助词》（1935），高名凯《汉语句终词的研究》（1946）和陈望道《试论助词》（1947），可惜我们无福查阅到，颇有遗珠之憾。

（本书谓之语气词选用）、"特别用法的结合语助词"（通常谓之复合语气词）和"特别读音的结合语助词"（通常所谓合音语气词）。（四）密切结合语调、重音和停顿讨论语气词的功能。

从两位大师在普通话语气词研究领域开辟草莱至今，语气词研究已近百年，历经文法革新时期、形式主义时期和功能主义、认知主义时期，研究局面由冷清渐入繁荣。据不完全统计，1924—2011年，国内学界出版了1部现代汉语语气词研究专著，①发表了300多篇专题论文，还有21部语法学专著和教材设立专章或专节讨论或介绍语气词，②按发表或出版年代可归纳如表0-1。

表 0-1　1924—2010年语气词研究成果数量

研究成果	年代					合计
	1924—1950	1951—1980	1981—1990	1991—2000	2001—2010	
专著				1		1
有关专著	5	2		7	7	21
论文	5	11	36	72	225	349

上表说明，自20世纪20年代至21世纪第一个10年，现代汉语语气词研究在经历了长时期低谷以后于新旧世纪之交才渐入高潮，标志之一是225篇论文都发表于21世纪的第一个10年。这些论文涉及的有关研究内容可归纳如表0-2所示。

表 0-2　不同历史阶段语气词研究成果的内容

内容	年代					合计
	1924—1950	1951—1980	1981—1990	1991—2000	2001—2010	
共时个案		2	23	41	115	181
选用			2	2	21	25
历时		3	3	9	16	31

---

①　抱憾的是，这里的统计仅限于2011年本书计划写作之年。此后发表或出版的论著虽然在写作过程中随时关注，但未能计入统计。截至2022年7月20日，在中国知网以篇名方式搜索"语气词"得到1783条文献，搜索"句末语气词"得到289条文献，搜索"语助词"得到383条文献，搜索"句末助词"得到101条文献，一共得到2556条文献，是2011年的8倍多！

②　21部有关专著是：王力（1984，1985a），吕叔湘（2002），高名凯（1986），吕叔湘（2006），赵元任（1979），朱德熙（1982），张伯江、方梅（1994），邵敬敏（1996），史有为（1997），周一民（1998），邢福义（1996），齐沪扬、陈昌来与张谊生（2002），张谊生（2000），齐沪扬（2002），太田辰夫（2003），屈承熹（2006），徐晶凝（2008），刘丹青（2008），陈颖（2009）和范晓、张豫峰等（2003）。

续表

内容	年代					合计
	1924—1950	1951—1980	1981—1990	1991—2000	2001—2010	
一般性		2		7	13	22
综述					12	12
外部比较	1	2		5	6	14
内部对比				1	12	13
系统	4			3	9	16
语音				1	7	8
范围/分类/规范		2	4		6	12
隐现				1	2	3
专书					2	2
方法			2		2	5
教学				1		1
信息处理					1	1
其他			2		1	3
合计	5	11	36	72	225	349

上表显示出学界对现代汉语语气词研究的基本走向和涉及内容。（一）语气词研究专题论文数量缓慢增加并有日趋加快之势。如1924—1950年的27年间只有5篇，年均约0.19篇；1951—1980年的30年间11篇，年均约0.37篇；1981—1990年的10年间36篇，年均3.6篇；1991—2000年的10年间72篇，年均7.2篇；2001—2010年的10年间225篇，年均22.5篇。此外，据知网统计，2011—2020年这10年间，语气词研究论文数量激增，多达627篇，是前90年所发论文总数的近2倍；年均62.7篇，是前一个10年的近3倍。换句话说，从20世纪80年代起，语气词研究论文的数量每10年至少翻一番，可谓突飞猛进！（二）研究领域逐步扩大。1949年以前仅涉及语气词的系统研究和比较研究；至1980年新增了历时研究、一般性研究、范围研究和分类研究；至1990年又新增了方法研究等领域；至2000年扩展到11个领域，新增了功能系统研究、语音研究、内部对比研究和隐现研究等；至2010年扩展到15个领域，新增了专书研究、综述研究和信息处理3个领域。

表 0-3　五个历史阶段有关 24 个语气词的论文数量

语气词	1924—1950	1951—1980	1981—1990	1991—2000	2001—2010	论文数	平均论文数
了		1	13	16	23	53	
呢			5	10	21	36	
来着/来的/来				4	8	12	
吧				3	11	14	156÷9≈17
的				2	9	11	
啊			1	1	7	9	
吗			3	1	5	9	
看		1			5	6	
嘛				1	5	6	
哈				2	2	4	
好了					4	4	
着呢					3	3	19÷6≈3
呗					3	3	
也罢					3	3	
也好					2	2	
嘿			1			1	
哪				1		1	
不是					1	1	
么					1	1	
哦					1	1	9÷9=1
罢了					1	1	
得了					1	1	
就是					1	1	
没有					1	1	
合计 论文数	0	2	23	41	118	184	
合计 语气词数	0	2	5	10	22	39（计重）、24（不计重）	

上表显示，语气词个案的共时研究论文一共 184 篇，计重涉及 39 词次，不计重涉及 24 个语气词，分为如下 3 组：前面 9 个为一组，每个语气词平均约 17 篇；中间 6 个为一组，每个语气词平均约 3 篇；后面 9 个为一组，每个语气词平均 1 篇。由此可见，现代汉语语气词个案研究几乎都是紧紧围绕学界所谓"基本语气词"、"常见语气词"、"原型语气词"或"典型语

气词"展开的，且高度集中于"了"（53篇）和"呢"（36篇）两个，二者之和近90篇，约占个案研究论文总数的48%。

二、存在的问题及其分析

百年来经过历代学者的不懈努力，语气词研究的现状如何呢？请看学界的有关评说。

（一）从宏观上看，"自《马氏文通》问世后，无论是早期的语法研究，还是20世纪80年代、90年代的语法研究，都很少有人把整个汉语的语气系统描写清楚。"（齐沪扬2002：前言）具体表现为如下五个方面：

（1）对语气词系统的定位缺乏明确认识。如赵元任（1926）最早提出，语气（他谓之"口气"）的手段包括语气词、副词、连词、部分实义动词、叹词、形态和语调，从而将语气词视为情态或大语气的次范畴手段之一。王力（1985a）将语气词和语气副词同归语气范畴，将后者视为"语气末品"。高名凯（1986：471）将语气词视为"整个语气系统中最重要的一类语气标志"。这意味着他的语气系统里还包括非最重要的语气标志。丁声树等（1961）、贺阳（1992）、胡裕树（1995）、孙汝建（1999）、张谊生（2000）和齐沪扬（2002）等都沿袭这一做法，将语气词置于大语气或情态系统之内。

（2）对语气词内部成员数量的认识极其不同，最少仅认可10多个，最多竟然达59个！

（3）对语气词的内部分类及其排列顺序各持己见，很不一致。依据不同，导致功能分类有二分、三分、四分。即使都主要依据语义并结合选用顺序，马建忠（1983）和太田辰夫（2003）提出不同的二分系统，胡明扬（1987）和朱德熙（1982）提出大同小异的三分系统，王力（1985a）提出四分系统。即使同样依据和句类语气的对应关系，胡明扬（1988）和吕叔湘（2002）提出不同的三分系统，黎锦熙（2007）提出四分系统。此外，依据选用顺序，多位学者提出二分、三分和四分系统，各自内部又有诸多分歧。

（4）对语气词选用顺序、选用式类型及其规律的研究还很粗略，大量选用式有待发现，选用规律及其制约机制也尚待进一步揭示。

（5）"语气词在句式上的重要性，尚未受到充分的认识。"（薛凤生1998）

（二）从微观上看，虽然"现在各家提到的各种不同的语气意义几乎是多到难以列举"（胡明扬1988），但"迄今为止，对那些典型语气词的作用还是见仁见智，仍然没能取得相对一致的认识"（张谊生2000：266）。例如围绕一个"啊"，1994年以前学界至少提出了近50种功能表述（储诚志1994），自那以来，学界又提出了大约10种新解！"但是分得越细，衍生的问题却越多。上焉者对各种意义无法做统一解释，下焉者则各种意义间甚至相互抵触。"（屈承熹2009）此外，学者对语气词的功能表述往往言人人殊，使得中外汉语教学者和学习者都感到眼花缭乱，难辨真伪、异同，更无所适从。以上种种为微观研究的严重不足。

从宏观到微观，语气词研究都存在重要遗憾，原因既有客观的，也有主观的。客观原因有三。其一，语气词意义"比较空灵，不容易捉摸，不容易'范围住'"（胡明扬1988）或"意义本身富于弹性"（胡明扬1987）。其二，语气词的意义"还受语调的影响，不容易确切地把握。语气助词又总和具体的句子结合使用，句子中的语气词所表示的语气意义和语气助词所表示的语气意义交织在一起，这就会影响我们对语气助词本身包含的意义的理解"（胡明扬1987：86）。其三，语气词使用"多依赖于语用因素，在句法结构上并没有明确的形式依据，在研究中很难把握其所表语气的实质"（张谊生2000：268）。一句话，语气词如同语义流沙或语义深潭里的泥鳅，"其语法意义的难以捉摸在虚词中也应该是首屈一指的了"（齐沪扬2002：2）。

主观原因大体可归纳为如下5个方面：

其一，对语气及有关范畴的认识不统一（齐沪扬2002：第一章；徐晶凝2008：第二章）。赵元任（1926）认为，语气词和语调、副词、实义动词、连词、叹词等都是表示语气的手段，"所以语助词的研究要真正做好它，简直就牵动语法的全部了"。赵文将语气词和有关词类的功能混而不分，无疑增加了语气词功能研究的难度。但是，他的观点却得到了众多学者的赞同。我们通过统计发现，即使忽略仅有一位学者提及的形容词、指示代词、体助词、句类及其标记、主语、停顿、语速等8种语气手段，国内学界21位学者所提及的语气手段竟然还有17种（见表0-4）！数量之多，有点出乎想象；分歧之大，由此可见一斑。

表0-4　21位学者提及的普通话语气手段

文献	语气词	语气副词	语调	叹词	实义动词	助动词	疑问词	连词	重叠	语序	否定副词	程度副词	人称代词	句法格式	插入语	重音	标点	合计
徐晶凝2008	+																	1
黎锦熙2007	+	+					+											3

续表

文献	语气手段													合计
	语气词	语气副词	语调	叹词	实义动词	助动词	疑问词	连词	重叠	语序	否定副词	程度副词	人称代词	句法格式	插入语	重音	标点	
王力 1985a	+		+								+							3
林语堂 1940	+	+					+											3
胡明扬 1987	+		+	+														3
朱德熙 1982	+	+	+															3
邢福义 1996	+	+	+															3
周一民 1998	+	+	+															3
赵元任 1979	+	+	+			+												4
张谊生 2000	+	+	+	+														4
温锁林 2013	+	+			+			+										4
胡裕树 1995	+							+						+	+	+		5
刘丹青 2008	+	+				+		+	+									5
齐沪扬 2002	+	+	+	+	+								+					6
贺阳 1992	+	+	+		+							+					+	6
孙汝建 1999	+	+		+			+	+					+					6
赵元任 1926	+	+	+	+	+			+										6
丁声树等 1961	+	+	+	+	+	+	+	+										8
高名凯 1986	+	+		+	+	+		+			+		+					9

续表

文献	语气手段															合计
	语气词	语气副词	语调	叹词	实义动词	助动词	疑问词	连词	重叠	语序	否定副词	程度副词	人称代词	句法格式	插入语	重音	标点	
范晓、张豫峰2003	+	+	+	+	+		+				+			+	+	+		11
吕叔湘2002	+	+	+	+	+	+	+		+	+	+	+	+					12
合计	21	17	12	10	7	5	6	6	2	4	4	3	3	2	2	2	2	

注：关于实义动词作为语气手段，温锁林（2013）认为，汉语"句子语气类型的细化主要是通过使用不同的动词来实现的"，其余学者仅认可极个别实义动词是语气手段。

上表显示，21位学者里，最少认可1种语气手段，最多认可12种。此外，21位学者都认可语气词，17位认可语气副词，12位认可语调，10位认可叹词，7位认可个别实义动词，6位认可疑问词和连词，5位认可助动词，4位认可语序和否定副词，3位认可程度副词和人称代词，其余5种手段都仅有2位学者认可。

其二，对语气词的本质属性及其聚合系统的认识不清楚。虽经黎锦熙（2007）、吕叔湘（2002）两位学者的提倡，学界大都默认语气词具有"标音性质"，并对它们进行过多种角度的语音分类，郭小武（2000）还针对连用"合音说"提出了"变韵说"，但都没有真正触及语气词的本质。这影响了对语气词个体及其聚合系统的认识，所以至今没有得出一个大体公认的聚合系统，也在一定程度上加剧了语气词功能阐释的无序状态。

其三，系统性意识较为淡薄。赵元任（1932）早就指出语气词具有系统性，"它们也必须作全面的系统研究，以便能在更高的视野来看它的表达功能。"而后王力（1985a）、吕叔湘（2002）、朱德熙（1982）和胡明扬（1988）等先后提出了各自的语气词功能系统。20世纪60年代，袁家骅等（1960：53）明确地指出，汉语"任何方言的语气词都统一于自己的方音系统（少数例外），这样有多少种方言，都有多少个语气词系统"。此外，持续关注语气词研究的胡明扬（1988）更明确指出，语气词"是一个封闭的子系统，应该有一定的系统性，而不应该是杂乱无章的"。同时，他还针对学者提出"呢""了""来着"分别表示"持续""完成""最近过去""新情况的出现""过去"等时体意义的观点，尖锐地批评说：

如果现代汉语只有一个语气助词子系统，那么语气助词既表示语气意义，又表示动态或时态意义还说得过去。可是现代汉语明明另有一个动态助词子系统，所以把动态或时态意义放在语气助词的子系统里就成问题了，就值得我们考虑我们的分析有没有问题。如果有问题，就需要另行处理并作进一步的探讨。

这说明，到20世纪80年代为止，学界前辈对语气词系统性都有着足够清醒的认识，并提出过多个特色鲜明、至今难以超越的语气词功能系统。但不知何时起，"不太重视语气词的系统性及单个语气词在系统中的地位的研究"（李小军2013：25）的倾向潜滋暗长，习惯于孤立的个体研究而缺乏系统性观察和思考（这样说，绝无以此否定个体研究重要性之意！）。结果，不仅导致了对语气词个体的观察不够全面，描写不够细致，解释不够深入，而且对已有研究的优秀成果也缺少必要的总结、整合和吸收，以致迄今未能形成大体公认的语气词聚合系统、功能系统和组合系统。此外，传统语法学往往满足于将词类分为实词和虚词两个大类，直接将语气词和介词、连词、结构助词、体助词、数量助词等简单化地归入虚词，将语气词视为与介词、连词及助词等句法地位平等的词类范畴，因而宏观上有意无意地忽略了语气词和非语气词之间存在的形式对立和质的不同。

其四，中西合璧式的概念、术语导致认识混乱。现代汉语语法学有关语气词功能的概念、术语的来源有二。一是汉语传统语文学提出的"语气""口气""口吻""疑而未定""信而不疑"等。这些未经严格界定的术语经过马建忠之手沿用至今。二是英语mood, sentence type, modality等概念的内涵经过译介进入旧有术语的诠释。因而，语气词功能、句子功能、情态类型以及口气等概念至今纠缠不清，而且语气词功能的汉语术语究竟应该用"语气"还是"口气"，对译为英语究竟应该用mood, modality还是tone，至今未能形成一致意见。特别是自赵元任（1926）以来，学界大都将语气词和语调、语气副词、助动词、叹词、人称代词、连词乃至部分或极个别实义动词等，都称为情态词或大语气词，将它们的功能含混笼统地称为情态、语气或口气，以致赵元任认为，"语助词的研究要真正做好它，简直就牵动语法的全部了"。但modality, mood, sentence type, mood structure, tone等核心概念毕竟都是基于印欧语言等非语气词语言而提出的术语，不可能、事实上也没有一个是专为分析、描写汉语语气词而设的。正是在这样的学术背景下，国内学界尝试用"情态""语气/式""口气"等来指称汉语语气词的功能，并分别对译英语的modality，mood, tone等。

因此，无论引进国外学界的有关术语，还是有关术语对译，都遇到了圆凿方枘、扞格难通的难题，更难免出现削头便冠的弊端，并引起对语气词功能的认知和表述混乱。

其五，研究方法有待改进。对于语气词的特殊性及其传统研究方法，清代学者袁仁林《虚字说》（1989：133）就已经有了如下精辟的见解：

> 语已之辞，不过随语带其声以见意，其所带之声，或足之，或拖之，或顿之，或撑之，或提起而落之，或倒卷而指之，或直来而了之，语意借是声以圆成，而非此声气之中即具有语意也。在注疏中，往往随文立诂，即以语中之意为解，读者当善观之。

袁氏所谓"带其声以见意"就是百年后黎锦熙（2007）和吕叔湘（2002）所谓的"标音性质"，所谓"随文立诂"就是今天所谓的随文释义法，所谓"以语中之意为解"就是把所在句子的意义视为语气词的功能。此外，他还继承并实践了今天所谓的分布分析法。如他解释"夫"字时，先概括其总的用法为"每著于所言而虚指之"，然后结合其在上下文中的起承、转接等照应功能的异同进行分别阐释说："厥用五。用以劈头发语者，用以承顶上文者，用以离前文开说者，用以腰句过递者，用为语已辞者。"这是袁氏训释单个虚词的主要方式。

早在20世纪20年代，王力（1985b：18）以"哉"为例指出：

> 哉字本质不能成问，惟上下文显有反诘意之时，则亦似为反诘助词。此亦意关系，非词关系。例如：
> 虽有大奸贼，敢睥睨其间哉？（苏轼：《志林》）
> 则古书之或有录而亡，或无录而在者亦众矣。非可惜哉？
> 若据此等例以谓哉字本有诘问之性质，则陷于谬误。试略去哉字，仍有反诘之意，则知其为意之关系也。又如"能不悲哉""敢不敬哉"诸反诘句，皆意之关系，虽减哉字，亦可示诘也。凡欲知词之本性，当于单句中求之，哉字用于单句不能成问，乎字用于单句仍成问辞，如论语曰伤人乎，不可易以哉字，一则本性如是，一则待他语或他词之影响而后成问也。

特别是其中"试略去哉字，仍有反诘之意""虽减哉字，亦可示诘也"两句，更简洁明了地指出，"哉"本无反诘语气之功能，它的所谓反诘功能实际上是所在句子里的"他语或他词"或语调的功能。①

虽然自马建忠以来学界一致承认，相对于绝大多数印欧语而言，语气词是"华文所独"的词类范畴之一，但结构主义语法学仅仅依据句法功能和分布将它和介词、连词、结构助词、体助词、叹词等同归虚词大类，功能语言学将它与语气副词、助动词和叹词等同归情态大类，篇章语言学依据位于句末还是话题之后将它分为句末语气词和句中语气词或话题/主位标记两类，结果导致了"搭配"（collocation）及其"观词之伴而知其义"（A word is characterized by the company it keeps）的方法论原则在语气词研究中大行其道，即借助于和句末语气词在同一个句子里高频共现或互斥的词类乃至个别词语及其各种语境以确定其功能，从而重蹈随文释义的旧辙，导致了语气词研究中过于烦琐的做法。如为"了""啊"分别归纳出大大小小几十种具体用法或出现语境和十几种功能，从而将随文释义研究法推向了极致。对此，胡明扬（1988）曾不失公允地指出，虽然语气词功能研究中"随文释义是最自然不过的"方法，但是"随文释义就很容易把句子中某些语词或某些结构或句终语调的语气意义误加在语气助词身上"。胡文所说"句子中某些语词"，首先就是语气副词。过多依靠与之共现或互斥的语气副词的意义特征确定语气词的功能，必然会严重干扰对语气词意义的认识和提取。此外，他还指出，研究语气词功能时，语调是"最容易被忽略的语气因素"。具体研究操作中，要么干脆置语调于不顾而使语气词功能的解释处于较多随意的状态，要么将语调功能误加在语气词上，要么将语气词和语调的功能等同起来而使两者的功能彼此冲突。如有人认为"呢"表示疑问语气，"吗"表示是非问和反诘语气，"了"表示祈使、感叹语气，"啊"表示各种语气，都是忽略语调及其功能或将语气词和语调的功能混同起来的后果。总之，"如何把语气词语气意义的研究与形式结合起来，走意义与形式相验证的路子，这是至今仍然没有得到很好解决的问题。"（齐沪扬、张谊生、陈昌来 2002：297）

以上是对现代汉语语气词已有研究的简单回顾。对于已有研究的更多介绍和评述，将在下文有关章节的开头再具体展开。权且借用马真的意见作为小结。马真（2004：321—324）指出，"关于语气词有几个问题值得注意"，一是"关于语气词结构问题"，二是"怎样确定一个语气词所表示的

---

① 后来，王力在《汉语语法史》一书里写道："汉语语气词所表示的语气虽然近似于西洋语言的语气（mood），但在表现方式上大大不同。西洋语言的语气是通过动词的屈折变化来表示的，而汉语的语气则是通过语气词来表示的。"（王力 2005：295）这与他先前的说法有所不同。

语气",三是"关于语气词的具体使用条件",四是"还有没有别的语气词?"(马真 1999:443—458;2004:321—325)

三、主要内容结构

有感于"传统理论与方法的局限"(齐沪扬 2002:2)和时贤对语气词研究现状的直言评说,并受到他们急于改变现状的迫切心情的鼓舞和大作的激励,笔者不揣谫陋,意欲遵照先哲的有关教诲,斗胆尝试用系统性及其系统复杂性的眼光重新审视并构建语气词的聚合系统、功能系统、组合系统,尽可能实现演绎法与归纳法相结合,将语气词功能的确定、提取及表述建立在更为可靠的基础上。为此目标,围绕普通话语气词系统本体这个核心尝试做了四个工作。

一是由音义象似性假设出发构建语气词聚合系统。

二是由界定标准出发构建语气词的三个一级功能类别系统,包括话语语气词、准话语语气词和非话语语气词。而后主要就话语语气词和准话语语气词分别展开讨论。

三是由迭用和重用出发构建语气词组合系统,包括述题语气词的迭用系统、话题语气词的迭用系统和准话语语气词的重用系统。

四是语气词系统的外部时空对比研究,包括语气词系统的历时变迁、方言差异和汉英比较。

前三个为语气词系统本体研究,第四个是外部关系研究。可简示为图 0-1。

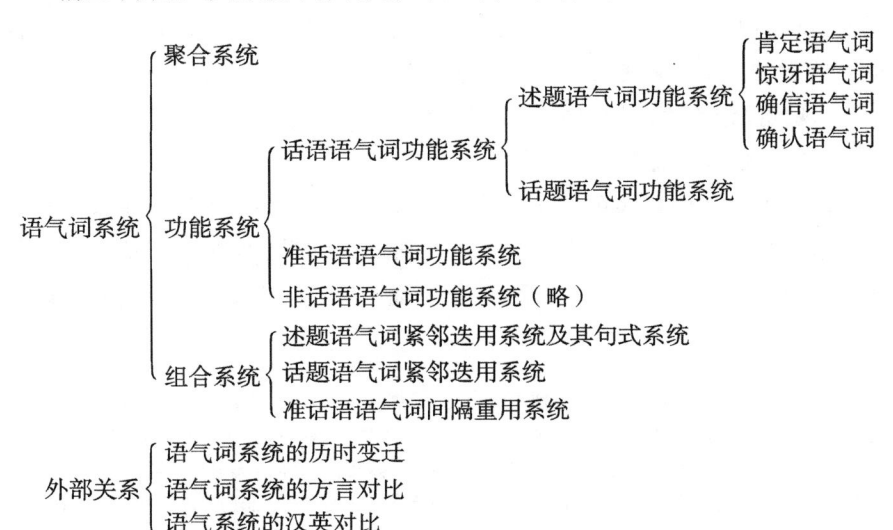

```
         ┌ 聚合系统
         │                                      ┌ 肯定语气词
         │                     ┌ 述题语气词功能系统 │ 惊讶语气词
         │         ┌ 话语语气词功能系统             │ 确信语气词
         │         │           └ 话题语气词功能系统 └ 确认语气词
语气词系统 ┤ 功能系统 ┤
         │         │ 准话语语气词功能系统
         │         └ 非话语语气词功能系统(略)
         │         ┌ 述题语气词紧邻迭用系统及其句式系统
         └ 组合系统 ┤ 话题语气词紧邻迭用系统
                   └ 准话语语气词间隔重用系统

         ┌ 语气词系统的历时变迁
外部关系 ┤ 语气词系统的方言对比
         └ 语气系统的汉英对比
```

图 0-1 本书内容结构图

第一章 语气词的特点

第一节 引言

普通话语气词聚合系统研究已经取得了很大成绩，但也有不尽如人意之处，如对语气词范围的认识就远未取得一致意见。首先，学者们认可的语气词数量在 10 余个至 59 个之间。[①] 其次，对个别语气词的认可表现出很大差异。如对 10 位学者所收 39 个语气词所做的统计显示，10 人认同"啊、吗、吧、呢"，9 人认同"了、罢了"，7 人认同"来着、着呢、的、呗"，6 人认同"嘛"，5 人认同"啦"，4 人认同"嚜、呕、哩、么、得了、就是了"，3 人认同"看、欤、啵、的话、嘞、而已、哟、喽、不成"，2 人认同"呐、似的"，其余 15 个语气词都仅有 1 位学者认同。再次，认可的复合语气词总数更为悬殊。以辞书为例，《现代汉语虚词例释》仅收"而已"1 个，《现代汉语虚词词典》收有"而已、罢了、便了"等 3 个，《现代汉语八百词》收有"不成、就是了、着呢、罢了、来着、来的、也罢、也好"等 8 个，《现代汉语常用虚词词典》收有"罢了、不成、的话、而已、好了、就是、也罢、也好、着呢"等 9 个。

由以上简单回顾即可发现，学界对这个成词资格最不存在争议、成员应该最单一的词类仍然存在诸多分歧，甚至对所谓基本或常见语气词的范围、排列顺序的看法也不尽一致。[②] 据不完全统计，文献中提及的候选语气

[①] 如黎锦熙（2007）、朱德熙（1982）、王启龙（2004）、徐晶凝（2008）、刘月华等（2001）、吕叔湘（2002）等学者认可 10 多个语气词，史有为（1997）、赵元任（1979）、北京大学中文系 1955、1957 级语言班（1982）、孙汝建（1999）、孙也平（1982）等学者认可 20 多个语气词，张谊生（2000）、郭锐（2002）等学者认可 30 多个语气词，周溢辉等（2010）认可 59 个语气词。

[②] 部分学者分别认可的基本语气词成员及其排列顺序如下：
黄伯荣、廖序东（2007）：的、了、吗、呢、吧、啊；
胡裕树（1995）：的、了、么、呢、吧、啊；

词总数至少有如表 1-1 所示的 98 个,包括 70 个单纯语气词和 28 个复合语气词。

表 1-1　学者提出的语气词

单纯语气词（70）	A（24）：啊/呵/呀/哇₁/哪₁/嘎/nga/za/ra/哎/欸/诶/呃/耶/唡/咃/也/嚽/哦/呕（欧/噢）/哟/唷/呦/叹
	B（6）：吧₁/吧₂/罢/啵/呗/哹
	C（5）：的/嗒/呆/dei/兜
	D（7）：了₁/啦/咧/嘞/喽/啰（罗）/咯
	E（6）：吗/么/末/嚜/嘛/嘿
	F（6）：呢₁/呢₂/呢₃/哩/哪₂/呐
	G（4）：煞/哈/噢/哇₂
	H（2）：升调结尾/降调结尾
	I（3）：唉/嗨/喂
	J（7）：不/看/唻/俫/来₁/来₂/去
复合语气词（28）	K（10）：罢了/便了/得了/好了/算了/是吧/来着/来的/似的/着呢
	L（9）：不成/不可/不是/不行/便是/就是/没有/也罢/也好
	M（3）：就是了/就是吗/不是吗
	N（2）：的话/的时候儿
	O（4）：着的呢/着着呢/着着的呢/而已

显然,如果认为上述 98 个候选语气词实在太多或者认为还不足以囊括现代汉语语气词的全部成员,就需要妥善解决以下七个方面的认识分歧。

(一)宏观上如何划分语气词和非语气词[如语气副词、情态动词、叹词、结构助词(的)、比况助词(似的)、体助词(了)、连词、方位词以及个别固定短语(的话、的时候)]的界限。

(二)是否包括现在仍然常用的古代汉语语气词"而已",以及流行较广而刚刚进入普通话的方言语气词"哈"。

(三)是否将上升尾音和下降尾音算作语气词(赵元任 1979)。

(四)是否包括句中语气词。马建忠(1983)所说语气词包括分布于句末和句中的语气词,黎锦熙(2007)所说语气词仅指句末语气词,方梅

(接上页) 齐沪扬(2002):的、了、呢(呢₁、呢₂)、啊、吧、吗;

张谊生(2000):啊、吗、吧、呢、了、的;

徐晶凝(2008):啊、嘛、吧、呢、着呢、罢了、吗、不成、来着、呗。

前 5 位学者都认可 6 个是基本或常见语气词,徐晶凝认可 10 个是原型语气词。即使是前 5 位学者给 6 个基本语气词的排序也是各有千秋,而无一定之规。

15

（1994）、张伯江与方梅（1996）将句中语气词视为主位标记，徐烈炯与刘丹青（2007）将句中语气词视为话题"提顿词"，更多学者默认句末语气词、句中语气词是关系密切、功能有异的两个小类。

（五）对形式相同或相近且意义相同或相近的语气词的分合。如赵元任（1979）和朱德熙（1982）分出了"吧$_1$""吧$_2$"，朱德熙（1982）还分出"呢$_1$""呢$_2$""呢$_3$"，其他学者多分为两个。

（六）如何处理合音语气词与语气词的合音形式，如"啦、呗、啵、哪"是两个语气词的特殊连用形式，是一个独立的语气词，还是分别为"了、吧、呢"的变体形式。

（七）语气词及其语音变体、文字变体的处理问题。如"呀、哟、呦、唷、吔、耶""啦、嘞、咧、咯""么、嚜、末、吗、嘛""呕、欧、噢、哦、噢"等应该各自处理为一个语气词，还是多个语气词。

然而，最重要的莫过于对语气词自身特点的认识。只有对语气词自身的特点了然于胸了，才可能进一步提出合适的语气词界定标准，选择合适的鉴别方法，进而确定其成员范围，最后构建出有理据性的聚合系统。

第二节　已有研究回顾

对语气词特点的研究，胡以鲁、黎锦熙、赵元任三位大师立下了筚路蓝缕之功。

胡以鲁（1913：53）将语气词谓之语助节词或语助，并指出："语助节词，以之助语气，即传语之神情者。其所假之词往往假其音而止，殆无何等意义也。神情千变万化，表神情之词，其变尤不可究诘。方音之差，相去亦远。今所称为语助者，皆不过音之形式耳。曾有意义与否，不可知矣。"其中"皆不过音之形式耳"一语，应该视为胡氏对语气词的核心观点。

黎锦熙（2007：260—261，284—290）第一次指出，语气词具有如下五个特点：（一）标音性质；（二）分布上"只用于词句的末尾"；（三）功能上"表示全句的'语气'"；（四）结构上与文句"无重大的关系"，"与国语的内容和构造都不相干"；（五）"啊"在语流里发生音变的规律及其用字符合"六个条例"。

赵元任（1926）发表了汉语学界语气词研究的第一篇论文，指出语气词具有如下三个特点：（一）语音上具有超音系性，包括声调在轻声词里是最轻的轻声；（二）语流中语气词的音质、音高、音长会因表达语气不同而有所不同;(三)组合上"语助词跟语助词碰在一块儿有四种可能的结果"。

20世纪40—60年代,吕叔湘(2002:259—260)提出语气词具有如下三个特点:(一)标音性质,语音(包括音变)与字形之间存在种种复杂关系;(二)"一个语气词可以用来表不同的语气……同一个语气可用几个语气词";(三)"有时可以不用,尤其是在直陈语气"。此外,他(1962)进一步指出,语气词跟其他助词的不同之处在于,"语气助词黏着于句子,这句子不论带不带语气助词都是自由的。这是语气助词跟别的助词不同之处"。

高名凯(1986:85—86)将虚词分为"代表虚词""范畴虚词""结构虚词""口气虚词"。"口气虚词"指的就是语气词。他说:"同样一个词或一句话可以拿不同的口气去说它……口气的表达是一种关系,因为它说明这句话是在说话人的哪一种态度的关系之下说出来的。一般的(地)说,口气是广义的感情。这种关系有的时候就拿虚词去表达它,于是,这种虚词就是口气虚词。汉语有一种用在句子尾巴上的口气句终虚词。如'吗''呢''吧'等都是用在句子尾巴上的。这说明我们是拿另一种口气去说一句话,把整个的句子改了一个型。"

20世纪70年代,赵元任(1979:353)进一步指出语气词具有以下三个特点:(一)语气词"是粘(黏)着的,语音上附着于前边一个音节,语法上附着于前边一个短语或句子";(二)有的语气词"只用在短语之后……有的只用在句子之后……有的两处都可以用……";(三)"两个或三个助词相继出现的时候,第一个助词跟前边的短语或句子造成一个结构,第二个助词又跟这个结构造成更大一点儿的结构",即语气词选用具有层次性。

张静(1979:134)认为语气词具有两个特点:(一)"功能意义:不能作句子成分,也不表示成分和成分、分句和分句之间的关系,只表示句子的疑问、祈使、感叹、陈述等语气";(二)"句法结合形式:不跟任何词结合,只是放在句子末尾,有时也放在句中停顿的地方"。

80年代研究语气词特点的学者主要有胡明扬、房玉清、朱德熙、刘叔新、丁恒顺、李兴亚等。

胡明扬(1987)认为语气词具有两个特点:(一)功能上表示表态语气,即言者"对自己说话内容的态度";(二)连用有固定顺序。

房玉清(1981)将包括语气词在内的助词的特点归纳为五个。(一)语音上绝大多数都念轻声;(二)结构上必须黏附在词、短语或句子上;(三)词义已经虚化;(四)是一种封闭性的词类;(五)有的可以省略不用。

朱德熙（1982：207—208）认为语气词具有五个特点。（一）"语气词是后置虚词"；（二）"永远读轻声"；（三）"出现在主谓结构后头的语气词，多半是附加在谓语上头的……只有在某些类型的句子里，语气词才是加在整个主谓结构上头的"；（四）"几个语气词接连出现，彼此在结构上没有直接的关系"，而且顺序固定，"当中可以有缺位，但次序不能颠倒"；（五）"如果后一个是元音开头的，两个语气词就连读成一个音节"，"尽管合成一个音节，结构上仍旧没有直接的关系"。

刘叔新（1982）认为语气词具有如下四个特点：（一）表示某种语气；（二）都紧密地附着于句末或句内停顿前的片段；（三）单音节的轻声，多音节的后一二音节轻声或全体轻声；（四）同一定的句调调位相结合。最后一个特点为刘氏独具慧眼的发现。

此外，丁恒顺（1985）第一次较为详细地讨论了句末语气词的八种连用模式，李兴亚（1986）第一次讨论了句中语气词的八种分布位置。

90年代主要有黄国营、方梅、张伯江、胡裕树、周一民、孙汝建等学者参与了语气词特点的讨论。

黄国营（1994）指出，句末语气词由于处在句法结构和语用结构的不同层次上，起着不同的作用，标示不同的语义结构，从而表明句末语气词既可能属于全句，也可能只属于宾语小句，还可能是上两种情况的融合。语气词在句中可能进入的层次空间，与不同语气词的不同性质有关，也与主句句型、宾语小句句型有关。

方梅（1994）从功能句法理论出发认为："句中语气词所标示的成分有时既不是主语也不是话题，甚至不是直接句法成分，句中语气词实际上是反映句子次要信息和重要信息划分的'主位–述位'结构的标志。"

胡裕树（1995：298，368）认为语气词具有如下特点：一是"附着在整个句子的末了，表示语气"；二是"能帮助语气的表达，同时它能在语调的基础上增加色彩"。

周一民（1998：258—259）认为北京话语气词具有六个特点：（一）分布于句中停顿处或句尾；（二）功能上表示语气，有的在表示语气的同时，还兼有表示时体、程度或完句的作用；（三）在有的句子里，去掉语气词并不会改变句子的语气；（四）没有词汇意义，但"了、呢、嘛、呗"在句子平面上，具有表意作用；（五）大多数的语音形式为轻声，轻声的音高取决于前一音节的声调。……也有的句尾语气词说成拖长重音或重音；（六）最多只能两个语气词一起连用。

孙汝建（1999：15，108—116）认为，除了疑问语气词表达疑问语气之外，大多数语气词具有增添口气、消减口气、指明疑问点以及暗示预设的语用功能。

21世纪以来，主要有张谊生、邢福义、郭小武、郭锐、齐沪扬、范晓和张豫峰、刘月华等、华宏仪、屈承熹、刘丹青、徐晶凝、史冠新等学者先后对语气词的特点进行过讨论。

张谊生（2000：268，281，283）强调语气词具有如下三个特点：（一）意义比较空灵，使用又多依赖于语用因素，因此常常在口语中大量使用；（二）句中语气词可以出现在不同的句子成分之间、句法成分之间以及句法成分内部；（三）功能上，句中语气词表示预示停顿和口气，其出现要受到结构、节奏、语用、语体的制约。

邢福义（1996：125，242）提出句子的"语气型"由语调和语气词一起构成。郭小武（2000）指出语气词具有强弱两套发音系统，以表达强弱语气。

郭锐（2002：236）认为语气词的语法特点有二：（一）置于句尾；（二）有些语气词可置于句中停顿前或另一语气词前。

齐沪扬（2002：60—63）将语气词的语法特点归纳为三个：（一）后面一般有停顿，书面语里都可以有明显的标志；（二）可以连用；（三）有不同的音变或书写字形。

范晓、张豫峰等（2003：第5篇第8章"口气"）认为，句末语气词可以看作表示式的分析性虚词手段，其中少数可能与陈述、疑问、祈使等基本语气有关，大量的是表示说话人具体态度的，主要是表示口气的。

刘月华等（2001：411—412）归纳出语气词的四个特点。（一）一般位于句末（包括分句）；（二）两个语气词同现，会合成一个音节；（三）一般都读作轻声，句子语调主要体现在语气助词前的音节上；（四）一种语气可能由几个语气词来表示，一个语气词也可能表示几种语气，某个语气词究竟表示什么语气，往往要看其伴随的语调或一定语言环境。[①]

华宏仪（2004）提出句子的"语气结构"由语调和语气词一起构成。

屈承熹（2006，2008）从关联理论、篇章标记理论出发认为语气词系统具有句法-语义、情态和篇章功能的全部或部分。

刘丹青更明确地提出："基本的式和口气的重要区别之一就是强制性和可选性。基本式标记因为要体现基本的交际功能，所以有较大的强制性（如2.1.3.4［说明］所分析的疑问句的'吗'），口气标记因为是说话人的

---

① 刘著原文是三个特点，此处笔者分为四个。

附带态度,不影响句子的基本交际功能,因而可以省略如前面分析的疑问句的'呢'。"(刘丹青 2008:481)他还认为,"'吧'难算真正的祈使标记,而是口语中的口气标记兼表祈使语气"。(刘丹青 2008:486—487)"了$_2$"作为句末语气词"是加在整句上的,比'了$_1$'离动词的词义和情状更远,对事件的阶段性更不敏感,所以不但适合完成的行为(如:他上班了)和开始而尚未完成的行为〔如:他们吃饭了,等他们吃完再打(电话)来吧〕,还能表示尚未开始的行为"。所以,"除了含有体意义外还有语气方面的作用"。(刘丹青 2008:464)

徐晶凝(2008:133)从话语情态角度提出语气词具有三个特点。(一)语法上不是语法结构必需的成分;(二)语义不影响语法表达式的内容;(三)情态上是必需成分,会直接影响到语句的效力。只有"吗",既表示疑问语气以构成疑问句,又表示传态语气(徐晶凝 2008:79)。

史冠新(2008)指出,语气词的功能是附着在一个语言片断末尾,形成一个动态表达单位。

此外,学者们还就语气词的韵律做过不少研究(张彦 2008),形式句法学还提出了语气词具有标句符功能(邓思颖 2010)。

第三节 确定语气词特点的原则

由上可知,学界对现代汉语语气词特点的研究存在以下突出特色。

第一,不同时代的学者为现代汉语语气词特点的认识做出了大小不等的贡献,主要集中于两个时期:20世纪20—40年代和70年代以来。就所提语气词特点的数量而言,后期显然多于前期。

第二,理论视角多种多样。前期是传统语法学视角,20世纪70年代—90年代是结构语言学视角,90年代以来主要是功能语言学和形式语言学视角。

第三,从语气词的不同侧面观察其特点,诸如数量、语音、词义、分布、语用等侧面都受到了关注。

第四,由于理论视角不同、观察侧面各异,不同学者所提的语气词特点相去甚远,互补多而重叠少。例如,同在结构主义语言学框架内研究语气词特点,齐沪扬(2002)关注后有停顿、连用和音形变异,郭锐(2002)关注置于句尾、句中停顿前、另一语气词前,史冠新(2008)强调"X+语气词"是否最大或能否被更大结构所包容。同在功能语言学视角下研究语气词特点，屈承熹（2006、2008）关注语气词的句法–语义、情态和篇章连贯功能系统，方梅（1994）、张伯江与方梅（1996）关注其主位标记功能，徐晶凝（2008）关注其话语情态功能。关注侧面不同与理论视角不同两相结合，致使对语气词特点的表述竟然多达 46 条！①

由以上可见，对学界提出的语气词特点需要去伪存真、去芜存菁的甄别工作。为此，首先应该注意坚持以下四个原则。

（一）全面原则。仅仅根据几个语气词（哪怕是基本或常见语气词）就提出语气词的特点，难免以偏概全。提出语气词的特点时，应该尽可能全面考察所有语气词，至少也应该考察大部分语气词，才能提出符合事实真相的、对语气词这个范畴"内部具有普遍性"的特点。

（二）比较原则。"现代汉语普通话语气词"这个词组里包含着三个概念：一是"现代"这个概念，至少与"古代"相对立；二是"普通话"这个概念，与"外语"和"方言"相对立；三是"语气词"与非语气词相对立。因此，要想较为准确地认识现代汉语语气词，就应该注意做到以下三个方面的比较：一是比较语气词与非语气词，尤其是相邻词类（如叹词、助词、语气副词等），才有可能得出"对外具有排他性"的语气词特点；二是比较现代汉语语气词与古代汉语、近代汉语语气词，才有可能得出现代汉语语气词而不是古代或近代汉语语气词的特点；三是比较汉语普通话语气词与方言语气词、外语语气词，才有可能得出汉语普通话语气词的特点。

（三）静态和动态相结合原则。从静态角度看，语气词包括语音、词汇、语法、语义、语用功能等方面；从动态角度看，语气词的音质、韵律可以随着表达功能的不同而变化，也可以在连用中与其他音节相互影响而变化，可以与内部其他成员彼此迭用，也可与语调、非语气词或句式同现，还可随语境变化而自由或有条件地隐现。研究语气词特点时，应该充分考虑这两方面。

（四）原型原则。原型范畴告诉我们，语气词与非语气词——主要是叹词、结构助词、体助词——之间存在程度不等的模糊地带；语气词内部成员中，有的处于该范畴的核心地位而具有典型性，有的处于边缘

---

① 主要见黎锦熙（2007）、赵元任（1926、1979）、吕叔湘（1962、1979、2002）、张静（1979）、胡明扬（1987）、房玉清（1981）、朱德熙（1982）、刘月华等（2001）、丁恒顺（1985）、李兴亚（1986）、屈承熹（2006、2008）、黄国营（1994）、方梅（1994）、胡裕树（1995）、周一民（1998）、郭小武（2000）、孙汝建（1999）、张谊生（2000）、齐沪扬（2002）、郭锐（2002）、刘丹青（2008）和徐晶凝（2008）。

地位而具有非典型性或边缘性。明乎此，才能辩证地理解并灵活地运用传统语言学所坚决秉持而功能语言学极力批评的"对内具有普遍性，对外具有排他性"原则。也就是说，语气词与相关虚词之间既存在着能够相互区别开来的某些特点，也存在着某些共有特点。如"**右向递层迭用**"应该视为语气词具有而其他所有词类没有的特点之一；"**黏着性**"是语气词和结构助词、连词、介词、体助词、单音节方位词、量词等共有的特点之一。

坚持上述原则，可望得出足以区分语气词与非语气词的特点，又不至陷入特点过多的窘境。

第四节　语气词特点的再认识

从前述确定的四个原则出发，下面将在广泛吸收学界已有研究成果的基础上，结合我们的一孔之见，对学界所提语气词的诸多特点逐一甄别，筛选出符合现代汉语语气词实际面貌的简要而实用的特点。方法上主要采用对比法，即从共时和历时两个角度将语气词和非语气词的特点进行对比，以观察、确认其独有和与非语气词共有的特点。依次从数量特点、语音特点、分布特点和功能特点四个方面展开。

一、数量特点

虽然目前对语气词的数量不可能形成完全一致的意见，但其总数少于介词、连词则是可以肯定的。另外，各种虚词和代词、方位词、助动词、量词等也都有程度不等的封闭性。因此该特点不是语气词独有的，而是和非语气词共有的。姑且记作：± **封闭性**（±表示语气词和非语气词的共有特点，全书同）。

二、语音特点

学界提出的语气词的语音特征主要包括：可重读、可延长发音、具有超音系性、声调最轻、元音有强弱两套发音、经常发生语流音变。首先，可重读和可延长发音，几乎是一切用于句末的词语共有的特点。其次是超音系性，叹词和象声词表现得最为特异。赵元任（1979：368）指出："叹词没有固定的字调，但是有一定的语调。叹词的成段音素常常越出对别的词类适用的音素系统之外。"也就是说，叹词没有自己的固有声调，只有实现为句子才以句调为其音高模式。象声词几乎全部集中于高平的阴平调类。但，语气词仍然在如下方面表现出与叹词、象声词迥然不同的特点。

（一）音节最简。中古以前的语气词都是上声和平声，当代方言语气词的声调轻重不一，或均为本调，或本调和轻声兼而有之，或均为轻声，只有普通话语气词不但均为轻声（赵元任 1926），而且是"轻声当中的最轻的"（赵元任 1935），所以即使在语流里也不可以恢复原调，也没原调可供恢复，即已经失去底层本调。也就是说，声调对语气词内部成员不再具有别义功能，而仅有对外的标记作用，即最轻声的词都是语气词。这一特点直接导致了普通话语气词的音节结构不再是经典的"声+韵+调"模式（内部是二层三元结构），而是最简单的"声+韵"模式（内部是单层二元结构）。

（二）辅音声母主要集中于舌音、唇音和零声母或颚音三类。

  舌音（d、l、n）   的、了、来、呢
  唇音（b、m）   吗、嘛、没、吧、呗、不
  颚音/零声母（h、ø） 啊、哎、哦、哈

（三）元音格局及其强弱发音模式。郭小武（2000）提出语气词具有强弱两套发音。受此启发，我们发现普通话单纯语气词的主元音集中于 /A/、/ə/ 两个音位。前者是低元音，有［A］、［a］两个变体；后者是中元音，包括［ɣ］、［o］、［ɛ］、［ə］四个变体。低元音的响度都高于中元音，两者互为对方的强或弱变体，并由此影响到与零声母语气词同一元音的辅音语气词。排列如表 1-2 所示。

表 1-2 普通话单纯语气词的元音格局

元音音位及其变体		零声母语气词	辅音声母语气词
/A/	［A］	啊	啦、哪、吧、吗、嘛、哈
	［a］	哎	呗
/ə/	［ɣ］/［o］	呃、哦	咯、喽、啵
	［ə］		的、了、呢、么、嘞
	［ɛ］	欸	嘚、呗

与结构助词（的、得、地）、体助词（过、了、着）相比，上述音节最简、辅音声母格局和元音格局都可看作是语气词独有的。姑且记作（+表示语气词独有特点，下同）：

+音节最简；①
+声母集中于舌音、唇音和颚音或零声母；
+主元音集中于 /A/、/ə/。

三、分布特点

关于语气词的分布，学者提出的特点可概括如下：不重叠、可选性、黏着性、附着对象、同现成分、有序迭用等。下面先讨论前三个比较简单的，再讨论后三个比较复杂的。

关于不重叠这个特点，语气词有别于个别名词（如人人、家家）、代词、自主动词、状态形容词、数量词和象声词，但与绝大多数名词、状态形容词、副词、方位词、介词、连词和助词等所共有。姑且记作：−**重叠**（−表示不具有该特点，全书同）。

关于可选性（或称隐现自由），除极个别边缘性用法（如你呢？是吗？）外，语气词的有无、异同和多寡几乎都不影响所附对象的合语法性及其命题真伪。这说明语气词的强制性最弱，可选性最强或隐现最自由。但是，方位词、介词、连词、助词和语气副词等也程度不等地具有可选性。只是相比之下，语气词可选性最强。姑且记作：+**可选性最强**。

至于黏着性，也是语气词和其他虚词共有的特点。姑且记作：±**黏着**。下面对后三个特点略微展开讨论。

（一）语气词的附着对象

语气词的附着对象比较复杂，分为如下三种情况：

1.附着述题和话题两个话语成分是语气词的原型用法，偶用例外（见沈开木 1987a；方绪军 2006）。对此，吕叔湘等（1956）早就明明白白地指出，语气词"只附着于句子或句子的一部分，不附着于一个词或词组（被附着的有时候只有一个词，如'我呢，也愿意出去走走'，但是这个时候我是以句子部分的资格来接受附着的呢，不是以词的资格来接受的，'我呢'不成为一个整体）"。换言之，语气词又出现在任何"由别的类构成的框架或槽之中"（赵元任 1979：7），而主要位于句子的两个话语成分——述题和话题——之后。如：

---

① 高美淑（2001）发现，语气词的语流音高受语法调和距离调核远近的制约，如"了"在陈述句里降幅最大，祈使句里次之，疑问句里最小，而"吗、了"在疑问句里都显示出上升趋势。这恰恰说明了，只有最轻声或无调的语气词，才能在各种语调里"随波逐流"而不致影响其词义表达。当然这仅限于普通话，方言语气词的声调则各不相同。

（1）第一七〇师说是一个师，其实兵力也仅仅相当于一个团而已。
（2）奶奶啊，今年八十三了。

例（1）里，"而已"位于句末述题之后，例（2）里，"啊"位于句首话题之后。

2. 附着述题和话题的内部句法成分是其准原型用法，而以附着述题的内部成分最为常见。如：

（3）山哪，树哪，河哪，田哪，房屋哪，都被盖在它的网下面。
（4）人们的思维多在素啊、精啊、宝啊之类的名称上兜圈子，谁也没有留意源自一首新疆民歌的"娃哈哈"三字。
（5）他们爬呀爬呀，艰难地朝大海的方向爬去。
（6）我啊，从啊，旧社会过来的。

"啊"在例（3）里附着例举话题的并列成分，例（4）里附着述题里的例举宾语，例（5）里附着于述题里的反复动词之后且不能删除，例（6）里附着述题里的非切分语段介词"从"，发挥话语填充语的作用。

3. 附着逻辑成分和韵语里的音节或节拍。如：

（7）烧至九成热时，将挂上糊的鸡平整地推入油锅内，炸至呀金黄色。
（8）他是一个呀非常热心的人。
（9）如呀今的南泥湾，与呀往年不一般。
（10）正月里来看花灯，花灯无数暖人心，眼前一片红彤彤，心里早就暖融融。

"呀"在例（7）里附着补语里的介词"至"，直逼句末焦点"金黄色"。例（8）里附着宾语的数量定语，逼近句末焦点"非常热心的人"。这两例里，伴随语气词的停顿也跟句子的结构层次不一致，作用在于扩大逻辑背景以聚焦于目标（沈家煊 1999：229）。例（9）里插入韵语的单音节后，不受词法和句法结构的限制；例（10）里插入韵语的节拍之间发挥衬音和过渡作用。

学界往往认为语气词用于句中受到如下限制："必须在词和词的交界处"（朱德熙 1982：213）；"不一定跟句子的结构层次一致"，即"被停顿分隔开的两个语段不一定正好是句子的直接组成成分"（朱德熙 1982：213）；"前置虚词（副词），后头不能有停顿"（朱德熙 1982：213）；"述宾结构中间一般不能有停顿"（朱德熙 1982：213）；"一定不出现在焦点成分里"，"越是靠近句末焦点的地方就越是不可能插入语气词"（张伯江、方梅 1996：38—39）；除了个别义类的动词可带语气词短语做宾语，语气词序列不能被更大的语言片断所包含（史冠新 2008）。现在由前述可知，除第二条外，其余五条都被语气词打破了。

由上可见，线性上，语气词位于句子的前、中、后等位置；层次上，位于上、中、下各层，经常位于句末述题后即第二层，最低可位于第八层。附着对象包括话语成分及其内部句法成分、逻辑成分和韵语成分，而非以往所谓仅位于句末或附着句子（黎锦熙 2007：260；王力 1984：216；吕叔湘等 1956；胡裕树 1995：298）。

（二）语气词的共现成分

语气词与特定语调和停顿强制共现。按与之同步的音段成分，语调可分为述题调、话题调和词语调。

1. 述题调，通常谓之句调、语法调或语气调，和口气调或情感调相对（赵元任 1935；陈建民 1984：54），与述题同步，以调尾平曲、升降、长短对立为主要标志，强制性表示述题的语气类型（mood）。其中，平调表示陈述，曲调表示感叹，升调表示是非问，降调表示祈使，呼调表示呼唤，促降调表示反问。重要的是，句末出现语气词时，必然有特定述题调与之强制性高频共现（反之则不必然），并位于其调尾部分最后一个重读音节后。亦即，句末语气词必然和述题调的调尾同处句末述题后，同属句子的语气手段。与之相比，非语气词用于句末述题后则是偶然的，且不一定有特定述题调与之强制性高频共现。换言之，日常会话句必然都有述题调（即使转写为文字也必然会在阅读时激活之），因而是比句类及其标记更为可靠的语气手段，而句类及其标记往往会造成四大句类"彼此在功能上存在着渗透"，很难构成系统性对立（徐晶凝 2008：98）。可惜的是，以往研究由于受结构主义语法学影响过大而对此重视不够。首先表现为不考虑语调就贸然认为"吧、呢"表示疑问，"吗"表示反问（黄国营 1986）或是非问。其次，即使考虑语调，对它和述题语气词的关系也是聚讼纷纭。如仅对"吗"就有如下观点：一是强制性是非问（黎锦熙 2007：277；胡明扬 1987；朱德熙 1982：211；陆俭明 1984）；二是可选性是非问（吕叔湘 2002：283）；三是帮助语调表示"可疑"（胡裕树 1995：377）；四是辅助表达疑问或减弱疑问/反问（陈妹金 1995）。

2.话题调，与话题语（即做话题的词语）同步，调型略微上扬或上扬的拖腔或半拖腔，使得话题跟述题的分界更加分明，语气也显得和缓，[①]以提请听者注意即将出现述题。如果后面出现了语气词，话题调自然延伸到其后的语气词。而且，在语境和前后句的支持下，话题调还能和话题语一起构成述题为零的话题问句（高华 2009）。

3.句法调或词语调，与述题或话题的内部句法成分同步，表现为低拖腔（赵元任 1979：360），如"走啊走啊"里"啊"的语调就是如此。

同时，按所附对象，停顿也分为述题停顿、话题停顿和词语停顿。首先，述题停顿通常谓之句末停顿、句间停顿或句子两头的停顿，一个句子就是"两头被停顿限定的一截话语"（赵元任 1979：41）。其次，话题停顿即话题和述题之间的停顿（赵元任 1979：44，74），为言者边说边想、听者边听边想提供喘息之机。最后，词语停顿位于述题或话题内部的句法成分后，可以打破句法乃至词法结构的限制。三种停顿里，述题停顿即赵元任所谓"全停顿"，话题停顿即其所谓"半停顿"，词语停顿短于半停顿（赵元任 1979：73—74）。

此外，以上（附着对象和共观成分）两个特征还意味着语气词和非语气词的如下对立：

一是语气词位于句末具有强制性，非语气词位于句末具有偶然性。

二是除叹词外，非语气词都能参与句法组合，表示概念义、句法义。语气词表面上虽能位于各种非语气词（叹词、拟声词除外）及其各种短语后，但都不能与之构成任何已知的句法结构，也不能做任何句法成分，更不表示概念义、句法义，[②]仅能附着话语成分及其内部的句法乃至词法成分，偶尔附着逻辑成分和音乐成分。如果说"语法是研究一类一类的形式出现或不出现在由别的类构成的框架或槽之中的"（赵元任 1979：7），那么非语气词只能出现在各种句法结构或句法槽之中，而语气词不能出现在各种

---

① 参见黎锦熙（2007：273）、方梅（1994）、史有为（1997：153）、江蓝生（2004）。

② 刘丹青（2008：499）指出："语气词是言者导向的，总体上跟句法结构关系不大，但仍跟某些句内成分有制约关系。"他例举的常见的相关因素有三种：主语的人称及数（有些语言的语气词跟主语有人称一致关系，如景颇语的"句尾词"）、句内的言语功能成分（如表示疑问的疑问词和"V不V"结构、表示祈使的"请"等）、时体成分（有些语气词本身就有时体属性，跟时体的关系就更加密切。如普通话"了₂""来着""呢"等）。他认为第一种汉语没有，第二种我们处理为疑标手段，第三种我们暂不考虑。

句法结构或句法槽之中。

三是除了并列、对举、反复关系，语气词参与的短语都不能被更大的句法结构包含。如"吃饭吗"，虽然加上语调即可成句，但几乎不能做定语构成"*吃饭吗的人"，只有删去"吗"才成为合格序列"吃饭的人"（王力 1985b；沈开木 1987b；方绪军 2006）。究其原因恐怕主要在于，"句法结构""词组""短语"等术语及其定义和类型系统都是基于非语气词的印欧语提出的，遇到印欧语所无、"华文所独"的语气词及其句法表现和功能，既无法容纳也无以命名，即已有句法体系里没有语气词的立足之地。另外，语气词附着话语成分及其句法、词法成分，因此不能凭所附着的非语气词确定其功能，反之亦然。如"大概吧"序列，不能凭"大概"确定"吧"的功能，也不能凭"吧"确定"大概"的功能。也就是说，"句段的连带关系"和"观词之伴而知其义"的方法论原则，百年来一直被奉为金科玉律，但遇到汉语的语气词却几乎全然失效了。因为，语气词"可以说是完全没有词汇意义，只有语法意义，光看代表它们的汉字的写法就可以知道（历史的来源且不去管它）"（吕叔湘等 1956）。而且这种语法意义也不是传统所谓语法意义即句法意义，而是最虚的主观性及交互主观性，即陈承泽所谓"于文字各'构造部或作文者疑决态度、叙述事实之态度及发表意见之态度及此等态度之缓急轻重'之明了性，有增助之力"（陈承泽 1982：54）。

至此可知，语气词附着述题和话题及其内部句法乃至词法成分、逻辑成分和音乐成分，同时分别和述题调、话题调或词语调强制性共现，并后跟句末停顿、话题停顿和句法停顿、逻辑停顿或音乐提顿。至于叹词，必须和句调强制性共现，"语义很像语调的意义"（沈炯 1992），当然不能和话题调、述题调（？）、词语调共现，也不能和话题停顿、词语停顿、逻辑停顿等共现，只能与句末停顿共现。据此姑且记作两个特点：

+ 附着话语成分及其成分、逻辑成分和音乐成分；
+ 与特定语调和停顿共现。

由此特点出发，方光焘（2020）所谓"依结构关系辨品"的标准显然不适合用来划分语气词了。换言之，非语气词（叹词除外）尤其是句法虚词，都能和别的词语构成句法结构，都具有某种结构关系。然而，语气词表面上可位于各种词类（拟声词、叹词除外）及其短语之后，却不能与之构成任何一种已知的句法结构，也不能充当任何一种已知的句法成分，因而不能依据所附对象确定或预测语气词的语义，反之亦然。

（三）语气词连用的特点

非语气词和语气词都能连用，但非语气词只能左向，语气词只能右向。现代汉语里能够紧邻连用的词类不少，① 这里仅拿能愿动词、语气副词这两类和语气词对比，如下所示（其中字母为表示小类的符号）：

能愿动词：可能动词 A> 必要动词 > 可能动词 B> 愿望动词 > 估价动词 > 许可动词（马庆株 1988）；

副词：评注副词 > 关联副词 > 时间副词 > 频率副词 > 范围副词 > 程度副词 > 否定副词 > 协同副词 > 重复副词 > 描摹副词（张谊生 1996）；

语气词：确认语气词 < 肯定语气词 < 确信语气词 < 惊讶语气词（详见第十章）。

既然语气词的连用方向与非语气词截然相反，层次切分时自然不应固守传统的所谓从左向右的操作顺序，而应反向进行。如：

（11）他 可能 会 愿意 读书。

（12）按说这够温暖的了吧？

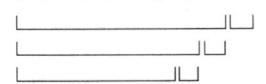

此外，语气词在句末时经常 2 个连用，也可 3 个连用，在话题后只能 2 个连用，在其他位置都不能连用。连用时都严格遵守连用顺序，且相互之间没有直接的结构关系，而是处于不同层次，越往后层次越高。其他词类只能左向递层连用。姑且记作：+ **右向连用**。

四、语气词的功能特点

学界提出的语气词功能可概括为如下三个：

（一）表示句子的基本语气，或少数强制性表示基本语气，多数可选性表示言者的态度即口气，有的还具有时、体、程度或完句功能。

（二）表示日常会话色彩。

（三）是标句符。

依据前述确定的"+ 可选性"和"+ 附着话语成分及其成分、逻辑成分和音乐成分"两个独有特点，所谓的时、体、程度和完句等句法语义功能，

---

① 除语气词外，指人名词、处所词、时间词、能愿动词、动词、副词（陆俭明 1994）、形容词（马庆株 1995）等都能紧邻连用。

句子的基本语气和标句符等功能，对内都不具有普遍性，很难视为语气词的特点。

和叹词、象声词一样，语气词几乎只能极低频用于日常会话（郭锐 2002：276），书面语和正式口语、追求速度效果的特殊口语（如相声里的贯口、快板书）几乎都不用语气词。其中，主位标记（即本书的话题语气词）"总是出现在语气比较舒缓、谈话相对从容的叙述语体（narratives），尤其是独白里"（张伯江、方梅 1996：39）。准话语语气词更是只能用于日常会话语体里。但也不能排除非语气词的口语色彩。据此，语气词的功能特点姑且记作：**± 日常会话**。

此外，语气词还具有明显的音义象似性特征，即声母以舌音、唇音和颚音/零声母的三元对立区分口气类型，主元音以舌位高低的二元对立和介音有无对立区分口气强弱及色彩。换句话说，每个语气词都是声母别口气、韵母别强弱及其色彩的功能复合体。可表示为表 1-3。

表 1-3　语气词的音义象似性

声母别口气	舌音→肯定口气	唇音→不定口气	零声母/颚音→惊讶口气
韵母别强弱	弱式（e）<强式（a）	弱式（e）<强式（a）	弱式（e）<强式（a）
	的<哒	么>吗	呃/欸/哦<啊/哎/嗷
	了<啦	啵>吧	呀/耶/哟
	呢<哪		嚄<哈

但是，拟声词、叹词、代词、部分名词、部分动词和部分形容词也具有程度不等的音义象似性，因此音义象似性不是语气词的专有特征。姑且记作：**± 音义象似性**。

语气词的语义不是实词所表概念义，不是句法虚词所表句法范畴义和句法关系义，也不是语调和疑问标记（以下简称"疑标"）所表语气义，而是表示对命题及其语气的主观性及交互主观性即口气。简言之，它们的语义是虚词里最虚的。姑且记作：**+ 语义最虚**。这个特点和它们的包括声调最轻在内的音节最简这一特点是同步的，即"音节最简，语义最虚"。

第五节　小结

经过上述去伪存真的操作，初步筛选出语气词的独有特点和与非语气词的共有特点（见表 1-4）。

表 1-4　普通话语气词的特点

特点 \ 词类			语气词	句法词	叹词	情态词	实词
独有特点	语音	1. 音节最简	+	−	−	−	−
		2. 声母集中于舌音、唇音和颚音或零声母，主元音集中于 /A/、/ə/	+	−	−	−	−
	分布	3. 附着话语成分或其成分、逻辑成分和音乐成分	+	−	−	−	−
		4. 与特定语调和停顿强制共现	+			±	
		5. 右向迭用	+	−	−	−	−
		6. 可选性最强	+	−	−	−	−
	功能	7. 语义最虚	+	−	−	−	−
共有特点		8. 封闭性	±	+	+	+	−
		9. 黏着性	±	+	−	−	−
		10. 重叠	−	−	+	−	+
		11. 音义象似性	±	+	+	+	+
		12. 日常会话	±	+	+	+	+

　　上表所列语气词的七个独有特点，对内具有普遍性，对外具有排他性，每一个都可以单独将语气词和其他词类区分开来。

第二章 语气词的界定标准

第一节 已有研究回顾

学者对语气词范围的宏观认识，可概括为大、中、小三种语气词观。

一、大语气词观

赵元任（1926）最早主张，表示"口气"可用实词、副词、连词、形态、叹词、语调和语气词等7种手段，"其中一样极要紧的就是用语助词"。另外，吕叔湘（2002）、丁声树等（1961）、胡明扬（1987）、贺阳（1992）、齐沪扬（2002）等学者也都主张大语气词观，[①] 只是具体种类略有出入。胡明扬的范围最窄，仅包括叹词和语气词；吕叔湘范围最广，包括12种。

二、中语气词观

以马建忠为代表，他认为"凡虚字用以煞字与句读者，曰助字"，"故同一助字，或以助字，或以助读，或以助句，皆可"（马建忠1983：23）。马氏的语气词包括句中语气词和句末语气词两种。

三、小语气词观

黎锦熙（2007：260）提出，语气词"只用在词句的末尾，表示全句的'语气'"。也就是说，黎著认可的语气词仅包括句末语气词。

语气词范围的宏观界定的不同，极大影响了对语气词范围的认识及其研究。现在，马建忠的中语气词观显然得到了广泛承认。21世纪以来，主

[①] 齐沪扬（2002：23）把语调、语气副词、助动词、叹词、人称代词、体助词、某些格式（肯否重叠式）等都纳入语气手段，但把语气词之外的手段统称为"语气成分"而不叫作"语气词"。

要有三位学者对中观语气词给出了明确界定。

（一）齐沪扬（2002：60—62）就现代汉语书面语语气词提出三个特点：一是后面一般有语音停顿，书面语里都可以有明显的标志；二是位于句末的单音节语气词可以连用；三是有不同的表现形式。

（二）郭锐提出语气词的三个功能：一是"置于句尾，这是语气词最常见的功能"；二是"有些语气词可以置于句中停顿前"；三是"置于另一语气词前"（2002：236）。以此为标准，他界定出35个现代汉语语气词。

（三）徐晶凝（2008：133）提出语气词有如下三个特点：一是语法上不是语法结构必需的成分，有无不影响语法结构的合法性；二是语义上有无不影响语法表达式的内容（命题）；三是情态上是必需的成分，有无会直接影响到语句的效力。以此为标准她界定出12个语气词。

显然，郭、齐两位从结构主义语言学出发强调分布，徐著从话语情态视角出发突出功能。另外，同在结构主义语言学框架内，郭著的标准是句尾分布、句中停顿前和另一语气词前，齐著标准是后有停顿、连用和音形变异。标准不一导致了标准的不完备性。如即便同时使用句末和后有停顿两个标准，也不一定就能保证鉴别出以下两例句末的"的"是不是语气词。如：

（1）来了一位卖画儿的。　　对比：*来了一位卖画儿。
（2）这位先生是卖画儿的。　对比：这位先生是卖画儿。

以上两例句末都有一个"的"，其后都有句末停顿，却难以判断它们两个是否都是语气词。

此外，刘丹青（2021）从主句现象（root phenomena/main clause phenomena，即从句限制）出发认为，某些句法单位只能出现在主句（独立单句或复杂句中的核心句）中，不能进入从属性、嵌入性句法位置，即对主句限制的从属句位置。汉语主句里，语气词被从句阻挡，即不能出现在主句之内。如：

（3）a. 有些学生没去。> b. 有些没去的学生也补了课。
（4）a. 有些学生没去么。> b.* 有些没去么的学生也补了课。

但也偶有如下例句：

（5）摆啊摆啊的相公灯，扭啊扭啊的闺女灯。

（6）……不是那种记啊画啊的人，一切都是在脑子里，一种精神的领悟。

（7）人哪，犯不着为一点权呀利呀的事就生气记仇的，能活多长时间？

以上学者提出的界定标准不能有效发挥鉴别作用的原因可能有二。

第一，没有选择参照系或参照系不合适，故而仅凭三两标准很难从词类系统里准确鉴别出语气词。如郭著虽然选择了助词（结构助词、体助词、比况助词、数助词、焦点标记等）为参照系，但仅凭分布、停顿还不足以区分语气词和助词。因为参照系内其他词类也可分布于句末，且其后也可有停顿（虽然不必然如此）。

第二，还是标准问题。如齐郭两位提出的连用标准也适用于名词、动词、形容词、语气副词、助动词等，因此仅凭能否连用不能将语气词与其他词分开。按我们的想法至少还得加上"右向"限制语才行。另外，郭著的"句中停顿前"这个特征，也绝不仅限于语气词，很多词类都具有该特征。"置于句尾"这个特征，似乎很有说服力，但事实上很多词类都可以位于句尾，只是机会多少、频次高低不同而已。特别是，通常被认为是语气词的重要源点词的否定词也经常位于句末，对此需要谨慎地辨别它们究竟仍是否定词还是已经语法化为语气词了。[①]徐著的语义标准也适用于部分语气副词、介词、连词和助词，因为它们的有无有时也不影响句法和语义，而语气词位于句中位置有时也会影响表达式的合语法性和命题内容。如：走啊走啊≠走走、人啊人≠人人、宝呀贝呀≠宝贝。

第二节 语气词界定标准的原则和参照系

一、语气词界定标准的原则

郭锐（2002：178）曾提出确定词类标准的完备原则、方便原则和简单

[①] 吴福祥（1997）提出，如果在"VP不"中出现了疑问副词"宁"、否定副词"未、不"、反诘副词"讵"，按照语义选择规则，句中的"不"已虚化为语气词。龙国富（2004：225—244）、朱冠明（2007）提出，从回答方式上做判断，能用类似"是的""对"等肯定方式回答的句子，已变成"是非问"，从而间接证明"VP不"中的"不"已虚化为语气词，因为选择问或反复问只能选项作答。

原则。完备原则必须首先满足，方便原则和简单原则为补充原则。笔者以为，还应补充如下两个原则：

（一）折中原则，即折中于经典范畴与原型范畴之间，不固守极端。范畴之间既存在相对清晰的界限，也存在不很清晰的过渡地带或少数两可成员。确定语气词的界定标准时，最好首先确定具有"非此即彼"划界能力的标准将大部分语气词确定下来，而后再依据隶属度将词归入语气词或其他词类。这对于由短语经过词汇化、语法化而来的复合语气词的确认尤为重要。

（二）参照系原则，即界定语气词范围不能笼统地以所有词类作为参照系，而应选择与之具有密切关系的相关词类作为参照系，即以轻声词和情态词为参照系。

二、轻声词参照系

声调作为汉语有别于无声调语言的重要特征，在词汇层面具有别义功能，在语法层面表现出一定程度的别类功能。如对大多数单音词和少数多音词而言，仅据声调就可分别出如表 2-1 所示的词类系统。

表 2-1　声调词类系统

轻声与否	定调与否/可否恢复原调	语流轻声与否	具体词类
非轻声词	A. 非定调	非语流轻声词	名词、动词、形容词、副词、数词、量词
		句调词	叹词
	B. 定调	上声	人称代词、疑问词、亲属名词、器官名词
		阴平	拟声词
	C. 轻读：语流里临时失去本调		介词、连词、单音节方位词、趋向词
轻声词	D. 轻声：有底层本调		体助词、结构助词、列举助词、数量助词
	E. 最轻声：无底层本调		语气词

上表所列声调词类系统里，A—C 属于非轻声词，D、E 属于轻声词。从词调轻化程度看，由 A 至 E 轻化程度递增。与声调依次轻化次序同步，5 类词的词义虚化和语法化程度依次递增（<表示前项程度低于后项）：

A ＜ B ＜ C ＜ D ＜ E

声调轻化程度：　低　　　　　高
词义虚化程度：　低　　　　　高
语法化程度：　　低　　　　　高

简言之，词调的轻化与语义虚化、语法化之间宏观上呈现出大体同步的"重度象似性"。相比于其他各种轻声词，语气词的词义最虚，语法最黏着，语法化程度最高，词调最轻，音节结构最简，以至于声调对内不再具有别义功能，仅仅具有对外的标志功能。在分布上，语气词的常态是附着述题和话题及其两者的成分并后跟句末或话题停顿，轻声词的常态是附着句法成分，偶尔位于句末并后跟句末停顿。功能上，轻声词表示体、领属等句法意义，影响句子的合法性及其命题；语气词标记话语成分（话题和述题）及其成分，绝大部分情况下不影响句子的合法性和命题内容，即"与国语的内容和构造都不相干"（黎锦熙 2007：261），仅表示言者对话语成分及其成分的口气。

此外特别值得注意的是，单纯语气词具有音义象似性，即"声母别口气，韵母表口气之强弱"，这是其他轻声词都不具备的重要特征。

三、情态词参照系

大语气词里的情态副词、情态动词和叹词合称情态词，它们和语气词的对立特征如表 2-2 所示。

表 2-2　情态词和语气词的对立特征

对比参项 词类	轻声与否	自由/黏着	位置	选用方向	层次	语义指向
情态词	非轻声	自由	述题之前或主谓之间，独立成句	左向递层	层次高于句子或其述题	语义指向句子或其述题
语气词	最轻声	黏着	话语成分或其成分之后	右向递层	层次高于话语成分或其成分	语义指向话语成分或其成分

注：刘叔新（1982）："语气副词虽然也表示某种语气，但主要的语法特点是充当状语，修饰谓词性的成分或主谓结构，和一般副词的语法特点一致。这类词形式上重读，较不紧密地附着于所修饰的部分之前……因此，只把语气副词定在副词范围内而不归入语气词或助词，是合理的。"

换言之，情态词都各有本调，语气词均为最轻声；情态副词位于述题之前（包括话题、主语之前），情态动词位于主谓之间，叹词永远独立，而语气词位于话语成分（话题和述题）或其内部成分之后。情态词和语气词紧邻共现时，只能构成"情态词+语气词"序列，即语气词附着情态词并以之为辖域，句法层次理应高于情态词。如或许|吧。能|吗？我的天|哪！否定词位于句末时，也是如此。如中古、近代汉语和当代南方话都存在"VP+不/吗/么/吧+呢"句。对此，学者们提出过多种方法鉴定其中

"不""吗""呢"是不是语气词。①虽有明显效果，但并不绝对有效。其实，只要"不"后有语气词，就可以确定它们是否定词而非语气词了。因为"吗""吧"和"啊（呀）""哎""呕""嘛""哈"等，几乎绝对不能后跟其他语气词并与之连用（原因是它们位于句子的最高、最外层），而否定词及其参与构成的肯否式几乎都可以不受限制地后跟一个乃至多个语气词，普通话和方言都是如此。

第三节　语气词的新界定标准

由语气词的七个独有特点出发，以轻声词、情态词作为参照系，尝试检验它们作为语气词界定标准的有效性。

一、语音标准：1. +音节最简（含最轻声）；2. +声母集中于舌音、唇音和颚音或零声母，主元音集中于 /A/、/ə/。

首先，与非轻声词相比，语气词是轻声；在轻声词参照系——结构助词、体助词、单音方位词和趋向词——里，语气词是声调最轻的最简音节。其次，语气词的声母集中于舌音、唇音和颚音或零声母，主元音集中于 /A/、/ə/，虽然轻声词参照系里的结构助词"的、地、得"的韵母集中于一个音位 /ə/，体助词"过、了、着"集中于 3 个音位 /ə/、/u/、/o/，但都不是声调最轻的最简音节。

二、分布标准：3. +附着话语成分或其成分、逻辑成分和音乐成分；4. +与特定语调和停顿强制共现；5. +右向迭用；6. +可选性最强。

（一）语气词可选性附着句子的话语成分或其成分。如：

（8）你说什么来着？
（9）可是等呀等呀一直不见人影。
（10）安佳呢，的确有苦衷，方言呢，也是大义凛然烈火金刚。
（11）这种花里胡哨的衣服，连女人哪都穿不出去。
（12）他是一个呀非常热心的人。
（13）走呀走呀走呀走，走到九月九。

例（8）里，语气词附着述题，后跟句末停顿。例（9）里，附着反

---

① 主要见吴福祥（1997）、龙国富（2004：225—244）和朱冠明（2007）。

复述语成分，后跟句法停顿。例（10）里，附着话题，后跟话题停顿。例（11）里，附着焦点次话题，后跟话题停顿。例（12）里，附着逻辑背景成分，后跟逻辑停顿。例（13）里，附着乐句里的音节，后跟音乐停顿。

（二）情态词参照系里，叹词永远独立成句并后跟句间停顿，情态副词和助动词都做句子的高层谓语而位于述题左端。与之相比，轻声词参照系里的结构助词只能附着定语、状语或前附于补语；体助词只能附着述语核心谓词，偶尔后跟句末停顿。除后跟句法停顿外，无论附着哪种成分，位于何种位置，语气词的有无、异同或多寡都几乎不影响句子的合语法性和命题内容。

（三）2或3个语气词位于述题后或2个位于话题后向右递层迭用，越靠右，层次越高。如：

（14）你孙悦该知道我不是随便来串门子，受你白眼的了吧？
（15）论交情的话呢，我求你给我两个礼拜的限；论法律呢，我当初和你哥哥定的是：不论谁辞谁，都得两个礼拜以前给信。

例（14）里的"的了吧"迭用附着述题，例（15）里"的话呢"迭用附着话题。它们分别在不同层次发挥作用，彼此之间没有句法和语义关系。名词、形容词、情态动词、情态副词和副词都只能左向递层连用，且不会发生语流合音；体助词偶尔右向迭用，结构助词不能迭用。

三、功能标准：7. + 语义最虚。

语气词语义最虚的具体表现就是具有高度可选性，即有无、异同和多寡几乎不影响命题是否成立与真伪，不做任何句法成分，不参与任何句法结构，而且和音节最简互为表里。相比之下，轻声词参照系里的结构助词、体助词不能自由隐省，情态词和实词的隐省要以牺牲语义明确性为代价，都和语气词构成截然对立。

以上标准都是依据语气词的七个独有特点设立的积极标准。据此，可大体将语气词与其两个参照系做出如表2-3所示的区分。

表2-3 语气词与轻声词、情态词的区别

界定标准		语气词	轻声词	情态词
语音标准	1. 音节最简	+	−	−
	2. 声母集中于舌音、唇音和颚音或零声母，主元音集中于 /A/、/ə/	+	−	−
分布标准	3. 可选性附着话语成分或其成分、逻辑成分和音乐成分	+	−	−

续表

界定标准		语气词	轻声词	情态词
	4. 右向迭用	+	-	-
	5. 与特定语调和各种停顿强制共现	+	-偶尔	±
	6. 可选性最强	+	-	-
功能标准	7. 语义最虚	+	-	-

第四节 小结

依据前述提出的原则、参照系和界定标准，我们对学界提出的 98 个候选语气词逐一甄别，最终得出了如表 2-4 所示的 46 个候选语气词，按语音和内部结构分为 4 类。

表 2-4 候选语气词

结构类型	零声母或颚音	舌音			唇音		其他	合计
	ø	d	l	n	b	m	q、sh 等	
单纯词	啊、哦、哎、欸、哈	的	了、来	呢	吧、呗、不	吗、没	去、时	16
复合词		得了、的话、的时候	来着		不成、不是、罢了	没有	似的、着呢、而已；好了、算了、就是了；也罢、也好	16
迭合形式	嗒=的啊、呆=的哎		啦₁=了啊、啦₂=了啊、喽=了哦、咧=了耶、嘚=了哎	哪₂=呢啊、呶=呢哦、奈₂=呢哎	啵=吧哦			11
合音形式				哪₃=着呢+啊、呶₃=着呢+哦、奈₃=着呢+哎				3
合计	5	6	8	7	7	3	10	46

注：1. 语流变体和异体形式一律不计，同音语气词"吧₁、吧₂"合记作"吧"，"吗、嘛"及其异体形式"嚜、么"合记作"吗"。

2. 零声母语气词"啊""哦""哎"由于语流中前字韵尾不同往往发生以下 3 类语流音变：前字为非语气词且韵尾为 -n 时，分别形成"哪₁、呶₁、奈₁"3 个临时变体；前字为单纯语气词"呢"时，分别形成"哪₂、呶₂、奈₂"3 个合音语气词；前字为复合语气词"着呢"里的"呢"时，分别形成"哪₃、呶₃、奈₃"3 个合音形式。换言之，"哪、呶、奈"实际上各有 3 个不同的来源。

上表所列各类候选语气词里，首先，可排除 3 个临时合音形式。其次，11 个所谓迭合形式，都是两个单纯语气词经常固定迭用而形成的经济模式，它们本来所处层次不同，也不存在结构关系，不应视为语气词的正式成员。最后，CCL 语料库没有发现"欤"作为语气词的用例，疑心它已经退出使用。除去这 3 类 15 个，普通话只有 31 个语气词。至于同音语气词问题，将在功能系统部分再予展开。

第三章 语气词的本质与聚合系统

第一节 引言

语气词既是一个相对封闭的聚合系统，也是一个相对封闭的功能系统（胡明扬1988）。因此，也可以并必须"从系统性方面去考察每个语气助词的语气意义"（胡明扬1988）。由于学界向来"不太重视语气词的系统性及单个语气词在系统中的地位"的研究（李小军2013：25），尽管近百年来发表了数以百计的论著，但是不仅"很少有人把整个汉语的语气系统描写清楚"（齐沪扬2002：2），而且"迄今为止对那些典型语气词的作用还是见仁见智，仍然没能取得相对一致的认识"（齐沪扬、张谊生、陈昌来2002：302）。究其原因主要有三。

一、赖以构建语气词聚合系统的视角各异，认可的语气词数量悬殊，分类及其排列也都分歧严重。

视角一，将零声母语气词（以下简称"零声母词"）分为强弱式（上神忠彦1968；郭小武2000；吕叔湘2002：259—261；黎锦熙2007：295）。

视角二，将"辅音语气词（以下简称"辅音词"）+零声母词"迭用造成的迭合词视为合成词（赵元任1926；丁声树等1961：209—215；胡明扬1987：76；朱德熙1982：212；吕叔湘2006：86）。

视角三，将"了、的、么、呢、吧、啊"等6个视为"基本语气词"，它们的连读音变、迭合词、临时变读乃至异体字都视为"派生语气词"（孙也平1982；胡裕树1995：375；张谊生2000：276；张斌2002：337；黄伯荣、廖序东2007：33—35；吕叔湘2006：86）。

其中，强弱式聚合系统认可5—30个语气词，合成词聚合系统认可10—23个语气词，基本/派生语气词聚合系统认可18—23个语气词。

二、功能分类或依据句类分布，或依据自身功能，或依据共现词类，更多依据迭用顺序，分别提出二分系统（太田辰夫2003：327），三分系统（胡明扬1987；朱德熙1982：208；徐晶凝2000；吕叔湘2002：259），四分系统（王力1985a：245；胡明扬1988；黎锦熙2007：260）。

三、研究方法至今未能完全摆脱随文释义的窠臼，导致重复性研究与日俱增，结论大都陈陈相因或大同小异或截然对立。

由上可知，表面上，已有聚合和功能系统的不同似乎是由观察视角或依据标准的不同造成的，其实是对语气词本质的认识偏差导致了如此众多面貌迥异或大同小异的聚合系统和功能系统。如怎样确定语气词的聚合系统，如何分类，如何排列，语气词个体及其彼此之间的音义关系如何等，无不涉及对语气词本质的认识。对于诸如此类的问题，学界至今缺乏应有的认识。鉴于上述情况，本章首先尝试从语言类型学角度、非语气词和语气词对立角度和音义关系角度探讨语气词的本质，然后尝试构建新的语气词聚合系统。为使讨论更加集中，仅就一般所谓句末单纯语气词展开讨论。

第二节 从语言类型学看汉语语气词的本质

传统所谓三大类型的语言表示语气（mood）的手段不同，屈折语使用动词形态，黏着语使用附缀或语气词，分析语使用语气词（赵元任1926；王力2005：295；戴昭铭、董丽梅2016；意西微萨·阿错2018）。另外，从语调和语气词互为补偿关系出发，依据音高或基频的作用层面与功能类型，将人类语言分为声调语言和语调语言（哈特曼、斯托克1981：359；吴宗济1982）。汉藏语是典型的声调语言，印欧语是典型的语调语言。这意味着，汉藏语言的语气词也使用声调作为区别语气的手段。综上，三大类型语言的语气手段及其对立大体如表3-1所示。

表3-1 三大类型语言的语气手段对比

语言类型	语气手段				
	语调	疑标	形态/附缀	语气词	声调
印欧语	+	+	+形态	−	−
阿尔泰语	+	+	+附缀	+	−
汉藏语	+	+	−	+	+

由上表可知，三大形态类型的语言都用语调和数量不等的疑标表示语

气，分析语、黏着语还用语气词，屈折语还用形态表示语气。由此带来如下两个问题：

问题一：分析语、黏着语的语调、疑标和语气词，屈折语的语调、疑标和形态之间的关系如何？这里我们只关心汉藏语的语调、疑标和语气词的关系如何。

问题二：汉藏语是语调兼声调语言，都以声调为别义手段。但不同词类和语调的关系却迥然不同。如语气词的有无、多寡和声调具有同步关系（赵元任 1926；游顺钊 1980），但非语气词的有无、多寡和声调之间则无此关系。同时"语气词可以分析为语调的一种变体"，一旦受到声调干扰和拒阻，语调就有可能转化为语气词（冯胜利 2015），但不能转化为非语气词。据此，非语气词和语气词的语音形式尤其是声调是否具有同一性呢？

为解决问题一，即汉语的语调及疑标和语气词及其声调的关系问题，我们由学界已有的假设出发，依据语气词必然和语调及疑标强制性共现的种类、频次、层次和功能关系提出"语气结构假设"（mood structure hypothesis），即述题/谓语之上有一个语气结构，其模式为：语法调/疑标 $^{n=1}$ 语气（speech act mood）+ 语气词 $^{n=0-3}$ 口气（tone of voice）。① 语法调或疑标强制性择一出现表示上位语气（upper mood），② 语气词可选性出现 0—3 个表示相应语气的下位口气（subordinate tone of voice），两两以不同种类、频次、层次和功能关系构成 95 式语气结构，表示 95 种"语气+口气"综合值。如：

（1）大立，金枝她好点儿了吗？　　　（升调+吗）
（2）这是我干爹的一番诚意，接受了吧！（降调+吧₂）
（3）别担心，我带着地图呢。　　　　（平调+呢）
（4）你这个小金县长啊！　　　　　　（曲调+啊）

例（1）的语气结构是"升调+吗"，前者表示是非问语气，后者表示其下位的低确信兼低委婉口气，合作表示"是非问语气+低确信兼低委

---

① "speech act mood" 本为徐晶凝（2008：66）用语，用以对译"言语行为语气"。本文借来对译"语气"一词。"tone of voice" 一语为笔者自创以对译"口气"一词（简称"tone"），以此有别于孙汝建（1999：9）所用"口气（tone）"及其复杂多样的所指。
② 杨洋、郑礼珊（2019）为汉语语调表示语气提供了最新证据。

口气"。例（2）的语气结构是"降调+吧"，前者表示祈使语气，后者表示其下位的高委婉口气，合作表示"祈使语气+高委婉口气"。例（3）的语气结构是"平调+呢"，前者表示陈述语气，后者表示其下位的强肯定兼强提醒口气，合作表示"陈述语气+强肯定兼强提醒口气"。例（4）的语气结构是"曲调+啊"，前者表示感叹语气，后者表示其下位的中性惊讶口气，合作表示"感叹语气+中性惊讶口气"。

与汉语的语气结构不同，英语的语气结构由主语和限定成分构成。语序为"主语+限定成分"的句子是陈述语气，语序为"限定成分+主语"的句子是是非问语气，语序为"How/What+形容词+主语+限定成分"的句子是感叹语气，"第二人称主语+限定成分"的句子是祈使语气，助动词是过去式的句子既表示过去时也表示虚拟语气。

相比之下，汉英两种语言虽然都有语气结构，但明显不同。就成分而言，汉语语气结构由语法调或疑标和语气词构成，英语语气结构由主语和限定成分构成。汉语没有英语的动词形态变化构成的限定成分或限定式，各种句类标记都没有强制性，但语调发挥了至关重要的作用。反过来看，英语没有汉语的语气词，且语调区别句类的作用仅限于"主语+限定成分"式是非问句，而更多表示类似汉语里的有些语气词的功能（赵元任 1926；冯胜利 2015）。①换句话说，汉语的语调大体对应于英语的主语和限定成分，有些语气词大体对应于英语的（表情）语调。

此外，广义情态观将语气词纳入情态词，广义话语标记观将语气词纳入话语标记。但广义情态词或广义话语标记里的非语气词，都不参与构成语气结构，而只能是语气结构或语气词附着或指向的辖域及其成分。换言之，依据是否参与构成语气结构，可将语气词从广义情态词和广义话语标记里独立出来。还可以说，语气词既不属于情态词，也不属于话语标记，而是汉语这样的语气词语言特有的表示口气的功能词。简言之，汉语的句类语气主要由语法调区别表达，句类标记和语序手段的作用不具有强制性和普遍性，而口气则主要由语气词表达了。英语的句类语气主要由主语和

---

① 赵元任（1926）在讨论"口气"（即通常所谓"语气"）的手段时指出，英语"用语法上词式的变化：'I would if I could, but since I can't, I sha'n't.'……因为中国语中词式的变化大都是语助词的形式，所以这个不另成一种了"。后来他（1932）又说："事实上大多数的情况是，英语的语调相当于汉语语法中语助词的用途。反过来，汉语的语助词有时相当于英语语法的屈折变化，有时相当于英语的语调。"但"汉语的语助词不是总能与英语的语调对应；其能对应的，最重要的有阿、嚜（或末）和诶"。冯胜利（2015）指出："英文的语调往往与汉语的句末语气词相互对应。""英文用语调完成的工作，汉语用句末语气词。"

限定成分区别表达，语调几乎没有什么作用，所以才得以在表示口气功能方面大展拳脚。简示如下：

语言	语气手段	口气手段
汉语	语法调	语气词
英语	主语和限定成分	情感调

下面将重点讨论问题二，即汉藏语里非语气词和语气词的语音形式尤其是声调是否具有同一性。先讨论两者的共时和历时对立，而后讨论其音义关系对立。

第三节 从非语气词和语气词语音的共时对立看语气词的本质

一、语气词和非语气词的功能对立

早在20世纪之初，陈承泽（1982：54）就曾给语气词下过一个至今看来仍然不失严谨而科学的定义：

> 字之附属文句中，于文字各"构造部或作文者疑决态度、叙述事实之态度及发表意见之态度及此等态度之缓急轻重"之明了性，有增助之力者，谓之助字。

同时，他还从功能、删除和移位是否影响语义以及附着对象等4个角度对语气词和语气副词（他称之为限制副字）进行了明确区分：

> 助字有类于限制副字之点，其在前置之助字为尤然。其别于限制副字者，以限制副字有主要的增加主语或说明语之内容之力（着重号为笔者所加，下同），而助字则仅有补助限制副字所表示之意之力，其与限制副字并用时，删去其助字，于文意并无亏损（其无指示象字或限制副字时，亦得补出后而删去助字）也。且副字在文中位置移动时，文意每受其影响，而助字则否。亦其区别之一点。是以副字可视为附着于所副语，助字可视为离立于语句之间。

结构主义语法学强调依据句法分布将语气词归入虚词，与介词、连词和助词等并驾齐驱。但这种分类格局是基于非语气词语言提出的，对汉语这种语气词语言不免有圆凿方枘之惑。根本原因在于，语气词不分布于句法结构即词组或短语层面，而主要分布于句子层面的述题和话题之后，这与非语气词有质的不同。

首先，除了叹词和拟声词，语气词可以不受限制地位于各类非语气词之后，包括词义最实在的体词、谓词和意义虚泛的语气副词以及永远独立成句的借用叹词，加上语调都可成句。如：

（5）她们穿的是什么？吊带衫吗？
（6）一亿三千万呀！这不是小数目。
（7）着火了——！走啊！
（8）"你能否从照片上辨认出他来？""或许吧。你认得他？"
（9）老天爷啊，你睁睁眼吧！我就这么一个闺女呀！

以上例句依次是"名词+[升调+吗]""数词+[曲调+呀]""动词短语+[曲调+了]""动词+[降调+啊]""语气副词+[平调+吧]""叹词+[曲调+啊]"。尽管语气词分布如此广泛，但它们却不与任何一类词语构成任何一种句法结构，当然也不充当任何一种句法结构的成分，同时也不是任何一种句法结构的必需成分，其有无、异同和多寡也不影响任何一种句法结构的合语法性。因而，"X+语气词"序列至今都难以纳入已有的句法结构系统（沈开木1982；马真1999：443—458），进行直接成分分析时，只能按"先右后左"的操作程序（参见刘文莉1991），第一刀就将它和前面的句法结构或词组切分开。如果遇到3个语气词迭用，还要切3刀才可以。

其次，语义上不参与命题或内容的构成，有无、异同和多寡不影响句法表达式的内容。

最后，语气词在句末述题后和语调或疑标强制性共现的种类、频次、层次和功能关系不同而构成不同类型的语气结构，因此语气词的有无、异同和多寡会影响述题的语气结构类型及其所表示的"语气+口气"综合值。

由上可知，语气词和非语气词在句法、语义和功能上都截然对立。这表现在两者的语音形式——音节及其要素尤其是声调——在共时、历时两方面存在诸多明显或截然的对立。本节先讨论共时对立，分为静态和动态对立。

二、静态对立

非语气词的音节、音节要素、要素组合规律都属于音系，语气词的音节、音节要素、要素组合规律都不属于音系。仅将赵元任对普通话语气词的有关论述综述如下：

（一）语气词的音节"常常有普通字音系里所没有的字音"（赵元任1926）。

（二）语气词"有系外韵母的甚多"，如"得、勒、么（幺么）、呐（＝呢）"等字的元音是"北京正式音系里所没有的一种音"（赵元任1926）。

（三）语气词的声韵组合规律具有超音系性。如在"假如天好末那我也许……"里，"末"字不是"末了儿"的"末"字音，而是［mə］音（赵元任1926）。以此为准，"的［tə］、了［lə］、呢［nə］"等当然也是超音系组合构成的音节。

此外，超音系组合还表现在如下两种次生语气词的音节上。一是由"语气词＋代句词"合成的语气词（赵元任1979：291）：不＋啊→吧、m-＋啊→吗。二是由"声母语气词＋零声母语气词"合成的语气词：的＋啊→哒、了＋啊→啦、呐＋啊→哪、的＋呕→兜、了＋呕→咯／喽、呐＋呕→耨、吧＋呕→啵、不＋啊→吧、m-（"无"的古声母）＋啊→吗（赵元任1926）。

以上所举这些超音系的声韵组合与最轻声一起构成的最轻音节，都是语气词的专用音节。

（四）语气词的声调具有异乎寻常的超音系性。赵元任指出北京话语气词的声调具有如下三个突出特点：

一是声学上不仅表现为"短而中性的'轻声'声调"（赵元任1926），而且"是轻声当中的最轻的……这是几条当中最紧要的一条"。（赵元任1935）

二是功能上表现为语法轻声，而非词汇轻声。"这种性质别种词也有时有之"（赵元任1926），但语气词"差不多全是轻声字，连两三个字的像'罢勒''就是勒'等都是个个字轻声"（赵元任1926）。

三是语流里语气词"不能恢复原来的声调"（赵元任1929），也"没有原调可以恢复"（赵元任1929）。这与有底层字调、仅轻读时才脱落本调的非语气词（如介词、助词等）具有本质不同。对此下文还将详论。

三、动态对立

仅以声调的动态对立而言，语气词和非语气词的对立主要表现为如下两方面。

(一)声调与调尾的互动关系不同。

非语气词仅参与句子的句法结构而不参与语气结构,其声调和调尾在句末偶遇时,必然构成物理同质而功能不同的跨层截搭调——"非语气词音高 > 调尾音高"。如赵元任(1935)曾以"我姓叶,你姓王。"这个句子为例进行分析说,"叶字去声要降而口气要它提高,王字阳平要提高而口气要使它下降",结果造成"不很降的去声叶字,不很升的阳平王字":叶51+↗=523(52 是"叶"的声调,23 是句子的升调尾,表示句子没有完结),王 35+↘=343(34 是"王"的声调,区别词义;43 是句子的降调尾,表示陈述语气)。然而,语气词和调尾必然在句末述题或谓语之后的语气层共现,一起构成语气结构,两者的音高必然构成物理同质、功能一致的同层叠加调,即"调尾音高 + 语气词音高"或"语气词音高 + 调尾音高",彼此互动变异,并影响到它们构成的语气结构类型及其"语气 + 口气"综合值。如调尾影响与之共现的"了"的音高变化,实际是调尾和"了"构成不同的语气结构,两者合作表示不同的"语气 + 口气"综合值。[①] 如(+ 表示语调及其所表和语气词及其所表口气是同层关系,< 表示前项层次低于后项,全书同):

(10)这本书我看了三天了。　　　[平调 + 了]→"陈述 + 肯定_客观已然"
(11)坏了!娘娘中了暗器了!!　　[了 < 曲调]→"肯定_客观已然 < 感叹"
(12)这本书你看了三天了?　　　[了 < 升调]→"肯定_客观已然 < 是非问"
(13)主席:现在开会了。　　　　[了 < 降调]→"肯定_主观预期已然 < 祈使"

例(10)里,平调与"了"极高频共现构成原型语气结构,表示"陈述语气的肯定口气"。余例均为极低频的边缘语气结构,依次表示"肯定口气的感叹语气""肯定口气的是非问语气""肯定口气的祈使语气"。

(二)调类分布对立。

按照信息负荷均衡理论,各种语义、语法类别的词汇理应大体均衡分布于该语言或方言调系的各个调类,偶有例外。但通过对 8 大方言及其 102 个方言点的语气词及其声调的考察发现,语气词的调类具有三个突出特点。

---

① 学界往往认为,语气词作为句末轻声音节,只是承载句尾语调的一部分载体,因此多从语调角度审视语气词(张彦 2008)。

一是，无论方言点的调系有多少调类，语气词所在调类都少于或远少于调系调类，即少于或远少于非语气词所在调类。①

二是，语气词以平调明显占优势和均为轻声的方言点多达72个，约占总数的70%。

三是，5个方言点的语气词都拥有超调系的专用调类。如湘阴话、娄底话的调系都有5个调类，但语气词偏偏分布于5或8个专用调类或其变体里。

以上三点，一个比一个更有力地说明，相比于非语气词（叹词、拟声词除外）的调类都在调系之内，语气词则大量集中于无标记的平调、轻声和超调系的专用调类。

第四节　从非语气词和语气词语音的历时对立看语气词的本质

一、历时演变的宏观走向对立

学界几乎一致公认，古今非语气词的音段成分均由实词、虚词演变而来，而语气词的音段成分则由句末虚词语法化带来的语音弱化、简化而来。简要对比如表3-2所示（*表示构拟的语音）。②

表3-2　古今语气词及其源点词对照表

时期	肯定语气词：交互性弱				非肯定语气词：交互性强	
上古	也 *ʎia^{上}	耳 *njiə^{上}	已 *ʎiɣ^{上}	矣 *ɣiə^{上}	乎 *ɣa^{上} 焉 *ĭan^{平} 邪 *ziɑ^{平} 欤 *ʎiɑ^{平}	哉 *tsə^{平} 夫 *piwa^{平}
近代	来 *lɑi^{平}	的 *tiek^{入} 底 *tiei^{上}	了 *lie^{上}	罢 *pĭe^{平} 尔 rĭe^{上} 哩/裹 *lĭe^{上}	无 *ma^{平} 么 *ma^{平} 罢 *bhA^{去} 阿 *A^{平} 呵 *xA^{平}	

---

① 方言里发现有极端的例子，如七调系的常州话，语气词分布于2个调类里；八调系的文昌话，语气词分布于3个调类里；九调系的温岭话和七调系的苏州话，语气词都分布于1个轻声调类里。

② "无""么"两字的拟音据王力（2005：312），其余据郭锡良（1986）。

续表

时期	肯定语气词：交互性弱				非肯定语气词：交互性强
当代	来·lɑi	的·tə	了·lə	呢·nə	吗·mA 吧·pA 啊·A

近代以前的语气词，除"而已"外，"全部都没有在口语里流传下来"，代之而起的是"来自各方面的新语气词"（王力 2005：321）。然而，它们和两千年后的普通话语气词的主元音之间竟然存在着如下三个惊人的一致性：

一是主元音都只有 /ə/ 或 /A/ 两个音位。前者是最受青睐的央元音，后者是音系里基准音。

二是功能上都是 /ə/ 表示弱交互性，/A/ 表示强交互性。

三是迭用时都是肯定语气词在前，非肯定语气词（确信和惊讶语气词）在后，即交互性"前弱后强"和主元音响度"前低后高"同步。

近代源点词演变为普通话语气词，语音形式发生了如下三大变化。

一是声母，肯定语气词统一为舌音 d/l/n，确信语气词统一为唇音 b/m，惊讶语气词统一为零声母或颚音。

二是韵母里，肯定语气词的介音、韵尾消失而统一为［ə］；确信和惊讶语气词统一为［A］。

三是声调里，平、上、去、入四种声调一律弱化并统一为最轻的轻声。

简言之，从近代汉语到普通话，语气词的音节走过一条最简之路：声母集中于高频易发的舌音 d/l/n 和唇音 b/m，韵母集中于中元音 e 和低元音 a，声调统一为无调、最轻的轻声，整个音节实现为最简组合。这方面，或许只有结构助词 de（的、地、得）和体助词"了"可与之接近。但后者仍有底层声调，且在语流里可根据需要而随时恢复；语气词早已失去底层声调，语流里也不可恢复。换言之，语气词"的""了"的声调比助词"的""了"的轻化程度更高，语义虚化程度更高，语音弱化程度也更高，作为"义最虚"与"音最轻"的结合体现出一种"下意识的倾向"（王力 1985b：131），而且是近代句末虚词的音节经过上述三大变化才重塑出来的。

二、历时演变规律的对立

共时层面上，非语气词属音系字，语气词属音系的边际字。换言之，非语气词的音节属于音系，语气词的音节不属音系（王洪君 1999：265—268）。[①]

[①] 另蒙王洪君先生通信赐告，她写《汉语非线性音系学》一书时认为，普通话的音系字是不包括轻声词的，"但是这样就要为这些词设立一个不轻声的形式作为底层。比如'地、过、了'可以定为底层去声，'得、着'可定为底层阳平，'的、呢、吧、吗、啊'可定为底层阴平"。

赵元任（1926）指出，"语助词的音有一种特点，就是常常有普通字音系里所没有的字音"，特别是"得、勒、么ᴮᴱ、呐"等的"元音是北京正式音系里所没有的一种音，不过暂归入'ㄜ'韵里就是了"；而且"有系外韵母的甚多"。其次，"有时音素不是特别的，而一般的字不像这么拼法。"

再看声调，非语气词的声调是音系字的超音段成分，属于调系，参与构成音系短语（phonological phrase）；语气词的声调是边际字的超音段成分，不属调系，参与构成语调短语（intonational phrase）。

以上共时对立必然造成两者历时演变规律的对立，具体表现为，两者声调历时演变的性质、制约因素和条件不同。

非语气词声调的历时演变属于规则性历时音变，受调系制约，是同一音节内部音段成分的特征和分合关系，结果引发声调分合。如，声母清浊对立引发"平分阴阳"和"全浊上归去"，韵尾消失引发"入派三声"，元音单复、长短、鼻尾和开尾有无引发声调分合（曹志耘、王莉宁 2009；王莉宁 2011）。

语气词声调的历时分合属于非规则性历时音变，几乎不受调系制约，也不以同一音节内部的音段成分的特征和分合为条件，反而经常与句子的调尾"互动变异"。具体表现为，语气词的声调可分化、同化乃至取代调尾，调尾反过来也可同化、分化语气词的声调乃至韵母。此外，语气词的近代源点词原有的平、上、去、入等声调，在普通话语气词里一律无条件弱化为最轻的轻声，声母统一为数量极其有限的舌音、唇音和零声母，韵母统一为 /ə/ 或 /A/ 两个元音音位。

三、非语气词和语气词的音节及其要素的来源对立

非语气词属于音系字，声、韵、调三要素自然是从各自早期的音节及其要素直接继承或经规则性演变而来。它们"差不多百分之九十九以上的词素都是本来有阴、阳、上、去四者之一的"（赵元任 1980：71）。至于它们声调的起源，学界提出的"前后辅音""元音松紧""嗓音发声""发声态"等假说，无一不承认起源于音节的内部要素或有利条件。

关于语气词的起源，学者大都默认和非语气词大同小异，古今语气词的音义都由句末虚词演变而来，并一视同仁地按照语法化或词汇化理论研究语气词的历史演变规律。但李小凡（1998：80）和冯胜利（2015）两位学者提出，语气词由语调分化而来。该观点最终能否被证实，显然还有很长的路要走。因此，姑且避重就轻，仅就其较为容易操作的一个方面——语气词音段成分的来源——略加讨论。

先看它们的声母来源。表 3-2 已经说明，舌音声母语气词源自句末助词，

唇音声母语气词源自句末否定词或动词,零声母语气词源自各自早期的零声母叹词。三种源流关系直接影响了各自声母及其所表口气类型(详见下文)。

再看主元音,虽由近代源点词的韵母分别弱化而来,但却和上古语气词跨越千年"遥相呼应",保持了高度一致性,这本身颇有几分诡异之处!或许可以说明,语气词的来源问题恐非现有的语法化理论所能涵盖得了的。

至于语气词的声调来源,赵元任(1980:71)认为,"没法子知道是本来什么轻声以外的调类",他对语气词溯源研究抱有深深的怀疑态度。[①]但以下两个事实或许有助于间接推测这道难题。

一是当代方言里,语气词的调类几乎都少于或远少于该方言点的调系调类,平调语气词明显占优势和语气词均为轻声的方言点高达70%,个别方言点的语气词还拥有调系之外的专用调类。语流里,语气词必然和语调共现构成语气结构表示"语气+口气"综合值,其声调与调尾在语流里"同层叠加"而互动变异。据此有理由认为,语气词的调类尤其是专用调类和语调的关系更加密切。

二是晚唐时期,北方话语气词仍各有本调,[②]近代以后却几乎都无条件地轻声化为"无调"的轻声,而且是语法轻声里的最轻声,没有底层声调,语流里也无从恢复。

进一步观察,北方话新生代语气词及其轻声的出现可能是以下三个要素的巧合。

一是内部要素,即句末虚词经过语音轻化、语义虚化并重新分析变为新生代语气词。

二是时间要素,大约在12世纪(陈国1960;王力1980:198)。

三是外部要素,历史上无声调的阿尔泰语作为官方语言使汉语北方话调系阿尔泰化,使其调类少于乃至远远少于南方方言并出现了轻声(桥本万太郎1986)。

以上或许可以证明,至少也暗示了,语气词的声调是音系及其调系的"天外来客"。这一比喻有两层含义。一是语气词声调来自狭义音系及其调

---

① 赵元任(1926)认为:"语助词变来的方法,从普通语言学看起来,虽然可以比较的 a priori 说它们大都是从实字变来,而某某语助词的确是从那个那个字来的,是要用许久历史的 a posteriori 的研究才可以做的题目。"虽然"同一种语助词的各种写法当中可以找到些能暗示咱们它的来历的写法,或是找到与别的方言中语助词相关的地方","但是汉字写法的调查与研究都是一种辅助的研究,只能给人暗示而不能作为充分证法。因为来历要用历史的方法,读音要用直接观察的方法才靠得住呢"。

② 如晚唐诗人赵嘏所作《十无诗——寄桂府杨中丞》诗,就是一个证据。

系之外的音高成分，极可能是语调异化的结果。二是历史上可能曾经受到过阿尔泰语语气词的无调特征的同化影响。阿尔泰化不仅简化了北方话的调系，还使得处在边缘地位的单音词或语素的声调发生了轻化。而且，相比于处在双音节词边缘的语素"-子、-儿、-头"和词组边缘的虚词"过、了、着、的、得、地"，位于最大语法单位即句子边缘的语气词理应最早无条件地实现轻声化并进一步最轻化。

四、小结

以上所论可简要归纳为表3-3。

表3-3 非语气词和语气词的语音对立

对比参项		非语气词	语气词
共时对立	静态	声、韵、调属于音系	声、韵、调超音系
		词汇轻声，有底层声调	语法轻声，无底层声调
	动态	跨层截搭	同层叠加
	声调归属	调系调类	超音系的专用调类
历时对立	音变规律	规则音变 受调系制约 以音节内部音段成分为条件	非规则音变 不受调系制约 与调尾互动变异
	声韵来源	源点词的音段成分	句末虚词的音段成分
	声调来源	同一音节的音段成分	调尾

上表说明，语气词和非语气词的音节及其声调，在共时和历时两方面都存在明显乃至截然对立。据此可以假设，语气词和非语气词的音节及其成分尤其是声调不可能具有同一性。非语气词的音节及其声调，属于音系及其调位调系（tone phonemic system），以词或语素为单位区别词的词汇意义和语法意义。语气词的音节及其声调，具有超调系性，以句子为单位区别句子的口气，尤其是拥有调系之外的专用调类，又在语流里与句子的调尾"同层叠加"而"互动变异"，且功能存在互补关系。或许可以说，语气词和非语气词的声调之间是类似性关系（analogous），即同为音节的音高要素，而属性、功能、发挥作用的层面、历史来源、变化规律都截然不同；和语调之间则是同源性关系（homologous），即同为音高形式而必然共现以参与构成述题的语气结构，分工合作表示"语气+口气"综合值。如果说叹词的音高属于语调系统（马清华2011；邓文靖、石锋2017），语气词的音高和语调的关系可能仅次于叹词。总之，语气词和非语气词的声调

不具有同一性，不是一母同胞的关系，而是路人关系。这一结论，与其说对索绪尔（1980：36）的语言同质性论断构成了挑战，毋宁说，索氏当年的论断是基于非语气词语言——印欧语——提出的，而不完全适合汉语词类系统，尤其不适合印欧语所无而汉语独有的语气词。

第五节　从非语气词和语气词的音义关系对立看语气词的本质

学者多从音义学（phonosemantics）角度关注拟声词、叹词、指示代词、味觉词、颜色词、单音反义词、器官名词和亲属称谓名词等的语音象似性（phonetic similarity），仅有个别学者涉及过语气词的音义象似性。

第一位当推元代学者卢以纬。他在所著《助语》一书第一条"也、矣、焉"之下解释说："是句意结绝处。'也'意平，'矣'意直，'焉'意扬。发声不同，意亦自别。"（卢以纬 1986：1）①

第二位是清代学者袁仁林。他指出（着重号为笔者所加）：

凡书文发语、语助等字，皆属口吻。口吻者，神情声气也。……故虚字者，所以传其声，声传而情见焉。

五方殊语，莫不随其语而声情以具，俗所谓口气也。……中有喜怒哀惧、宛转百折之情，而声适如之。……此虚字虽无实义可诠，而究有声气可寻也。（袁仁林 1989：128）

夫虚字诚无义矣，独不有气之可言乎？吾谓气即其义耳。（袁仁林 1989：11）

由上可见，袁氏既将语气词之义概括为"口吻""口气""神情声气"或简称为"气"，又用"其声如闻，其意自见""声传而情见焉""中有喜怒哀惧、宛转百折之情，而声适如之"三句明确指出语气词的"声"与其所表之"口吻""口气""精神声气""气""义"之间存在密切关联即象似性关系。

---

① 该书第26条又说，"夫"字"有在句中者，如'学夫诗'之类，与'乎'字似相近，但'夫'字意婉而声衍；在句末者为句绝之余声，亦意婉而声衍"。对此，何九盈《〈语助校注〉序》指出："从声音去探求语意，是《语助》分析语气词的主要方法之一。"（卢以纬 1986：1）

此外，袁仁林（1989：32—33）对比"乎、与、耶"三字的异同说：

"乎"字、"与"字、"耶"字之声，均属平拖长曳，疑活未定。
论其分界不同处，"乎"字气足，"与"字气嫩，"耶"字气更柔婉。
"乎"系喉音，引喉深出，圆满包含，其气自足。
"与"系唇音，聚唇前出，清越平趋，其气自嫩。
"耶"系牙音，在口内空挨无力，小开而不能合，气最绵纤无著……

最后，袁仁林（1989：39）还对比"哉、与、乎"的发音部位、发音方法与语气之联系，说：

"与"字清嫩悠长，其气舒徐无尽，其情专一平趋，能使语归柔活；"乎"字充足悠长，其气圆满包含，其情空洞无着，能使意足言中；"哉"字挺劲悠长，其气毕达无余，其情苍老衰息，能使声闻天外。
"与"在唇上，直趋轻溜；"乎"能充口，扶苏不走；"哉"则挨腮而出，开大收来，紧急严重。

虽然用语朴拙，不如今日语音学准确，但在他所处的时代能如此苦心孤诣地对语义最虚的语气词进行如此水平的语音分析还是非常难能可贵的。

第三位是马建忠。他对清儒由音释义的做法多所继承并归纳说：

盖"乎"字喉音，满口直呼，未能含咏尽致。（马建忠 1983：366）

盖"哉"音启齿，其声悠长，经籍用以破疑，而设问者盖寡，用以拟议、量度者居多，而用以往复咏叹者则最称也。（马建忠 1983：367）

盖"邪"系牙音，声出则口开而不能合，经籍用以助设问咏叹之句者，则不概见，而用以助拟议未定之辞气者，则习见也。（马建忠 1983：370）

"与"字之音，与"乎"字相终始。"乎"喉音，音之始，"与"唇音，音之终，其用法亦大同。"与"字以助设问，以助拟议者其常，而以助咏叹，则不若"哉"字。惟以其音之纤徐，故凡所助者，不若

"乎"字之可以质言也。（马建忠 1983：373）

第四位是陈承泽。他（1982：62）认为：

  白话中如"呢""哩""哪""呵"等，皆文之助字或感字所转。至"么"字则为"没有"之合音（此说殆确），或"莫"字之变。"了""罢"等则径由字转……
  ……其实助字与感字同源，再进一步则与其他之词亦皆同源，词仅由数音分化而来，而此数音又甚相近，故研究词之意义，其于音之参考，较诸研究字之意义时为尤要。

当代语言学家里，黎锦熙（2007：20）最早指出，语气词"大都是借字表音的"。而后吕叔湘（2002：259）也指出，"语气词大多数是标音的性质"。郭小武（2000）提出，语气词的开口度大小随"情绪-语气"的强弱而不同。

现在的问题是，普通话语气词的标音性质和开口度随"情绪-语气"强弱而变化究竟该如何理解呢？这要先从语气词的音节结构及其成分说起，而后讨论声母别口气、韵母表强弱、两种象似性的区别与联系。

一、语气词音节模式及其成分分析

与其源点词和方言语气词相比，普通话语气词的音节有如下三个鲜明特征：

（一）声调为最轻、无调的轻声，对内已经失去辨义功能，仅对外标记自身类别，其功能如同盲肠。因此，它们的音节只由声、韵两个辨义成分构成，即音节结构模式已经由中古、近代的"声+韵+调"模式简化为"声+韵"模式。[①] 这对语气词来说无疑是一个脱胎换骨的巨变。

（二）语气词分布于如下9个声母里：

舌音	唇音	颚音/零声母	其他
d（的/哒）	b（吧/呗/啵/不）	ø（啊/呃/哦/哎/欸）	q（去）
l（了/啦/咯/来/嘞）	m（吗/嘛/么/噻/没）	h（哈/嗨）	sh（时）
n（呢/哪）			

[①] 近代以前和当代南方方言语气词的音节大都是"声+韵+调"模式。如湖北大冶话，"吧"有21、45和轻声3种声调，依次表示和缓、猜度和特意告知口气（汪国胜1995）。

其中的 q、sh 声母的语气词使用度极低，其余可视为典型声母。按是否是辅音和发音部位分 3 类 6 个：舌音 d、l、n，唇音 b、m 和颚音 / 零声母 h、ø。

（三）语气词分布于 6 个韵母里，即 e、o、a、ei、ai、*ao。按主元音的舌位高低，分为如下 2 组。

低元音组，包括 a、ai、*ao 等 3 个。a 的功能分为 3 个层次。一是单独表示零声母词"啊"，二是作为辅音词 la（啦）、na（哪）、ba（吧）、ma（吗）、ha（哈）等 5 个辅音词的韵母，三是作为复元音 ai、ao 的主元音。ai 既单独表示零声母词"哎"，又作为韵母参与构成辅音词 lai（来）、bai（呗）。*ao 作为韵母只参与构成辅音词 lao（唠）却不见于语料库，可视为隐形词。该组韵母的主元音记作低元音音位 /A/。

中元音组，包括 e、ei、o 等 3 个。该组主元音可概括为中元音音位 /ə/，有 4 个变体：[ə]、[e]、[ɤ]、[o]。一是 [ə]，能作为韵母参与构成 3 个辅音词：de（的）、le（了）、ne（呢）。二是 [e]，作为主元音构成复元音 ei，既能单独表示零声母词"欸"[①]，又能作为韵母参与构成 3 个辅音词：lei（嘞）、bei（呗）、mei（没）。虽然"欸"在功能上和"哎"构成强弱对，但语料库没有发现其用例，也视为隐形词。三是 [ɤ]、[o]，这 2 个分别单独表示零声母词"呃""哦（噢 / 呕）"，后者还作为韵母参与构成 2 个辅音词"咯 / 喽"（lo）和"啵"（bo）。

前面对语气词韵母的归纳和分析仅限于主元音。实际上零声母词的语音还要复杂一些。如果甘冒过度分析的风险，零声母词及其变体的语音可分为 2 类 3 种。2 类是开口呼和齐齿呼，3 种是开口呼语气词分为单元音和复元音 2 种，再加上齐齿呼语气词（有的是学界所谓语流变体或正在独立分化成为新的语气词）（见表 3-4）。

表 3-4　零声母词的语音分类

韵尾 / 韵头	主元音			语气词类别
	a	e	o	
	啊 a	呃 e	哦 o	单元音语气词
[-i] 韵尾	哎 ai	欸 ei		复元音语气词
[j-] 韵头	呀 ya	耶 ye	哟 / 呦 / 唷 yo	

上表里韵头为 [j-] 的"呀"，向来被视为"啊"在语流里的条件变

[①] 除胡明扬（1987）和朱德熙（1982）外，其余学者几乎不曾提及该词，也不见于 BCC 和 CCL 语料库。

体之一。但近年来不断有学者提出，不仅有一个作为"啊"的语流变体的"呀"，还有一个早就独立成词或正在从语流变体"呀"分化成词的"呀"，其功能和"啊"构成对立。① 语音对立在于，前者为开口呼，后者为齐齿呼。如果将此说推广开来，上面3组零声母词因音节繁简、介音或韵尾有无造成的发音特征不同而表示不同口气，并分别具有音义象似性。

（一）单零声母词"啊、呃"以无标记的展唇特征表示中性惊讶，又因舌位高低有口气强弱之分，"哦"以有标记的圆唇特征表示戏警口气。②

（二）复零声母词都是由"啊、呃、哦"分别加上韵头或韵尾构成的有标形式。首先，韵头[j-]发音的肌动形象具有展唇微笑特征，③ 分别加在"啊、呃、哦"前构成"呀、耶、哟"，形成2类6个功能上系统对立的零声母词："啊、呀"表示惊讶而有别，"呃、耶"表示弱惊讶而有别，"哦、哟"表示戏警而有别。其次，韵尾[-i]分别加在"啊、呃"后构成"哎、欸"，唇形由静而动，口气略强于前者。

至此，语气词的典型声母和2个主元音音位及其变体在语气词里的分工可归纳为表3-5。④

表3-5　语气词主元音及其分工

声母		韵母				合计
		/A/	/ə/			
			[ɤ]	[o]	[ə]	[e]	
辅音	舌音：t、l、n	*哒、啦、哪	咯、喽		嘞	6
				的、了、呢		3
	唇音：p、m	吧、呗、吗、嘛				4
			啵	么、嚜	呗	4

---

① 参见徐晶凝（2018）。

② 赵元任（1926）认为，"哦"（他写作"呕"）的口气"有述事的，有问的，有命令的，它的特点在有一点警告的口气，但又没有用阿字那么正经，所以叫它'戏警'。"赵元任（1979：362）表述为"警告性的提醒"。吕叔湘（2002：270）解释说："'啊'转为'哟'或'哟'，带有轻松，不郑重，也可说是游戏的口吻。"

③ 索绪尔（1980：100）指出："语言符号连结的不是事物和名称，而是概念和音响形象。"原编者注指出："音响形象这个术语看来也许过于狭隘，因为一个词除了它的声音表象以外，还有它的发音表象，发音行为的肌动形象。但是在德·索绪尔看来，语言主要是一个贮藏所，一种从外面接受过来的东西（参看第35页）。音响形象作为在一切言语实现之外的潜在的语言事实，就是词的最好不过的自然表象。所以动觉方面可以是不言而喻的，或者无论如何跟音响形象比较起来只占从属的地位。"

④ 学界分别为普通话归纳出1—4个中元音音位，此处姑且采纳温宝莹、王萍、石锋（2008）的观点。

续表

声母	韵母					合计
	/A/	/ə/				
		[ɣ]	[o]	[ə]	[e]	
ø	啊/呀、哎、*au					3
		呃/耶	哦/哟		*欸	3
合计	10	1	4	5	3	23

注：加*者为库存隐形词（即 CCL 语料库里几乎没有用例、但辞书收录的语气词），黑体字者为典型式，宋体者为变式。

据上表，语气词原型音节可归纳如下：t/l/n+ə、p/m+a、ø+a。如果将其声母、韵母及其类别与它们的功能联系起来，则会发现语音类别与其功能之间存在"形义对应"（isomorphism）关系，姑且称之为"声母别口气，韵母表强弱"。分别说明如下。

二、声母别口气

（一）舌音词，"的"肯定非事件命题的静态属性，"了"肯定事件命题的动态即主客观已然，①"呢"强肯定非事件命题的静态属性和事件命题的主客观已然。它们都是言者指向即给予为主型语气词，以陈述语气为上位范畴。

（二）唇音词，"吗"表示"低确信+低委婉"口气，"吧₁"表示"对肯定答案的高确信+对听者的高委婉"口气，"吧₂"表示"对祈使语气的低确认+对听者的高委婉"口气。"吗"和"吧₁"是听者指向即索求为主型语气词，以是非问语气为上位范畴；"吧₂"也是听者指向即索求为主型语气词，以祈使语气为上位范畴。

（三）零声母词，"啊/呀、呃/耶、哦/哟、哎/*欸"都表示"对命题意外性的惊讶"口气，是以言者为主即给予为主型语气词，以感叹语气为上位范畴。

合而言之，声母以发音部位的三元对立表示三类口气：舌音表示言者指向的肯定口气，唇音表示听者指向的确信或确认口气，零声母表示言者指向的惊讶口气。

---

① 周一民（1998：271—272）认为，"的"和"了"语气相似，但句子的信息焦点不同，"的"字句的信息焦点落在谓语动词前的状语、主语或连谓句的前谓语上，"了"字句落在谓语动词及其后面的宾语、补语上。

三、韵母表强弱

关于语气词韵母与其功能的象似性，黎锦熙（2007：284）曾提出，"啊"这个语气词，"语气舒张则读丫，稍稍敛抑则读ㄛ"。吕叔湘（2002：260—261）提出："a 音略略收敛就成为 o 或 ou，功用和 a（几种用法，不是全部）相同。因为在声音和功能两方面都只是 a 的变型，所以旧时的白话作品里没有另外用字来代表，仍然用'啊'字。现在也用'呕'或'欧'表 ou 音。"金立鑫（1998）认为，作为句末语气词的"了"（他谓之"了₄"）具有不弱化的"啦"和弱化的"了"两种类型，前者可以使后者"原有的夸张等意义得到更为明显的凸现"。郭小武（2000）进一步概括为"开口度的大小为语气的强弱所决定"。由上述学者所论可知，语气词的韵母以主元音的低舌位、中舌位构成二元对立，分别与口气强弱对应。

（一）/A/ 为低元音，响度高，可单独构成零声母词"啊"。/ə/ 为中元音，响度低，可单独构成零声母词"呃"[ɣ]和"哦"[o]，后者因圆唇而有生动的戏警色彩（赵元任 1926），但惊讶口气都弱于"啊"。如：

（14）咱们可都是邻居，远亲可不如近邻呃！

（15）甲就赶紧穿鞋，乙对他说：熊跑起来很快哦，比人跑得快哦，你跑得过熊啊？

（16）果然是远亲不如近邻啊。

（二）作为主元音，/A/、/ə/ 分别参与构成复元音零声母词"哎"和隐形词"*欸"（胡明扬 1987：77；朱德熙 1982：212—213），两者都表示特别提醒的惊讶口气，而有前强后弱之别。至此，我们得到如下 2 对 4 个零声母词及其强弱变体：

啊/呀 > 呃/耶、哦/哟

哎 >* 欸

前一对里，"呃"与"哦"2 个由于唇形圆展不同而成为不同的风格变体，"啊""呃""哦"3 个由于韵头 [j-] 的参与而形成各自的变体，分别表示不同的惊讶色彩。① 后一对里，"*欸"不能独立，仅以隐形词参与构成辅音词。

（三）以上 2 对零声母词都可作为韵母成分分别和典型辅音构成 2 组辅

---

① 林焘（1963）最早发现，北京话里的"呀"不再单纯是"啊"的语流变体，而多用于反问句表示加强语气。据此可推知，同样有介音的"耶、哟"也应分别是"欸<哎、哦<*嗷"的强式变体。

音声母词及其强弱式，亦即典型式和变式（变式放在方括号里面）。

舌音词（3对6个）：[*哒]＞的、[啦、咯/喽、嘞/咧]＞了、[哪]＞呢

唇音词（2对4个）：吧＞[啵]、吗＞[嚒]

另外有3个辅音声母词需要说明如下：

首先，"吧"可分为2个："吧₁"由"不啊"迭合而成，所表确信度和委婉度都略高于"吗"，高频用于是非问句和不确定陈述句；"吧₂"源于句末完结义动词"罢"，表示委婉口气，高频用于祈使句。

其次，"吗"由于常用于反问句而演变出理性惊讶口气，高频用于感叹句，低频用于祈使句，强式一般写作"嘛"，弱式一般写作"么、嚒"。

最后，"呗"表示"只能如此"的强肯定口气，高频用于回应式陈述句，低频用于祈使句，韵母有 ai、ei 强弱两式。①

以上3个语气词及其强弱式关系可表示如下：吧₁/吧₂＞啵，嘛＞嚒，呗 bai＞呗 bei。

以上所论语气词由主元音响度表示的口气强弱现象，还在句末迭用顺序里得到了验证。6个所谓基本语气词的迭用顺序可简示如下（＜表示前项层次低于后项，/表示择一出现，//表示择类出现）：

    舌音词   唇音词 零声母词
  de 的 ＜le 了 ＜ne 呢 ＜ ba 吧₁/ma 吗 //a 啊
  口气：弱……………………………………………强
  响度：低……………………………………………高

根据响度原则，②迭用顺序在前的典型舌音词，主元音 /ə/ 的响度低于后边的典型唇音词和零声母词的主元音 /A/，前者的交互主观性也低于后两者。此外，3个舌音词的元音均为 /ə/，由于声母依次为塞音、边音和浊鼻音，整个音节的响度表现出向右依次递增之势：的＜了＜呢，口气也随之渐强。

四、两种象似性的区别与联系

（一）两种象似性的区别

声母别口气和韵母别强弱这两种音义象似性有着质的不同。

---

① 学界认为，"呗"的语音形式及其功能由表示较高确信度和较高委婉态度的"吧₁"和表示夸张式惊讶的"欸/哎"合成而来（赵元任 1926；胡明扬 1987；朱德熙 1982：208）。

② 元音比辅音响，浊音比清音响，擦音比塞音响一点，鼻音、边音比擦音响一点，塞音里，送气音比不送气音响一点。元音里，低元音比高元音响一点；展唇元音比圆唇元音响一点。

首先,"声母别口气"分别由各自源点词的语义特征继承而来:"的"肯定事件静态性状的口气由"是……的"强调构式继承而来,"了"肯定动态已然的口气由"了₁"的完成义而来,"吗"和"吧₁"的确信口气分别由"无"和"不"的否定义而来,"呢"的强肯定口气由强肯定语气词"尔、那(哪)、聻、哩"沿袭而来,"啊"的惊讶口气由近代惊讶语气词而来。与之不同的是,"韵母别强弱"是"语音服从意念中心而加强音量,乃是当然的现象"(徐世荣 1982),是"本然的、自在的,是语气相似性决定了口型一致性"(郭小武 2000)。

其次,"声母别口气"属于瞿霭堂、劲松(1992)的"比较表达法",即"形式与所表达的意义之间没有固定的联系,对立的语法意义由相对独立的语法形式表达,或者说,一种语法形式对于同一种语法意义没有独立的示意性,不同的语法意义要通过相关形式的比较体现出来"。然而,"韵母别强弱"则属于他们所说的"自主表达法",即"语法形式与所表达的意义之间有固定的联系,或者说一种语法形式对于性质和条件相同的语言成分来说,能自主地和固定地表示一种(或多种)语法意义"。

(二)两种象似性的联系

声母别口气和韵母别其强弱的联系是,两者结合成一个音节即一个语气词,就是构成了一个先由声母别口气、后有韵母别其强弱的功能复合体。这个功能复合体里包含着两种音义象似性。一是多组及其多个相关的声母通过彼此比较表达口气类别,二是韵母通过自身音响度大小自主表达各种口气的强弱。可简示为如下公式:

语气词 = 声母$_{口气类型}$ **+ 韵母**$_{口气强弱}$

这就是我们对先贤所谓语气词的标音性质所做的尝试性诠释。以"呢"为例,它的声母和韵母分别在两个向度上构成比较对立。声母 n 和 d、l 同为舌音,外部与唇音声母、零声母构成对立,内部则通过发音方法的细微区别(塞音、边音、鼻音)造成音色差异,从而造成响度由低渐高的序列:的<了<呢,以此表达由弱渐强的口气序列:肯定$_{静态}$(的)<肯定$_{动态已然}$(了)<强肯定$_{静动态}$(呢),亦即以由低渐高的响度对应由弱渐强的肯定口气。表示如下:

声母响度由低渐高: 的 de   < 了 le   < 呢 ne

肯定口气由弱渐强: 肯定$_{静态}$ 肯定$_{动态已然}$ 强肯定$_{静动态}$

再说韵母,"呢"的典型式的弱式韵母 e 和非典型式的强式韵母 a,通过发音部位高低、开口度大小造成音色差异,从而造成响度差异,以此直接表达弱口气和强口气，并和声母一起构成3个语气词的强弱对——3个原型弱式音节，3个非原型强式音节。表示如下：

韵母响度：的 de/ 了 le/ 呢 ne　＜　哒 dɑ/ 啦 lɑ/ 哪 nɑ

口气强度：　　　弱　　　　　　　　　强

五、小结

至此，普通话语气词聚合系统的声母类别和口气类型、韵母响度和口气强弱之间的象似性关系，可简示如表3-6。

表 3-6　声母及其口气类型和主元音及其口气强弱

声母类别及其口气类型	主元音响度	语气词强弱对
零声母：惊讶	e/o＜a	呃/耶/哦/哟＜啊/呀
	ei＜ai	*欸＜哎
舌音：肯定	e＜a	的＜(*哒)、了＜(啦/咯/喽/嘞/咧)、呢＜(哪)
唇音：委婉	o/e＜a	吧₁、吧₂＞(啵)、呗 bai＞(呗 bei)、吗、嘛＞(么/嚜)

注：＞表示前项主元音响度高于并口气强于后项，带括号者为非典型式。

需要注意的是，上表所列语气词声母类别与口气类型和主元音响度与口气强弱之间的象似性关系，虽然是针对普通话提出的，但也应不同程度适合汉语不同历史时期的语气词和方言语气词。[①] 在这方面，胡松柏（2007）笔下的吴语处衢片龙衢小片的广丰话给我们提供了一个典型案例。作者将广丰话的语气词分为句类语气词和情态语气词，"每种句类语气都有主要承担表达功能的基本语气词。[ə] 韵母语气词是陈述语气的主要承担者，[a] 韵母语气词是祈使语气和感叹语气的主要承担者，[œ] 韵母语气词和 [e] 韵母语气词是疑问语气的主要承担者。"

第六节　语气词聚合的系统性

袁家骅等（1960：53）指出，汉语中"任何方言的语气词都统一于自己的方音系统（少数例外），这样有多少种方言，都有多少个语气词系统"。

[①]　弗斯指出，词类不同，也可能需要不同的音位系统。（见刘润清2002：227）王力（1985c：131）对古汉语语气词也持这种观点。

这为语气词聚合系统的构建指明了方向。

由前述所论音义象似性可知，语气词聚合系统是由有限的声母和韵母组配构成的相对封闭的音义系统。已知辅音词常用舌音 d/l/n、唇音 b/m 等 5 个辅音声母，因而零声母词的多寡一定程度上就决定着语气词成员的类型与数量。因此，以"声母为经、韵母为纬"构建语气词聚合系统自然是顺理成章的思路，而先哲时贤也大都有意或无意地采纳了这一思路，只是由于认可的零声母词的数量不同而得出的聚合系统不同。

其一，以胡裕树（1995）为代表的教学语法往往只认可 1 个零声母词（啊），据以构建出繁简不一的聚合系统，但都难以系统解释辅音词的韵母来源及其强弱式变式。

其二，郭小武（2000）认可 2 个零声母词及其强弱式，据以构建出包含 15 个语气词及其强弱式的聚合系统。但他的零声母词及其强弱式是"a 啊>e 呃/啊"和"ya 呀>ye 嘢/呀"，这难以解释"哞>喽""唻>嘞""啤/呗>呗"等的韵母来源。此外，为声母 d 设立了 2 个强弱对，为声母 l 设立了 4 个强弱对，为声母 m 设立了 3 个强弱对，这给区别、描写各自成员的功能带来了困难，也一定程度上影响了自身的系统性。

其三，吕叔湘（2006：86）为代表的学者认可 3 个零声母词（啊；o/ou 呕；ai/ei），构建出包括 5 个基本辅音词和 9 个派生辅音词的聚合系统。但该系统将"ba 吧（罢）"视为基本语气词，将"bo 啵""啤/呗"视为由"ba 吧（罢）"与"o，ou 呕"或"ai，ei"选用的合成词（或语流合成词），似有迁就迭合规律之嫌。同时，其中诸多空白显示出该系统存在明显遗漏。

其四，上神忠彦（1968）认可 5 个口气由弱到强的零声母词（e、a、ou、ei、ao），构建出包括 30 个语气词的聚合系统。诚然，该系统按《普通话拼音方案》划分、排列辅音词的做法值得充分肯定，但所分强弱等级过多，增加了区分和描写其功能的难度。此外，唇音词 be 为普通话所无，舌音词 da、dao、nao，唇音词 mao、bao 和零声母词 ei、ao 等 7 个，在 BCC 和 CCL 两个语料库里均无用例。[①] 以上两点使其系统性大为降低。

已有语气词聚合系统程度不等地留下了遗憾，为尝试构建新的聚合系

[①] 作者说，该文所列语气词主要是依据中国戏剧家协会主办的《剧本》杂志 1962—1965 年间发表的剧作及其电影录音归纳出来的，并进行过一番甄选，但难以排除作品中个人风格、艺术夸张等因素造成的特殊形式。

统留下了一定空间。我们借以构建语气词聚合系统的构件是表 3-6 所列 2 对 4 个零声母词（啊＞呃/哦，哎＞*欸）和 2 类 5 个基本辅音声母词（的、了、呢、吗、吧）。零声母词里，将"*欸"视为隐形词以照顾其不独立成词但能生成辅音词的特点，比吕叔湘将其视为 3 个零声母词之一和郭小武将其排除在零声母词之外的做法，应该更符合当代普通话的面貌。同时，整体上将零声母词分为强弱两式，显然比上神忠彦的 5 个等级方便操作。据上可得出如表 3-7 所示的聚合系统。

表 3-7 由两个零声母词对出发的语气词聚合系统

声母分类			韵母分类		合计	
			低元音	中元音		
			/ə/[e][ə][ɤ][o]＜/A/	/*ei/＜/ai/		
零声母词：惊讶口气_{言者指向}		ø	呃/耶/哦/哟＜啊/呀	*欸＜哎	2	
辅音声母词	舌音词：肯定口气_{言者指向}	d	的＜*哒		1	3
		l	了＜啦/咯/喽/嘞/咧		1	
		n	呢＜哪		1	
	唇音词：确信兼委婉口气_{听者指向}	b	啵＜吧₁、啵＜吧₂	呗 bei＜呗 bai	3	5
		m	么/嚜＜吗、么/嚜＜嘛		2	
合计			8	2	10（对）	

注：关于"咧"，赵元任（1979：356）注音为 le，将"咯"注音为 lo。并说，"了"表示显而易见时"有时候说成'咯'"。据此可知，"啦、咯、喽、嘞、勒、咧"等 6 个均可视为典型式"了"的强式变体的记音形式。

上表告诉我们如下两个规律：

一是 10 对语气词（含缺项对）里，8 对属 /ə/＜/A/ 对立，2 对属 ＞/ei/＜/ai/ 对立。也就是说，/ə/＜/A/ 对立形成的语气词强弱对数量上占绝对优势，且高频使用，应视为核心成员。由 /ei/＜/ai/ 对立形成的"呗""哎"等频率低，均应视为非核心成员。至于没有列入上表的"咪、没、哈、不、去、时"6 个，频率更低。而且"哈"进入普通话时日尚短，多为年轻人青睐（贺阳 1994）。后 3 个语法化程度很低。另外，它们要么声母不是齿唇音，要么韵母不是低元音或中元音，所以均应视为边缘成员。

二是舌音词里，典型式"的、了、呢"都是响度低的 /ə/，变式"哒、啦、哪"都是响度高的 /A/。与此相反，唇音词和零声母词里，典型式"吧、呗 bai、吗、嘛"和"啊、哎"都是响度高的 /A/，变体都是相当低的 /ə/。为何前者以响度低的为典型式，以响度高的为变体，而后者却反其道而行之呢？原因在于，典型式由历史上的高频源点词演变而来，因而具有传统性，且往往有固定的文字形式；变式是典型式在语流里临时形成的，因而具有随意性，往往没有固定的文字形式。

值得注意的是，唇音词里的"嘛"已经从"吗"里分化、独立出来，舌音词里响度最高的语流变体形式"哪、啦"和零声母词里的"呀"等，可能正在由"呢、了、啊"的语流变体走向独立语气词之路（胡明扬 1987；胡范铸 1992；方梅 2016；徐晶凝 2008）。考虑到简洁性原则，可暂不区分源头和功能都不同的"吧$_1$、吧$_2$"，也不考虑已经或正在分化的 4 对语气词"吗、嘛""啊、呀""了、啦""呢、哪"，语气词聚合系统的典型式或基本式可表示如下：

舌音词：的、了、呢

唇音词：吧、呗、吗

零声母词：啊、哎、哦[①]

我们以为，上面所列 3 类 9 个语气词的典型式才应该是在学界流行最广但多不明其所以然的所谓基本语气词。

与已有的聚合系统相比，新聚合系统具有如下特点：

第一，相比于 1 或 2 个零声母词和 3 或 5 个零声母词，2 对 4 个零声母词构成了 10 个语气词的典型式及其变体，表示 10 种口气及其强弱式，实现了形式和功能之间的最大平衡。

第二，舌音 d、l、n 和唇音 b、m 等 5 个辅音视为语气词的典型声母，/A/、/ə/ 2 个单元音为典型韵母，/ai/、/ei/ 2 个复元音为非典型韵母，其余均为边缘形式，这有利于解释语气词聚合系统的核心、非核心和边缘成员，也为学界津津乐道但不明其所以的基本语气词给出了大体合理的解释。

第三，舌音词的弱式、唇音词和零声母词的强式分别视为各自的典型式，不仅符合一般人的语感，而且与各自的动态频次一致，也与各自的历时源点词一致。

第四，按声母有无和发音部位对语气词分类并有序排列，有助于解释聚合系统与功能系统之间的关系，也有助于解释动态选用顺序、历史演变关系以及共时演变方向。如唇音词、零声母词选用时只能在后，它们往往演变出话题语气词用法（吧$_1$、嘛/么/嚜、啊）。与此相反，舌音词选用时只能在前，可逆向演变出准话语语气词用法（的、啦），只有位于同类最后且肯定口气最强的"呢"才演变出话题语气词用法。简示如下：

[①] 这些语气词的典型式及其变体的语音格局可能在清代就已经基本形成了（孙锡信 1999：184）。

的＞了＞呢＞吗／吧／啊／嘛
↓
话题语气词→准话语语气词

图 3-1　语气词演变方向

施春宏（2017）提出："认识一个结构或系统，重要之处在于立足整体，分析其所包含的成分及成分与成分之间所存在的关系（整部关系和组合关系、聚类关系和层级关系、依存关系和变化关系等），并借此考察其生成动因、整合机制及其浮现特征。"以此衡量，上述4点应该是语气词新聚合系统优于已有系统之处。

第七节　小结

上文依次从类型学、共时关系和历时关系、音义关系等角度分别讨论了语气词的本质，初步得出如下结论：

一、汉语用语调（及疑标）和语气词构成述题／谓语的语气结构，语调表示上位语气，语气词表示其下位口气。

二、非语气词和语气词的音节及其声调不具有同一性，前者属于音系及其调系，后者具有超音系性、超调系性。前者声调的演变是规则性的，受音系及其调系制约，并源自同一音节内音段成分及其特征；后者声调的演变不是规则性的，不受音系及其调系制约，而和语调互动变异。

三、普通话语气词的音节已由传统的"声＋韵＋调"模式简化为"声＋韵"模式，声母以舌音、唇音和零声母的三元对立区分口气类型，主元音以响度高、低的二元对立区分口气强弱。

四、以2类5个辅音声母为经，2个主元音音位的强弱对为纬构建出包括10个语气词强弱对的聚合系统，其核心成员是3类9个典型语气词。

这个聚合系统有助于解释其成员与功能系统之间的密切关系、动态迭用顺序、历时来源与演变关系，也有助于解释其成员的共时语法化方向，因此应该是一个较为理想的聚合系统。

当然，理想的系统只能存在于决定论的假想世界，而不存在于真实的现实世界。因此上面提出的语气词聚合系统，当然也不可能完全理想，最多只能算相对理想。不理想的主要表现是，唇音词"吗"分化出"嘛"而进入零声母词功能子系统，同是唇音词的"呗"闯进了舌音词功能子系统；

"呀、啦、哪"分别呈现出从"啊、了、呢"分化独立成词的倾向。这些不够理想的现象或许正在积聚着普通话语气词聚合系统的又一次重整河山的能量吧。

现在，可将普通话单纯语气词聚合系统归纳如表 3-8 所示。

表 3-8　普通话单纯语气词聚合系统

单纯语气词聚合系统			韵母			
声母			[ə]<[A]	[o(u)]<[ɔ]	[ei]<[ai]	[u]/[y]
舌音		[t]	1. 的<哒			
^		[l]	2. 了<啦		9. 来	
^		[n]	3. 呢<哪			
唇音		[p]	4. 啵<吧		10. 呗<呗	13. 不
^		[m]	5. 么<吗		11. 没	
零声母/颚音		[ø]	6. 呃<啊	8. 哦<嚓	12. 欸<哎	
^		[y]	7. 嘛<哈			
其他声母						14. 去 15. 时
音义象似			弱<强	强弱+诙谐	弱<强	

注：1. 第 10 对里，前一个"呗"是弱式，发音为 bei，后一个"呗"是强式，发音为 bai。

2. 据邢红兵（1999）对 CCL 现代汉语语料库里的语气词所做的统计，得出由高到低的频次序列如下所示：了（7327）＞啦（2108）＞呀（1740）＞吧（1739）＞的（1536）＞呢（1504）＞吗（1489）＞啊（1027）＞哪（859）＞嘛（391）。

另外，复合语气词聚合系统，按照包括词汇结构类型分为如下四种：

动助型：1. 来着 2. 罢了（罢咧）3. 得了 4. 好了 5. 算了 6. 似的

副动型：7. 不成 8. 不是 9. 没有 10. 也罢 11. 也好 12. 就是

的名型：13. 的话 14. 的时候

其他型：15. 而已 16. 着呢

以上单纯语气词和复合语气词合起来构成完整的普通话语气词聚合系统。对表 3-8 将"去"视为语气词的做法此处略作说明。学者几乎都不曾将"去"视为语气词，但王力和赵元任两位学者都认为它是语气词。王力（1984：227）在讨论"勉强或放任"语气时举有如下两个例句：

（1）仗着我这不害臊的脸，死活赖去。

（2）要踢要打凭爷去。

他解释说，"此类借用动词'去'字做末品补语"，"我们并不想说

'去'字是语气词,只想说动词'去'字在这情形之下,能表示一种勉强或放任的语气。因为'去'字只是末品补语,不是语气词,所以它的后面还可以跟着一个'罢'字,如'死活赖去罢''要踢要打凭爷去罢'。然而这种'去'字已经完全丧失了动作性,也就近于一种虚词了"。当然,王力用能后跟"罢"作为"去"不是语气词的依据实际上并不成立,因为他并不熟悉多个语气词迭用及其规律、制约机制。此外,赵元任(1979:221,363)明确认为"去"和"来"都是表目的语气的语气词,如"换了衣裳打球·来""上街买菜·去"。他还特别解释说:"这两个助词跟趋向补语的'来'和'去'有点儿象(像),但是不同。"我们接受以上两位学者的意见。

上表所列普通话完整的聚合系统显示出如下规律:

其一,语气词分为单纯词和复合词。前者多为原型成员,后者多为边缘成员。

其二,单纯词以声母的发音部位区别口气类别,以主元音的响度大小及介音有无区分口气强弱。

其三,16个复合词里,"副+动""动+助"型多达12个,"的+名"型和其他型仅有4个,显示出词汇化源头的倾向性。

其四,聚合系统对将要论及的功能系统、选用系统都具有一定解释力,说明它们之间存在密切关联或较高一致性。

第四章　语气词功能系统和功能模式概说

第一节　引言

近百年来，围绕语气词的功能分类，学界先后提出了10多个功能系统，大体可分别归入如下五类：

一、单一功能系统，不分句中语气词和句末语气词，或者说，基本上只承认句末语气词而不承认句中语气词，将它们一律视为句末语气词。以黎锦熙（2007）、王力（1985a）、吕叔湘（2002）、廖庶谦（1946）、丁声树等（1961）、朱德熙（1982）、胡裕树（1995）、薛凤生（1998、2004）和黄伯荣、廖序东（2007）等为代表。

二、分布二分系统，仅据分布位置，明确将语气词分为句末语气词和句中语气词，以秦礼军（1983）、李兴亚（1986）、张谊生（2000）等为代表。

三、功能二分系统。徐烈炯、刘丹青（2007）将句中语气词一律视为提顿词，与之相对的是"句末语气词"。

四、分层功能系统。前述单一功能系统的名称并不妥当，实际上在王力、吕叔湘、丁声树、朱德熙、胡裕树和黄伯荣、廖序东等学者的功能系统里已经包含了分层的理念，特别是王力和吕叔湘两位学者的分层理念特别突出，可惜都语焉不详。这里主要表彰如下几位学者的语气词的分层功能系统。赵元任（1979：353）按照附着对象将语气词分为短语助词和句子助词。同时认为，"啊、嚜、呐"可用作停顿助词（赵元任1979：360），"咧"可"用于生动的列举"（赵元任1979：356），"啊"可用于列举（赵元任1979：361），"来（轻声）"是与"去（轻声）"相对的语气词；"来（轻声）"是"吟唱歌曲的时候停顿或拖腔的助词，即所谓'衬字'"（赵元任1979：363）。仅就此而言，赵元任等于将语气词分成句子语气词和短语语气词两类，后者再分为停顿和列举语气词两小类，并且包括了歌唱这种特殊韵语里的"来"。方梅（1994）和张伯江、方梅（1996：49）赞成将语气词分为句末语气词和句中语气词两类，后者又分为三个小类，即主位标记"啊、吧"、准主位标记"嘛、呢"和非主位标记"啦、呀"。此外，屈承熹（2006：95—142）认为语气词具有语义-句法功能、情态功能和篇章衔接功能，从而将它们的功能分为三个层面，徐晶凝（2000）也曾做过分层功能系统的尝试。

五、语气和口气二分系统。文炼（1987），范晓、张豫峰等（2003），徐晶凝（2008：79）和刘丹青（2008：479）等学者将"吗"视为表示上位语气的语气词，其余均视为表示其下位口气或传态语气的语气词。

虽然以上五类功能系统各有优长，但不仅"各自的系统性不够"（李小军 2007），而且对有关现象的观察也有欠全面，有关解释更有待深入。鉴于此，本章拟在已有研究的基础上，先提出语气词功能分类的形式依据，再据以构建出语气词的新功能系统。

第二节　语气词新功能系统概说

一、语气词功能分类的依据

为克服已有功能分类系统之不足，构建出更合理、更完善的语气词功能系统，将前面提出的语气词的独有特点进行细化，落实为具体分类依据。此外，语气词的组合功能表现出紧邻迭用和间隔重复使用（简称重用）的对立。也就是说，语气词内部成员并非都能迭用，因而存在能否迭用和能否重用的对立。能迭用的语气词内部表现出迭用个数 n=2 或 3 的对立，不能迭用而能重用的语气词的内部成员表现出重用次数 n≥2 和 n≥1 的对立。据此并结合语气词的独有特点，可将其分类依据归纳为表 4-1。

表 4-1　语气词功能分类依据

附着对象	组合		共现成分	
	迭用	重用	强制性成分	可选性成分
述题	n=2 或 3		述题调或疑标	述题停顿
话题	n=2		话题调	话题停顿	话题前标

续表

附着对象	组合		共现成分	
	迭用	重用	强制性成分	可选性成分
述题或话题里的并列、对举、反复成分		n≥2	短语调	词语停顿	列举助词
逻辑成分		n=1		逻辑停顿	
音乐成分		n≥1		音乐停顿	

注：词语停顿指并列、对举、反复成分之间的停顿，逻辑停顿指逻辑背景和焦点之间的停顿，音乐停顿指音节和节拍之间的停顿。

维特根斯坦（2016a：9）指出，"一个定义的意义包含在其应用之中"，所以"不能将一个事实的重要性，其后果，其应用，与其本身区别开来，不能将一个事项的描述与对于其重要性的描述区别开来"。上表所列语气词的三类功能分类依据，就是它们作为聚合系统里的成员在话语（utterance）里的三条运用规则。其中，附着对象是语气词的最重要的运用规则；迭用或重用、共现成分是选择性的补充规则，是由附着对象决定的运用规则。据此三个依据，省略分类过程细节，初步得出语气词的二级功能系统，如表4-2所示。

表4-2 语气词二级功能类别系统

一级类别	二级类别	成员
话语语气词	述题语气词	去、来（着）、而已、罢了、似的、的、了、呗、呢、着呢；啊、哎、哦、嘛、哈；吗、吧$_1$、不、没（有）、不成、不是；吧$_2$、得了、好了、算了、就是
	话题语气词	呢、吧、啊、哎、哈、嘛；的话、时、的时候
准话语语气词		啊、的、了、也罢/也好
非话语语气词	逻辑标记	啊
	衬音	啊、来

上表里的"话语语气词"是附着话语成分（话题、述题）的语气词，"准话语语气词"是附着话题、述题内部的句法成分的语气词，"非话语语气词"是不附着话语成分而附着逻辑成分、音乐成分的语气词。话语语气词有两个二级功能类，述题语气词和话题语气词。"述题语气词"是附着句末述题（或谓语）成分的语气词，"话题语气词"是附着话题成分的语气词。准话语语气词的下位分类后面再说。非话语语气词也有两个二级功能类亦即最终功能类，逻辑标记语气词和衬音语气词。

二、关于术语的说明

应该说明的是，我们没有沿用目前学界流行的术语，如"句末语气词、句末助词、句尾词、句尾（的）助词、文尾助词、语尾的助动词、句子语气词、句中语气词、主位标记、话题标记、（话题）提顿词"，① 而另外使用了"话语语气词、非话语语气词，述题语气词、话题语气词，准话语语气词、衬音语气词"等术语，指称语气词的下级分类。这样做，既无标新立异之心，更无否认其他术语之意，而主要出于以下考虑：

（一）传统语法学将短语或词组界定为实词与实词或实词与虚词的组合，其实还应包括语气词和实词、其他虚词的组合，如"天哪""或许吧""所以呀"等等。虽然沈开木（1982）曾提议将其定性为"依附关系"语法结构，朱德熙也曾提出"语气词结构"概念，② 但均未引起学界重视。这里只想指出的是，既然承认语气词具有作为词而非附缀的资格，那么逻辑上就理应承认"X+语气词"序列的短语结构的地位。而且，据语气词三分功能系统，"X+语气词"序列理应区分为如下三类：

A."述题语+语气词"序列：你们几个，快走啊。

B."话题语+语气词"序列：你们几个呀，快走。

C."述题语/话题语的成分+语气词"序列：等啊等啊一直等了两个钟头；雨啦雪啦下个不停。

这三种"X+语气词"序列里，A、B两种都能做零句并能参与构成整句，C种只能做话题或述题内部的句法成分，所以各自里面的语气词的功能也理应有所不同。

（二）"话题语气词"和"述题语气词"的名称更切合汉语由零句构成整句的事实。如果构成整句的两个零句后面都有语气词的话，整句的音段成

---

① 传统语文学往往将语气词称为"词""助语辞""语助""助字""歇语辞""歇语"。最后两个见于清王鸣昌原论、魏维新摘订的《助语辞补义附录》（又名《辩字诀》）。

② 马真（1999：449；2004：321）回忆说："朱德熙先生提出有个语气词结构的问题。"但在朱先生论著里却遍寻不见，也不明白他为何放弃了这一提法，于是函询马先生。先生赐复说："1961 年朱先生给语言班 59 级上'现代汉语（二）'，让我负责辅导和批改练习的工作。我跟着听课。朱先生最后讲语气词时，谈到了'语气词结构'。至于朱先生为什么在书中没用这术语，我就不知道了。"陆俭明先生就此转询袁毓林先生，他回复说："以暂拟汉语教学语法体系为代表的传统语法著作，在讨论词与词的组合的时候，有时刻意区分实词与实词的组合 vs. 虚词与实词的组合。把实词与实词的组合称为'词组'或'短语'；把虚词与实词的组合称为'结构'，比如'介词结构''的字结构'；这样，像'走啊！''下雨了。''下雨啦（＝了＋啊）。'就是'语气词结构'。这是把虚词看作这种'结构'的核心，以核心来命名'结构'，不无道理。不知道后来朱先生为什么不用'语气词结构'这个名目了，是不是因为觉得语气词的层次比较高，是附着在整个句子上的，即现代生成语法所谓的'CP 层'，而不是'IP 层'或'VP 层'。"

分及其基本结构模式理应分析如下：

$$句子 = [\,话题 + 语气词_{n=1/2}\,] + [\,述题 + 语气词_{n=1\sim3}\,]$$

这样一来，前一个语气词附着话题，后一个语气词附着述题，两个语气词如同各管一段的铁路巡警，分工合作标记一个整句的两个话语成分。按照陈承泽的说法，语气词是"用于叙断（以断为主故谓之叙断）及提叙之意之助字"（陈承泽 1982：57）。其"用于提叙者，或助句，或助字、辞及短语"（陈承泽 1982：57）；用于叙断的语气词"居句或字、辞、短语之末"，"专附于说明语后以煞句"（陈承泽 1982：58）。因此，如果仍然将后者称为"句末语气词"或"句子语气词"，形式上就会显得不够对称。

（三）句末语气词和述题／谓语之间的关系更为密切（马建忠 1983：323；龙果夫 1958：124；朱德熙 1982：207），谓之"述题语气词"更能凸显其所附对象与功能。同时，话题语气词对话题发挥"提叙""提挈""提顿"和辅助标记、凸显话题的功能。

（四）相比之下，"句中语气词、句末语气词"都带有浓重的结构主义语言学的纯分布色彩，"主位标记、话题标记"则有忽视其口气功能的嫌疑而且会和其他非语气词充当的话题标记产生纠葛。"提顿词"和强制性话题标记之一的停顿的功能存在冲突和重叠。"句末助词、句尾（的）助词、文尾助词、语尾的助动词"都来自日本汉学家（李焱、孟繁杰 2021），国内流行不广。总之，"话题语气词、述题语气词、准话语语气词"更能明确凸显各自所附对象及其功能、层次，形式上也更对称、更整齐。这在易位句里表现得最为明显。如：

（1）我说要化瘀血，给他往外排，您让我买牛肚、猪肚干嘛呀？喝酒吗，难道？

（2）那时候是那种友谊，也可能是义气吧，我觉得。

（3）那战士也叫道："那里很难守啊，团长！"

（4）放心吧妈妈，我既不会忽视安全，也不会不重视健康。

以上例句里的"吗、啊、吧"虽然都不在句末，但都在述题后。遇到这种情况，称之为"述题语气词"应该比称之为"句末语气词"或"句子语气词"更为名正言顺一些。

三、语气词新功能系统的特点

表 4-2 所列语气词的三个一级功能类的附着对象和共现成分截然不同。

（一）话语语气词附着话语成分，分别附着述题或话题两种话语成分，隐省几乎绝对自由。其中，述题语气词即通常所谓句末语气词，附着述题，和特定述题调、疑标、述题停顿等成分强制性共现；话题语气词即通常所谓主位标记或提顿词，附着话题，和话题调、话题停顿等成分强制性共现，并和话题前标可选性共现。

（二）准话语语气词，即主位标记或提顿词之外的句中语气词，附着话题和述题里的并置成分，和短语调、词语停顿等成分强制性共现，并和列举助词可选性共现，隐省不绝对自由。

（三）非话语语气词分为两个小类。

一是逻辑标记语气词，附着逻辑背景或焦点话题，和逻辑停顿强制性共现，一起明示背景以突出焦点。逻辑标记语气词只有一个"啊"，它依次用于重动短语和动宾之间或定语、状语和补语标记"得"后，所标记对象由动词前逐步后移，越过核心谓词，逼近句末焦点，即用于句末焦点前的任一位置，包括"非切分语段"，随着"聚焦"手段语气词由左向右移动，"背景"越来越扩大，"目标"越来越集中（沈家煊 1999：229）。但合成词或固定短语内部仍然是逻辑标记语气词的禁区，这是它与准话语语气词的重要区别所在。

二是衬音语气词，附着乐句里的音节或节拍，和音乐停顿强制共现，具有衬音或过渡之功。[1]

四、语气词新功能系统之间的历时源流关系

对此，学界曾假设为如下三个阶段：述题语气词→话题语气词→准话语语气词（胡明扬 1987；张伯江、方梅 1996：50）。这个假设符合语法化单向性假设。但是该假设可解释第一阶段而难以解释第二阶段，更难解释逻辑标记和衬音词。事实上其间关系比学界已有假设的三个阶段要复杂些，细分为如下四种情况：

一是"去、来着、而已、罢了、似的、呗、着呢；哦；吗、不、没、不成、不是；吧₂、得了、好了、就是、算了"等18个只有述题语气词用

---

[1] 朱光潜（2005：227）指出："'衬字'在文义上为不必要，乐调曼（漫）长而歌词简短，歌词必须加上'衬字'才能与乐调合拍，如《诗经》《楚词（辞）》中的'兮'字，现代歌谣中的'咦''呀''唔'等字。歌本为'长言'，'长言'就是把字音拖长。中国字独立母音字少，单音拖长最难，所以必须拖长时'衬'上类似母音的字如'呀'（a）'咦'（e）'啊'（o）'唔'（oo）等以凑足音节。这种'衬字'格是中国诗歌所特有的。西方诗歌在延长字音时只须拖长母音，所以无'衬字'的必要。"

法,"的话、的时候、时"只有话题语气词用法,"也罢、也好"只有准话语语气词用法,"来"只有衬音词用法。

二是"呢、啊、哎、嘛、哈,吧$_1$"等6个由述题语气词异化出话题语气词用法,都有2种用法。

三是"的、了、啊"等3个由述题语气词异化出准话语语气词用法,"的、了"都有2种用法,"啊"有3种用法。

四是"啊"还由话题语气词异化出逻辑标记和衬音词用法,加上前面3种,共有5种用法。

简言之,述题语气词按照选用位置和层次分为2种,选用在后而层次高的确信语气词、惊讶语气词和肯定语气词里的"呢"才演变出话题语气词用法;除"啊"外,选用在前而层次低的肯定语气词(的、了)才会异化出准话语语气词用法。可简示如表4-3。

表4-3 语气词功能类之间的历时演变关系

述题语气词→	话题语气词→	准话语语气词	逻辑标记	衬音词
啊、哎、哦、嘛、哈	啊、哎、嘛、哈	啊	啊	啊
去、来着、而已、罢了、似的、的、了、呢、呗、着呢	呢	的、了		
吗、吧$_1$、不、没(有)、不成、不是	吧			
吧$_2$、得了、好了、就是、算了				
	时、的话、的时候	也罢、也好		来

注:表中对述题语气词的分类详见第五至七章。

语气词的功能系统,可视为语气词聚合系统的不同分布及其用法系统,也可视为不同历时阶段的产物。

五、语气词的新功能系统和汉语句子的依存关系

廖庶谦(1946:145)最早指出:"在这许多的问答句里面,几乎没有一个句子是完完了的。然而,在意思的表示上还是很明白的;并且,每一句都说出了当时的着重点。因此,当这种时候,我们如果一定要按照完全的语序来表述,那就反倒弄得累赘起来,连意思也表示得反倒不明白了。"显然,这等于提出了日常会话多使用"在意思的表示上还是很明白的"不完整句,同时也存在"完全语序的"完整句。

赵元任（1979：41—51）进一步提出，"句子可以从结构上分为整句和零句"且"零句是根本"，零句既可独立成句又可两或多个并置为整句。零句独立成句时，其后都可以附着述题语气词。两个零句并置为整句后，前一零句就降级为话题，原来的述题语气词就会随之异化为或用作话题语气词，和话题调、话题停顿强制性共现；后一零句就降级为述题，原来的述题语气词仍是述题语气词，和述题调、述题停顿强制性共现。如：

（5）"我弟弟呢？""大概也挺好吧。"
（6）我弟弟呢，大概也挺好吧。

例（5）是一问一答式两个零句，"呢"在前一零句里和升调、述题停顿强制性共现，当然是述题语气词；"吧"在后一零句里和平调、述题停顿强制性共现，当然也是述题语气词。例（6）是一个自问自答式整句，"呢"位于话题后，和话题调、话题停顿强制性共现，异变为或用作话题语气词；"吧"位于述题后，和述题调、述题停顿强制性共现，仍是述题语气词。换言之，是所附零句的话语地位变化，才导致述题语气词分化出话题语气词的用法。

六、述题语气词的形式特征

述题语气词具有如下形式特征：

（一）位于句末述题语或谓语之后。龙果夫（1958：124）甚至将它们重组为"谓语语尾"，其"特点是永远放在谓语组合的结尾……它们在汉语语法系统里，首先是在谓语范畴里，起着极其重要的作用"。

（二）和述题调或疑标强制性共现，并强制性后跟句末停顿，但和句子层面的语气副词等情态词是可选性同现，而且语义指向语气副词及其短语等。

（三）都可2或3个右向递层迭用，并严格遵循迭用顺序。

（四）有无、异同和多寡几乎不影响句子的合语法性、命题内容的真伪和言语行为类型，有时会因所附词语或结构的意义特殊而偶有例外。以"了"为例对比如下：

（7）他们就把门踢开（了），一下冲了进去，将十余个盗贼全部抓获（了）、凯旋（了）。（王巍2010）（语法意义相同）
（8）a. 别喝酒！　　　　　b. 别喝酒了！（语法意义不同）

（9）a. 太好了！　　　　　　　b. 真好了！（语法意义不同）

（10）a.（屋里）都小伙子了。b.（屋里）都小伙子。（合语法性不同）

例（7）里的"了"都可自由隐现而不影响合语法性，也不影响言语行为类型和命题内容的表达。例（8）两句都合语法，但命题意义不同，不带"了"的句 a 表示事前警告，带"了"的句 b 表示中途制止。例（9）两句都合语法，但句 a 只能切分为"太好 / 了"，"了"肯定"太好"状态及其程度的实现；句 b 只能切分为"真 / 好了"，"了"肯定"好"的状态实现。例（10）带"了"合语法，不带"了"不合语法，这是顺序义体词做谓语并表示变化实现的特殊需要（马庆株 1998：80）。

七、话题语气词的形式特征

话题语气词形式上具有如下特征：

（一）附着话题之后、话题停顿之前；

（二）与句首位置、非重读、话题调和话题停顿强制性共现，经常与"至于、说起、比如、如果、假如"等词汇性话题前标可选性同现（雷莉 2001），与句类存在一定的选择性同现关系（强星娜 2011）；

（三）除"的话""的时候"能后跟一个单纯话题语气词与之右向递层迭用外，其余都不能迭用；

（四）有无、异同和多寡不影响话题的合语法性，但影响其信息类型和言者提及话题的口气，因此不能自由替换，也不能用于定语从句的主语之后（刘丹青 2008：250）。

八、准话语语气词的形式特征

准话语语气词具有如下形式特征：

（一）附着话题、述题里的句法乃至词法成分，后跟词语停顿；

（二）只能重复附着话题或述题里的多个（偶尔 1 个）并列、对举和反复成分，以构成例举短语、对偶短语、描摹短语或增情呼唤短语等，然后单独或与列举助词等一起做话题、述题或其成分，并作为韵脚构成韵律块，以控制句子的模块数量；

（三）不能右向递层迭用，但能重复使用 2 次及以上；

（四）有无、异同和多寡有时影响句子局部的句法–语义，并对交互主观性有所影响。

至此，话语语气词和准话语语气词的形式特征可归纳简示为表 4-4。

表 4-4 话语语气词和准话语语气词的形式特征对比

语气词类别		附着对象	分布位置	共现成分		右向迭用/重用	隐现
				强制共现成分	可选共现成分		
话语语气词	述题语气词	述题	述题后	述题调、疑标、述题停顿	语气副词	右向迭用2或3个	自由
	话题语气词	话题	话题后	非重读、话题语调、话题停顿	话题前标	右向迭用2个	自由
准话语语气词		述题或话题的句法成分	句法成分后	句法停顿	列举助词	重用2次及以上	不绝对自由

由上表可知，从述题语气词到话题语气词再到准话语语气词，所附对象、伴随语调、后跟停顿、同现成分的语法层次递降，迭用和隐现自由度依次降低，其有无、异同和多寡对述题、话题及其内部成分的句法、语义的影响从几乎全无到有所影响。

第三节　语气词的功能模式概说

虽然近年来语气词研究已经引起了学界相当程度的重视，但宏观上语气词的性质归属、范围及其分类依据、功能系统，微观上个体语气词功能的描写等，都没得到很好解决。特别是"现在各家提到的各种不同的语气意义几乎是多到难以列举的……"（胡明扬 1988），"但是分得越细，衍生的问题却越多。上焉者对各种意义无法做统一解释，下焉者则各种意义间甚至相互抵触"（屈承熹 2009）。究其原因，主要在于缺少一个既不过度烦琐又不过度概括的功能模式。

学界对语气词功能的刻画模式，可大体归纳为概括模式和分解模式。

概括模式简练，但忽视了不同用法之间的差异，有的用法用概括模式解释显得很牵强（肖治野、沈家煊 2009）。

分解模式至少有四个，姑且谓之多义模式（赵元任 1979）、三层模式（齐沪扬 2002；屈承熹 2006：95—142）、原型模式及其四分功能模式（徐晶凝 2008）和行知言三域模式（肖治野、沈家煊 2009）。这四种分解模式，其实都是内部有顺序的多义模式。虽然它们对语气词的描写都各具优长，但也都不无遗憾之处。首先，多义模式往往会"抹杀了这些意义之间实际存在的联系"，或者"多数意义之间的联系还是不明显"（肖治野、沈家煊

2009）。其次，如果个体语气词包括单义的和多义的，概括模式似乎较适合描写单义语气词而不适合所谓多义语气词，分解模式似乎较适合描写所谓多义语气词而不适合单义语气词，两种模式都不具有普遍性。最后提出的三域模式，由于涉及行、知、言三域，带有浓重的历时色彩，而语气词的典型功能往往只属其中一域，作者用它刻画"了$_2$"时把"了$_1$"也拉了进来，否则，行域功能就难落到实处。

鉴于单一的概括模式和分解模式都不足以很好地描写语气词功能，我们拟在已有模式的基础上，尝试提出一个理想化的功能模式。

徐晶凝（2008：133）指出：

> 语气助词的作用并不在于参与汉语句子的命题结构，作为情态标记和话语标记（discourse marker），它应当具有三个重要特点：一是在语法上，它不是语法结构必需（obligotory）的成分，有或没有不影响语法结构的合法与否；二是在语义上，有或没有不影响语法表达式的内容（命题）；三是在情态上，它是必需的成分，它的目的在于表示句子与语境的关联性以及满足听话人的面子需要，更好地保证交际成功。因此语气助词的有或没有会直接影响到语句的效力（force）。

徐著的表述基本代表了学界的主流认识。据此，语气词的功能主要表现为标记功能和主观性及其交互主观性。下面分别说明。

一、可选性标记功能

述题语气词与述题调、句末停顿一起标记述题或谓语。述题调和句末停顿强制性标记述题，述题语气词可选性标记述题。依据述题语气词的有无，汉语句子首先分为如下两个一级结构类型：

　　　零语气词句 = 述题调 +　　　ø　　　+ 句末停顿
　　　语气词句　 = 述题调 + 述题语气词 + 句末停顿

由此，汉语句式可分为两个一级子系统，一个是以述题调和句末停顿为强制标记又以述题语气词为可选标记的语气词句式系统，另一个是仅以述题调和句末停顿为强制性标记的零语气词句式系统。在语气词语言里，书面语句或正式会话句几乎都是零语气词句，日常会话句才可选性使用语气词句。同时，前者是自然语言的共有句式，后者是语气词语言的特有句式。

话题语气词与句首位置、非重读、话题调、话题停顿以及话题前标

（词汇性话题标记）一起标记话题，句首位置、非重读、话题调和话题停顿都强制性标记话题并使之初步实现话题化而具有话题性，话题语气词、话题前标可选性标记话题与主语以构成"强势话题"（刘丹青 2008：250）。汉语话题语气词"远不像日语的 wa 之类话题标记那样具有句法强制性，尤其是在较正式或书面语体中"（刘丹青 2008：249），并非实至名归的话题标记（强星娜 2011）。

准话语语气词单独或与列举标记一起标记述题和话题里的句法成分，包括并列成分、对举成分和反复成分。

以上三类语气词所标记对象的层次递降，表现为如下序列：

述题语气词＞话题语气词＞准话语语气词

同时，这个序列意味着，它们所标记对象的信息类型的重要性也依次降低，述题语气词标记句子的新信息即最重要的信息，话题语气词标记旧信息或新信息，准话语语气词标记述题、话题里的句法成分即句子局部的、层次较低的成分。

二、主观性功能

语气词的主观性功能指言者对述题、话题或其内部成分的口气等。首先，述题语气词和述题调或疑标一起构成述题的语气结构——"语调/疑标$^{n=1}_{语气}$＋语气词$^{n=0-3}_{口气}$"。述题调或疑标强制性择一出现表示上位语气范畴，述题语气词可选性出现 0—3 个表示其下位口气，两者分工合作表达言者对句子述题的"语气＋口气"综合值。其次，话题语气词可选性"强化话题性"（徐烈炯、刘丹青 2007：220），辅助区分现实和非现实话题等信息类型的同时，还表示言者提及话题的口气。最后，准话语语气词具有不同的句法、语义和韵律功能。

三、交互主观性功能

语气词的语义结构里，既包含主观性，也包含交互主观性。首先，述题语气词里，肯定、惊讶语气词是言者指向为主型，交互主观性表现为提请听者注意的强度或风格不同；确信、确认语气词是听者指向为主型，交互主观性表现为对听者的态度不同。其次，话题语气词表示言者提及话题的口气，关注言听双方的认知需要。最后，准话语语气词与附着对象一起浮现出的意义更复杂，包括类指义、交替反复义、长时持续义、生动描摹义、增情呼唤义和轻责义等。

至此，语气词的功能模式可假设如下：

语气词功能 = 标记述题 / 话题或其内部成分 + 主观性 + 交互主观性

第四节　小结

综上所论并结合表 4-2、表 4-3，语气词功能系统可完善为表 4-5。

表 4-5　语气词四级功能类别系统

一级类别	二级类别	三级类别	四级类别	成员
话语语气词	述题语气词	给予为主	肯定语气词	去、来、来着、而已、罢了、似的、的、了、呗、呢、着呢
			惊讶语气词	啊、哦、哎、嘛、哈
		索取为主	确信语气词	吗、吧、不、没、不成、不是
			确认语气词	吧、得了、好了、就是、算了
	话题语气词	附着现实话题		啊、呢、嘛、哎、吧、哈
		附着非现实话题		的话、时、的时候
	准话语语气词			啊、了、的、也罢/也好
非话语语气词	逻辑标记			啊
	衬音词			啊、来

上表所列语气词功能系统，具有如下鲜明特色：

一、将语气词分为四级九个最终类别，初步实现了各得其所，从而降低了个体语气词功能定位的难度，应该有助于更好地刻画它们的功能。

二、保留了传统所谓句末语气词的"大国"地位，并将分布上无所不在、功能上令人眼花缭乱的句中语气词一分为四——话题语气词、准话语语气词、逻辑标记和衬音词，初步明确了各自的疆界与功能。

三、最终类别的成员多寡差异明显，话语语气词成员的静态数量最多，种类多样，用法复杂。其中的述题语气词最多，话题语气词次之，准话语语气词再次之，其余都仅各有一两个，整体呈现出数量递减之势。这显示出述题语气词才是语气词研究中的重中之重，难中之难。鉴于此，下文将不再讨论非话语语气词，而主要讨论述题语气词、话题语气词和准话语语气词三个子系统，重点是述题语气词。

第五章 述题语气词功能系统（一）：语气结构

第一节 引言

英语 mood 一词本来指言者表述话语的一种特定方式，这种方式通过动词的屈折变化形式得以显现。因此，叶斯柏森（2009：485）就曾明确地将 mood 定义为通过动词的屈折形态变化来反映说话者心理态度的形式句法范畴。但 Nuyts（2016：1—2）指出，文献中对 mood 主要存在三种理解：动词上情态意义的语法编码范畴；基本的句子类型（sentence type）及其言外之力范畴；陈述和虚拟的对立标记及其语义范畴。但有一点是得到学界广泛承认的，即 mood 首先一定是一个句法形式语法范畴，mood 的研究思路是"从形式到概念"，通过形式句法手段来表示说话者表述话语方式的句法范畴（赵春利、石定栩 2011），在英语里体现为不同的动词屈折形式变化所反映的言者不同的话语方式或类别。

国内学界也有学者尝试参照英语而提出汉语的语气结构。但汉语动词没有限定形式，原型语气结构当然不可能由主语与限定成分的配列或有无构成，其模式当然也不可能是"主语＋限定成分"。于是，邢福义（1996：25）首先提出"句子＝结构型＋语气型"，其中的"语气型"相当于语气结构，由句调和语气词一起表达。李小凡（1998：79—81）虽然没有提出语气结构的概念，但明确认为语气词"只能配合语调表达语气"并"依附在句法结构后面，跟调尾相结合"。稍后华宏仪（2004）提出句子结构等于"句法·语义结构＋语气结构"，其中的语气结构是"由语调或者是由语调加语气词构成的"。这很可能是国内学界第一次明确将"语气结构"这一概念应用于汉语语气范畴研究。我们提出"双标句符假设"，即汉语句子以句调为第一或强制性标句符（C_1），其最大投射为句调标句符句（C_1P）；语气词为第二或可选性标句符（C_2），其最大投射为语气词标句符句（C_2P）。以上学者关于语气结构的观点都程度不等地存在论证不足的遗憾，因而都没能产生足够的影响力，更重要的是有关认识还不统一。

第一，理论上语气结构属于全句还是局部？英语语气结构既然由主语和谓语限定成分配列和有无构成，当然属于全句。汉语是否也应如此呢？

第二，汉语有哪些语气手段，哪些参与、哪些不参与语气结构，依据是什么？

第三，构建出来的语气结构能否成为一个系统，特别是众多语气词和其他手段的功能及其关系能否得到有效解释？

对于第一个问题，学界几乎异口同声地认为语气结构是属于整个句子的。在这个问题上，陆志韦的表述最有特色。他说，语气词（他谓之"语助词"或"送句词"）的功用是"形容或是限制一个完整句子，它的地位是在全句的末了"（陆志韦1956：47）。但前述语气词功能三分系统告诉我们，话题语气词和述题语气词连同不同的语调、停顿一起将句子分为话题和述题两个话语成分。话题语气词指向话题，表示提及话题的口气而不参与语气结构；述题语气词指向述题，和语法调或疑标一起构成语气结构。据此，可以认为汉语句子的语气结构是属于述题的，而非属于全句的。套用陆志韦的说法，述题语气词是"形容或限制"述题的，而非"形容或限制"全句的。

对于语气词的功能，学者的认识可归纳为如下几种：

一是语气词一对一表示句类语气，以黎锦熙（2007：260）为代表。

二是语气词和其他手段是并列关系的语气手段，以赵元任（1926）、丁声树等（1961）为代表。[①]

三是语气词和其他语气手段既是并列关系的语气手段，同时又分别表示陈述、祈使、是非问和感叹语气各自内部的"细微的差别"或"细微的语气或口气"，以沈开木（1987b）、周一民（1998）、张谊生（2000）、徐晶凝（2000）为代表。[②]

[①] 丁声树等（1961：209）认为："语气可以用语调表示，也可以用语助词表示。""有些动词、助动词、副词、象声词也可以表示语气。"

[②] 周一民（1998：258）认为："语气词所表示的语气，可以大略地分为陈述、祈使、感叹、疑问四种。细致分析则有强调、确认、揣测、请求、命令、不满、惊异、提醒、夸张、委婉、怀惜、轻蔑、怀疑、假设、提问、反问……种种语气。"张谊生（2000：267）认为，"同样的一个陈述，加上了不同的语气词，不但可以显示各种细微的语气和口气，而且还可以表示不同的语义差别和语用要求。"徐晶凝（2000）提出，"啊"可用于陈述、疑问、祈使、感叹 Mood 中，"使陈述 Mood 带有一种延宕作势，以引人注意的语气"，"使疑问 Mood 带有一种求证的语气，舒缓随便"，"使祈使 Mood 带有催促、劝听的语气"，"使感叹 Mood 舒缓随便，且感情色彩很重"。

四是语气词在语调所表语气之上增加色彩或口气,以沈开木(1987b)胡裕树(1995)、孙汝建(1999)为代表。

五是刘叔新(1982)认为,语气词所表示的语气,"是句子成分之间的关系所具有的状态,或说话人赋予这种关系的感情、态度色彩"。如:你了解吗?——主谓的联系存在疑问。你出去吧!——主谓的联系必须发生。他说过的。——主谓的联系肯定是事实。

六是语气词使语气表达的信息量得以加强,以邢福义(1996)为代表。[①]

七是语气词和其他手段分别表示情态的不同次范畴,以贺阳(1992)、齐沪扬(2002)、徐晶凝(2008)为代表。特别是徐晶凝(2008:66—78)将汉语学界习惯用来对译英语 mood 一词的"语气"赋予两个所指,一是"对句类的形成起决定性作用"的言语行为语气(speech act mood),一是"不能改变句类的性质,而只是增加了说话人对听话人的态度表达"的"传态语气"(attitude-conveying mood)。前者由句类及其标记表达,后者由语气词("吗"除外)表达。

由上可见,学界对语气手段究竟有多少,各自的功能是什么,彼此关系如何,如何分类等,都远没有形成一致意见。

但是,语气词功能三分系统明确告诉我们,述题语气词在形式上具有如下特征:

一是位于述题之后。

二是和述题调或疑标强制性共现,并强制性后跟句末停顿;和情态词可选性同现。

三是都可右向递层迭用,最多可选用3个,并严格遵循固定顺序构成数量庞大的迭用式。

下面还会看到,述题语气词的数量众多,聚合关系和组合关系都具有严整的系统性。据此可以认为,述题调和述题语气词是汉语述题的两个原型语气手段。至于学界提及的与陈述句构成对立的各种句类标记,诸如主语人称、时体特征、谓词语义限制、答句类别、语篇地位、初始功能等,大都不具有强制性和专用性。例如,即便第二人称词语做主语也不一定就是祈使句,即便有了"多么"也不一定就是感叹句,甚至有了疑标也不一定就是特指问。换言之,句类虽然各有自己的形式标记,但功能上经常彼

[①] 邢福义(1996:26,242)指出,"凡是句子语气,都有相应的句子语调。"语气词"不仅配合句子语气表明特定意图,而且可以加强语气表达的信息量"。"一个句子,如果没有语气助词,照样有语气;之所以使用语气助词,是为了在配合语气表明特定意旨的同时,使语气表达的信息量得以加强。"

此渗透（徐晶凝 2008：98），难以构成系统性对立，它们以及它们参与构成的句类都不宜视为汉语述题的语气手段，而且有的也不出现在述题里（主语人称、答句类型、语篇地位）。另外，语气副词、助动词等词汇手段属于层次低于语气词的情态成分，语义指向负载命题主要内容的句法结构部分，虽然和述题语气词可选性共现，但也可以单独后跟语气词并成为其语义指向的对象，如"或许吧。"的语气结构应该只能分析为"平调+吧"，"大概呢？"只能分析为"升调+呢"。至于表0-4提到的主语人称、时体成分等都不是述题的语气手段。

两相对比可以发现，英语的语气结构属于句子，汉语的语气结构不属于句子而属于述题。英语语调主要不表示语气而主要表示口气；汉语语法调表达语气，口气调（或情感调）和语气词表示口气，而所谓句类标记难以构成系统性对立，语序几乎不发挥作用。虽然两种语言都有数量可观的情态词，但都是各自语言里表达情态的成分或广义语气的边缘性或附加性手段，汉语里还会成为语气词的附着对象和语义指向的对象。总之，英语语气结构主要由主语和限定成分及其配列、顺序和有无来表达，汉语语气结构由语调和语气词的数量的组合搭配来表达。由此出发，以下三章将讨论述题语气词的功能系统，包括语气结构假设（本章）、语气词的上位语气（第六章）和语气词的口气及语气结构系统（第七章）。为节省篇幅，在不致误解的前提下，此下至第七章，述题语气词一律简称语气词。

第二节 已有研究回顾

一、语气词的已有功能系统

20世纪80年代以前，学界几乎都将语气词默认为本文所谓的述题语气词即通常所谓的句末语气词，而所谓对语气词的研究几乎都是对述题语气词的研究，所提出的语气词功能系统实际上几乎都是述题语气词的功能系统（仅偶尔提及停顿功能），划分出的功能类别从少到多主要有如下几种：

（一）二分功能系统至少有如下3个

胡明扬（1987：75—76）认为"语气表示说话的人：（1）由周围的事物或对方的说话内容引起的某种感情，这是表情语气，如赞叹、惊讶、诧异、不满，等等；（2）对自己说话内容的态度，这是表态语气，如肯定、不肯定、强调、委婉，等等；（3）向对方传递某种信息，这是表意语气，如祈求、命令、提问、追诘、呼唤、应诺，等等"。即表情语气由叹词表示，语气词表示表态和表意语气。

太田辰夫（2003：327）依据给全句还是给述语添加语气和分布位置两个标准将语气词分为 2 类。甲类：吗、呢、吧、啵、罢了、啊、呀、哇、哪、了（啦）。乙类：呢、了（啦）、来着。甲类位于句末，"给整个句子加上疑问、推测及其他各种非叙实的语气"；乙类位于但不限于句末，"给述语添加存在、已然、曾然等叙实的语气"。

徐晶凝（2008：79）依据能否改变句类的性质将"吗"和其余语气词分为对立的 2 类。"吗"的有无会改变句类，同时"也参与汉语传态语气系统"；其余语气词"不会改变句类的性质"，只标记句类的传态语气。

（二）三分功能系统至少有如下 7 个

吕叔湘（2002：259）提出"认识/行动/情感"三分系统，即"与认识有关的直陈语气（强调则为确认）和疑问语气（肯定性、中性和否定性）""与行动有关的商量语气（建议、赞同）和祈使语气（肯定性、否定性）""与情感有关的感叹和惊讶语气"。

高名凯（1986：87）把否定副词、语气副词、叹词和语气词合称"口气虚词"（与褒贬义实词一起归入"表情的词"），并把其中的语气词区分为询问词（吗）、疑惑词（吧）和命令词（罢）3 类。

胡明扬（1987：76）依据功能和选用顺序提出"结构（或时态）语气助词＋辅音语气助词＋元音语气助词"三分功能系统。"在同一位置上同时出现两个或两个以上的语气助词时，选用的顺序是：结构（或时态）语气助词＋辅音语气助词＋元音语气助词。""'呢'和'吧'同时出现，'呢'在前。"这等于依据选用顺序将语气词分为 3 类 4 种。

朱德熙（1982：208）同样依据功能和选用顺序提出与胡明扬大同小异的"时态/疑问或祈使/态度或情感"三分系统，即"了、呢$_1$、来着"表示时态，"呢$_2$、吗、吧$_1$、吧$_2$"表示疑问或祈使，"啊、呕、欤、嚜、呢$_3$"表示说话人的态度或情感。前"两组语气词都是表示句子的某种语法意义的"。"这三组语气词在句子里出现的顺序是固定的。""当中可以有缺位，但次序不能颠倒。"且"同属一组的语气词不能共现"。该观点和胡明扬（1987）是基本一致的，对教材编写具有较大影响。

胡明扬（1988）依据功能提出"陈述/疑问/感叹"三分观点，假定语气词和语调表示句类语气，从而将语气词分为功能不同的 3 类，即"的、了、吧、呢、嚜"表示陈述，"吗"表示疑问，"啊"表示感叹，另有祈使、命令语调表示祈使。

李讷、安珊笛和张伯江（1998）提出"事态/情态/疑问"三分。事态语气词是从参照时间看句子的状态，属于广义的体（aspect）范畴，反映小句（clause）时间方面的特征，如"了、来着"；情态语气词表示言者对命题的主观态度，属于认识（epistemic）范畴，作用于一个命题，反映句子的情态（modality）类型，如"的"；疑问语气词在对话行为中表示交互作用里的询问意义，属于篇章（discourse）范畴，反映语句（utterance）的功能类型，如"吗"。

李小凡（1998：82）也提出"事态/情态/询问"三分。"客观地叙述、描写实际情况的陈述句用事态语气"，"带有某种主观态度或情感的祈使句、感叹句、反问句等用情态语气"。同时他认为："事态语气词有两大功能，一是表事态，二是表语气。前者属于体貌范畴，后者才属于语气范畴。事态本该用助词标记，但因为它们出现在句末，便成了从句调尾孳生出来的零形态语气词的载体，而事态语气恰恰又是对实际发生的事态加以客观表述的语气，于是，二者便并合为一体了。"（李小凡1998：83）

（三）四分功能系统至少有如下4个

黎锦熙（2007：260—273）依据所表句类语气将语气词分为与之——对应的4或5类，并将其中表示决定语气的语气词细分为3类。

高名凯（1986：447—549）将语气词分为句终询问词、句终疑惑词、句终命令词和句终感叹词等4类。

丁声树等（1961：209）把语气词所表语气分成疑问（吗、呢、啊）、祈使、禁止（吧、了、啊）、测度、商量（吧）和陈述（的、了、呢、罢了、么、啊），另有停顿（吧、么、呢、啊）。

王力（1985a：245）依据所表语气或情绪将语气词分为4类12种，即确定语气分为决定、表明和夸张语气，不定语气分为疑问、反诘、假设和揣测语气，意志语气分为祈使、催促和忍受语气，感叹语气分为不平和论理语气。

此外，丁恒顺（1985）、张谊生（2000：279）和邓思颖（2010）等都依据选用顺序提出了各自的四分系统。

二、关于语调是不是句子成分的问题

学界对语气词提出如此众多面貌各异的功能系统，主要是受到了结构主义语法学有关理论的影响。

索绪尔（1980：177）指出，"在语言的组织中，头一件引人注目的是句段的连带关系：差不多语言中的一切单位都决定于它们在语链上的周围要素，或者构成它们本身的各个连续部分"。这可视为结构主义语言学研究语言成分的功能方法论原则——观词伴而知其义（Firth 1957：11）或随文释义的方法论原则。由此出发，学界关注最多的是语气副词和语气词的共现问题，并据以对语气词进行分类，提取其语义功能。但事实上，至少在普通话里，和语气词具有最直接的"句段的连带关系"或是"在语链上的周围要素"的，既不是句类及其标记（主语的人称类型、句法结构格式等），也不是学者们一直津津乐道的语气副词、助动词等，而是与之同处句子述题层面的语调及疑标。也就是说，语气词出现时，语调或疑标必然择一与之强制性共现（反之不必然），语气副词等所谓情态词只能和它可选性共现（反之亦然），并且作为述题的句法成分（做状语或高层谓语）或单独后附语气词并与之一起加上语调成为句子（如或许吧。）。因此，如果按照"观词伴而知其义"原则的话，语气词的功能研究应该首先特别关注与之强制性共现的语调或疑标及其类型、功能以及它们之间的关系，而后才能准确地把握语气词的功能。世界语言都有疑标作为非是非问语气的形式手段，但在语调这个关键问题上，由于语调对表示语气的重要程度不同，学界曾有过一段为时不短的争论。这涉及对句子结构的认识层面。

对句子结构的认知，美国描写语法学本来有两种主张。一种主张是由布洛赫、特雷杰（2012）最早提出的："任何由两个或两个以上的词构成的句法结构就是词组；一切句法分析都应该建立在对于词组考察的基础之上……"另一种主张是由Harris（1951）最早提出的：就英语而言，可以说出现的语句由短语加语调组成。所谓的NV指的是词组，X指语调。前一观点可简示为"句子＝词组"，后一观点可简示为"句子＝词组＋语调"。赵元任（1979：41）赞成前一种观点，将句子定义为"两头被停顿限定的一截话语"。该主张经生成语法学的进一步提倡而广为学界所接受。霍凯特赞成后一种观点，他认为，"语调语素大概总是要解释成它本身所属的那个大音段的一个直接成分，大音段的其余部分不管多么复杂，构成另一个直接成分"。（霍凯特1986：192）"在英语中，常常用语调标明一个语法形式独立于它前后的语法形式（如果有的话）。"（霍凯特1986：248）斯米尔尼茨基也赞成后者，并认为对于一切语言来说，语调是表达述谓性（即表述性——引者）的万能手段［转引自孙汝建（1999：15）］。以上两种对立的观点在国内学界都有不小的市场。

朱德熙（1982：21）起初是接受"句子＝词组＋语调"的，并将句子定义为"前后都有停顿并且带着一定的句调表示相对完整的意义的语言形式"。但在正式提出词组本位语法体系时却又明确宣称："句子不过是独立的词组而已。""句子的结构实际上就是词组的结构。"（朱德熙1985：

52）但同时他也坦承"句子跟词组终究是两回事，不能混为一谈"（朱德熙 1985：52）。首先，"因为词组跟别的语法单位一样，也有黏着与自由的区别。黏着的词组如 V+了+O（吃了饭｜打了电话），V+C+O（吃完饭｜拿出一本书）等等当然不能独立成句。"（朱德熙 1985：52—53）其次，"肯定有一部分句子是无法还原为词组的"，如所谓的"易位句"和带语气词"吧、呢、吗"的句子（朱德熙 1985：53）。但他仍然坚定地认为："即使是这类句子，它的组成部分仍然是符合词组的构造原则的。"（朱德熙 1985：53）这等于将句子的语调置之度外了。

吕叔湘（1979：61—62）接受"句子＝词组＋语调"观，并提出"要按直接成分分析法来看，一个句子首先应该分成两部分：（a）构成句子的词语，和（b）语调……"

陆俭明（1980）将句子表示为如下公式：$S=|_{nW}^{ST}|$（ST 表示句调，n 表示词的任意数，W 代表词，‖ 表示较大的停顿）。

此外，还有众多学者也都持有类似观点。[①]

张世禄（1981）进一步指出："在汉语里，句子成立的要素，不是属于语法结构，而是属于语气和语调；汉语里不论哪一种结构，主谓结构也好，其他各种结构也好，有一定的语气和语调的，才是句子；没有一定的语气和语调的，就不是句子。"

遗憾的是，"句子＝词组＋语调"的观点对以往语气词研究的积极影响微乎其微。所以研究语气词功能时，语调往往成为"最容易被忽略的语气因素"（胡明扬 1988），或者将语气词和语调的功能等同或混同起来，或者将语调功能误加在语气词的头上。胡明扬（1988）曾旗帜鲜明地指出，认为"呢"表示疑问语气，"吗"表示反诘语气，"了"表示祈使语气和"啊"表示各种语气等做法，都是忽略语调或将语气词和语调功能混同造成的后果。

值得庆幸的是，汉语语法学历史进程中，"句子＝词组"观虽然曾经风光无限，但"句子＝词组＋语调"观却最终成了学界共识。下面将依据

[①] 陈建民（1984：54）表述为："语调是每句话必然具备的。"沈开木（1987b）表述为，"句子由两个部分组成：词或词组部分和语调所表示的语气部分"。瞿霭堂、劲松（1992）表述为，"句子的表述"是靠句调来表现的，句调是每一个句子所必备的，它"与句子是共生的"。胡明扬（1993）认为，"同样的句式，同样的语气助词，如果语调不同，全句的语气意义也不相同"。胡裕树、范晓（1985）表述为："汉语中表示行为类型的主要手段是语调、语气以及语气词。"孙锡信（1999：2）表述为："语调是表示语气的主要手段，也是不可缺少的手段。"刘叔新（2013：82）表述为：陈述语气、询问语气、感叹语气、诘问语气、命令语气和祈请语气，"句末音调是句式语气不可或缺的基本表现形式；语气词在句式语气的形式表现体制中只能占据第二位。"

"句子=词组+语调"观讨论语调或疑标和语气词的关系。先讨论它们的共现关系及其类型,然后讨论它们的层次关系和功能关系,最后提出语气结构假设。

第三节 语法调或疑标和语气词的共现关系及其类型

一、语法调和口气调

首先必须区分功能不同的语调,即语法调和口气调(或情感调)。

胡以鲁(1913:66)最早提出:"吾国语语气之变,大抵无位置之更,为叙述,为疑问,或为正语、为反语,皆以抑扬为之。此音调之抑扬。……凡此皆以音容补措词之不足也。"这是国内学界第一次提出汉语用语调表达语气范畴。

而后,赵元任提出"总(resultant)语调""中性语调""口气语调/表情语调"三个重要概念。三者之间的关系是,总语调是"中性语调加上比较的普通一点的口气语调的代数和"(赵元任 1929)。所谓中性语调,是"在极平淡极没有特别口气的时候,语句里头的字调也因地位的不同而经种种的变化"的句法语调(赵元任 1929),"就是最平淡而仍旧连贯成话的语调,这是一切语调的起码货。假如说话的人对于他所说的话没有任何感情、态度,或是特殊意味的表示,他也会有这些所谓中性语调的变化的"(赵元任 1935)。而且,中性语调的"规则是一城一乡一个样子的"(赵元任 1929)。然而,口气语调或表情语调却"几乎全国一个样的,甚至于跟外国语言也有好些相同的地方"(赵元任 1929)。此外,赵元任还逐一刻画了北京话的 40 种口气语调,包括 27 种"以音高跟时间变化为主要成素的"口气语调,和 13 种"以强度跟嗓子的性质为主要成素的"口气语调。

高名凯(1986:498—499)区分了语气调和情绪调:"叙述是属于理性的语言,心平气和,语调轻稳。命令则是表达心中的意欲,未免兴奋,语调自觉沉重。……同时因为说话时情绪的不同,语调也生变化。"

周殿福(1980:309—310)将语调分为基本语调和口气语调。"基本语调图形是指说话人在心情平稳、感情没有什么波动的情况下说出的语调。""在上述的基本语调的基础上,根据谈话时的语言环境和说话人对事物的思想感情和态度的不同,语调图形还会发生许多变化,形成许多不同的语势,使人听了产生不同的感觉。语势的不同,依附于感情的变化,它是为表达感情服务的,我们称它为'口气语调'。"

此外,陈建民(1984:54)区分了中性的语调和特殊的语调。他认为:"中性语调属表意语气。所谓陈述、疑问、祈使、感叹,就是中性语调所表达的语气。从表达思想感情的角度看,还有一种特殊语调,它和表情语气、表态语气是分不开的。"

吴力菡(2012)提出,语调里的［重音］、［骤降］、［上扬］和［音延］等局部特征主要体现语义和句法功能,而［高］、［中］、［低］和［宽］、［窄］等全句特征主要用于实现情感等功能。这为区分语法调和情感调提供了可靠的声学依据。简示如表5-1。

表5-1 语法调和口气调

语调名称	语音特征	功能
语法调	［重音］、［骤降］、［上扬］和［音延］等局部特征	区别句子的语气
口气调	［高］、［中］、［低］和［宽］、［窄］等全句特征	区别话语的情感、态度

下文只讨论语法调,必要时才涉及口气调。

二、语法调的强式与弱式

赵元任(1979:359)指出,"啊"可以参与构成是非问句,表示"要求证实的问话",并说:

> 这种问话不但"啊"字低,整句都低,有时很低,显得发音粗糙似的(breathy)［按指音高降低,不是音强减弱］,含有"我没听错吧?"的意思。
> 你不去啊?这个啊?(你说的是这个吗?)
> 这种问话跟用"吗"的问话的区别有三点:(a)"吗"字问句音高高,"啊"字问话音高低。(b)翻成英语"吗"字句用倒装式(V—S),"啊"字句用一般式(S—V)。(c)"吗"字句问的是内容的真实程度(<50%可能性),"啊"字句问的是"是不是这样"。

由上可知,随着语流中语气的强弱变化不居,一种语法调往往有强弱不同的表现形式,[①]这可视为它们的典型程度有高低之分或典型与变体之分。

[①] 李临定(1986:23)也曾经指出,"你来了"这个招呼语,如果"见面的是多年不见的好友,说这句话时语调就高而强;见面的是经常在一个办公室工作的同事,说这句话时语调持平;见面的是自己讨厌的人,说这句话时语调下降"。

林茂灿（2006）通过实验证明，通过改变边界调 F⁰ 曲拱的斜率和（或）音阶，可以产生不同强度的疑问——强疑问、弱疑问、过渡语气、续说和陈述。Guo（2007）通过对汉语弱祈使语调所做的分析表明，边界调高低组合以及变化是多样的，各类弱祈使语调由弱到强呈现出渐变的趋势。陈虎（2008）指出，感叹语调的具体音高走势并非一成不变，而与句中的重音模式密切相关——前重时全句呈所谓"降调"，中重时呈曲折调，后重时则先降后扬。在从陈述语调向感叹语调的转化过程中，调域的加宽、调阶的上升、重音的增强、调首与调尾音阶的上抬均能够在不同程度上增强感叹效果。他的研究显示出，平调所表陈述语气和曲调所表感叹语气之间存在密切关系，即感叹是以陈述为基础的。此外，据吴力菡（2012）研究，汉语各种功能语调同时具有"连续"和"离散"的特性，即在音长、音高和音强维度上都能各自形成一个连续体，三个维度可分别划分出［高］、［中］、［低］特征值。石锋、王萍（2017：序言）提出："句调的基式是自然焦点陈述句。基式里面包括边界调、下倾和变阶。变式包括强调和对比等语义焦点，还有疑问、祈使和感叹等功能语气。"为表述方便，暂且不考虑焦点这一参项，参照音位及其变体理论并结合已有研究，可假设每个语调至少都各有强弱两式，它们大体与吕叔湘（2002：258）所谓的语势轻重相当。如与"吧""啊"低频共现的所谓平调、陈述调或甚低调可视为弱式升调，与"吗"高频共现的升调或疑问调可视为强式变体。据此，普通话的 4 种基本语法调可简示为表 5-2 所示二元对立的强弱式系统。

表 5-2　普通话 4 种基本语法调及其强弱式

基本语法调		强式	弱式
语调平或曲	平调	强平调（近乎曲调）	弱平调
	曲调	强曲调	弱曲调（近乎平调）
语调升或调	降调	强降调	弱降调
	升调	强升调	弱升调（近乎平调）

即便是无法记录语调的书面语句，一旦诉诸口语的朗读或默读，语调即可"复活"或"唤醒"。

三、语法调和语气词的共同性

语法调和语气词在如下方面存在共同性。

（一）作为语法调的标志性成分的语调尾部（简称调尾）和语气词都天

然位于句末述题之后,[①]语气词位于调尾的最后一个重读音节之后或重读为句子末一节奏单位(瞿蔼堂、劲松 1992;张彦 2006b)。

(二)语法调和语气词的音高与各自功能之间都具有一定程度的象似性。语法调"几乎全国一个样的,甚至于跟外国语言也有好些相同的地方"(赵元任 1929)。而且,古今中外的语言都毫无例外地用高调或升调表示疑问,用低调或降调表示陈述。(Bolinger 1978;Ohala 1983;Halliday 2000:304)造成音高和语义之间这种固定关系的原因甚至可以追溯到生物学尤其是动物行为学(ethology)(朱晓农 2004)。

(三)动态语流里,调尾的音高和语气词声调的音高之间经常互动变异,两种语气手段之间形成形神合一的"同层叠加调",而调尾和非语气词声调在语流里的互动变异则属于语气层和句法层之间貌合神离的"跨层截搭调"(参见第二章)。

(四)就历时关系看,语气词极可能源自语调,因而不同语言或方言及其不同历史阶段之间,语调和语气词的有无、多寡及其历时消长之间往往存在互补关系。对此,赵元任(1979:365)在论述汉语语调的上升尾音和下降尾音时说:"我以前一直把它当汉语句调的一部分看待,后来才发现最好把它当作助词处理。"而且,它们"是寄生在最后一个语素上,把它延长一个轻声音节,在这个音节上安排一个上升或下降的尾音"。李小凡(1998:80)接受赵元任的观点并发挥说:

> 所谓延长,就是孳生。这种由调尾孳生出来的寄生音节性质上是音义(语气义)结合的语素,是存在于口语中而没有字形的语气词,可以称为零形态语气词。随着使用频率的提高,寄生的零形态语气词渐渐独立,于是有人就用同音或语音相近的字将其记录下来,或者另造新字(通常以义符"口"加上一个声符构成形声字)。语气词的字形最初往往不固定,等到字形固定以后才成为真正的语气词。综上所述,现代汉语的语气词是从句调尾孳生出来的。
>
> 现代汉语的语气词一般不是从实词虚化而来的,因此无所谓本字,也没有固定调值。语气词的音高就是句调调尾的音高。(注:此处引文与原文顺序不一致,是为了厘清逻辑顺序故意调整的。)

[①] 一般认为,语调的高低主要表现在"调尾"部分。(郭锦桴 1993:263)沈炯(1994)认为,主要表现为全句声调音域高音线和低音线两方面有系统的调节。这里姑且从众采用传统表述。

Wakefield（2010）认为，粤语声调之多已经严重限制了它控制语调音高的能力，很多类似英文用语调表达的话语语义（speaker-oriented discourse meanings），都用句末语气词来表达了［转引自冯胜利（2015）］。冯胜利（2015）提出"语调-语气实出一根"或"声调-语调殊难两并"假设，并从调（pitch）的本质属性出发提出超音段语音原则：a.基频（F^0）的功能具有单一性，要么用作声调素（toneme），要么用作语调素（intonationeme），而不倾向于两兼；b.音段和超音段相互转化，音段音位（辅音）转变为超音段音位（声调），超音段音位（语调）转变为音段音位（元音），语调（或语调素）是句标短语核心词 C^0 的一种句法属性。

至于疑标，和升调一起构成疑问范畴手段系统而功能互补：升调表示是非问，疑标表示特指问、选择问和正反问。

至此可见，语气词和与之强制性共现的语法调及疑标都是学界所谓的狭义语气手段，三者分工、合作表达命题的语气系统及其下位口气系统。因此，只有将语法调及疑标和语气词彼此共现的种类、频次、层次和功能关系认识清楚了，才可能为语气词的功能锁定位置，为研究其功能及其系统奠定牢靠的基础。

四、语法调和语气词共现的种类及其频次

（一）语法调及其特征与功能

学界几乎一致认可普通话有4个基本语法调，但表述有异。人民教育出版社（1959：110—111）最早将基本语调和句子的语气对应起来。周殿福（1980：309）认为：

> 基本语调图形是指说话人在心情平稳、感情没有什么波动的情况下说出的语调。一般地说，陈述、说明等语句常是平的，疑问、惊讶等语句常是升的，迟疑、夸张等语句常是曲折的，肯定、感叹等语句常是降的。这种平、升、曲、降的语调图形，总的形式一般是不变的。

孙也平（1982）认为汉语语气有陈述、疑问、祈使、感叹4种，与之对应的语调有陈述语调、疑问语调、祈使语调和感叹语调等4种。胡明扬（1987、1988）认为，常用的汉语句终语调有：陈述语调、疑问语调、祈使语调、感叹语调。

此外，对于4种基本语法调的调值，实验语音学也已经有了基本一致

的认识和较为清晰的声学刻画。曹剑芬（2002）发现，陈述句语调的"音阶走势明显下倾，简单疑问句的趋平或微微上扬，祈使句的主要特点是音阶总体显著上抬，其斜度跟简单疑问句的相似，往往是平的或微微上扬的"。另外，石锋、王萍和梁磊（2009）认为，陈述句的语句调域和调群调域从整体上都是音高下倾的，即音高下倾在陈述语句和调群中都占主流，是无标记的，下降的幅度较为自由；音高上升是有标记的，上升的位置和幅度受到制约。阮吕娜（2004）认为，各种疑问句在语调上的共同特点是调核的调域和句末的调域都较高。①陈虎（2007）认为，感叹语调的主要语音特征是强重音与宽调域，调尾音阶通常较低。同时，调阶与调域在感叹语调的表情过程中各有不同功能：前者主要反映说话时情绪的兴奋度的高低，后者主要提示感叹时语势的强弱。王丹荣（2017）发现，祈使语调的主要模式为高调阶、宽调域。吴力菌（2012）发现，语调的［重音］和［骤降］是焦点实现的重要方式，同语义和语用相关；［上扬］和［音延］具有句法功能，前者对疑问语调的识别具有重要作用，后者的首要功能在于标识韵律单元的边界，对于语调类型的判定也有一定作用。石锋及其团队所做语调格局研究更明确地指出了普通话语法调的声学特征细节（石锋2013；石锋、王萍2017）。林茂灿（2012）综合实验语音学对四种基本语调的已有刻画进行了归纳，并提出形式化表述。据上，不计语调的强弱变体，普通话语气手段及其语气功能系统可简示如表5-3，表中呼调、促降调一并列入，以做对比。②

表5-3 普通话语气手段及其功能系统

语气功能	语气手段								
	语法调					疑标		
	平调	曲调	降调	呼调	促降调	升调	疑问词	析取词	肯否式
陈述语气	+								
感叹语气		+							
祈使语气			+						
呼唤语气				+					

---

① 关于降调和平调的关系，曹剑芬（2002）认为，与升调相比，降调的发音在生理上显得更为自然。

② 主要参考了人民教育出版社（1959），陈建民（1984），胡明扬（1988），邢福义（1996），齐沪扬（2002），刘月华、潘文娱、故铧（2001），邵敬敏（2007），黄伯荣、廖序东（2007），陈虎（2007），盛译元（2009），尤素梅（2010），卢丽丹（2010），金智妍（2011），张邱林（2013），谢赣萍（2015）和李云凤（2017）等研究成果，并在CCL语料库里逐一检索了26个述题语气词和各种句末号、疑标的共现情况。

续表

语气功能		语气手段								
		语法调						疑标		
		平调	曲调	降调	呼调	促降调	升调	疑问词	析取词	肯否式
疑问语气	反问语气					+				
	是非问语气						+			
	特指问语气							+		
	选择问语气								+	
	正反问语气									+

下面就以上面所列 6 种语法调及 3 种疑标和 26 个语气词强制性共现关系作为考察的出发点。

（二）语法调和语气词共现的种类及其频次

由语法调及疑标和语气词之间的诸多共性出发，可推测它们之间必然存在规律井然的共现关系。为验证该推测，我们充分吸收有关语调和语气词共现种类及其频次的研究成果并结合语料调查，① 最终发现，在单语气词句子——述题/谓语后只有 1 个语气词的句子——里，6 种语法调及 3 种疑标和 26 个语气词的共现组合关系可归纳如表 5-4 所示。

表 5-4 语气词和语法调/疑标共现的种类及其频次

语气词		语法调						疑标			合计	
		平调	曲调	降调	呼调	升调	促降调	疑问词	析取词	肯否式		
肯定语气词	去	+++		+		+		+			4	51
	来着	++	+			+	+	++	+		6	
	而已	+++	+			+	+				4	
	罢了	+++	+			+	+				4	
	似的	+++	+			+	+				4	
	的	+++	+			+	+	+	+		6	
	了	+++	+	+		+	+	+	+	+	8	
	呗	+++	+	+		+					4	
	呢	++	+	+		++		++	+	+	8	
	着呢	+++	+			+					3	
惊讶语气词	啊	++	++	+	+	+	+	+	+	+	9	28
	哎	+	+++	+	+						4	
	哦	+	+++	+		+	+	+	+	+	7	

---

① 按照各自所表口气功能，并借鉴王力（1985a：245）、吕叔湘（2002：259）等用语，将通常所谓的陈述、感叹、疑问和祈使语气词分别称为肯定、惊讶、确信和确认语气词。

续表

语气词		语法调					疑标			合计
		平调	曲调	降调	呼调	升调	促降调	疑问词	析取词	肯否式	
	嘛	++	++	+			+				4
	哈	+	+++	+		+					4
确认语气词	吧$_2$			+++							1
	得了			+++							1
	好了			+++							1	5
	算了			+++							1
	就是			+++							1
确信语气词	吗					+++	++				2
	吧$_1$					+++	+				2
	不					+++	+				2	11
	没					+++	+				2
	不成						+++				1
	不是					++	++				2
合计：26		15	14	14	2	18	16	7	5	4	95
						50					

注：1. 不涉及可能正处于单独成词过程中的"呀""啦"。

2. 不承认"呗"是"吧"与"哎/欸"的合音或"吧"的变体，因为它相对高频与平调共现。"吧$_2$、得了、好了、算了、就是"只高频用于祈使句，不用于陈述句。然而，高频用于陈述句的语气词，还都能低频用于祈使句等。所以，"呗"虽然可用于陈述句和祈使句，但从系统性角度看仍应归入肯定语气词。

3. 据朱德熙（1982：211）、吕叔湘（1999）和谢赣萍（2015）等，"吧$_1$"与升调相对高频共现（62.04%），表示证实问或揣测，同意，举例，左右为难、犹豫不决、没关系、不要紧；"吧$_2$"与降调相对高频共现（37.96%），表示祈使或命令、请求、催促、建议。另外，据赵元任（1926、1979：361），"吧$_1$"由"不啊"融合而成，"吧$_2$"由动词"罢"弱化而来。"吧$_2$"及其整个确认语气词类都不能参与选用，"吧$_1$"及其整个确信语气词类都能在肯定语气词后与之选用。"吧$_1$"能演变为话题语气词，"吧$_2$"不能。因此上表接受学界将"吧"一分为二的做法。

4. 学界所谓的与"吧""啊"等低频共现的平调，上文已经将其视为升调的弱式变体。因此，上表不承认它们与平调共现，而只与弱式升调共现。此外，确信语气词和疑标共现时，后者异化为虚指用法，不再是疑问词了，因此上表也不列入。

5. +的多寡表示共现频次的相对高低，3个为相对高频，2个为相对中频，1个为相对低频，空白表示没有共现的用例。灰色背景者几乎均为高频共现，其余均为中频和低频共现。

由上表可见，如果对6种语法调及3种疑标和26个语气词穷尽性排列组合，理应推导出234种组合，但语料库里只检索到95种，实现率约为

41%。上表所列 4 种基本语法调或疑标和语气词的共现组合关系，可更直观地图示为图 5-1（语气词后的数字表示与之共现的语调类别数；语调后的数字表示与之共现的语气词类别数；实线表示高频共现，虚线表示低频共现）：

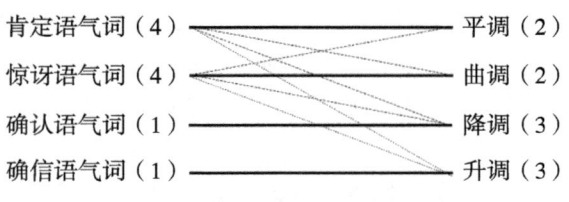

肯定语气词（4）———————— 平调（2）
惊讶语气词（4）———————— 曲调（2）
确认语气词（1）———————— 降调（3）
确信语气词（1）———————— 升调（3）

图 5-1　语气词和语法调的共现关系

如果从语法调选择语气词、语气词选择语法调两个角度观察，可归纳出如下两个规律：

（1）语法调选择语气词的规律

依据与之共现的语气词种类及其频次，语法调分为窄谱语调和宽谱语调。

窄谱语调包括平调和曲调，分别只和 2 类语气词共现。平调除和肯定语气词高频共现外，只和惊讶语气词低频共现；曲调除和惊讶语气词高频共现外，只和肯定语气词低频共现。

宽谱语调包括升调和降调，分别和 3 类语气词共现。升调除了和确信语气词高频共现外，还和肯定语气词、惊讶语气词低频共现；降调除了和确认语气词高频共现外，还和肯定语气词、惊讶语气词低频共现。

据吴力菡（2012），作为窄谱语调，平调与曲调在全句调阶上的［低］与［高］特征具有绝对性；作为宽谱语调，升调和降调的调阶具有浮动性，其［高］和［低］具有相对性。这为窄谱语调、宽谱语调及其和语气词组合规律的对立提供了声学依据。

（2）语气词选择语法调的规律

依据与之共现的语法调种类及其频次，语气词分为单调语气词和多调语气词。

单调语气词包括确信、确认语气词，确信语气词只和升调高频共现，确认语气词只和降调高频共现。下面两例貌似例外，实则不然。如：

（1）a. 你总可以告诉我吧，你得花多少钱去买你的那些东西？
　　　b. 你总可以告诉我你得花多少钱去买你的那些东西吧？
（2）a. 行！给多少钱吧？
　　　b. 行！你说吧，给多少钱？

例（1）a里，"吧₂"位于祈令语"你总可以告诉我"后，带有疑问词"多少"的小句是祈使内容；例（1）b里，"吧₂"位于带有疑问词的祈令内容后。例（2）a里，没有出现祈令语，"吧₂"位于祈使内容"给多少钱"之后；例（2）b里"吧₂"位于祈令语"你说"之后。显然，以上两例里的"吧₂"，无论位于何处，都不属于由疑问词参与构成的小句，而只附着祈令语。换言之，"吧₂"和疑标永远不在同一小句共现。明乎此，有助于正确认识"吧₁"和"吧₂"的分工及其归属，也有助于正确认识"吧₂"及其同类的句类分布。

多调语气词包括肯定、惊讶语气词，分别都和4种语法调共现。肯定语气词除和平调高频共现外，还和其余3种非平调及疑标低频共现；惊讶语气词除和曲调高频共现外，还和其余3种非曲调及疑标低频共现。

（三）小结

以上所论可简化如表5-5所示（只列出4个基本语法调和疑标）。

表5-5　语法调或疑标和语气词共现的种类及其频次简表

语法调或疑标		单调语气词		多调语气词	
		确信语气词	确认语气词	肯定语气词	惊讶语气词
宽谱语调	升调：传问+使答	**A. 高频共现**		C₁. 低频共现	D₁. 低频共现
	降调：传令+使行		**B. 高频共现**	C₂. 低频共现	D₂. 低频共现
窄谱语调	平调：传信+使知			**C. 高频共现**	D₃. 低频共现
	曲调：传情±使感			C₃. 低频共现	**D. 高频共现**
疑标：特指问、选择问、正反问				C₄. 低频共现	D₄. 低频共现

注：1. +表示强制性具有该功能，±表示可选性具有该功能。具体说，感叹句可能是自我抒发，也可以针对听者并意在引起对方共鸣。

2. 黑体表示高频共现关系，宋体表示低频共现关系。

由上表可以发现，语法调及疑标和语气词选择共现，既非传统所谓一对一关系，也非一对多和多对一关系，而是由共现种类不同而导致频次递减的如下三种关系。

A、B两种关系里，升调、降调分别只和确信、确认语气词绝对高频共现。

C、D两种关系里，平调、曲调分别和肯定、惊讶语气词相对高频共现。

C_{1-4}、D_{1-4}里，非平调、非曲调及疑标分别和肯定、惊讶语气词相对低频共现。

忽略前两种共现关系的频次差异而将它们合并起来，可称之为高频共现关系，第三种称为低频共现关系。前者就是下文即将展开讨论的**搭配关系**（matching relation），后者即下文即将展开讨论的**错配关系**（mismatching relation）。

此外，上表所示规律还具有如下三个方面的重要意义：

（1）有助于识别、确认句类。

不少学者认为，陈述句是无标记的，非是非问句以疑标为天然标记，感叹句、祈使句使用表5-6所示的句类标记。①

表 5-6　学界提出的感叹句和祈使句的句类标记

句类	词类标记					句法标记	
感叹句	副词：多么	语气词：啊	形容词	叹词		好一个+NP、你这个+NP	
祈使句	副词：别、甭、不要	语气词：吧₂	动词：自主+可控	主语：你	将来时、非进行时	(我)命令(你)、(你)给我+A点、趋向动词	

遗憾的是，以上标记对内的强制性、普遍性都低，对外的排他性也不高，难以构成说一不二的系统性对立，导致形式和功能之间的关系"错综""交叉"（朱德熙 1982：21）或"彼此渗透"（徐晶凝 2008：98）。人们经常"按其非常规方式"使用（Bolinger 1993：237），以致两个句类的结构形式和特定的表达功能之间不存在"稳定的联系"（袁毓林 1993）。如：

（3）不论家长多么忙，孩子的教育都是不能忽视的。　　？感叹

（4）看他们能把你这个总司令怎么样？他们还能把你抓起来不成！　　　　　　　　　　　　　　　　　　　　　　？感叹

（5）后来你买书了吧。　　　　　　　　　　　　　　≠祈使

对于叹词之于祈使句的作用，赵元任（Chao 2011：798）早就指出，

---

① 主要参见吕叔湘（2002：314—317）、邵敬敏（1996）、袁毓林（1993）、邢福义（1996：123）、杜道流（2003）、李成军（2005）、刘丹青（2008：499）、徐晶凝（2008：99-106）和陈一（2012：151—162）等。

在"早点ᵣ回来啊!"这个句子里,"啊"的作用由于"前面的逗号表示停顿和或声门停止,而不一定会使请求更强烈,但会使其产生重复请求的效果"。刘丹青(2011)进一步指出,除了感叹句,叹词还可以独立用作祈使句和多种陈述句,还可与其他句子一起构成复句。

其余所谓句类标记,参与构成的短语加上语调或疑标也能成为不同句类。如:

(6)a.吃饭了+平调。= 陈述句　　　　b.*别吃饭了+平调!
(7)a.吃饭了+升调?= 是非问句　　　　b.别吃饭了+升调?= 是非问句
(8)a.吃饭了+降调!= 祈使句　　　　b.别吃饭了+降调!= 祈使句

以上例句说明,有了语气词"了"不一定就只能是陈述句,有了"别"也不一定就只能是终止义祈使句。因此,上述所谓句类标记,只是句法层面的可选性标记,而不一定是句子话语层面的强制性句类标记。换言之,带有各自句类标记的感叹句、祈使句,还应结合语境、情景、语法调等因素,才能确定它们表达的言语行为(König & Siemund 2007)。

(2)有助于认识汉语句类之间的亲疏关系。

对句类之间的关系,学者或认为是转换关系或认为是对立关系。转换关系论者认为,在陈述句之上添加各种句类标记(如主语人称、时体特征、谓词语义限制、答句类别、语篇地位、初始功能等)就能转换为其他句类(高名凯 1986:429;袁毓林 1993;徐晶凝 2008:107)。对立关系论者先后提出了表 5-7 所示的四类八种句类关系模式。

表 5-7　学界提出的句类关系模式

句类系统及其关系模式		分类依据		主要参考文献
1.四分平行关系	(1)叙述、疑问、命令、感叹	言者意志或语气	语气词	章士钊 1907:14—17;丁声树等 1961:209
2.两类四种对立关系	(2)决定、商榷对疑问、惊叹	思想表达		黎锦熙 2007:261
	(3)陈述、感叹对疑问、祈使	是否影响听者;传信目的		叶斯柏森 2009:467
	(4)陈述、祈使对疑问、感叹		语气词	徐晶凝 2008:129

续表

句类系统及其关系模式		分类依据	主要参考文献	
3.三类六种对立关系	（5）直陈和疑问、商量和祈使、感叹和惊讶	使用目的	句末语气词	吕叔湘2002：258
4.一对三关系	（6）陈述对其余句类	是否带有特殊语气	特定句类标记	吕叔湘2002：262；高名凯1986：429—549；朱德熙1982：202；徐晶凝2008：107
	（7）感叹对其余句类	达意或表情；情感表达附着陈述	语调强弱	何容1985：152；齐沪扬2007：417
	（8）疑问对其余句类	获得信息和给予信息	语调升降	邢福义1996：26；范晓1998：17

叶斯柏森（2009：467）最早提出，"根据说话人是否想直接通过他的话语对听话人的意念施加影响，而把话语分为两大类，似乎是合理的"。第一类包括一般陈述句和感叹句。"对于这一类话语，有没有听话人当然是无关紧要的。""第二类话语的目的是要影响听话人的意志，也就是说，使他做某事。这里又可分为两小类：请求类和疑问类。"其中，"疑问句也是一种请求句，即请求告诉问话人某事，向他提供他想知道的信息。"简言之，他主张陈述句、感叹句对疑问句、祈使句这种句类关系模式，即上表所列2（3）种。此外，范晓（1996：17）、吕叔湘（2002：312）也从不同角度发现陈述句和感叹句、疑问句和祈使句两两关系密切。

此外，表5-2说明平调和曲调、升调和降调两两之间彼此对立的音高特征——平/曲、升/降，表5-4、表5-5进一步说明四种语法调和四类语气词之间高频共现的关系对立。这为叶斯柏森和众多学者提出的句类关系模式提供了有力证据。换言之，普通话由语法调所表语气构成一个两类四种语气系统。两类是窄谱语调句和宽谱语调句。两个宽谱语调句分别表示是非问和祈使语气，均以听者指向为主；两个窄谱语调分别表示陈述和感叹语气，均以言者指向为主。这与先哲时贤从其他视角对句类关系的观察是殊途同归的。

（3）有助于确认句类和语气词之间的对应关系。

关于语气词和句类之间的关系，黎锦熙（2007：260）提出一对一关系，吕叔湘（2002：258）提出一对多和多对一关系，[①]至今没有明确的结

[①] 黎锦熙（2007：260）认为，句类语气"各用相当的助词来帮助，或竟由助词表示出来"。吕叔湘（2002：258）认为，"语气词和语气不是一一相配的。一方面，一个语气词可以用来表不同的语气。一方面，同一语气可用几个语气词……"这反映出两人对语气词的功能的认识不同。

论。但表 5-5 清楚地显示出，语气词和句类之间既非一对一关系，也非一对多和多对一关系，而是表 5-5 所展示的如下对应关系：确信、确认语气词分别和升调、降调绝对高频一对一；肯定、惊讶语气词分别和平调、曲调相对高频一对一，和其余语调相对低频一对三。这不仅为百年来学界关于句类语气和语气词之间的关系的争论提供了一个圆满的答案，更为下一步讨论语气词的功能提供了一个重要前提。

第四节　语法调或疑标和语气词共现的层次

如果不考虑语法调，语气词都可单个附着述题或谓语并与之一起构成跨层结构"述题<语气词"音段成分序列。除确认语气词较为受限外，其余 3 类语气词还可以 2 或 3 个在述题后右向递层迭用，与之构成复杂的跨层结构——[[述题<语气词$_1$]<语气词$_2$]<语气词$_3$。如果单独抽出语气词迭用部分，其位置先后反映出"下层<上层"关系，越在后层次越高，反之越低。其迭用顺序及其层次关系可简示为表 5-8。

表 5-8　语法调和语气词高频共现的顺序及其层次关系

有关参项	迭用顺序						
	确认语气词<	肯定语气词<				确信语气词<	惊讶语气词
语气词类别	A. 吧$_2$	B. 来着<	C. 的<	D. 了<	E. 呢<	F. 吗	G. 啊
与之高频共现的语法调	降调	平调				升调	曲调
层次高低	低						高

语法调和与之高频共现的语气词虽然同在句末述题之后的语气层面，但语法调的层次低于语气词，语气词在语法调所表语气之上发挥作用。换言之，语气词是蕴含着与之高频共现的语法调参与迭用的：确认语气词蕴含着降调，肯定语气词蕴含着平调，确信语气词蕴含着升调，惊讶语气词蕴含着曲调。为表述方便计，暂且把高频共现关系的语法调和语气词称为同层共现关系（简称"同层关系"，用＋表示）；当下层的降调、平调和上层的确信、惊讶语气词低频共现，或下层的确认语气词、肯定语气词和上层的升调、曲调低频共现时，分别构成跨层共现关系（简称"跨层关系"，用＜表示"前项层次低于后项"）。

表 5-8 所列语法调和语气词分别都是同层共现关系，即表 5-5 里的

4种高频同层共现关系。其中,"降调+确认语气词""平调+肯定语气词""升调+确信语气词""曲调+惊讶语气词"4种语气结构的层次依次递增。如:

(9)快准备吧!(降调+吧₂:低层)
(10)"爹,你回吧。"我说,"我认识路,我带着地图来着。"(平调+来着:较低层)
(11)老师想听京剧吗?(升调+吗:较高层)
(12)山里空气真好啊!!(曲调+啊:高层)

表5-5所列低频共现关系,都是语法调或疑标和语气词的跨层共现关系。如:

(13)喝酒可以,但千万不要贪杯哎!(降调<哎:祈使<惊讶口气)
(14)那个《四郎探母》那个铁镜公主那身衣裳,就像那身衣裳啊。(平调<啊:陈述<惊讶口气)
(15)鲁豫:听说你们的演出票在黑市已经炒到一千五了?(了<升调:肯定口气<是非问)
(16)坏了!娘娘中了暗器了!!赶紧!!抢娘娘!!(了<曲调:肯定口气<感叹)
(17)恐怕要到密支那才有大休息哦?(升调<哦:是非问<惊讶口气)
(18)那个区老名字叫什么啊?(什么<啊:特指问<惊讶口气)

第五节 述题的语气结构

一、已有认识回顾

赵元任(Chao 2011:82)将汉语句子分为叙述句、命令句、疑问句、呼唤语和感叹句,"每一类都有自己的句值":叙述句具有真理价值(truth value);命令句具有顺从价值(compliance value);疑问句具有信息价值(information value);感叹句具有表达价值(expressive value);呼唤语具有注意价值(attention value)。显然,赵元任所谓的"句值"指的是句子的命题内容之外的句类语气。

Halliday（2000：106—120）提出，语言作为交际工具必然涉及言听双方对话，对话的实质是言听双方的交际角色，即给予（giving）或要求（demanding），所交换的商品、货物、劳务、消息分别表现为建议和陈述。4个因素的组合构成"提供"（offer）、"声明"（statement）、"命令"（command）和"提问"（question）等4种主要言语功能。上述4种言语功能通过语气系统加以区别，而语气系统由主语（subject）和限定成分（finite verbal operator）即助动词一起表示。主语是小句表达直陈语气和祈使语气的要素。直陈语气分为陈述语气和疑问语气。主语加上限定成分体现了直陈特征，主语的缺省体现了祈使特征。在直陈句里，主语在前，限定成分在后，体现陈述语气；反之则体现是非问语气。在特指问句里，疑问词做主语位于限定成分之前；其他成分做主语，限定成分在主语之前。据此，主语和限定成分一起表示的语气包括陈述语气（主语+限定成分）、是非问语气（限定成分+主语）、祈使语气（第二人称主语$_{n=0/1}$+限定成分/非限定成分）、特指问语气（what/how+主语+限定成分）。限定成分的过去式可以表示委婉语气和虚拟语气。简言之，英语语调对于句子的语气表达作用相当有限，也没有语气词，小句的语气结构（mood structure）主要由主语和限定成分及其类别、语序和有无表示（Halliday 2000：71—78）。

与之相比，普通话没有限定成分，主语的类别、语序和有无几乎不影响语气，但语调和语气词都参与语气结构。然而受词组本位语法影响，语气词研究中"语调是最容易被忽略的语气因素"，如认为"'吧'和'呢'有疑问语气"，"'吗'表示'反诘'"，都是"没有考虑语调的语气因素"（胡明扬1988），或者将语调及其功能视为语气词的功能，极大干扰或误导了对语气词功能的认识。与此同时，主张"句子=词组+语调"且认可语调表示句子语气类型的学者们，也在一直探索语法调与语气词的功能的关系，先后提出如下观点：

（一）并立关系

赵元任（1926）最早将语气词的功能谓之"口气"，同时将语气词的口气和语调、语气副词、叹词等的功能视为等价物，认为它们共同表示句子的语气，后来所谓的"大语气词"说即肇始于此。另外，人民教育出版社（1959）指出，用"的""了"的句子、用"吧"的句子、用"呢"表示陈述语气的句子都用下降语调，用"吗""呢"的句子用上升语调。此外，张世禄（1981）主张，汉语结构"有一定的语气和语调的，才是句子；没有一定的语气和语调的，就不是句子"，而且"语气词，在标明句子类型上的作用，特别显著……'测度句'和'反问句'，都有独特的语气词来标明，也有独特的语调"。

（二）主次关系

王力（1985a：228）最早指出："语调所能表示的情绪毕竟有限，于是中国语里还有些虚词帮着（着重号为笔者所加）语调，使各品情绪更加明显。"他（1984：216）又说："西洋语里的情绪，是靠语调（intonations）表示的。中国语里有了语气词，表示情绪的语调却居于次要的地位了。"沈开木（1987b）提出，"语气词乃是表示语气的辅助手段，它以词（音节）的形式来帮助语调表达细微的差别"。胡裕树（1995：376）认为，"表达语气的主要手段是语调，其次是语气词。语气词能帮助语气的表达，同时它能在语调的基础上增加色彩"。李小凡（1998：79—80）更明确指出，"语调是唯一可以独立表达语气的手段"，语气词"只能配合语调表达语气"。

（三）强制性、可选性关系

吕叔湘（2002：258）最早提出，汉语句子表示语气的手段里，"语调是必需的，语气词则有时可以不用"。而后，张志公（1982：22）认为，"句子的主要标志是成句的语调，有时候还需要成句的语气助词"。钱乃荣（1990：216）表述为，"句子有一定的语调，表示一定的语气，有时用语气助词"。邢福义（1996：25）提出，"句子语气+可成句构件语法单位=小句成型"和"句子=结构型+语气型"，"句子语气"或"语气型"由句调和语气词一起表达。邢福义（1996：242）还认为，"一个句子，如果没有语气助词，照样有语气"。华宏仪（2004）进一步假设，句子等于句法·语义结构+语气结构，而后者是"由语调或者是由语调加语气词构成的"。以上学者的观点可以概括为语调是强制性的，语气词是可选性的。刘叔新（2013）提出句式语气范畴概念，将句式语气分为陈述语气、询问语气、感叹语气、诘问语气、命令语气和祈请语气。它们各有一定的语调互相区别，成为每种句式语气明显的个性形式标志。除了命令语气之外，其他句式语气还都常有特定的语气词加入到语气的表现形式中来，使语气的表现完全化或强化。但语调是不可或缺的基本表现形式，语气词只能占据第二位。特别是邢、华两位学者先后提出的句子等于"结构型+语气型"和"句法·语义结构+语气结构"假设，可视为汉语语气及其手段研究史上的一次突破性进展。

（四）语气及其与口气关系

胡裕树和张斌两位学者接受吕叔湘的建议，[①] 第一次明确区分"语气"与"口气"两个概念：语调表示句子的语气（mood），语气词表示口气（tone）。[②] 这可视为汉语语气及其手段研究史上的重大突破。但他们的"口气"概念几乎等同于吕叔湘（2002：258）所谓"广义语气"里的"语意"。"所谓'语意'，指正和反，定和不定，虚和实等等区别。"

值得注意的是，徐晶凝（2008：66—78）虽然不曾正面提及语调的作用，[③] 却将"语气"一词赋以两个所指，一个是"对句类的形成起决定性作用"的言语行为语气，另一个是"标注句类的不同传态语气"，"主要指说话人在语句中所表达的他对听话人的态度"。该观点可视为语气及其口气认识进程中的又一次进展。

（五）整句语气和局部口气关系

孙汝建（1999：12—13）接受语气和口气二分观点，认为"广义的语气包括语气（modality）和口气（tone），狭义的语气只有四种：陈述、疑问、祈使、感叹"。"狭义'语气'的表现形式是句调，句调是实现句子表述的必要手段。口气成分主要是语气副词、语气词、叹词、特殊格式等，它们是句子局部表述实现的必要手段。"

（六）互补和主次关系

戴昭铭（2006）提出："汉语表示情态的语气偏重在句子末尾表现，无论句尾有无语气助词都是如此。""当句尾没有语气词时，这一功能靠句尾语调承担；当句尾出现语气助词时，句尾语调退居次位，语气词就成了语气显著化的标记"，"句末语气助词只是强化、固化了这一手段而已"。

（七）标句符假设

邓思颖（2010）发现，形式句法学提出的语气词标句符假设（Cheng

[①] 张斌（1999）在为孙汝建《语气和口气研究》一书所作的序里回忆说："区分语气和口气，这是三十多年前吕叔湘先生提出来的。启发是1962年我参加胡裕树主编的《现代汉语》教材的工作时，曾读到吕先生的来信，他指出语气和口气不宜混淆。常见的语法教材依据语气把句子分为陈述、疑问、祈使、感叹四种，同时又提到句子的语气有肯定与否定的差别，强调与委婉的不同，等等，那么，句子的语气究竟有几种，未免难以回答，当时，我们接受了吕先生的建议，教材中区分了语气和口气，但未多加申述。"

[②] 据孙汝建（1999：9），该观点最早见文炼、允贻（1987）和张斌（1988，1991）。此外，华宏仪（1996，2004）、孙汝建（1999：9）、张云秋（2002）、刘丹青（2008：479）和赵春利、石定栩（2011）都支持该观点。

[③] 徐晶凝（2008：65）认为，汉语中"存在着一套封闭的词类，总是作用于整个命题的，即语气助词"。据此，她所研究的意态只包括那些语法化了的语气词，而不包括语调、副语言手段以及通过选择性对比（词汇或句式）表达交互主观性的部分。

1991）的解释力不足，由此提出"汉语表示句类最基本的形式手段是语调，句法上体现为标句词。语气主要表达了话段意义，可以体现为语气词"。作为标句符 C，语调构成标句符短语 CP（即小句），既可以在根句出现，又可以作为从句出现。结合 Cheng（1991）和邓思颖（2010）的两个假设，我们提出，汉语日常会话句由命题和双标句符构成。语调是强制性第一标句符（C_1），其辖域为表达命题的层面即通常所谓句法结构层面，最大投射为语调短语句（C_1P）；语气词是可选性第二标句符（C_2），其辖域为 C_1P，最大投射为语气词短语句（C_2P），句子可表示为 [X+C_1] ±C_2。杨洋、郑礼珊（2019）通过声学实验发现，疑问句比陈述句的时长更短（语速更快），F^0 更高且音域更大。因此"汉语中，真正起到标句作用的应该是韵律"。由此她们假设，语调或"语调素"（intonational Q-morpheme/intoneme）所"占据的位置为 C^0，在句法层面作用于整个IP，即整个句子都在它的辖域（scope）内"。这为语调标句符假设和语调素假设都提供了重要依据，也为下文即将提出的语气结构假设奠定了坚实的基础。

（八）语调素假设。

冯胜利（2015）提出，句末语气词和语调（intonation）可以分析为句标短语（CP）层面上同一机制产生的不同结果。具言之，句标短语层的核心补词（即 intonation）的句法特征可以通过不同语调素（intonationeme）的韵律形式来实现。然而，语句之上的语调的实现一旦受到声调的干扰和拒阻，便可能从超音段形式的语调转化为音段形式的语气词。换言之，语气词可以分析为语调的一种变体。人类语言用音段还是超音段手段表现语调，或许可视为语调的一种参数（[± 超音段]）。

二、完善语气结构假设

接受系统功能语言学对 mood 的界定，特别是前述学界提出的"语气结构、句标短语"以及语调和语气词的"主次关系、强制/可选关系、语气/口气关系"，可以假设普通话句末述题后有一个语气位置，该位置有一个语气结构，其模式表示如下：

假设 1. 语气结构 = 语法调/疑标 $^{n=1}_{语气（mood）}$ + 语气词 $^{n=0-3}_{口气（tone）}$

如果将假设1代入已有的"句子＝词组＋语法调"假设，可得到假设2。

假设 2. 句子结构 ＝ 命题 ＋ 语气结构（＝ 语法调/疑标 $^{n=1}_{语气}$ ＋ 语气词 $^{n=0-3}_{口气}$）

对假设 1 说明如下：

（一）其中的"/"和上标"n=1"合起来表示语法调和疑标二者只能择一出现，下标"语气（mood）"表示其功能。上标"n=0—3"表示语气词可以出现 0 或 1 个，也可以 2 或 3 个一起右向递层迭用，下标"口气（tone）"表示其功能。①该假设一旦成立，会有力说明汉语与英语的语气结构的所处层次、外延、内涵都有所不同，从而有助于走出马建忠以来语气词研究对随文释义法特别依赖的困境，也有助于走出研究语气词语言特有的语气词至今仍然套用几乎完全基于非语气词语言而提出的理论模式及其概念的窘境。

（二）语气结构里的语法调及疑标，必然出现，强制性表示语气。平调、曲调、降调和升调，依次表示陈述、感叹、祈使和是非问语气；疑标依次表示特指问、正反问和选择问等非是非问语气。

（三）语气词隐现几乎绝对自由，具有高度的可选性，（汉语语气词从无到有、从少到多的历史也有力地说明，语气词具有高度的可选性）。仅仅据此，就可以肯定地说不是语气词决定了句子语气的性质（温锁林 2013），而是决定各自上位语气的下位口气，并将上位语气划分为若干次范畴，如肯定语气词将陈述语气划分为 10 个次范畴，确信语气词将是非问语气划分为 6 个次范畴。

另外，据上标"n=0—3"，述题语（comment expression）后的语气词可以出现 0 或 1 个，也可以出现 2 或 3 个右向迭用，它们依次构成零语气词述题、单语气词述题、二语气词述题和三语气词述题。它们的语气结构类型可表示如下：

零语气词述题 = 述题语 <[语法调 / 疑标 + 语气词 $^{n=0}$]

单语气词述题 = 述题语 <[语法调 / 疑标 + 语气词 $^{n=1}$]

二语气词述题 = 述题语 <[语法调 / 疑标 + 语气词 $^{n=2}$]

三语气词述题 = 述题语 <[语法调 / 疑标 + 语气词 $^{n=3}$]

零语气词述题的口气为零口气或直接口气；单语气词述题的语气词分别表示各自所属语气范畴的下位口气；二语气词述题由 2 个语气词表示 2 种口气，由后一个表示最终亦即最高层次的口气；三语气词述题由 3 个语

---

① 徐晶凝（2008：66）将"语气"界定为"言语行为语气"，并对译为英语的 speech act mood。我们接受徐著的界定而仍用"语气"一词。此外，接受吕叔湘、胡裕树、张斌、孙汝建、范晓、张豫峰、张云秋、刘丹青、赵春利和石定栩等学者的用法，用"口气"指称语气词的功能，并将其对译为英语 tone 一词。

气词表示 3 种口气，由最后一个表示最终亦即最高层次的口气。

（四）由表 5-4 和表 5-5 可知，单语气词述题里，语法调或疑标和语气词共现构成 3 类 12 种 95 式共现组合关系，分别构成 95 式语气结构。依据语法调及疑标和语气词之间的共现频次高低和同层与否、功能一致与否，语气结构分为高频共现和低频共现。高频共现构成 26 式搭配型语气结构，低频共现构成 69 式错配型语气结构（其中又分为一般错配型和特定错配型，详见第七章）。前者表示语气和口气的搭配值，后者表示语气和口气的错配值。据此可将表 5-5 补充完善为表 5-9（将平调处理为下层，其余语法调处理为上层。据此，D_1、D_2、D_5 等处理为同层关系，全书同）。

表 5-9 搭配型和错配型语气结构

语气词	语气范畴			祈使语气	陈述语气	感叹语气	合计
	疑问语气						
	非是非问	反问	是非问				
确信语气词		A_1. 确信语气词<促降调（6）	**A. 升调+确信语气词（5）**				11
确认语气词				**B. 降调+确认语气词（5）**			5
肯定语气词	C_4. 疑标<肯定语气词（11）	C_5. 肯定语气词<促降调（7）	C_1. 肯定语气词<升调（10）	C_2. 肯定语气词<降调（4）	**C. 平调+肯定语气词（10）**	C_3. 肯定语气词<曲调（9）	51
惊讶语气词	D_4. 疑标<惊讶语气词（5）	D_5. 惊讶语气词+促降调（3）	D_1. 升调+惊讶语气词（3）	D_2. 降调+惊讶语气词（5）	D_3. 平调<惊讶语气词（5）	**D. 曲调+惊讶语气词（5）**	26
合计	16	16	18	14	15	14	93
	50						

注：1. 暂且忽略"呼调+惊讶语气词"的两种语气结构。
2. 黑体为搭配型语气结构，宋体为错配型语气结构。

上表所列可简示为如下两个序列（/ 前面的数字是语气结构的类型数，后面的数字是语气结构的个数）：

A. 疑问语气（8/50）>祈使语气（3/14）>陈述语气 2/15）>感叹语气（2/14）

B. 肯定语气词（6/51）>惊讶语气词（6/26）>确信语气词（2/11）>确认语气词（1/5）

序列 A 显示，疑问、祈使语气的互动性强，给予听者少而要求多，因而需要更多样的语气结构类型；陈述、感叹语气互动性弱，给予听者多而要求少，所需语气结构类型及其个数就少。这就是宽谱语调和窄谱语调的功能有别的原因。其中的疑问范畴所用语气结构类型的数量多于其余 3 种之和，其语气结构的个数也多于其余 3 种之和。

序列 B 显示，除了语气词数量多寡的原因外，肯定、惊讶语气词都是言者指向而交互主观性弱，确信、确认语气词都是听者指向而交互主观性强，同时前者的语气结构类型及其数量都远多于后者。或许正是由于这个原因，学界才对语气词和句类语气之间的关系究竟是一对一还是一对多或多对一纠结不已，迄今无定论。现在我们终于发现，语气词对于句类，既有高频搭配的一对一关系，也有低频错配的一对多关系（仅限于肯定、惊讶语气词分别与非平调、非曲调的关系），从而为这个争论了近百年的古老话题找到了答案。

第六节　小结

回顾上文，可初步得出如下结论：

一、依据共现种类及其频次高低、层次异同和功能一致与否，语法调及疑标和语气词的共现关系分为 3 种：绝对高频同层共现、相对高频同层共现和相对低频跨层或同层共现。这 3 种共现关系里，语法调和语气词的功能一致性依次递减，即"升调 + 确信语气词"和"降调 + 确认语气词"是功能一致的搭配关系，"平调 + 肯定语气词"和"曲调 + 惊讶语气词"是基本一致的搭配关系，其余均为不一致的错配关系。

二、述题后有一个语气结构，其结构模式为"语调 / 疑标 $^{n=1}_{语气(mood)}$ + 语气词 $^{n=0-3}_{口气(tone)}$"。语法调和疑标二者择一强制性出现表示上位语气，语气词可选性出现 0—3 个表示下位口气。[①] 据此，汉语绝大多数句子的述题结构都是"述题语 + 语法调"（非语气词语言的述题也均为这种结构），只有一部分日常会话句才是"述题语 + 语法调 + 语气词"（非语气词语言不具有这种结构）。换言之，汉语述题首先生成"述题语 + 语法调"（适用于书面和正式口语），而后再加上 1—3 个语气词生成"述题 + 语法调 + 语气词 $^{n=1-3}$"（适用于语速较缓的日常会话句）。

三、6 种语法调及 3 种疑标和 4 类 26 个语气词构成 3 类 12 种 95 式语

[①] 据此，对句子进行分析时不能只考虑音段成分，至少还要考虑语法调。当述题语气词出现时，还必须考虑语法调和述题语气词之间的关系。所以，一般教科书仅仅分析到语气词为止的做法是不足取的。

气结构，分别表示 95 种语气和口气的综合值，它们构成普通话述题的语气结构类型系统。这个系统显示出，语法调或疑标和语气词"交叉重合"构成的全部"变化"（胡明扬 1988），每个语气词在其中都各得其位（位于一定类型及其数量的语气结构中），并在其中各司其职（表示一定的口气）。

语气词功能是语义"流沙"（陆俭明 2011：120）里的"泥鳅"，极难观察、把握和刻画。现在它们被一一关进了语气结构的笼子，每个语气词都出现在一定类型、一定数量的语气结构里，并以一定种类、频次、层次和功能关系与一定的语法调或疑标共现组合。这为观察、研究、刻画语气词的功能构建了一个方便操作的平台。下一步，我们将在这个平台之上研究它们的上位范畴和口气及其系统。

第六章 述题语气词功能系统（二）：
上位范畴

第一节 引言

关于语气词的功能，学界有单功能和多功能之说。单功能说以黎锦熙（2007：260）和郭锡良（1988）为代表，主张每个语气词都表示一种功能。多功能说以赵元任（1926，1979：354—356，357—360）为代表，主张大多数语气词都表示多种功能。对此，刘利、李小军（2013）精辟地指出：

> 汉语史上的语气词大多数都可以出现于多种句式，而在不同句式中语用功能肯定也略有不同。如果强调彼此的不同，那么可以说一个语气词具有多种语气义；而这多种语气义往往又有着内在联系，或者根本就是一种语气义的派生形式。

任鹰（2017）在讨论"呢"究竟有没有持续义时也指出：

> 总之，语言所表述的事态多种多样，在提醒听话人注意不同的事态时，人们往往会从"呢"字句中读出不同的含义，并会将其归结为"呢"本身的意义和用法，这或许就是"呢"常被看作一个多功能成分的重要原因。

我们特别关心的是，前一章所说95种语气和口气的综合值里，语法调和疑标的功能都是已知的、固定不变的，那么决定语气结构之综合值的唯一变量就只能是语气词了。此外，从所在语气结构类型看，4类语气词依次和语法调或疑标分别构成如下3类语气结构（见表5-9）：

确信语气词和升调、确认语气词和降调分别高频同层共现构成 A、B 类原型语气结构；

肯定语气词和平调、惊讶语气词和曲调分别相对高频同层共现构成 C、D 类准原型语气结构；

肯定语气词和非平调或疑标、惊讶语气词和非曲调或疑标，还分别相对低频跨层共现构成 C_1—C_5、D_1—D_5 类边缘语气结构。

这明明白白地告诉我们，A、B 两类依次是确信、确认语气词分布的唯一一种语气结构；C、D 两类依次是肯定、惊讶语气词分布的原型语气结构，C_1—C_5、D_1—D_5 两类分别是肯定、惊讶语气词的边缘语气结构。因此，据 A、B 两类语气结构和其中的语法调可以肯定地推导出确信、确认语气词所属的上位语气范畴；据 C、D 两类语气结构和其中的语法调可基本肯定地推导出肯定、惊讶语气词所属的上位语气范畴；但据 C_1—C_5、D_1—D_5 两类语气结构和其中的语法调或疑标则不能推导出肯定、惊讶语气词的上位语气范畴，而只能作为参考。

关于研究方法，学界一向信奉这样一个原则："我们所观察的不是自然的本身，而是由我们用来探索问题的方法所揭示的自然。"（海森伯 1981：24）虽然该说不免带有反实在论的因素，但却明确指出，方法论在一定程度上决定着研究方向、途径、认识角度、范围、深度乃至结论。具体到对语气词功能的研究，学界向来习惯于搭配及其"观词之伴而知其义"的方法论原则，即通过观察与之选择共现或拒斥的词语类别来提取语气词的功能。这种基于非语气词语言而提出的词义研究法，对句法结构或词组层面的非语气词功能的研究非常有效，的的确确取得了骄人的成果，但对句子的话语层面的语气词功能的研究却很不理想，所以虽经百余年几代学人殚精竭虑地持续研究，即便是对几个基本语气词功能的认识至今也仍然众说纷纭、言人人殊甚至截然对立。究其原因至少有二。

原因一，语气词和非语气词的音节及其结构、结构要素（尤其是声调）的属性、音义关系、与语调的共时关系、历史来源及其音变规律等都有着质的不同。学界对此的认识严重不足，才导致搭配方法论原则在语气词功能研究中也大行其道。

原因二，虽然语气词的结合面非常广，几乎能位于所有非语气词及其短语之后，但却不与它们构成任何一种已知的句法结构，当然也不与之存在任何一种已知的结构关系，也不充当任何一种已知的句法成分，而是以高踞句子话语层面的成分的身份"俯瞰众生"并语义指向它们。这对语义最实的名、动词是如此，对语义相对最虚的语气副词也是如此。既然语气词不在句法结构或词组里出现，那么通过观察与之"跨层"共现或严格拒斥并层次低于它的语气副词等来提取语气词的功能，就往往大费周章也很难切中肯綮，更难入其腠理了。①所以，"迄今为止，对那些典型语气词的作用还是见仁见智，仍然没能取得相对一致的认识"（齐沪扬等2002：302）。事实上，语气词没有与之具有最直接的"句段的连带关系"或"在语链上的周围要素"（索绪尔1980：177）可据以决定其功能，而是分布于述题语之后且层次高于述题语的语气结构里，那么只有通过观察它们所在语气结构类型以及其中以不同种类、频次、层次和功能关系与之共现的语法调或疑标，才有可能更准确地捕捉到它们"空灵"而"难以把握"的功能。因此，我们不拟通过学界惯用的搭配关系或句法论证之路而是尝试通过演绎推理的途径研究语气词的上位语气。这种方法，赵元任（1926）、上神忠彦（1968）、胡明扬（1988）、朱德熙（1982）和胡裕树（1995）等学者早已用来研究语气词选用规律，王力（1985a）、吕叔湘（2002）、胡明扬（1988）等学者也早已用来尝试研究语气词的功能系统。

由上出发，下文将在语气结构类型系统这个平台上，逐类讨论4类26个语气词所在语气结构类型以及在其中与之强制性共现的语法调或疑标的种类、频次、层次异同和功能关系，据以确定各自所属上位语气范畴，为研究其口气功能铺平道路。具体策略上，参照胡明扬（1988）提出的研究方法，②在A、B、C、D等4类搭配型语气结构里分别对比4类语气词的上位语气范畴是否一致，并在错配型语气结构里对比肯定、惊讶语气词的上位范畴与C、D 2类语气结构里的上位语气范畴有无异同（暂不讨论C_5、D_5 2种语气结构）。

---

① 此法之滥觞，至少可追溯到王力（1985b：60）。他认为："'哉'字上无反诘副词时，但示感叹；若上应反诘副词，则带反诘性，而仍不失感叹性。乎欤耶则不示感叹，常示疑问，若上应反诘副词，则带反诘性。可以表示如下：

疑问	乎	（欤）	（耶）	○	○
疑信	（乎）	欤	（耶）	○	○
疑讶	（乎）	（欤）	耶	○	○
反诘	（乎）	○	（耶）	（哉）	○
感叹	○	○	○	哉	夫

上表有括弧者，往往须待副词连词之影响而后变性。"

② 胡明扬（1988）指出："在同样的句子，使用同样的语调的前提下加用不同的语气助词，这是直接考察语气助词的语气意义的一种可行的办法，因为这种办法基本上排除了可能有的干扰因素，即使还有，至少也是'机会均等'的。"

第二节 肯定语气词的上位范畴

肯定语气词有 10 个。据表 5-4，它们和语法调（只列出 4 个基本语法调）或疑标的共现情况可列成表 6-1。

表 6-1 肯定语气词和语法调或疑标共现的种类及其频次

语气结构		肯定语气词										合计
		去	来着	而已	罢了	似的	的	了	呗	呢	着呢	
原型	平调+肯定语气词	+++	++	+++	+++	+++	+++	+++	+++	++	+++	10
边缘	肯定语气词<曲调		+	+	+	+	+	+	+	+	+	9
	肯定语气词+降调	+					+	+	+			4
	肯定语气词<升调	+	+	+	+	+	+	+	+	++	+	10
	疑问词<肯定语气词	+	++			+	+		++			5	34
	析取词<肯定语气词		+				+			+		4
	肯否式<肯定语气词						+		+			2
合计		4	5	3	3	3	5	7	4	7	3	44

上表显示，肯定语气词和平调相对高频同层共现构成功能基本一致的 10 个 C 类原型语气结构，也分别和曲调、升调、降调或疑标相对低频或极低频、偶尔中频跨层或同层共现构成 C_1—C_4 类功能不一致的语气结构。分别讨论如下。

一、由 C 类语气结构看肯定语气词的上位范畴

肯定语气词和平调相对高频同在下层共现，构成如下 10 式语气结构。如：

（1）朱丹溪听说罗知悌厉害以后，马上就背包去拜师去。
（2）"爹，你回吧。"我说，"我认识路，我带着地图来着。"

117

（3）世人所谓的明白，不过是世智辩聪，耍耍小聪明而已。

（4）我可没有曹导说得那么好，我只不过敢管敢骂罢了。

（5）这、那、那个、那个酒杯啊，这旁边儿有俩、有俩拿手儿，耳朵似的。

（6）我们来喝茶的。

（7）绝对理念发展到了黑格尔本人，就到了顶峰了。

（8）鲁豫：赚的钱拿来做什么了？赵薇：嘿，全买东西吃了呗。

（9）说不定，通过读这本书，你还会不知不觉地学到一些会计知识呢。

（10）杯里的酒还温着呢。

以上 10 例的语气结构具有如下特点：首先，"平调+肯定语气词"表示"陈述语气+肯定口气"，两两之间是上下位功能基本一致关系。已知平调表示上位陈述语气，即可基本肯定地据以推知，表示其下位口气的肯定语气词都属于陈述语气这个上位范畴。其次，平调的调阶较低、调域窄且无强重音（陈虎2007），会带动肯定语气词发音弱化。但在强势平调的同化之下，肯定语气词就会强势发音。如"的"在前一种情况下往往发成 de 音，后一种情况下往往发成 da 音（写作"哒、哒"）。但这都不会改变肯定语气词的上位范畴归属。

二、由 C_1 类语气结构确定肯定语气词的上位范畴

肯定语气词都和升调相对低频跨层共现，构成如下 10 式语气结构。如：

（11）那位说，"不对，他家里种着五十多顷地，当家的还出去捡粪去？"

（12）丁四：我没出去拉车？我天天光闲着来着？

（13）"你以为我只是说说而已？"母亲问。

（14）会不会知道，他砸着她原是出于无心——仅仅表示愤怒和抗议罢了？

（15）小胡不高兴：所长，每次你都干这个，好像你怕什么似的？

（16）问：你太矛盾了吧？听说你是且战且救人的？

（17）鲁豫：听说你们的演出票在黑市已经炒到一千五了？

（18）"妈，明日做豆腐渣片吃呗？""馋猫！哪有这快？要等二十

天啦!"

（19）"怎么，替儿子写检查呢？"他问，大咧咧地在一旁坐下。（金智妍2011）

（20）你想不到的事情多着呢？

以上10例的语气结构具有如下特点：首先，升调和肯定语气词构成"肯定语气词＜升调"语气结构，即下层肯定语气词和上层升调跨层共现构成双层语气结构。由于上层语气结构压制下层语气结构，肯定语气词首先在下层表示肯定口气，然后升调再与之构成"肯定语气词＜升调"跨层语气结构。已知升调与确信语气词是绝对高频同层共现且功能绝对一致，和肯定语气词只是低频或极低频跨层共现且功能不一致。所以，已知其中的升调表示是非问语气，却不能据此推知肯定语气词属于是非问语气。[1]其次，弱势升调往往导致肯定语气词弱势发音，强势升调则往往导致肯定语气词强势发音。这也不会改变肯定语气词所属上位范畴。最后，由于肯定语气词所表口气强于确信语气词，句子的口气往往强于下文A类语气结构而接近反问语气，以"呢、着呢"句最为明显。[2]即便如此，它俩仍属陈述语气而不属是非问。

三、由C_2类语气结构确定肯定语气词的上位范畴

肯定语气词里，只发现"去、了、呗、呢"等4个和降调低频跨层共现，[3]构成如下语气结构。如：

（21）不要再扮演寡妇的角色了！你才廿四岁，你该忘掉小叔，去交男朋友去！

（22）此时，皇太极已带领兵马进院，忙喊："快放箭！别让他跑了！"

---

[1] 黎锦熙（2007：284）早就指出："有些疑问句因句末用了他种助词，而把疑问助词省去了，声调却也要上扬，以表疑问的语气（但语气虽是疑问，那助词却仍旧没有疑问的意味）。"对此，不少学者至今未能透彻理解，不少混乱认识由此而生。

[2] 金智妍（2011）所统计348个"呢"字问句里，"呢"字是非问句仅有13例，且多为假性问。

[3] 原因可能是，"的、似的、着呢"指向静态事件的特征（完权2013）和祈使句的"祈请实施行为"特征相冲突，而"来着、似的"往往指向已然，"的"指向已然或必然，则和祈使句的"将然"特征相冲突。

（23）我说："那你挑一个呗！你不是希望寻找一个中国姑娘做你的妻子吗？"

（24）吴大印兴奋地说，"……论乡亲辈儿，你该跟我叫爷爷呢！"

以上例句的语气结构具有如下特点：首先，肯定语气词和降调相对低频、跨层共现构成"肯定语气词<降调"语气结构，亦即肯定语气词先在下层表示肯定口气，然后降调再与之构成"肯定口气<降调"跨层语气结构。已知，降调和确认语气词绝对高频、同层共现且功能绝对一致，而和肯定语气词只是相对低频、跨层共现且功能不一致。因此，虽然已知降调表示祈使语气，也不能据以推知肯定语气词属于祈使语气。其次，强势降调会同化肯定语气词强势发音，但不会改变其上位范畴的归属。最后，由于肯定语气词的口气强于确认语气词，句子的口气往往比下文 B 类语气结构更为直接。如：

（25）李敖：我做人的座右铭就是十一个字——用大丈夫的形象，去面对吧！

对比：用大丈夫的形象，去面对∨！（∨表示语气词隐省）

例（25）原句的语气结构是"降调+吧$_2$"，表示"祈使语气+确认口气"；对比句是"降调<0"，表示"祈使语气<直接或零口气"，所以后者的口气明显比前者直接。

四、由 C_3 类语气结构确定肯定语气词的上位范畴

除"去"外，肯定语气词都和曲调相对低频跨层共现，构成如下 9 式语气结构。如：

（26）"中午我们还见他来着！"赵新明又嚷了一声。

（27）"你我之间，如此而已！"罗隆基把断了的手杖往地上一扔，扬长而去……

（28）李鸿章只是执行了清政府的妥协投降路线罢了！

（29）长安……一扭头笑了起来道："把我打扮得天女散花似的！"

（30）我不信地看着刘招华。刘招华说，你不要不信，我不会骗你的！

（31）齐国兵丁一瞧："坏了！娘娘中了暗器了！！赶紧！！抢娘娘！！"

（32）托福考了600多分也没能出去，为什么？欧洲的情况不景气呗！

（33）陈胜叹口气，自言自语说："唉，燕雀怎么会懂得鸿雁的志向呢！"

（34）一个男孩扶着桥栏答："外面的天地大着呢！"

以上9例的语气结构具有如下特点：首先，曲调和肯定语气词构成"肯定语气词＜曲调"跨层语气结构，表示"肯定口气＜感叹语气"。由于上层语气结构的压制，肯定语气词首先在下层表示肯定口气，然后曲调再与之构成"肯定口气＜曲调"跨层语气结构。换言之，曲调和肯定语气词相对低频、跨层共现且上下位功能不一致。虽然已知曲调表示感叹语气，但不能据以推知肯定语气词属于感叹语气。其次，曲调的调域较宽或很宽（陈虎2007），肯定语气词往往强势发音。如"了"往往发成 la，"呢"往往发出 na。但这不影响其上位语气范畴的归属。最后，"肯定口气＜感叹语气"结构是在肯定口气之上再加上感叹语气，往往给人以夸张意味，"呢"字感叹句尤其如此。但这是肯定口气和感叹语气跨层共现形成的临时语用效应，不宜认为"呢"在该类句式里具有夸张功能。

五、由 C_4 类语气结构确定肯定语气词的上位范畴

肯定语气词里，只发现"去、来着、的、了、呢"等5个和疑标相对中频或低频跨层共现构成11式语气结构。[①] 仅举9例以说明。如：

（35）然后他又想起一个新的借口，便嚷起来："现下上哪儿去找文告去？"

（36）春玲跑到前面堵着他："她和你说什么来着？"

（37）他看我笑他，也笑着说，吃糖有什么好笑的？吃糖可以防止老年痴呆！

（38）一时在旁的群众好奇了：这么大热的天，孙夫人到苏州干什么来了？

---

① "而已、罢了"等5个肯定语气词，都不能和疑标构成语气结构，原因不详。

（39）邓析说："不要急，他不卖给你卖给谁呢？"

（40）总理……询问起先生的情况：哪年去世的？在外地还是在老家病故的？

（41）忽然，他想起什么来似的，对肇甫、玉英说："你们来一趟不容易，咱们合个影吧。"

（42）有人会问，如以"见兴"为例，究竟是先有色相，还是先有见呢？

（43）明天咱们去不去读书了？

以上 9 例的语气结构具有如下 2 个特点：首先，除"来着、呢"与疑标中频共现外，其余频次都极低（见表6-2）。

表 6-2 肯定语气词和疑标构成的语气结构类型及其频次

语气词	疑问词	析取词	肯否式	合计
去	疑问词＜去			1
来着	疑问词＜来着（60%）	析取词＜来着		2
的	疑问词＜的	析取词＜的		2
了	疑问词＜了	析取词＜了	肯否式＜了	3
呢	疑问词＜呢（47%）	析取词＜呢	肯否式＜呢	3
合计	5	4	2	11

注：两个百分数分别表示两个语气结构占该语气词所参与的语气结构总数的百分比。其余语气结构的百分比均极低，故不标出。

其次，疑标在述题或谓语里充当各种句法成分，层次低于句末述题后的语气词。它们首先表示对述题的非是非问语气，而后再与肯定语气词构成"疑标＜肯定语气词"跨层语气结构，表示"非是非问语气＜肯定口气"，即"肯定口气的特指问／选择问／正反问语气"。简言之，疑标和肯定语气词之间是低频、跨层共现且功能不一致，所以不能据以推论出肯定语气词属于特指问、选择问或正反问语气范畴。

六、个案分析

关于肯定语气词的上位语气范畴，学界的争议集中于"了、呢"2个，有必要予以澄清。

（一）"了"和语调或疑标构成的语气结构及其频次、百分比可归纳为表6-3［据谢赣萍（2015）而重新计算，下同］。

表 6-3 "了"和语法调或疑标构成的语气结构及其频次、百分比

语气结构类型	频次	占总数的百分比	语气结构类型	频次	占总数的百分比
平调＋了	5255	90.26%	疑问词＜了	273	4.69%
了＜升调	110	1.89%	肯否式＜了	45	0.77%
了＜曲调	91	1.56%	析取词＜了	3	0.05%
了＜降调	32	0.55%	反问＜了	13	0.22%

上表显示出如下规律：

规律1：在"平调＋了"语气结构里，两者相对高频同层共现。如：

（44）这本书我看了三天了。
（45）这双鞋太小了。（肖治野、沈家煊 2009）

已知"平调＋了"里的平调表示陈述语气，"了"表示其下位肯定口气，两者功能基本一致，一起表示"陈述语气＋肯定口气"。据此可基本肯定地推知，"了"的上位范畴是陈述语气。

规律2：在"了＜升调""了＜降调""了＜曲调"等3种语气结构里，"了"分别和升调、降调或曲调极低频跨层共现。如：

（46）这本书你看了三天了？
（47）主席：现在开会了。（肖治野、沈家煊 2009）
（48）天太热啦！

已知，"了＜升调""了＜降调""了＜曲调"里，升调、降调和曲调依次表示上层是非问、祈使或感叹语气，它们和"了"极低频跨层共现，功能自然都不一致。所以，不能据此推论出"了"的上位范畴属于是非问、祈使或感叹语气。

规律3："疑问词＜了""肯否式＜了""析取词＜了"等3种语气结构里，"了"和疑问词、肯否式或析取词都是极低频跨层共现。如：

（49）鲁豫：当年考上海滑稽戏团的时候都考什么了？
（50）"淑珍啊，你是不是戴手套了？"
（51）"他怎么样了？被捕了？还是又受伤了？"

123

已知,"疑问词＜了""肯否式＜了""析取词＜了"3个语气结构里的疑问词、肯否式和析取词分别在句法层表示非是非问语气,"了"在语气层表示肯定口气,两两之间极低频跨层共现,功能当然也不一致。所以,同样不能据此推论出"了"的上位范畴属于特指问、正反问或选择问语气。

以上从正反两个方面论证了,"了"的上位范畴只能是陈述语气。据此可知,学界所谓"了"具有陈述、确定、疑问、反问、祈使或指令语气以及行、知、言态功能等,实际上都将与之共现的各种语调的功能误认为"了"的自身功能了。

(二)"呢"和语法调或疑标的共现种类及其频次可表示为表6-4。

表6-4 "呢"和语法调或疑标构成的语气结构及其频次、百分比

语气结构类型	频次	占总数的百分比	语气结构类型	频次	占总数的百分比
平调+呢	523	51.32%	疑问词＜呢	424	41.61%
呢＜升调	0	0%	肯否式＜呢	22	2.16%
呢＜曲调	0	0%	析取词＜呢	2	0.20%
呢＜降调	0	0%	反问+呢	48	4.71%

上表显示出如下规律:

规律1:在"平调+呢"语气结构里,平调和"呢"相对高频同层共现。如:

(52)大妈在跳舞呢。①

上例的语气结构里,平调表示陈述语气,"呢"表示其下位肯定口气,两者功能基本一致。据此,可基本肯定地推知"呢"的上位范畴属于陈述语气。

规律2:在"呢＜升调""呢＜降调""呢＜曲调"等3种语气结构里,升调、降调、曲调依次和"呢"极低频(语料库统计数据为0)跨层共现。如:

(53)大妈,您跳舞呢?
(54)大妈,别站着了,您快跳舞呢!
(55)看呢,大妈跳舞呢!!

---

① 例(52)—(58)为自拟以便于对比。"!"标记祈使句,"!!"标记感叹句。

以上例句的语气结构依次是"呢＜升调""呢＜降调""呢＜曲调"。其中，升调表示上层是非问语气，曲调表示上层感叹语气，降调表示上层祈使语气，它们和"呢"之间上下位功能都不一致。所以，不能据此推知"呢"属于是非问、感叹或祈使语气。

规律3：在"疑问词＜呢""肯否式＜呢""析取词＜呢"等3种语气结构里，疑问词、肯否式、析取词依次和"呢"相对低频或极低频跨层共现。如：

（56）谁跳舞呢？
（57）大妈跳没/不跳舞呢？
（58）大妈跳舞还是唱歌呢？

以上例句的语气结构依次是"疑问词＜呢""肯否式＜呢""析取词＜呢"，其中的疑问词、肯否式和析取词分别在句法层表示特指问、正反问或选择问语气。虽然"疑问词＜呢"的频次高达41.61%，但因跨层共现，上下位功能不一致，不能据以推论"呢"属于特指问语气。至于肯否式、析取词和"呢"都是极低频跨层共现，上下位功能更不一致，更不能据以推知"呢"的上位范畴是正反问或选择问语气了。

以上从正反两个方面论证了，"呢"的上位范畴是陈述语气。据此可知，学界所谓"呢"具有直陈、疑问、祈使、感叹语气或铺张、讽喻意味等，[①]都是误将各种语调或其他语境要素的功能算在"呢"的头上了。

至此，我们证明了，肯定语气词主要和平调相对高频同层共现构成功能基本一致的 C 类 10 式原型语气结构，也分别和升调、降调、曲调或疑标相对低频或极低频跨层共现，构成功能不一致的 C_1—C_4 类 4 种 34 式非原型或边缘语气结构。但只能依据原型语气结构及其平调所表语气，较为肯定地推知肯定语气词属于陈述语气，而不能据非原型或边缘语气结构及其升调、降调、曲调推知肯定语气词属于是非问、祈使或感叹语气，更不能依据其中的疑标推知它们属于3种非是非问语气之一。

---

① 如吕叔湘（2002：265，283，288，297，303，304）认为"呢"有4种功能：直陈语气词（有指示而兼铺张的确认语气）；重要的疑问语气词之一；祈使语气词（讽谕的口气）；感叹语气词（往往带有感情色彩）。吕叔湘（1999）认为"呢"具有3种功能：表示疑问；指明事实而略带夸张；用在叙述句末尾，表示持续的状态。

第三节 惊讶语气词的上位范畴

惊讶语气词有 5 个。它们和语法调（只列出 4 个基本语法调）或疑标共现的种类、频次、层次和功能关系可表示为表 6-5。

表 6-5 惊讶语气词和语法调或疑标共现的种类及其频次

语气词	语法调				疑标			合计
	平调	曲调	升调	降调	疑问词	析取词	肯否式	
啊	++	++	+	+	+	+	+	7
哎	+	+++		+				3
哦	+	+++			+		+	6
嘛	++	++		+				3
哈	+	+++		+				4
合计	5	5	3	5	2	1	2	23
						5		

上表显示，惊讶语气词首先和曲调构成功能基本一致的 D 类 5 式原型语气结构，也分别和降调、升调、平调或疑标构成功能不一致的 D_1—D_4 类 18 式边缘语气结构。分别讨论如下。

一、由 D 类语气结构确定惊讶语气词的上位范畴

惊讶语气词都和曲调相对高频同层共现，构成如下 5 式语气结构。如：

（59）他捡起地上的碎片一看，不禁惊呼一声："这可是宝贝啊！"
（60）娟子双手一拍，"哎，小枫姐，我发现你这人特有悟性哎！"
（61）一个女人，只要符合这几个表现，一定是最美的女人哦！
（62）邓小平同志笑了笑，说："自由港好嘛！"
（63）最新网络句子，绝对经典哈！（网络语言）

以上 5 例的语气结构具有如下特点：首先，曲调和惊讶语气词相对高频、同层共现且功能基本一致，表示"感叹语气＋惊讶口气"。已知其中曲调表示上位感叹语气，可以较为肯定地推知，表示其下位惊讶口气的惊讶语气词都属于感叹语气这个上位范畴。其次，曲调的强弱往往导致惊讶语气词产生强弱变体，但这也不影响惊讶语气词的上位范畴归属。最后，惊讶口气必然蕴含着对命题意外性的肯定态度，述题常出现强调性语气副词

与之共现，如例句里的"可、特、一定、绝对"。但它们都不在语气结构内，句法层次低于语气结构及其中的惊讶语气词，所以不影响惊讶语气词的上位范畴归属及其口气功能。

二、由 D_1 类语气结构确定惊讶语气词的上位范畴

惊讶语气词里，只发现"啊、哦、哈"3个和升调共现，[①] 构成如下3式语气结构。如：

（64）那妹叫什么？妹就叫妹啊？
（65）恐怕要到密支那才有大休息哦？
（66）你在看书哈？

以上例句的语气结构具有如下2个特点：首先，升调和惊讶语气词低频或极低频、同层共现，且上下位功能不一致，表示"是非问语气＋惊讶口气"。[②] 所以，虽然已知其中升调表示是非问语气，但不能据以推知惊讶语气词属于该语气范畴。其次，由于升调的同化作用，惊讶语气词往往发音完足，但不影响其上位范畴的归属。

三、由 D_2 类语气结构确定惊讶语气词的上位范畴

惊讶语气词都和降调相对低频同层共现，构成如下5式语气结构。如：

（67）你一定好好看书啊！
（68）喝酒可以，但千万不要贪杯哎！
（69）下面向大家介绍一下具体做法，一定要认真对照哦！
（70）为官一任，就要造福一方嘛！
（71）可不许跑哈！

以上例句的语气结构具有如下特点：首先，降调和惊讶语气词低频、同层共现，功能不一致，表示"祈使语气＋惊讶口气"。已知其中降调表示祈使语气，却不能据以推知惊讶语气词的上位范畴是祈使语气。其次，由于降调的同化作用，惊讶语气词往往弱势发音，但不影响其上位范畴的归

[①] "哎"仅有孤例，忽略不计。"嘛"用例貌似很多，但在书面语中，"X＋嘛？"之类的"嘛"几乎都误写为"吗"了，导致实际例句很少。
[②] 这或许和邵敬敏（2012）所说"啊"字是非问句具有"又惊又疑"的功能存在相通之处。

属。最后，由于惊讶语气词所表口气强于确认语气词，使得所在祈使句带有催促意味。对比如下：

（72）你看书吧！
（73）你看书啊／哎／哦／嘛／哈！

上面两例里，前用确认语气词"吧$_2$"，后用"啊、哎、哦、嘛、哈"，后者明显带有催促意味。这是祈使语气和惊讶口气共同作用的结果，不宜视为惊讶语气词自身的功能。

四、由 D_3 类语气结构确定惊讶语气词的上位范畴

惊讶语气词都和平调相对低频跨层共现，构成如下 5 式语气结构。如：

（74）哪里你觉得没写清楚，哪里你不太懂？你给我指出来，我好改啊。
（75）我曾笑他，你是一个哲学家哎。
（76）中医在排毒的治疗上可比西医有更大的优势哦。
（77）这个很难抹杀的嘛，对不对。我的意思是，这个是可以考虑的嘛。
（78）曲黎敏：所以这里边就是说，它里边是有同和异之分的哈。

以上例句的语气结构具有 2 个特点：首先，惊讶语气词和平调低频、跨层共现，构成"平调＜惊讶语气词"结构，表示"陈述语气＜惊讶口气"。其中平调在下层表示陈述语气，惊讶语气词在上层表示惊讶口气。因此，虽然已知平调表示陈述语气，却不能据以推知惊讶语气词属于陈述语气。特别是最后两例，平调和"的"都在下层且功能一致，这间接证明了，平调和位于"的"后的惊讶语气词层次不同且功能不一致。其次，惊讶口气强于肯定口气，所以此类句式的口气强于 D 类的"平调＋肯定语气词"。

五、由 D_4 类语气结构确定惊讶语气词的上位范畴

惊讶语气词里，只有"啊、哦"和疑标低频跨层共现，构成如下 5 式语气结构。如：

（79）鲁豫：你当体委主任的时候，后面那个"长胡子"的人是谁

啊？

（80）老杨，你是 62 岁还是 26 岁啊？你要再玩命，我就去请省领导辞掉你的职。

（81）吴宗宪：哦，好好，香港好。香港香不香啊？

（82）我们这是在干什么哦？

（83）走在江南的田埂上，重庆小姑娘王玉华怯生生地拽紧哥哥的衣角。"哥，新学校好不好哦？"

例句（79）—（81）里，疑标分别和"啊"构成 3 种"疑标＜啊"结构，分别表示"特指问/选择问/正反问语气＜惊讶口气"，两两之间的上下位功能都不一致。其中，疑标先在下层表示非是非问语气，然后再与"啊"构成"疑标＜啊"语气结构。所以，虽然已知其中的 3 种疑标依次表示特指问、选择问和正反问语气，却不能据以推知与之低频、跨层共现且功能不一致的"啊"的上位范畴属于任何一种非是非问语气。

六、个案分析

关于惊讶语气词的上位范畴，学界的争议集中在"啊、嘛"2 个。下面分别讨论。

（一）"啊"和 4 种语法调、3 种疑标构成的语气结构及其频次、百分比可表示为表 6-6。

表 6-6 "啊"和语法调或疑标共现的种类及其频次、百分比

语气结构	频次及其百分比			
	盛译元（2009）		何鸣（2019）	
	频次	百分比	频次	百分比
曲调＋啊	3080	57.12%	2111	48.53%
平调＜啊	808	14.99%	1048	36.49%
升调＋啊	1091（含反问）	20.23%	430	9.71%
降调＋啊	413	7.66%	243	5.28%
疑问词＜啊				
析取词＜啊				
肯否式＜啊				

上表显示出以下规律：

规律 1：在"曲调＋啊"语气结构里，曲调和"啊"相对高频、同层共现，且功能基本一致，一起表示"感叹语气＋惊讶口气"。据此可以较为肯

定地推知,"啊"的上位范畴是感叹语气。

规律2:在"平调＜啊""降调＋啊""升调＋啊"等3种语气结构里,平调与"啊"低频或极低频、跨层共现,降调、升调分别与"啊"低频、同层共现。如:

(84)那个《四郎探母》那个铁镜公主那身衣裳,就像那身衣裳啊。(平调＜啊)
(85)快来救火啊!快来救火!快来救火啊!(降调＋啊)
(86)就那个桥那边儿啊?(升调＋啊)

以上例句的语气结构依次是"平调＜啊""降调＋啊""升调＋啊",分别表示"陈述语气＜惊讶口气"、"祈使语气＋惊讶口气"或"是非问语气＋惊讶口气"。由于陈述、祈使和是非问语气与"啊"的功能都不一致,所以不能据以推知"啊"的上位范畴属于陈述、祈使或是非问语气。

规律3:在"疑问词/析取词/肯否式＜啊"等3种语气结构里,疑标和"啊"极低频、跨层共现,构成如下3式边缘语气结构。如:

(87)方:那个老家呢,你爸爸那头儿,是谁啊?(疑问词＜啊)
(88)他问:"这家不冷啊。常烧煤还是常烧柴啊?"(析取词＜啊)
(89)"桂姨娘!"绍谦挺身而出。"你有没有好好找啊?"(肯否式＜啊)

以上3例的语气结构依次是"疑问词/析取词/肯否式＜啊",分别表示"特指问/选择问/正反问＜惊讶口气"。3种非是非问语气和"啊"的惊讶口气都不一致,所以也不能据以推论"啊"的上位范畴是特指问、选择问或正反问语气。

以上从正反两方面证明了,"啊"的上位范畴是感叹语气。据此可以发现,学界对"啊"的几十种功能表述里,[①]除了措辞不同,大都是误将各种语调的功能安在了"啊"头上,也有不少随文释义之说。

(二)"嘛"和语法调或疑标的共现种类及其频次可表示为表6-7。

[①] 据储诚志(1994)统计,20世纪90年代中期以前学界对"啊"的功能的表述已经多达50种。自那以来,又提出了近10种新说。

第六章 述题语气词功能系统（二）：上位范畴

表 6-7 学界对"嘛"和语法调或疑标共现的种类及其频次的认识

文献出处	语法调和疑标							
	平调	降调	曲调	升调	疑问词	肯否式	析取词	促降调
胡明扬 1987；北京大学中文系 1955、1957 级 语言班 1982	+							
吕叔湘 2002	+		+					
吕叔湘 1999	+	+						
邵敬敏 2007	+	+		+				
强星娜 2007	+				+	+		
徐晶凝 2008；杜建鑫 2011	+	+						+
郭红 2012	+77.9%	+8.7%						+11.8%
谢赣萍 2015	+53.52%	+2.14%			+2.14%	+0.31%		+41.90%

上表显示，学者大都认为"嘛"和平调高频共现，个别学者认为它只和平调共现，少数学者认为还能和降调、曲调共现，个别学者认为还能和升调、促降调共现。也有学者认为，"嘛"不能和曲调构成感叹句，因为"它的客观性外衣与感叹的个体主观性之间是矛盾的"。此外，几乎所有学者都认为"嘛"表示肯定语气（具体表述不同）。但以上认识都不免受到书面语里"嘛"字句"多标句号，少标叹号"这一习惯的干扰。如果摆脱这一干扰，"嘛"实际上是一个典型的惊讶语气词。试申说如下：

理由一：形式上，"嘛"与惊讶语气词同在肯定语气词（及其迭用段）之后与之迭用，它和确信语气词同属"句子最外围的成分"，[①] 而肯定语气词不是。这可由它在迭用顺序里的位置及其迭用式数量给出佐证，也就是说，"嘛"和"啊、哎、哦、哈"一样都只能位于肯定语气词之后与之迭用。如下所示：

去/来着/而已/罢了<似的/的<了<呢/着呢<吗/吧₁/不/不是/不成/没<啊/哎/哦/嘛/哈
肯定语气词　　　　　　　　　　　　　　确信语气词　　惊讶语气词
前　　　　　　　　　　　　　　　　　　　　　　　　　　　　　后

其中，仅"肯定语气词<惊讶语气词"迭用式至少有 4 类 28 种，惊讶语气词参与构成迭用式的数量由多到少可排列如下：啊（10）>嘛（7）>哦/

[①] 强星娜（2008）将"嘛"视为直陈语气词，"是句子最外围的成分"，"位于同类语气词'的、呢'之后"。这无疑是正确的，只是略欠全面。

哈（6）>哎（5）。也就是说，"嘛"与"啊"等均位于肯定语气词之后，且"嘛"参与迭用式的数量仅次于"啊"，多于其余3个。这直接证明，"嘛"不是与"的、了、呢"同类的肯定语气词，而是位于其后的惊讶语气词，其原型性仅次于"啊"而高于其余。

理由二：功能上，"嘛（么）"与"啊"都表示惊讶，但分工明确。对此，吕叔湘（2002：270）曾指出，"'么'字的语气和'啊'有几分相似"，"'啊'字有感情作用，'么'字也有感情作用"。此外，北京大学中文系1955、1957级语言班（1982）和吕叔湘（1999）都认为"嘛"表示"本应如此或理由显而易见"；赵元任（1979：358）认为是"有固执味道的肯定"；屈承熹（2008）认为是"坚信不疑"；徐晶凝（2008：177）认为是"强传信"；强星娜（2008）认为是"对命题为真的强确定"；郭红（2012）认为是"往大处说的意味"且"语气强烈"。综合诸家观点可以认为，与"啊"表示"始料不及"的感性惊讶相比，"嘛"表示"本是或理应如此（而听者竟然不知）"的理性惊讶。与此分别相伴而生的是，"啊"字感叹句的曲调往往较强，"嘛"字感叹句的曲调往往较弱。这一对立特征，在书面语里表现为前者用叹号多于句号，后者用句号多于叹号。

理由三："嘛"与"啊"有大体相同的共现词语（陈虎2007；郭红2012）。

理由四："嘛"源自确信语气词"吗"（太田辰夫2003：330；吴福祥1997），很可能来自"不……吗"反问句里的用法（强星娜2008），而且在元曲里就已开始"表示感叹语气"（孙锡信1999：104—105）。也就是说，"吗"由于长期高频用于反问句（黄国营1986）而分化出独立的惊讶口气，书面语里往往将这个新功能写作"嘛"以示有别于本来表示确信口气的"吗"。

综上可知，"嘛"作为惊讶语气词的原型性仅次于"啊"。[①]换言之，所谓"平调<嘛"语气结构，都是"弱式曲调+嘛"语气结构。其中，弱式曲调表示较弱感叹语气，"嘛"表示其下位理性惊讶口气，两者相对高频

[①] 据此，某学者视为陈述句的"嘛"字句，其实都是感叹句。如他处理为陈述句的10个"嘛"字句，有3个明明标有叹号。姑且转录如下：

(1) 话不能说得太绝对，啊？实践是检验真理的唯一标准嘛！

(2) 旁人笑他："娶媳妇儿还带个枪？"大水说："上级说的：枪不离人，人不离枪嘛！"

(3) 我儿子忍不住说："这么简单的问题都回答不上来？老三叫小明呗！问题中已经告诉得明明白白了嘛！"

其余7个标有句号的"嘛"字句，即使换用叹号也都不悖于原义。

（77.9%或53.52%）同层共现，且两者功能基本一致。据上所论可基本肯定地推知，"嘛"的上位范畴是感叹语气。如：

（90）"小波！你睡吧！姐姐不困。""不嘛！姐姐，你不睡我也不睡！"

特别值得一提的是，傅由（1997）等学者认为，例（90）里的"不嘛"带有撒娇、任性意味。其实，撒娇或任性应该都是由可以恃宠而骄的社会关系、交际关系和情景带来的语用效应，而非"嘛"的自身功能。此外，即使在"不嘛"这种句子里，"嘛"同样也可隐省，光杆"不"字句仍然保持和"不嘛"句同样的语法调和情感调，一样可以表示撒娇、任性意味。

在"降调＋嘛"（8.7%或2.14%）、"疑问词＜嘛"（2.14%）和"肯否式＜嘛"（0.31%）等语气结构里，两两都是极低频同层或跨层共现且功能不一致，因此也都不能据以推知"嘛"的上位范畴是祈使、特指问或正反问语气。如：

（91）叫你去你就去嘛！
（92）男子喊道："你是警察还是土匪？你啥意思嘛？"
（93）柔：那你有没有意思嘛？

最后，"嘛"和促降调中、低频共现构成"反问调＋嘛"语气结构，表示理性惊讶口气的反问语气，两者上下位功能不一致，也不能据以认为其上位范畴属于反问语气。因为，它自身往往就是反问句或者"上下文常用反诘句"（吕叔湘2002：270）。如：

（94）就快过节了，我要是一分钱不给职工发，我这个厂长还是人嘛？
（95）宋子文点点头："她是我的妹妹，亲情胜于政治嘛！怎么不可见面？"

前一例是反问句，后一例接着是反问句。

至此可知，惊讶语气词主要和曲调构成 D 类功能基本一致的原型语气结构，也和升调、降调、平调或疑标构成 D_1—D_4 类功能不一致的语气结构。据前者及其曲调的功能，可以基本肯定地推知惊讶语气词属于感叹语气,据后者及其非曲调或疑标的功能不能推知惊讶语气词属于是非问、祈使或非是非问语气。最后,对"啊""嘛"个案的分析更具体地说明了,它们的上位范畴都只能是感叹语气。

第四节 确信语气词的上位范畴

确信语气词有 6 个,将"没"和"没有"分开有 7 个。它们和语法调或疑标的共现情况可列成表 6-8。

表 6-8 确信语气词和语法调或疑标共现的种类及其频次

语气词	平调	曲调	升调	降调	促降调	疑问词	肯否式	析取词	合计
吗			+++		++				2
吧₁			+++		+				2
不			+++		+				2
不成					+++				1
不是			++		++				2
没(有)			+++		+				2
合计	0	0	5	0	6	0	0	0	11

上表显示,确信语气词里的 5 个都只和升调在上层绝对高频共现,唯一的例外是"不成"和促降调绝对高频共现,一共构成 6 式语气结构。如:

(96) 你现在办个民办大学,你试试。你看你能招来生不?你看经济上能运转不?

(97) 白雪娘又说:"在你家里,可别说这话!记住啦没?"

(98) 他们都是,他们不是,他们不是在旗的人吧?后来入的吧?

(99) 娘说:"军儿,看人家多光彩。将来你能吗?"

(100) 他的侍者急得跺脚:这可怎么办?你平生呵佛骂祖,现在报应了不是?

(101) 门子道:"老爷荣任到此,难道就没抄一本本省的'护官符'来不成?"

以上例句的语气结构具有如下特点:
首先,确信语气词只和升调绝对高频同层共现,构成上下位功能一致的原型语气结构,表示"是非问语气+确信口气"。已知升调表示上位是非问语气,那么表示其下位口气的确信语气词自然属于是非问这个上位范畴(注意:不是通常所说疑问语气)。

其次,确信语气词可以附着特指问句构成所谓特指性是非问句(邢福义 1987)。但"特指问句后头,如果用'吗',就把疑问点移动了"(吕叔湘 2002:288),或者说"吗"的疑问域大于疑标(张伯江 1997)。但如果考虑到层次问题,也可认为是后位、上层的"吗"抑制住了前位、下层的疑标,从而表示全句口气。据此可以明白,确信语气词的上位范畴不可能是任何一种非是非问语气。

再次,"吧₁、吗"可以和所谓平调(或甚低调)共现构成是非问句。但这个平调不是表示陈述语气的平调,也不是特殊的甚低调,而是弱升调和语气词的轻声调这两种音高要素在语流里因同层叠加而临时构成的弱升调,即与陈述平调的音高相近的假平调。与原型升调相比,这个弱升调、假平调的功能相对弱些,而与之共现的确信语气词的功能相对凸显,两两构成如下语气结构:

"弱升调+吧₁" → "弱是非问语气+揣测口气";

"弱升调+吗" → "弱是非问语气+中确信度口气"。

另外,其中的"吗"由于受到促降调的压制,不再具有表示确信口气的功能而仅仅徒具空壳而已。此外,从思维经济原则[如无必要,勿增实体(Entities should not be multiplied unnecessarily)]的角度说,与其在语调系统里增加一个调类(甚低调)而有"牵一发而动全身"之虞,不如在勿增实体的原则下将所谓甚低调视为升调的情景变体更为合适。因为,"把事情变复杂很简单,把事情变简单却很复杂。"(石锋 2013)

最后,确信语气词大都源自正反问句里的否定词及其短语,并经过词汇化、语法化演变而来,至今还保留着历史上的唇音声母或其变体。这在一定程度上为确信语气词与所属上位范畴的一致性提供了佐证。

至此可知,确信语气词属于是非问语气并表示其下位口气,而不表示是非问语气或反问语气。据此,确信语气词是非问句和零语气词是非问句,虽然都由原型升调或其弱势变体表示是非问语气,但因语气词有无而口气类型不同。换言之,升调和"吗"等分工不同,一起表示"是非问语气+确信口气"综合值,因此也不宜说"吗"与升调共现时两者之一是羡余的。[1]

---

[1] 有学者认为,"升调+吗"句由升调和"吗"分别表示一部分疑问语气,其中之一是羡余。但这会遭遇解释困难,即哪个成分羡余及其原因。至于有学者认为"吗"表示反问语气,其实是将其功能混同于促降调的功能了。

第五节 确认语气词的上位范畴

确认语气词有 5 个。它们和语法调或疑标共现的情况可列成表 6-9。

表 6-9　确认语气词和语法调或疑标共现的种类及其频次

语气词	平调	曲调	升调	降调	疑问词	肯否式	析取词	合计
吧₂				+++				1
得了				+++				1
好了				+++				1
算了				+++				1
就是				+++				1
合计	0	0	0	5	0	0	0	5

上表显示，确认语气词都只和降调绝对高频共现，分别构成如下 5 式原型语气结构。如：

（102）"毁树容易种树难"。为了夏日里的绿荫，请善待树木吧！

（103）您同志想要花，就挖去得了，我赶明个再压上几个枝条，又是几棵。

（104）郝又三……愿多听一些葛寰中语中有刺的话，遂说："世伯只管说下去好了！"

（105）陈先生，对方只有两三千兵力，如果他们不听话，你们就把他们消灭算了！

（106）有人在曹丕耳边小声说："大王要离开了，你只要表示伤心就是了。"

以上 5 例里，确认语气词都和降调绝对高频同层共现，构成上下位功能绝对一致的原型语气结构，表示"祈使语气 + 确认口气"。已知降调表示上位祈使语气，表示其下位口气的确认语气词自然属于祈使语气这个上位范畴。另外，降调也有强弱变体，但不影响其上位范畴的归属。

"吧"既和升调用于是非问句，又和降调用于祈使句。需要辨析如下：综合赵元任（1979）、朱德熙（1982）、吕叔湘（1999）所列功能和谢赣萍

（2015）所做统计，"吧"和语法调的共现关系及其频次可表示为表6-10。

表6-10 "吧"及其功能和语法调的共现关系

语气结构	赵元任（1979：361）	朱德熙（1982：211）	吕叔湘（1999）
升调＋吧（41.03%）	询问	证实问	揣测
平调＋吧（21.01%）			同意；举例；左右为难、犹豫不决；没关系、不要紧
降调＋吧（37.96%）	建议	祈使	命令、请求、催促、建议

上表里的平调即上文所说弱升调、假平调，和升调同属一个调类。另据徐晶凝（2003），"吧"用于祈使句的频次为56%或69%。这说明"吧"在是非问句和祈使句里的分布大体平衡，即它同时参与构成如下两种功能一致的语气结构：

一是"升调/平调变体＋吧$_1$"。这是一种"传疑而不发问的句子"，"介乎疑信之间"（吕叔湘2002：282），"可以用问话的语调，也可以不用问话的语调"（吕叔湘2002：282）。下面两个例句恰如其分地说明了"吧"的口气及其用法（吕叔湘2002：299）。如：

（107）a. 客人：我们走了有半个多钟头。从饭馆到家，总有五里多路吧？（升调＋吧$_1$）

b. 主人（心不在焉的）：总有吧。（弱升调＋吧$_1$）①

据此可以肯定地推知，"吧$_1$"的上位语气范畴属于是非问语气。但它所在始发句的升调往往较强，所表是非问语气较强；所在应答句的升调往往较弱，是升调的弱势变体，所表是非问语气较弱。

二是"降调＋吧$_2$"，表示"祈使语气＋确认口气"综合值。据此可以肯定地推知，"吧$_2$"的上位范畴是祈使语气。至于"战斗吧！/滚吧！/死去吧！/杀了我吧！"之类的强祈使句，乃是强势降调和动词的粗暴义共同造成的，"吧$_2$"被强势降调同化，口气功能也随之变弱乃至完全失去而沦落为空壳形式。这是以往不曾注意的。

"吧$_2$"有时貌似与疑标共现，实则分布层次不同。朱德熙（1982：211）曾指出，疑标句带"吧$_2$"都是祈使句，"只是句子头上省略了'你

---

① 原文不分行。

说'一类的话"。① 朱德熙所谓省略了的"你说"之类实际是"你+言语行为动词"构成的祈使语,往往可以隐省;它后面的"(你)+VP"是祈使内容。如:

(108)原句:你总可以告诉我你得花多少钱去买你的那些东西吧?

对比句:你总可以告诉我吧[祈使话语],你得花多少钱去买你的那些东西[祈使内容]?

(109)原句:(忽然)好!痛痛快快地!你现在要多少钱吧?

对比句:痛痛快快地(说)吧[祈使话语],你现在要多少钱[祈使内容]?

以上2例里,"吧₂"分别首先与祈使语"你总可以告诉"或"痛痛快快地(说)"构成祈使句,而后带有"多少"的祈使内容做祈使语里言语行为动词"告诉"或"说"的宾语。可见"吧₂"与疑标不在同一层面。另外,以上两例至少各有如下简式:

(108a)你得花多少钱去买你的那些东西吧?——你得花多少钱吧?——得花多少钱吧?——多少钱吧?——多少吧?

(109a)你现在要多少钱吧?——你要多少钱吧?——要多少钱吧?——多少钱吧?——多少吧?

即使在以上各种简式里,"吧₂"仍然和隐省的言语行为动词相呼应,其层次仍然高于疑标及其句法结构。

赵元任(1926)指出:"在劝令口气里句中字都是满声调,末了罢字很低或短或长,在询问口气句中字的音高都平些升降的范围窄些,罢字的音高也居中些,所以同是'你去罢'三字可以从句调上听出来是命令还是问话。"就历史来源看,是非问句里的"吧₁"源自"不啊"融合,祈使句里的"吧₂"源自句末动词"罢"(赵元任1926,1979:361)。这为"吧"在共时层面

---

① 邢福义(1996:123)认为,通常所说的第二人称做主语的"你VP!"式祈使句,前头往往隐含着"我命令/要求/请(你)"等意思,完整祈使句应该是"(我要)你VP!"。据此,"你说"的前面还可以再加上"我要"等词语才是最完整的祈使句。

的句类分布对立提供了明确的历时证据,也说明学界将"吧"分为"吧₁"和"吧₂"是有充分理据的。

第六节　小结和余论

回顾上文,本章从语法调或疑标和述题语气词共现组合构成的语气结构类型系统出发,依次走过三步论证过程。第一步,已知A、B类原型语气结构里,语法调和语气词功能绝对一致,且升调表示是非问,降调表示祈使,据以肯定地推知,与升调功能绝对一致的确信语气词属于是非问语气,与降调功能绝对一致的确认语气词属于祈使语气。第二步,已知C、D类次原型语气结构里,语法调和语气词功能基本一致,且平调表示陈述语气,曲调表示感叹语气,据以基本肯定地推知,与平调功能基本一致的肯定语气词属于陈述语气,与曲调功能基本一致的惊讶语气词属于感叹语气。第三步,已知C_1—C_4、D_1—D_4类边缘语气结构里,语法调、疑标和肯定、惊讶语气词的功能都不一致,虽然已知其中的语法调和疑标所表语气范畴,但不能据以推论出肯定、惊讶语气词各自所属上位范畴。至此,4类述题语气词所属上位语气类型可简示为表6-11。

表6-11　述题语气词所属上位语气类型

述题语气词类别及其成员		所属上位语气
肯定语气词	去、来着、而已、罢了、似的、的、了、呗、呢、着呢	陈述语气
惊讶语气词	啊、哎、哦、嘛、哈	感叹语气
确信语气词	吗、吧₁、没、不、不成、不是	是非问语气
确认语气词	吧₂、得了、好了、就是、算了	祈使语气

上表告诉我们,4类述题语气词分别以4种基本语气为上位范畴并表示各自的下位口气,即"适应于不同语气类型的句子的选择需要"(邢福义1996:242),或者在同一语气内部"显示各种细微的语气和口气","这种细微的差异显然是单靠语调、语气副词和叹词所难以胜任的"(张谊生2000:267)。

我们希望,以上结论具有正本清源的作用,能有助于学界结束关于语气词功能的争论。

黎锦熙(2007:260)提出,句类语气"各用相当的助词来帮助,或竟由助词表示出来"。但由前述结论可知,句类语气是由语法调及疑标强制性表达的，黎氏说"各用相当的助词来帮助……表示出来"基本无大碍，但说"竟由助词表示出来"则有忽视语法调的嫌疑。

吕叔湘（2002：258）对语气词的功能曾提出两个观点。一是"语气的表达，兼用语调和语气词：语调是必需的，语气词则有时可以不用，尤其是在直陈语气"。这与前述语法调具有强制性，语气词具有可选性的观点完全一致。二是"语气词和语气不是一一相配的"，"同一语气可用几个语气词"或者"一个语气词可以用来表不同的语气"，"似乎无区别，但一般而论，实代表种种细微的区别，这些细微的区别最应该体会"。第一句较黎锦熙有所进步，第二句则语焉不明。同时，吕叔湘（2002：258）将是非问语气视为广义语气里的"语意"之一种，与肯定、否定并立为三；将语气词的功能归入狭义语气里"与认识有关的"直陈和疑问，"与行动有关的"商量、祈使，"与感情有关的"感叹、惊讶，其系统性是由语义而非形式出发的。

与以上两位学者不同的是，王力（1985a：228）主张语气词帮着语调"使各品情绪更加明显"，并直接将语气词所表语气分为4类12种：决定、表明、夸张（以上合称确定语气），疑问、反诘、假设、揣测（以上合称不定语气），祈使、催促、忍受（以上合称意志语气），不平和论理语气（以上合称感叹语气）。但如果将他所归纳的语气词的4类12种功能视为语气及其下位范畴就和我们的结论接近了。

另外，人民教育出版社（1959：110—111）指出，用"的""了"的句子都用下降语调，用"吗""呢"的句子用上升语调，用"吧"的句子用下降语调，用"呢"表示陈述语气的句子用下降语调。语气词"有的表示各种陈述的语气，有的表示各种疑问的语气，有的表示各种祈使的语气，有的表示感叹的语气"。除了感叹语气，其余三种语气前都用了"各种"一词为修饰语，揣其用意，大概是在暗示语气词的作用在于将陈述、疑问和祈使语气各划分为若干下位范畴。这是对我们的重要启发之一。但是，尽管该书注意到了语调和语气词的搭配关系，但对语调的作用的认识仍未达一间。

最后，20世纪90年代以来，学界关于语气整体功能的新观点大体上呈现出对立的格局。其一主张语调表示语气，语气词帮助语调表达各种色彩或口气（胡裕树1995）。其二主张"吗"表示疑问语气，其余语气词表达口气（文炼1987；孙汝建1999：15；刘丹青2008：479；徐晶凝2008：79）。虽然两种新观点都进一步接近了事实真相，但都难以圆满解释语气词隐省的高度自由及其和语气的关系。

第七章　述题语气词功能系统（三）：口气及系统

上一章由述题语气词和语法调或疑标共现的种类、频次、层次、功能关系出发，确定了它们各自的上位语气归属，等于在语气结构系统之网里锁定了各自所在的网眼儿，即各自所在语气结构的类型和数量。这为下一步在各自所处的网眼儿里确定各自的口气功能提供了极大的方便。换言之，在语气词各自所属语气范畴的边界内研究其口气功能，将大大有助于摆脱随文释义的局限，以便从逻辑上有力地证明各自的口气，并最终构建其口气系统。本章拟通过分解语气词的功能要素，提出各自的功能模式，而后在原型语气结构里逐一讨论语气词的功能要素的异同以确定其口气。

第一节　述题语气词的功能模式

学界提出的语气词功能模式，可分为单义模式（胡明扬1988；郭锡良 1988；黎锦熙2007）、多义模式（赵元任1979；吕叔湘1999；吕叔湘2002）、多层模式（齐沪扬2002；屈承熹2008）、核心模式（徐晶凝2008）和三域模式（肖治野、沈家煊2009）。我们接受单义模式的优长，假设语气词的功能包括4个成分要素，即上位语气、言者/听者指向、主观性和交互主观性。

关于语气的功能，我们注意到以下3位学者的观点。

首先，Chao（2011：82）认为"每一句类都有自己的句值"，叙述句是真实价值，命令句是顺从价值，疑问句是消息价值，感叹句是表达价值，呼唤语是注意价值。所谓"句值"指的是句子命题之外的句类语气及其分类。

其次，Halliday（2000：106—120）提出，语言作为交际工具必然涉及言听双方的对话，对话的实质是言听双方的交际角色——给予或要求，所交换的商品/货物/劳务/消息分别表现为建议和陈述。这4个因素的组合构成"提供"、"声明"、"命令"和"提问"等4种主要言语功能。上述4种言语功能通过语气系统加以区别，而语气系统则由主语和限定成分即助动词一起表示。主语是小句表达直陈语气和祈使语气的要素。直陈语气分为陈述语气和疑问语气。主语加上限定成分体现了直陈特征，主语的缺省体现了祈使特征。在直陈句里，主语在前，限定成分在后，体现陈述语气；反之则体现是非问语气。在特指问句里，疑问词做主语位于限定成分之前；其他成分做主语，限定成分在主语之前。据此，主语和限定成分一起表示的语气包括陈述语气（主语+限定成分）、是非问语气（限定成分+主语）、祈使语气（第二人称主语$^{n=0/1}$+限定成分/非限定成分）、特指问语气（what/how+主语+限定成分）。此外，限定成分的过去式表示委婉语气和虚拟语气。

最后，Grundy（2008：71—79）将话语功能分为断言（assertion）、祈请（request）/命令（order）、询问（question），分别由陈述句（declarative sentence）、祈使句（imperative sentence）、疑问句（interrogative sentence）表示。

借鉴上述观点，4种基本语气的功能因素可分解简示如下：

陈述语气：传信+使知

感叹语气：传情±使感（±表示可选性）

是非问语气：传是非问+使答

祈使语气：传令+使行（使之实施言语行为、认知行为或动作行为）

已知肯定语气词的上位范畴为陈述语气，惊讶语气词的上位范畴为感叹语气，确信语气词的上位范畴为是非问语气，确认语气词的上位范畴为祈使语气。4种基本语气均由语法调强制性表达，与之可选性共现的各类语气词当然无需重复表示以上种种语气，而仅表示它们的下位口气。至于对命题之疑（或未知）则可视为言者心中所有，是发问的缘由或动机，而非升调或语气词的功能。所以，除极个别边缘用法外，语气词均可自由隐现而不影响句子的语气类型，只影响其口气类型。

"传信+使知""传情±使感"2种语气均为言者指向为主，给予多而索求少；"传是非问+使答""传令+使行"2种语气均为听者指向为主，给予少而索求多。也就是说，前2种语气的交互主观性弱于后2种。与之相应的是，以陈述或感叹语气为上位范畴的肯定、惊讶语气词也是言者指向为主,分别与各自的上位范畴一起表示"陈述语气+肯定口气"或"感叹语气+惊讶口气"综合值;以是非问或祈使语气为上位范畴的确信、确认语气词也是听者指向为主,分别与各自的上位范畴一起表示"是非问语气+确信口气"或"祈使语气+确认口气"综合值。

主观性是言者说出命题时表明自己对该命题的评判、态度和感情,从而在话语中留下自我的印记(沈家煊 2001)。语气词的主观性取决于各自的上位语气及其所传命题的现实性。陈述语气所传命题具有现实性,肯定语气词的主观性表现为对陈述语气及所传命题的肯定及其程度。感叹语气所传命题具有现实性及意外性,惊讶语气词表示对命题意外性的惊讶(以肯定口气为前提)及其风格。[①]是非问语气"传是非之问+使答",言者对所问命题或其焦点不知然否,确信语气词的主观性只能表现为对听者给出肯定答案的预期或确信及其程度。祈使语气所传指令尚待听者实施,确认语气词无所谓对命题的主观性,而表示对祈使语气的确认及其程度。

交互主观性指言者对听者"自我"的关注,体现在认识情态意义上(关注言者所推定的听者对所说命题内容的态度和信念),更多体现在社会性的意义上(关注听者的和社会立场与认同相关的面子或者个人形象的需要)(吴福祥 2004)。简言之,言语交流成功的秘诀之一在于尽量缩短与听者的交际距离。据此,言者指向型语气词的交互主观性主要表现为对听者的提醒及提醒的程度或风格,以配合给予为主的陈述或感叹语气;听者指向型语气词的交互主观性主要表现为对听者的态度,以配合索求为主型的是非问或祈使语气。

以上 4 个功能要素里,上位语气的作用在于,首先决定了语气词不再、也无需表示语气,而是分别表示各自上位语气的下位口气。其次,言者/听者指向为主将语气词分为如下 2 类:一是言者指向为主型语气词,主要为给予为主型语气提供多样化的主观信据力(argumentative strength),以提高命题及其意外性的可信度,以便更好地"使知"或"±使感";二是听者指向语气词,主要为索求为主型语气提供多样化的交际态度,以拉近和听者的交际关系,使之配合言者实现"使答"或"使行"之目的。换言之,类述题语气词分别表示种上位语气的下位口气,并将各自上位语气划分

[①] 王力(1985a:231)指出:"决定语气(即"述题语+了"的陈述句的"语气+口气"——笔者)和感叹语气是很有关系的,因为语气既坚决,就往往说得很重;说得重,就很近于感叹语气了。"

为若干子范畴。① 这是原型语气结构里语法调表示的上位语气和语气词表示的下位口气之间一致性的典型表现。据此，语气词的功能模式可简示为表 7-1。

表 7-1 述题语气词的功能模式

语气词		上位范畴	口气		
			言者/听者指向	（对命题/语气）主观性	（对听者）交互主观性
言者指向为主	肯定语气词	陈述＝传信＋使知	言者指向	＋对命题的肯定及其程度	＋提醒强度/风格
	惊讶语气词	感叹＝传情±使感	言者指向	＋对命题意外性的惊讶	＋风格
听者指向为主	确信语气词	是非问＝传问＋使答	听者指向	＋对肯定答案的确信及其程度	＋态度
	确认语气词	祈使＝传令＋使行	听者指向	＋对祈使语气的确认	＋态度

在正式对述题语气词的口气展开讨论之前，还需要说明如下三个问题。

问题一，语气词的所谓时体功能。

有学者认为，"的""了""来着""呢"等表示时、体或体和口气的混合体。赵元任（1926）最早认为，"来着"表示"近延长"和"近过去"两种口气。前者有点像英文的"have been…ing"或"was…ing"，后者"这种口气在英文就用简单的过去：'I saw Mr. Wang today.'"。而后，他（1952：51—52）又指出，"英语表示事件现在已经完成的'完成式'跟汉语用两个'了'字（词尾的跟句尾的）相当"。如："我照了一张相了。（I have taken a photograph）"他还说："谓语末了儿加'的'字常常包含过去的意思，尤其是在事情发生在什么时候儿已经指出的句子里。比方说，'他昨儿来的'或者'他是昨儿来的'。He is one who came yesterday, ——it was yesterday that he came, ——he came yesterday. 这句话里头用'的'字表示他来这件事是已经可以分类的，因此就表示这件事是过去的。"但是，"要是带宾语的话，更常用的说法是在宾语前头加个'的'字（不过中部、南部的方言没有这种说法）。比方说，我是刚才刮的脸（I had a shave just a while ago）。"

此外，太田辰夫（2003：327）按功能和选用顺序将语气词分为甲乙

---

① 见张谊生（2000：267）、张云秋（2002）、徐晶凝（2008：66—78）等。

两类：甲类表示非叙实语气，包括"吗，呢，吧，啵，罢了，啊，呀，哇，哪，了（啦）"；乙类表示叙实语气，包括"呢，了（啦），来着"。"乙类……是给述语添加存在、已然、曾然等叙实的语气。"与之同时，龙果夫（1958：124—125，129，132）将"了₂"和"的"称为"现在·过去时的语气标志"，"'呢'在语气·时间系统里用于说话者要在时间线上特指出某一点（或某一段），把它看作对将来的出发点，或是就为了指出这一点本身"。

后来，胡明扬（1987）认为："语气助词'的'、'了'和相应的结构助词、时态助词很难截然分开……也许可以称为'结构（或时态）语气助词'。"朱德熙（1982：209）进一步认为："语气词里只有'了''呢₁'和'来着'是表示时态的。其中'呢₁'表示持续的状态，'了'表示新情况的出现，'来着'表示最近的过去发生过的事。"

徐晶凝（2008：135）从历时演变关系出发，认为语气词和时体标记之间存在着互相渗透的关系，不同的语气助词处于不同的演变阶段上："了₂"刚刚开始向情态表达演变；"的"虽然已向情态表达渗透，但是需要其他情态成分配合，与"是"之间的纠缠尚未了断；"啦"虽然与时体表达关系密切，且隐现与否对语句的合法性影响较大，但在情态表达上特点比较明显；"来着"正在发展过程中，但是时体用法和情态用法并存；"着呢"已经完成了从时体向情态的演变，成为一个独立的语气助词；"呢""啊"则已开始向时体表达渗透；而"吧、嘛、吗、罢了"还尚未向时体表达渗透。

戴昭铭（2009）更直接地说："语气词，其实大多并非单纯表达语气，而是一种既表达情状（aspect）又表达语气（modality）的混合载体。"

尽管以上学者都提出了各自的理由和依据，但事实上更多学者早就有力证明了，体助词和语气词是两个不同的词类系统：体助词紧贴谓词之后出现，语气词在谓词之后的体助词、补语、宾语后出现，两者所附着的对象、所处的位置和层次各异，语义虚化和声调轻化的程度都明显有别，与音系及其调系关系迥然不同，理应分工明确、界限清晰。[①]胡明扬（1988）曾经针对学界提出的语气词具有"持续""完成""新情况的出现""最近过去""过去"等观点批评说："现代汉语明明另有一个动态助词子系统，所以把动态或时态意义放在语气助词的子系统里就成问题了，就值得我们考虑

[①] 主要见黎锦熙（2007：261—268）、王力（1985a：230—232）、胡明扬（1988）、熊仲儒（2003）、刘守军（2009）、王伟（2006）、郭锐（2008）、彭利贞（2009）、方梅（2016）和任鹰（2017）等。

我们的分析有没有问题。"

　　另外，由于语气词的运用具有"当下性"（徐晶凝2008：67），功能上指向并管辖述题及其体范畴，一定程度上蕴涵了体特征，但本身并不表示体范畴。语气词前面可以出现任何一种体助词并可省略（李兴亚1989；吕叔湘1999），"J$_2$"情态词、"J$_1$"由高到低分属三个不同的句法层次——["J$_2$"[情态短语["J$_1$"[VP]]]]（金立鑫，待刊），只是由于历时继承的关系，个别语法化程度不高的语气词对述题的体特征具有一定选择倾向，如"来着"附着的述题往往具有或被视为具有近过去特征。但不能据此认为"来着"具有表示近过去的功能。

　　问题二，前一章里已经证明，述题语气词都不表示句类的语气，当然既不与之存在一对一关系，也不与之存在一对多和多对一关系，而是分别表示各自所属的语气的下位口气。

　　问题三，语气词口气功能的研究方法。为"尽可能不把其他语词和语调所表示的语气意义误加在语气助词身上"（胡明扬1987：86），方法上分三步进行。

　　一是尽量避免依靠同现或排斥的词语类别确定语气词的功能，而尽量在原型句式、原型语气结构的**原型语境句**——语用因素为零的**中性语境句**①——里提取语气词功能，并将同一语气词的有无、异同带给中性语境句的意义不同视为该语气词的功能。我们希望，尽可能在没有音段性语用成分的干扰下提取语气词的功能，同时尽可能排除研究者的主观因素对提取语气词功能的干扰。以"吗"为例。它可以用于是非问句和反问句，前者是高频的原型句式，代表着原型语气结构；后者是低频的边缘句式，代表着边缘语气结构。原型句式又存在语用成分的有无和多寡之别，语用成分为零（仅指音段成分）的句子是中性语境句。如郭锐（2000）曾将"吗"问句的确信度由高到低分为五个等级：全确信＞高确信＞中确信＞低确信＞零确信。但只有其中的中确信的"吗"问句，才是语用手段为零的中性语境句，才理应是提取"吗"之口气的最佳语境。至于郭文所谓的高、低确信句，都是在它基础上增加不同语用手段造成的非中性语境句（黄梦迪2021）。至于音段性语用成分，学界关注最多的可能非语气副词莫属了，它们对学者们提取语气词功能的影响最大。

---

　　① Bybee & Fleischman（1995：2）认为："情态是语言表达的一种语义类型，它的功能是在语义值最中性（neutral）的句子命题上加上补充和额外的意义。""中性语境句"这一概念借鉴了"语义值最中性（neutral）的句子命题"的内核。

二是对比同一语气词在原型和边缘语气结构里的功能是否一致。如果一致，则有助于确定上一步得出的结论，否则可视为该语气词在边缘语气结构里浮现出来的语用效应。

三是分别对比4类语气词里多个成员的功能要素异同，特别是功能相近的语气词，以最终确定各自的口气。

第二节　肯定语气词的口气和语气结构

肯定语气词包括"去、来着、而已、罢了、似的、的、了、呗、呢、着呢"等10个。它们都和平调构成原型语气结构，也和非平调或疑标构成边缘语气结构。据表7-1，它们的功能模式为：（对命题的）肯定及其程度+风格。

讨论肯定语气词的口气功能，先观察它们的内部分类。内部分类的形式依据是它们在句末述题后的迭用顺序。宏观上，体助词表示谓词的主观视点体而主观性弱，位置紧贴核心谓词之后；语气词表示言者对命题的主观性和就命题表示对听者或言听双方的交互主观性，主观性强于体助词，整体位置在"核心谓词+体助词+补宾语"之后。中观上，肯定语气词整体位于确信语气词或惊讶语气词之前，说明它的交互主观性低于后两类。微观上，肯定语气词的10个成员按照迭用顺序先后分为4个小类，它们距离述题由近渐远，层次由低渐高，因此有理由认为它们的肯定口气依次增强。简示如下：

　　　　A.去/来（着）/而已/罢了 <B.似的/的 <C.了 <D.呗/呢/着呢
迭用序位：前　　　　　　　　　　　　　　　　　　　　　　　后
分布层次：低　　　　　　　　　　　　　　　　　　　　　　　高
肯定口气：弱　　　　　　　　　　　　　　　　　　　　　　　强

这将视为讨论肯定语气词4个小类的口气的一个重要出发点。下面分别讨论。

一、A类肯定语气词的口气和语气结构

该类包括"去、来着、而已、罢了"。它们在迭用顺序里紧跟述题，即迭用顺序的最前头，语气词化程度最低，对命题的肯定口气的程度最弱。

（一）去

"去"的句类分布频次由高到低表现为如下序列：陈述句>祈使句>是

非问或特指问句。如：

（1）朱丹溪听说罗知悌厉害以后，马上就背包去拜师去。
（2）不要再扮演寡妇的角色了！你才廿四岁，你该忘掉小叔，去交男朋友去！
（3）我说咱们可以上武侯祠去喝茶去！（吕叔湘《中国文法要略》）
（4）不对，他家里种着五十多顷地，当家的还出去捡粪去？
（5）现下上哪儿去找文告去？如今不像从前你还在的时候儿啦——

例（1）里，"去"和平调高频同层共现，构成原型语气结构"平调+去"。例（2）、（3）里，"去"和降调次高频共现，构成次原型语气结构"降调＜去"。其余例句里，分别和升调、疑问词低频或极低频跨层共现，构成边缘语气结构"去＜升调"或"疑标＜去"。据原型语气结构，接受赵元任（1979：363）的观点，"去"的口气可表述如下：

去＝弱肯定$_{目的}$＋弱提醒。

（二）来着

"来着"的句类分布频次如右所示：陈述句＞特指问句＞其他句类（刘守军2009）。如：

（6）繁：是你母亲从济南回来么？——嗯，你父亲说过来着。
（7）马老先生走过来，对着马威的脸问："怎么了？""打架来着！"马威说，眼睛看着地毯。
（8）回到家他问小耿，我下午在邮局给人家出了个什么主意来着？
（9）你怎么喘得这么厉害？有人追你来着？
（10）是前年还是大前年来着？她和他去外地野游，他的钱包丢了，现金和卡都在里面。
（11）刚进剧团的时候，咱们是不是还演父女来着，你演我爹？
（12）田曼芳脸一红："……谁哭鼻子来着！"赶紧转身走了。

例（6）里，"来着"和平调高频同层共现，构成原型语气结构"平调+来着"。余例里，分别和非平调或疑标低频或极低频跨层共现，构成次原型语气结构"疑标＜来着"和边缘语气结构"来着＜曲调/升调/促降调"。特别是它高频或较高频用于陈述句和特指问句，说明言者用"来着"的目的在于肯定近过去事态。这直接误导了"近过去时"说，也间接误导了"回忆语气"说。从原型语气结构出发，接受宋文辉（2004）的观点，"来着"的口气可表述如下：

  来着＝弱肯定_{近过去事件}＋**弱提醒**。

（三）而已、罢了

"而已、罢了"的句类分布频次如右所示：陈述句＞感叹句＞是非问句。如：

  （13）第一七〇师说是一个师，其实兵力也仅仅相当于一个团而已。
  （14）实际上，我也没有"从政"，闹了6个月，权当是累了，和当局玩玩罢了。
  （15）汪精卫怒视蒋介石，大声说："你以为你是老几？你只是个暴发户而已！"
  （16）张先生思索了一下，肯定地说，"李鸿章只是执行了清政府的妥协投降路线罢了！"
  （17）鲁豫：其实你们俩并没有说是一个组合，只是经常在一块合作而已？
  （18）真羡慕你，有得选择，不被冷落。而我不能，我只能做好自己罢了。

例（13）、（14）里，"而已、罢了"分别和平调高频同层共现，构成原型语气结构"平调＋而已/罢了"。余例里，分别和非平调低频跨层共现，构成边缘语气结构"而已/罢了＜曲调/升调"。此外，"而已"有书面语风格而略显正式，"罢了"带口语色彩而略显随便。据原型语气结构和已有观点，[①]它们的口气可分别表述如下：

  而已＝限止_{重要性低}＋**正式**；
  罢了＝限止_{重要性低}＋**随便**。

二、B类肯定语气词的口气和语气结构

该小类包括"的、似的"。它们迭用时位于A类之后，其肯定口气略高

[①] 已有研究认为，这两个语气词表示"限止""减轻、冲淡""仅此而已""把事情往小里说"，即重要性/等级/程度低或数量少（黎锦熙 2007：268—269；吕叔湘 2002：267；方绪军 2006）。

于 A 类。

"的"的作用在于表示言者对所说"自信之坚","事实确凿,毫无疑问"(吕叔湘 2002:263,265),亦即,"调动听者的注意力使其指向'的'前的事态,表达希望听者注意并重视这个事态的主观意向性"(完权 2013)。如:

(19)咱们不久之后,还会见面的!
(20)我知道,记得!去年秋天死的!怪可怜的!
(21)浑身都有些发木,像刚被冻醒了似的。
　　对比:像刚被冻醒了的。
(22)看人家有钱的妇女,五十多岁还一朵花儿似的!
　　对比:……五十多岁还一朵花儿的!

例(19)里,"的"表示对未然事件的肯定。例(20)里,前一个"的"表示对已然事件的肯定,后一个"的"表示对主观评价的肯定。例(21)、(22)原句里的"似的"表示"比况+肯定",前一例比况功能明显,后一例口气功能明显。但替换为"的"的对比句,肯定口气都略强于原句,这说明"似的"的肯定口气稍逊于"的"。另外,由于"似的"的语气词化程度低,仍残留些许比况义,因而带有生动描述的色彩。

另外,"的"与平调极高频同层共现,与非平调极低频跨层共现。前者构成原型语气结构,后者构成边缘语气结构。据原型语气结构并与下面的"了""呢"相比,它们的口气可分别表述如下:

　　的 = 肯定$_{静态}$ + 较强提醒;
　　似的 = 肯定$_{静态}$ + 较弱提醒。

三、C 类肯定语气词的口气和语气结构

(一)该类只有一个"了",选用时位于 B 类之后,肯定程度同"的",但语义指向的命题略有不同。

据表 6-3,其句类分布频次为:陈述句(90.26)>其余句类。可以说它绝对高频用于陈述句。吕叔湘(1999)将其功能表述为"主要肯定事态出现了变化或即将出现变化"。整条释义文字为动宾关系,"肯定"是核心谓词,即言者的主观肯定口气;宾语里的"出现了变化"即"客观变化","即将出现变化"即"主观已经预知或预期出现变化"。据此,"了"的口气可简述为"对客观或主观(预期)已然的肯定"。至于学者所谓"了$_行$"和

"了_知"都是肯定客观已然,"了_言"是肯定主观(预期)已然。其实,后者即使不用,也照样表示祈使语气,说明"了"与言态并无必然关系,仅表示对主观已然的肯定,且浮现出委婉色彩。对比如下:

(23)别再玩手机了,早点休息了。　对比:别再玩手机V,早点休息V。
(24)现在开会了。　　　　　　　　对比:现在开会V。

(二)"了"对性状的肯定,是对主观已然性状的肯定,不仅"了"字可省,前面还往往带有或可插入"我+认知动词"类短语。如:

(25)(我认为/看)今天太冷(了)!
(26)(我觉得/看)他女朋友最漂亮(了)!

(三)在是非问句和感叹句里,"了"在下层表示肯定口气,再由升调和曲调在上层分别以"VP<了_2"为辖域,表示是非问或感叹语气。如:

(27)这本书你[看了三天]了?
(28)坏了!娘娘[中了暗器]了!!

至于学界所谓"了"具有"疑问""反问""祈使""感叹"语气以及"实现""完成""新言态"等功能,都有将语法调或疑标的功能错安到"了"头上之嫌。事实上,学界前辈早就把"了"的功能基本说明白了。如马建忠(1983:345—346)最早指出:

"了"者,尽而无余之辞。而其为口气也,有"已了"之"了",……有"必了"之"了"……

再如,王力认为,"了"的作用是表示决定语气,"是用极坚决的语气,陈说一种觉察,决意或判断"(王力 1985a:228)或"认某一境况已成定局"(王力 1984:217)。[①]

[①] 另外,王力(1984:217)在"认某一境况已成定局"之后又说:"同时又往往跟着境况之不同,而带有感慨、惋惜、欣幸、羡慕、热望、威吓等类的情绪。"这显然是将整个句义乃至"境况"功能都错安到"了"字上了。

要言之，马建忠认为"了"是"已了""必了"之口气，[①]王力又扩充为"述其已然，或想其当然，或料其必然"之事，以"认某一境况已成定局"（王力 1985b：224）。也就是说，"了"的功能就在于，肯定言者认可的"已然""当然""必然"之事为"必可信者"。也许这就是吕叔湘（1999）将其功能表述为"主要肯定事态出现了变化或即将出现变化"的依据。据上，其口气可表述如下：

　　　　了＝肯定_{主客观已然}＋较强提醒。

四、D 类肯定语气词的口气和语气结构

该类包括"呗、呢、着呢"。迭用时位于"了"后，即肯定语气词迭用段里的末位，肯定口气的程度最高。

（一）呗

"呗"的句类分布频次为：陈述句＞祈使句＞感叹句＞是非问。如：

　　（29）我们问他装电话干什么，他脱口回答："了解市场行情呗。"
　　（30）"晶晶，慌慌张张往哪儿跑？""还能上哪儿？我朋友那儿呗。"
　　（31）托福考了 600 多分也没能出去，为什么？欧洲的情况不景气呗！
　　（32）"咱们都跟赵大叔去抓大汉奸！"热烈的年轻人说。"去就去呗。"稳健些的中年人说。
　　（33）周恩来毫不犹豫地回答："想说就说呗。"
　　（34）"嘎子！你回来啦！多少年了，还记得我呗？"

例（29）、（30）是对他问的陈述性回答，例（31）是自问自答的感叹，例（32）、（33）为祈使。无论用于哪种句类，"呗"都表示"应该或只能如此"的口气（郭小武 2000），即言者认为唯一可能的断言（徐晶凝 2007）。因此常常和语境一起浮现出"道理简单，无须多说""显而易见，不说自明"（如前 3 例）"勉强同意"的语用效应［如例（32）］。但这些语用效应都是和语境一起浮现出来的，不宜认作"呗"自身的功能。据此，其口气可表述如下：

　　　　呗＝强肯定_{只能如此}＋强提醒。

---

　　① 吕叔湘（2002：272）完全认可马建忠的解释，并将马氏"已了""必了"表述为"了"字"可以用于既成之事，也可以用于未来之事"。

（二）呢

"呢"的句类分布频次为：陈述句/特指问句＞感叹句/祈使句/其他问句。如：

（35）凤姐道："我这里陪客呢，晚上再来回。若有很要紧的，你就带进来现办。"

（36）道是什么东西呢？什么叫道呢？

（37）你快来坐下吃饭呢。

（38）到了年关，掌柜取下粉板说，"孔乙己还欠十九个钱呢！"

（39）平儿听说，便说道："这话是说我呢？"凤姐笑道："不说你说谁？"

（40）照字面上讲，Philology 就是"爱研究字"的意思；所谓字是说出来的字呐，还是写下来的字呐，这就不大清楚了。（赵元任 1980）

例（35）的语气结构为"平调＋呢"，表示"陈述＋强肯定"，是原型语气结构。例（36）的语气结构为"疑问词＜呢"，两者跨层高频共现，表示"特指问＜强肯定"，由对未知疑问焦点的强肯定浮现出"深究"效应（文炼 1987）。例（37）为"降调＋呢"，表示"祈使＋强肯定"，浮现出"催促"效应。例（38）为"呢＜曲调"，"呢"在下层表示对命题的强肯定，曲调在上层表示感叹。例（39）为"呢＜升调"，"呢"在下层表示对命题的强肯定，再由上层升调表示是非问，浮现出"深究"效应。例（40）为"（是）……还是＜呢"，"还是"在句法层表示选择问语气，"呢"在上层表示强肯定口气，也浮现出"深究"效应。

此外，"呢"还极低频参与构成新话题零句（new topic noly questions）。[①]如：

（41）呼天成说："炳灿，我问你，你住的房子是谁的？"王炳灿低着头说："村里的。"呼天成说："屋里的沙发呢？"王炳灿说："村里的。"呼天成说："挂钟呢？"王炳灿说："村里配的。"呼天成又说："粮食呢？水呢？电呢？八月十五吃的月饼呢？说！"

[①] 见王力（1985a：236）、赵元任（1979：50，357）、陆俭明（1982b，1984）、李宇明（1989）、胡炳忠（1989）、武果（2006）和高华（2009），另外薛凤生（1998）认为这种零句是名词做谓语或述题。

（42）冲：（着急地）哥哥，四凤呢？

萍：我不知道。

例（41）以"你住的房子是谁的？"为背景句，通过述题的延续作用而造成6个述题隐省的新话题零句，只能理解为询问归属的特指问。例（42）以发现四凤不在现场为背景，由此生成述题隐省的新话题零句，只能理解为询问处所的特指问。与背景句里的旧话题相比，"呢"的功能只能是强肯定对比焦点话题成分。这与它在原型语气结构里的功能是一致的。但是，即使在这样的句子里，"呢"仍然是可选性的。如：

（43）陈毅：档案？

夏灏：完整无缺。

陈毅：资财？

夏灏：保管良好。

陈毅：人员？

夏灏：尚有二百余人。（沙叶新《陈毅市长》）

上一例句里的3个问话式零句的口气直截了当，而例（41）、（42）的口气则不那么直接。

学界往往将"呢"分为问句里的"呢$_1$"和非问句里的"呢$_2$"，再将"呢$_2$"分为"事态持续"和"申明事实"2个功能。但更多学者证明了，所谓疑问和持续都是语境浮现或语用衍推功能，而非"呢"的自身功能。[①]吕叔湘（2002：265）也早就指出，"'呢'之表确认，有指示而兼铺张的语气"，"事实显然，一望而知"，"偏于叫别人信服"。分而言之，"指示而兼铺张的语气"和"事实显然，一望而知"，是对命题的"较高信据力"，即强肯定；"偏于叫别人信服"是由前者衍推出来的交互主观性即"强提请注意"。也就是说，"呢"不表疑问、感叹、祈使语气，所谓"深究""夸张""催促"分别是和疑问、感叹或祈使语气一起浮现出来的语用效应。据上，它的口气可表述如下：

呢＝强肯定$_{动/静态}$＋强提醒。

[①] 见胡明扬（1987）、邵敬敏（1989）、金立鑫（1996）、张谊生（2000：271）、方梅（2016）、任鹰（2017）和完权（2018）等。

（三）着呢

"着呢"用在形容词性词语后"肯定某种性质或状态，略有夸张意味"（吕叔湘 1999）。与"呢"对比如下：

（44）我们的人均绿地与世界绿化名城相比，还差得远着呢！
对比：还差得远呢！
（45）黄父一听，连连摇头说："这可不行，俺闺女还小着呢！"
对比：俺闺女还小呢！

对比显示，"着呢"的肯定及其提醒功能都略强于"呢"。另外，它高频用于感叹句，这与"呢"极低频用于感叹句形成鲜明对比。但它又不像惊讶语气词那样可用于肯定语气词后。至此，参照"呢""着呢"的口气可表述如下：

着呢＝强肯定_{性状}＋强提醒。

五、小结

肯定语气词首先和平调高频同层共现构成原型语气结构，表示陈述语气的下位口气，即对事态、事件或性状的肯定（完权 2013；王冬梅 2014），同时随肯定程度强弱而同步带有对听者的提醒口气。其次，分别和非平调或疑标低频或极低频跨层共现，构成非原型或边缘语气结构，有时会与非陈述语气一起浮现出某种语用效应或衍推义。

第三节 惊讶语气词的口气和语气结构

惊讶语气词包括"啊、哦、哎、嘛、哈"。它们和曲调构成原型语气结构，和非曲调或疑标构成边缘语气结构。其功能模式为：(对命题意外性的)惊讶＋风格。

一、啊、呃、哦、哎

这 4 个惊讶语气词均为零声母。它们的主元音"语气舒张则读 丫，稍稍敛抑则读 さ"（黎锦熙 2007：284），"开口度的大小为语气的强弱所决定"（郭小武 2000）：/A/、/ə/（[ɤ]、[o]）以开口度大/小（舌位低/高、响度高/低）构成二元对立，分别对应口气强/弱。"啊"（/a/）开口度大，舌位低，响度高，口气强；"呃[ɣ]"和"哦[o]"开口度小，舌位次高，响度低，口气弱，且后者因圆唇而有诙谐色彩。如：

（46）果然是远亲不如近邻啊。
（47）咱们可都是邻居，远亲可不如近邻呃！
（48）甲就赶紧穿鞋，乙对他说：熊跑起来很快哦，比人跑得快哦，你跑得过熊啊？

作为"啊"的弱式变体，"呃"仅有10多个用例且多用于翻译作品，姑且不计。

（一）啊

"啊"用于各句类的频次高低序列如下：感叹句＞特指问句＞陈述句/祈使句＞其余句类（盛译元2009；金智妍2011；谢赣萍2015）。如：

（49）好茶好茶，一闻就知是咱的家乡茶啊！
（50）那个老家呢，你爸爸那头儿，是谁啊？
（51）你看那个，那个《四郎探母》那个铁镜公主那身衣裳，就像那身衣裳啊。
（52）"快来救火啊！快来救火！快来救火啊！"
（53）他是秦部长的儿子啊？
（54）常烧煤还是常烧柴啊？
（55）你有没有好好找啊？

例（49）代表"啊"的原型语气结构"感叹＋惊讶"，例（50）代表次原型语气结构"特指问＜惊讶"，余例代表边缘语气结构"陈述＜惊讶""祈使＋惊讶""是非问/选择问/正反问＜惊讶"。吕叔湘（2002：268，269）指出："啊"是"在普通的直陈语气上加上一层感情色彩，使语气更加精辟，更加敏锐"。即便"问话的'啊'和劝说的'啊'也都有这种紧张和兴奋的情调"。吕说最稳妥，得到了学界的高度认同，[①]可作

[①] 胡明扬（1987：86）、朱德熙（1982：211）、胡裕树（1995：376）、齐沪扬（2002：192）等学者都认同吕叔湘的观点。

为刻画其余惊讶语气词的基准。

（二）哦

"哦"的句类分布频次为：感叹句＞陈述句/祈使句＞其余句类。如：

（56）黄药师：对了！美人呀！你今天的发型好别致哦！
（57）周逸啊，赶快下来喝你的米酒哦！
（58）"这种事情，两个人的，也难说哦。"婆婆微言大义地说。
（59）我也叫亨利，挺有意思的哦？
（60）哥，新学校好不好哦？

"哦"在例（56）里和曲调构成原型语气结构"感叹＋哦"，余例里分别和非曲调或肯否式构成边缘语气结构。

（三）哎

"哎"用例极少（其弱式变体"欸"似已退出使用），其句类分布频次为：感叹句/陈述句＞祈使句。如：

（61）一板一眼，拍得很响，就跟教唱戏一样。是跟教唱戏一样，完全一样哎。
（62）因为都没等毕业，生活条件不好，就是有点时间哪，就能可以学习学习，就是那样儿去过哎。
（63）亚三刚抓起酒杯，手机"嘀嘀"响了："喝酒可以，但千万不要贪杯哎！"

"哎"在例（61）里和曲调构成原型语气结构，余例里分别和平调或降调构成边缘语气结构。

最后，与"嘛"相比，"啊"（及其弱式"呃"）偏重感性惊讶；与"哦、哎"相比，"啊"为无标记的中性风格，所以分布最广。同时，与"啊"的中性风格相比，"哦"带戏警、诙谐色彩（赵元任1926，1979：362；吕叔湘2002：270；张邱林2013），"哎"是故作夸张。在边缘语气结构里，它们的口气有时会和非感叹语气一起形成特定语用效应。如"啊"和祈使语气一起"带催促的意思"，"哦"和它一起表示"警告性提醒"（赵元任1979：362），"哎"和它一起形成"夸张式提醒"。至此，该组惊讶语气词的口气功能可表述如下：

啊＝中性惊讶＋感性；

哦＝惊讶＋诙谐；

哎＝惊讶＋故作夸张。

二、嘛

"嘛"的句类分布频次为：感叹句＞陈述句＞祈使句。"用'嘛'的句子强烈……一般用感叹语调。"（胡明扬 1987：90）如：

（64）她是我的妹妹，亲情胜于政治嘛！怎么不可见面？

（65）梁冬：天下武术出少林嘛。

（66）孩子把塞在嘴里的土豆取出来，用沾满土豆泥的小手指着我："吃，你吃，你吃嘛！"

"嘛"在（64）里和曲调构成原型语气结构，例（65）里和平调构成次原型语气结构，例（66）里和降调构成边缘语气结构。学界认为，"嘛"表示"不平情绪""本应如此或理由显而易见""固执味道的肯定""强烈的自信""居高临下""任性""坚信不疑""强传信式论理劝求""对命题为真的强确定""语气强烈"，等等。[①]特别是王力（1984：228）将"嘛"（他写作"么"或"吗"）归入他的"不平语气"，并说，"此类用'么'（吗）字，是一个轻短调，和疑问语气的'么'不同"，"它大约是和喝采（彩）的'好吗'同一来源的"。姑且不论王力所说"么（嘛）"的"轻短调"应该是感叹曲调，只看他所举喝彩的"好吗"一例，现在多写"好嘛"，口语更多用"好啊"，就足以证明"嘛"的口气几乎等同于"啊"。结合已有表述，并与"啊"的感性惊讶功能相比，"嘛"在原型语气结构里表示理性惊讶——理应如此，并表示"背景性新信息""强行共识给对方"（王咸慧 2021）。由于"嘛"表示理性惊讶而略显"含蓄"（吕叔湘 2002：270），所以书面语的句子之后多用"。"，而极少用"！"，因此常常误导学者将它归入肯定语气词。至于"嘛"具有所谓"强传信""强肯定""强烈的自信""固执味道的肯定""坚信不疑"等，其实都是以理性惊讶为前提的；所谓"劝求"是与祈使语气形成的语用效应；所谓"不平情绪""不满""任性""撒娇"等等，大都是由特定语用成分、特定情景乃至特定的社会关系

[①] 见胡明扬（1987）、北京大学中文系 1955、1957 级语言班（1982）、赵元任（1979：357）、王力（1985a：244）、吕叔湘（2002：270）、吕叔湘（1999）、吕叔湘（2006：91）、傅由（1997）、屈承熹（2008）、徐晶凝（2008：177）、强星娜（2008）和郭红（2012）等。

和交际关系浮现或衍推而来。例如，只有允许任性、恃宠的交际关系才是任性、撒娇的最佳语境，因此都不宜视为"嘛"自身的功能。至此，可将"嘛"的口气功能表述如下：

嘛＝惊讶＋理性_{理应如此}。

三、哈

"哈"进入普通话时日尚浅，多为年轻女性所青睐（贺阳 1994）。用于语气较平和的感叹句，语气和缓的陈述句，语气最和缓的反问句，疑问程度最低、语气最委婉的是非问句（尹世超 1999）以及祈使句。如：

（67）余：让这老头儿一人儿给迷了，嘿，真毒哈！
（68）夜里，泰山领他们到黑人种的田里偷东西哈。
（69）我们算是学了一课哈？
（70）付得起付得起，就请你老人家快一点哈！

例（67）里"哈"与曲调构成原型语气结构，余例均为边缘语气结构。尹文所谓"平和""和缓""委婉"等，其实都可概括为含蓄，"以免直截了当下断言"（原苏荣 2008）。这与"故作夸张"的"哎"构成鲜明对立，而与中性色彩的弱式"呃"接近。至于"寻求证实或认同"功能（崔希亮 2011），主要是和是非问一起形成的语用效应[如例（69）]。至此，其口气功能可表述如下：

哈＝惊讶＋含蓄。

四、小结

惊讶语气词首先和曲调高频构成原型语气结构，表示感叹语气的下位惊讶口气，即对命题意外性的惊讶。其内部成员的功能区别在于风格不同。但是，它们和非曲调或疑标低频或极低频构成次原型或边缘语气结构时，会形成不同的语用效应。

第四节 确信语气词的口气和语气结构

确信语气词包括"吗、吧$_1$、不、不成、不是、没（有）"。其中"吗、吧$_1$、不、没（有）"和升调构成原型语气结构，"不成"几乎只能和促降调构成原型语气结构。其功能模式为：（对肯定答案的）确信及其程度+（对听者的）态度。

对于确信语气词的功能，学界或通过对比反复问句、语调是非问句和语气词问句以确定句式的确信度，或通过对比"吗"是非问句、"吧₁"是非问句以确定语气词的确信度，但都留下了不少悬而待决的问题。我们拟尝试从其否定性入手探讨解决途径。确信语气词既然源于否定词语，理应因语法化程度不同而仍有程度不等的否定性，具体表现为，能否附着否定性述题及其频次高低。语料显示，它们附着否定性述题的频次序列为：吗＞吧₁＞不是＞不成＞不、没（不能附着）。这和张伯江（1997）的观点基本吻合。除了"不是、不成"，其余4个能否附着否定性述题及其频次高低与其否定性强弱存在反相关：频次高，否定性弱，反之则强。同时，否定性强，确信度就高，反之则低。换言之，它们的确信度的强弱序列如下所示：**吗＜吧₁＜不、没**。下文将据以讨论各自口气。

一、吗

"升调+ø"句和"升调+吗"句，都由升调表示是非问语气。如果承认"吗"使得前者的确信度高于后者，那么理应是"吗"降低了后者的确信度。此外，前者多做后续问句而少做始发问句，后者多做始发问句而少做后续问句。对比如下：

（71）鲁侍萍　我听见你哥哥说，你们谈了半天了？
　　　　鲁四凤　你说我跟周家二少爷？
（72）a. 对不起先生，能给我点买酒钱吗？
　　　　b. 她用法语对着话筒说，"请接警察局，我有急事。""是要警察局吗？请拨17。"

例（71）是"升调+ø"问句，既做始发问句，又做后续回问句。例（72）是"升调+吗"问句，句a做始发问句，句b做后续回问句。相比之下，前者的预期确信度高于后者。此外，例（71）是母女私房话，理应无需委婉、客气和礼貌；例（72）的句a是乞者有求于素不相识的施主，句b是训练有素的接线生彬彬有礼地回问陌生求助者以求证信息是否确切，委婉、客气和礼貌显然都是必要的（程度略低于"吧₁"问句）。换言之，如果认为句a的委婉、客气和礼貌等功能是由前面的"对不起"和"吗"共同带来的，那么句b的委婉、客气和礼貌等功能就只能是由"吗"带来的

（于康1995；陈妹金1995）。对此，黄梦迪（2021）又从原型语气结构、原型句类、原型句式及其中性语境句角度再次予以了证明。据上，"吗"的口气可表述如下：

吗＝低确信＋低委婉。

由此出发，"吗"表是非问语气这个历经百年而至今仍居主流地位的观点可能就不再是牢不可破的了。至于"吗"字反问句，由于上层反问语气的功能为"无疑而假问以答"，无需预期听者是否给予肯定答案，"吗"的低确信功能因此受到抑制，仅表现出些许低委婉功能。其余确信语气词用于反问句也应做如是解。

二、吧₁

"强升调＋吧₁"为高频原型语气结构，多用作始发问句；"弱升调＋吧₁"为低频边缘语气结构，多用于应答或回应句。对比如下：

（73）a.〔客人〕我们走了有半个多钟头。从饭馆到家，总有五里多路吧？

b.〔主人〕（心不在焉的）总有吧。（吕叔湘2002：299）

（74）a.你知道吧？

b.你知道吧？（我想你大概知道）（赵元任1979：362）

吕叔湘（2002：299；2006：88）将例（73）两句的功能刻画为"传疑而不发问"，问句和答句"都在疑信之间"，但分别用了"？"和"。"标识其句类。赵元任（1979：361—362）将例（74）句a视为"是非问"，句b视为"带疑问的陈述"，但都用"？"标识其句类，并说句b的"'吧'短些，整句语调也低些"。结合两位学者的高见和语气结构类型的异同可以认为，与"吗"问句相比，以上例句都表示是非问，"吧₁"都表示高于"吗"的确信和委婉，但因升调强弱而是非问语气强弱有别：句a的语气结构均为"强是非问＋吧₁"，句b的语气结构均为"弱是非问＋吧₁"。至此，它的口气可表述如下：

吧₁＝中确信＋高委婉。

三、不、没（有）

确信语气词里"不、没（有）"的否定性最强（李艳2010），所在是非问句是仅低于"吗"问句的语法形式（张伯江1997），确信度介于"吧₁"

问句和"吗"问句之间。但因语气词化程度尚低，仅低频用于日常会话句（"吗"能用于口语句和书面语句），给人以随口一问的感觉，正式程度低于"吗"问句。对比如下：

（75）还喝酒不？
　　　对比：还喝酒吗？／还喝酒吧？／*还喝酒没？
（76）见过老太太没？
　　　对比：见过老太太吗？／见过老太太吧？／见过老太太不？

例（76）的"没"可替换为"不"，说明"不"和"没"存在扭曲关系："不"主要指向主观性命题，也指向客观性命题；"没"仅指向客观性命题。这可能受了否定词"不"和"没"的扭曲关系（侯瑞芬 2016）的影响。同时说明，"不"的语气词化程度略高于"没"。至此，两者的口气可分别表述如下：

　　不 = 高确信$_{主客观述题}$ + 随便；
　　没 = 高确信$_{客观述题}$ + 随便。

四、不成、不是

"不成、不是"只用于反问句（王力 1985a：239）。但由于"不是"的否定性略低于"不成"，确信度也略低于后者。据此可认为"不是"句的反问程度略低于"不成"句。对比如下：

（77）什么呀什么呀！你看你，狭隘了不是？
（78）你小子是我看着长大的，你还敢跟我要官架子不成？

据上，两者的口气可分别表述如下：
　　不是 = 低确信 + 委婉；
　　不成 = 高确信 + 直接。

五、小结

确信语气词表示是非问的下位确信口气，即对听者给出肯定答案的确信度的高低和由此浮现出来的对听者态度的差异。但在反问句里，它们的功能因受到反问语气抑制而临时丧失部分或全部功能。

第五节　确认语气词的口气和语气结构

确认语气词包括"吧₂、得了、好了、就是、算了"。其功能模式为：（对祈使语气的）确认+（对听者的）态度。下面分两组展开讨论。

一、吧₂

赵元任（1926）认为，"吧₂"祈使句表示"一种极认真但又带和缓的命令的口气，像英文的'Let us'，'You had better'那一类的口气"。析言之，所谓"极认真……命令的口气"是由降调表示的祈使语气，"和缓"是"吧₂"的功能。[①] 所谓"商榷""建议"等功能应是浮现出来的语用效应，"谦逊""随便"等色彩则是由情景或人际关系衍推而来。如：

（79）据说菜汤的营养价值更高，请你喝了吧！
　　　对比：请你喝了∨！
（80）大娘婶子们可怜我吧！……明儿你们豁出些辛苦来罢！
　　　对比：大娘婶子们可怜我∨！……明儿你们豁出些辛苦来∨！
（81）之后他挥了挥手，对欢聚着的人们说，你们好好地吃吧、喝吧、唱吧、跳吧！
　　　对比：你们好好地吃∨、喝∨、唱∨、跳∨！

以上3例，原句口气较为委婉，对比句口气显然直接多了，显然这是由"吧₂"的有无带来的差异。再如：

（82）走就走吧！都需要什么东西，我给你准备准备。
（83）让暴风雨来得更猛烈些吧！
（84）"知道啦……去吧，去战斗吧！"斯大林斩钉截铁地说。
（85）要滚就滚吧，带上你喜欢的东西，快滚……滚出去，喝西北风去！
（86）慈禧则凶狠狠地说："你死去吧！"

[①] 另外参见王力（1985a：242）、马清华（1995）、李英哲等（1990：85）、吕叔湘（2002：302）、徐晶凝（2003）、黎锦熙（2007：275）和刘丹青（2008：486）等。

（87）女房东随后拿过当日的华文报纸，翻着招租聘用一栏说："让尊严见鬼去吧。"

（88）"你杀了我吧。假如我对你有私心，假如你再问这样的话，你就杀了我吧。"

例（82）里，"吧$_2$"和"V就V"一起浮现出"无奈"的语用效应，余例均由粗暴义动词和强降调共同表示强祈使语气。其中的"吧$_2$"，因受强祈使语气的抑制和有关词义、句义的同化，会临时丧失功能而成为仪式化的空壳。

需要补充说明的是，不少学者主张普通话只有一个"吧"，并将其功能概括为"不肯定""非确认""不很肯定""弱传信式推量""疑信之间""信大于疑""半信半疑""缓和""削弱""降低"语气和"削弱句子的肯定性语气"，等等。但是，作为听者为主型的确信、确认语气词的两个子系统，它们不仅句类分布、语气结构类型和口气功能截然对立，而且历史来源和演变规律也迥然不同。首先，仅就来源说，确信语气词的源点词是否定词，确认语气词的源点词是动词。其中，"吧$_1$"源于"不啊"，"吧$_2$"源于完结义动词"罢"（黎锦熙 2007：275；赵元任 1926；1979：361）。前者经融合而词汇化为一个语气词，后者必须经过语法化才能成为语气词。其次，"吧$_1$"和"吧$_2$"的频次大体上旗鼓相当，但前者不能和降调、后者不能和升调共现构成语气结构。这与言者为主型的肯定、惊讶语气词显然不同。据此，将"吧"一分为二的传统应该继承，它有助于维持语气词口气功能四分及其语气结构类型的系统性。据上，"吧$_2$"的口气功能可表述如下：

吧$_2$ = 低确认 + 委婉。

二、得了、好了、就是、算了

"得了"表示"这样就行了，就没事了"或"行，可以"的色彩（赵元任 1979：365；孟琮 1986）。"好了"表示"不介意、不在乎或尽管放心"口气（陆俭明、马真 1985：9；李小军 2009）。"就是了"祈使句表示"听之任之"和"不耐烦的命令"（赵元任 1979：364）或"不用犹豫、怀疑"（吕叔湘 1999）。"算了"表示"随便、不计较的感情色彩"或"不顾及其他"的口气（刘红妮 2007；王巍 2010；刘顺、殷相印 2010）。

该组语气词里的核心语素是"得、好、算、是"，它们和"吧$_2$"的源点词"罢"的词义相通,学者表述它们功能的用语——"就行了,就没事了"、"不介意、不在乎"、"随便、不计较"和"不用犹豫、怀疑"——也大同小异。由此可知它们的功能也基本相同,都表示对祈使语气的高确认和对听者的率直态度,而略有区别。所以彼此互换而口气几乎不变,但替换为"吧$_2$"则会变得委婉起来。如:

(89)就着这个喜棚,你再办一通事儿得了!
　　替换:好了/就是了/算了/吧
(90)那你去跟书过好了!
　　替换:得了/算了/就是了
(91)他听见背后在喊喊喳喳议论,回头说:"不许说话!遵照闯王的军令就是!"
　　替换:得了/好了/算了/吧
(92)妈妈你干脆退休算了!
　　替换:得了/好了/?就是了/吧

据上,它们的口气可表述如下:

得了 = 高确认 + 随便;
好了 = 高确认 + 轻松;
就是 = 高确认 + 干脆;
算了 = 高确认 + 决然。

换个角度看,作为和"吧$_2$"功能对立的双音节语气词,它们是确认语气词的新成员,刚进入竞争上岗阶段,功能上明确分化或用进废退都有待时日。

确认语气词表示祈使语气的下位确认口气,即对祈使语气的不同程度或风格的确认及其对听者的不同态度。但受到强祈使语气的抑制和句义影响时,它有时会临时丧失部分或全部口气。

第六节　小结和余论

一、小结

(一)回顾上文,4 类 26 个述题语气词的口气功能系统及其和语法调或疑标构成的语气结构系统可分别归纳为表 7-2、表 7-3。

表 7-2　述题语气词的口气功能系统

给予为主型语气		索取为主型语气	
陈述语气	感叹语气	是非问语气	祈使语气
肯定及其程度+风格	惊讶及其风格	确信及其程度+态度	确认及其程度+态度
去 弱肯定目的	啊 惊讶+中性	吗 低确信+低委婉	吧$_2$ 低确认+委婉
来着 弱肯定近过去	哦 惊讶+诙谐	吧$_1$ 中确信+委婉	好了 高确认+轻松
而已 限止+正式	哎 惊讶+夸张	不 高确信主客观述题+随便	就是 高确认+干脆
罢了 限止+随便	嘛 惊讶+理性	没 高确信客观述题+随便	得了 高确认+随便
似的 肯定+生动	哈 惊讶+含蓄	不是 低确信+委婉	算了 高确认+决然
的 肯定静态		不成 高确信+直接	
了 肯定已然			
呗 强肯定只能如此			
呢 强肯定动/静态			
着呢 强肯定性状			

上表所列述题语气词口气功能系统显示出如下规律：A. 肯定语气词自上而下大体呈现出肯定口气由弱渐强之势，表现为选用位置先后不同及其所指向命题的时、体、动静等特征和风格不同；B. 惊讶语气词主要显示出惊讶风格不同；C. 确信语气词主要显示出确信度不同和对听者的态度有别；D. 确认语气词主要显示出确认度不同和对听者的态度有别。

此外，上表所列语气词的典型口气，也是话题语气词和准话语语气词的历时出发点。

第七章　述题语气词功能系统（三）：口气及系统

表7-3　述题语气词参与的语气结构类型

述题语气词		陈述语气	感叹语气	祈使语气	呼唤语气	疑问语气			合计
		平调	曲调	降调	呼调	升调	促降调	疑问词	析取词	肯否式	
肯定语气词	去	平调+去		去<降调		去<升调		疑问词<去			4
	来着	平调+来着	来着<曲调			来着<升调	来着<促降调	疑问词<来着			6
	而已	平调+而已	而已<曲调			而已<升调	而已<促降调				4
	罢了	平调+罢了	罢了<曲调			罢了<升调	罢了<促降调				4
	似的	平调+似的	似的<曲调			似的<升调	似的<促降调				4
	的	平调+的	的<曲调			的<升调	的<促降调	疑问词<的	析取词<的		6
	了	平调+了	了<曲调	了<降调		了<升调	了<促降调	疑问词<了	析取词<了	肯否式<了	8
	呗	平调+呗	呗<曲调	呗<降调		呗<升调	呗<促降调				4
	呢	平调+呢	呢<曲调	呢<降调		呢<升调	呢<促降调	疑问词<呢	析取词<呢	肯否式<呢	8
	着呢	平调+着呢	着呢<曲调			着呢<升调					3
											51
惊讶语气词	啊	平调<啊	曲调+啊	降调+啊	呼调+啊	升调+啊	啊+促降调	疑问词<啊	析取词<啊	肯否式<啊	9
	哎	平调<哎	曲调+哎	降调+哎	呼调+哎						4
	哦	平调<哦	曲调+哦	降调+哦		升调+哦	哦+促降调	疑问词<哦		肯否式<哦	7
	嘛	平调<嘛	曲调+嘛	降调+嘛			嘛+促降调				4
	哈	平调<哈	曲调+哈	降调+哈		升调+哈					4
											28

167

续表

述题语气词		陈述语气	感叹语气	祈使语气	呼唤语气	疑问语气					合计
		平调	曲调	降调	呼调	升调	促降调	疑问词	祈取词	肯否式	
确信语气词	吗					升调+吗	吗+促降调				2
	吧₁					升调+吧₁	吧₁+促降调				2
	不					升调+不	不+促降调				2
	没					升调+没	没+促降调				2
	不成						不成+促降调				1
	不是					升调+不是	促降调+不是				2
											11
确认语气词	吧₂			降调+吧₂							1
	算了			降调+算了							1
	得了			降调+得了							1
	好了			降调+好了							1
	就是			降调+就是							1
											5
合计: 26		15	14	14	2	18	16	7	5	4	95
						50					

注：灰色背景者为搭配型语气结构，其余为错配型语气结构。

168

上表所列 95 种语气结构分为 26 种搭配型和 69 种错配型。

在 26 种搭配型语气结构里，语气词分别以各自的口气和各自的上位语气构成功能一致的"语气＋口气"搭配值，等于分别将各自的上位语气分割为若干下位或次范畴。吸收张谊生、徐晶凝两位学者的优长，[①] 肯定语气词将平调所表示的陈述语气分割为如下 10 种下位范畴：

平调 + 去　　→弱肯定（目的）口气的陈述

平调 + 来着　→弱肯定（近过去）口气的陈述

平调 + 而已　→限止（正式）口气的陈述

平调 + 罢了　→限止（随便）口气的陈述

平调 + 似的　→肯定（生动）口气的陈述

平调 + 的　　→肯定（静态）口气的陈述

平调 + 了　　→肯定（主客观已然）口气的陈述

平调 + 呗　　→强肯定（只能如此）口气的陈述

平调 + 呢　　→强肯定（动/静态）口气的陈述

平调 + 着呢　→强肯定（性状）口气的陈述

其余 3 种语气词分割其上位语气的情况可类推。

此外，在 69 种错配型语气结构里，语气词带着各自的口气和与之功能不一致的语法调或疑标低频共现构成 52 种一般错配值和 17 种特定错配值，可分别归纳为表 7-4、表 7-5。

[①] 两位学者分别举例说明"同样的一个陈述，加上了不同的语气词，不但可以显示各种细微的语气和口气，而且还可以表示不同的语义差别和语用要求"。（张谊生 2000：267）"啊""使陈述 Mood 带有一种延宕作势，以引人注意的语气"，"使疑问 Mood 带有一种求证的语气，舒缓随便"，"使祈使 Mood 带有催促、劝听的语气"，"使感叹 Mood 舒缓随便，且感情色彩很重"。"这四种语气，是'啊'在不同 Mood 中实现的语气，可称之为'啊'的语气语用变体。"（徐晶凝 2000）但张谊生所说"显示各种细微的语气和口气"这一表述删去"语气和"三字，就和我们一致了。徐晶凝所谓"语气语用变体"，是把我们所谓的语气和其下位口气的搭配值或错配值都看作语气词的功能了。

表 7-4 52 种一般错配值

	述题语气词	陈述	感叹	语法调 祈使	呼唤	反问	特指问	疑标 正反问	选择问	合计
肯定语气词	去			去<祈使			特指问<去			3
	来着		来着<感叹			来着<反问			选择问<来着	4
	而已		而已<感叹			而已<反问				3
	罢了		罢了<感叹			罢了<反问				3
	似的		似的<感叹			似的<反问				3
	的		的<感叹			的<反问	特指问<的			5
	了		了<感叹	了<祈使		了<反问	特指问<了	正反问<了	选择问<了	7
	呗		呗<感叹							2
	呢									0
	着呢									1
惊讶语气词	啊				呼唤+啊	反问+啊		正反问<啊	选择问+啊	4
	哎	陈述<哎			呼唤+哎					2
	哎	陈述<哎				反问+哎	特指问+哎	正反问+哎		5
	嚜			祈使+嚜		反问+嚜				2
	哈	陈述<哈		祈使+哈						3

170

续表

述题语气词		语法调						疑标			合计
		陈述	感叹	是非问	祈使	呼唤	反问	特指问	正反问	选择问	
确信语气词	吗						反问+吗				1
	吧₁						反问+吧				1
	不						反问+不				5
	没										1
	不是						反问+不是				1
合计		3	7	11	4	2	14	4	3	4	52
				41					11		

表 7-5　17 种特定错配值

语气词	语气								合计
	祈使	特指问	陈述	感叹	是非问	反问	正反问	选择问	
呢	催促	夸张		夸张	深究	深究	催促	深究	7
啊	催促	惊疑	提醒		证实问				4
着呢				夸张					1
呗	消极								1
来着		强调未知焦点							1
嘛			显而易见						1
哎	催促								1
哦		提醒							1
合计	5	3	2	2	2	1	1	1	17

从上表 8 个语气词和 8 种语气错配形成的 17 种语气结构中，可归纳出如下 3 个序列：

　　A. 呢（7）＞啊（4）＞着呢／来着／哎／哦／呗／嘛（1）

　　B. 祈使（5）＞特指问（3）＞陈述／感叹／是非问（2）＞正反问／反问／选择问（1）

　　C. 催促（4）＞深究／夸张（3）＞提醒（2）＞消极／惊疑／强调／显而易见／证实问（1）

序列 A 说明，肯定语气词"呢"参与的错配型语气结构多达 7 个，惊讶语气词"啊"4 个，其余都仅各有 1 个。

序列 B 显示，祈使语气参与的错配型语气结构多达 5 个，特指问 3 个，其余都仅各有 1 或 2 个。

序列 C 说明，"夸张"主要出现在特指问和感叹语气里，"催促"最多出现在祈使语气里，"深究"主要出现在疑问语气里，其余则没有明显倾向。

综合序列 A 和序列 B 可知，"呢、啊"2 个语气词和祈使、特指问 2 种语气是形成错配型语气结构的"主犯"，也是误导语气词功能认知的主因。如"呢"，和祈使、正反问一起才会形成所谓"催促"这种语用效应，和特指问、感叹一起才会形成所谓"夸张"，和是非问、反问、选择问一起才会形成所谓"深究"。再如"了"，参与构成的 7 种语气结构的数量百分比的高低可表示为如下序列：

　　陈述＋了（90.26%）＞特指问＋了（4.69%）＞是非问＋了（1.89%）＞感叹＋了（1.56%）＞正反问＋了（0.77%）＞祈使句＋了（0.55%）＞选择问＋了（0.22%）

其中,"陈述＋了"语气结构是最高频的搭配型语气结构,其余6种都是极低频的错配型语气结构。显然,"陈述＋了"无疑是提取"了"的口气功能的最佳语境,其余语气结构均不仅不宜作为提取其功能的语境,而且还会诱导研究者误认为它"往往跟着境况之不同,而带有感慨、惋惜、欣幸、羡慕、热望、威吓等类的情绪"(王力 1984:217),或随句类不同而具有"疑问""反问""祈使""指令"语气,或同时具有行、知、言三态功能等。

换言之,上表所列的17种特定错配值,即学界一直关注有加的8个语气词和语法调或疑标一起浮现出来的特定语用效应。一旦离开特定的错配型语气结构,这种特定错配值就不复存在,因此不宜视为语气词自身的功能。① 反观学界对这种特定错配值的认识,即使是大师名家有时也会难免有无心之失。如赵元任(1979:359—361)为"啊"列出了如下10种功能:"开始问话"、"要求证实的问话"、"呼而告之"、"命令"、"感叹"、"不耐烦的陈述"、"提醒"、"警告"、"给说话人时间的停顿"和"列举"。平心而论,赵元任当年提出这些所谓"啊"的功能,大都是由语法调、话题调、话题停顿等直接或与"啊"一起表示的特定错配值,而非其自身的口气功能。同样,前引王力所谓"感慨、惋惜、欣幸、羡慕、热望、威吓等类的情绪",当然也不是其自身的口气功能。

(二)语气词都秩序井然地分布于4类15种95式语气结构里。但只有各自所在原型语气结构所在的中性语境句才是提取语气词口气的最佳语境。因此,这种确定语气词功能的思路应该优于"观词之伴而知其义"的随文释义法。

(三)语气词功能模式里各有不同的上位语气、言者/听者指向、主观性和交互主观性等功能要素,各类内部成员既有功能一致性(肯定或惊讶、确信或确认),也有主观性及交互主观性的程度、风格、态度之别。无论各类成员之间有多大差异,它们仍然同属于一个上位语气范畴。方法上的启示是,功能模式及其有限的功能要素为语气词功能的表述提供了稳定的模板,有利于克服对语气词功能的表述中言人人殊的随意性。

(四)由功能模式出发,语气词形成2类4个分工明确而彼此微殊的口气子系统,其内部成员还分为若干子类。与已有的功能系统相比,新的

---

① 这种临时形成的特定错配值,学者或将其纳入语气词的自身功能,或认为是和不同句类或不同情景互动临时形成的"固定意义"、"语气语用变体"或"情景扩展功能"等。

功能系统更全面，系统性更强。具体而言，肯定语气词与其上位陈述语气、惊讶语气词与其上位感叹语气都是高频一对一关系，和其余功能不一致的语气是低频或极低频的一对多关系；确信语气词与其上位是非问语气、确认语气词与其上位祈使语气都是绝对高频一对一关系。这再次说明，语气词和语气之间，既不是以往所谓简单的一对一关系，也不是笼统的一对多和多对一关系，而是规律相当严整的对应关系。

总之，鉴于学界以往对语气词功能的系统性和语气词个体在功能系统中的地位重视不够，方法上多囿于"观词之伴而知其义"的方法论原则而陷入"随文释义"的窠臼，我们完善了语气及其下位口气假设和语气结构假设，区分语法调或疑标和述题语气词的功能，并依据语气结构以及其中与语气词高频共现的语法调及其所表示的语气类别推导出语气词的上位范畴，然后分解语气词的功能要素以构建其功能模式，并在原型语气结构的中性语境句里对比各自的功能要素的异同，取舍于已有成说之间并偶参己见，最终为每个语气词拟定了口气功能并构建出4个子系统。

二、余论

首先，语气词的口气功能是应该在各自原型或搭配型语气结构的中性语境句——语用成分为零的句子——里提取的。但在非原型或错配型语气结构里，语气词会和与之功能不一致的上位语气一起浮现出特定的错配值，或受到反问语气和强祈使语气等的压制而临时丧失部分或全部功能。但这不意味着，取消它们功能的稳定性和在不同语气结构里的功能一致性。这是我们和语气词多功能说和核心功能说的根本分歧所在。

其次，继胡明扬（1987）提出"呢"不表"持续"义，方梅（2016）指出所谓"持续"义是"一种浮现意义"，任鹰（2017）进一步提出"呢"在语境里被识解出"持续"义是回溯推理的结果。但按照语气词功能模式假设，"呢"表示对已然或未然的性状和动态的强肯定，"持续"义是"呢"语义指向的性状或事件的语义成分，而不可能是"呢"自身的语义成分。如例（35）"我这里陪客"是言说当下仍在持续的事件，"呢"的作用仅在于强肯定并强提醒听者注意该事件仍在持续的状态。因此，提取语气词的功能时，一定要注意将它们指向辖域的功能和其自身的功能区分开来。

此外，本章所得结论也可能为句类系统特别是其彼此关系研究提供一定帮助。①

　　最后，确信语气词"吗（么）、吧₁、不"、肯定语气词"的、了（啦）、呢"和惊讶语气词"啊（呀）、嘛"等，还都能附着"知道"类话语标记，与之构成"你知道吗/么/吧/不""你知道的/了/呢""你知道啊/嘛"等语气词式话语标记（单谊2014），功能上和零或非语气词式话语标记"你知道、你不知道"等构成一定对立（刘丽艳2006）。戏言之，这3类语气词附着话语标记的用法，其实是话语标记的"殉葬品"或"陪嫁丫鬟"，是随着原来所附主句降级为话语标记而被"绑架"到话语标记之后的。②

---

　　①　学界大都将汉语句子分为陈述、疑问、祈使、感叹等4个基本句类，但对其间关系的认识至少提出过如下5类10种关系模式：（一）平行4类模式（黎锦熙2007；王力1985a；吕叔湘2002；丁声树等1961）。（二）2类4种模式，共有3种处理。一是陈述句和感叹句为一类，疑问句和祈使句为另一类（叶斯柏森2009：467；王力1985a：231—232；张斌2002：32；Halliday 2000；徐杰1987）；二是陈述句和祈使句为一类，疑问句和感叹句为一类（徐晶凝2008：129）；三是疑问句和感叹句为一类，其余为一类（石毓智2010：485—498）。（三）3类4种模式，即与认识有关的直陈句和疑问句，与行动有关的商量句和祈使句，与感情有关的感叹句、惊讶句等（吕叔湘2002：259）。（四）一对三模式，共有3种处理。一是陈述句对其余句类（高名凯1986：373，429—549）；二是感叹句对其余句类（徐杰1987）；三是疑问句对其余句类（邢福义1996：26）。（五）一对二模式，即陈述句对立于虚拟句（祈使句、疑问句、条件句、假设句和意愿句等）（石毓智2010：509—516）。然而，如果从述题语气词和语法调之间高频共现一对一的关系看，只有第二类模式里的第一种即陈述句、感叹句对疑问句、祈使句才是最为合理的句类系统。

　　②　但确认语气词无此用法。这说明"知道"类话语标记源自是非问句、感叹句和陈述句，而非祈使句。同时也说明，确信语气词、惊讶语气词和肯定语气词与确认语气词存在功能对立，前3种述题语气词和现实范畴有关，确认语气词和非现实范畴有关。

第八章　话题语气词功能系统

第一节　正名

"话题语气词",在文献里有如下多种名称:助读(马建忠 1983)[①],提顿、提读(黎锦熙 2007),[②]暂顿、假设顿(赵元任 1926)[③],短语助词、停顿助词(赵元任 1979)[④],提示、顿宕(吕叔湘 2002)[⑤],句中感叹词(高名凯 1986:537),句中语气词(秦礼军 1983),话题标志语(topic specifier)、话题标记(项梦冰 1998;张美兰、陈思羽 2006),主位标记(方梅 1994),

---

① 马建忠按所附对象将助字功能分为助句、助字和助读 3 类。如 "也字助读,其为用也,反乎其助句也。助句以结上文,而助读则以起下文。其起下文也,所为顿宕取势也。盖读、句相续而成文,患其冗也,助以'也'字,则辞气为之舒展矣"。(马建忠 1983:334—335)"至助字助读而不助句者,惟者字。"(马建忠 1983:360)"'焉'字助读,凡以为顿挫之辞耳。其为义也,与助句同。'焉'字助读,仍寓有陈述口气与代字之解。惟读之辞气未完,助以'焉'字,又兼有抑扬顿挫之致焉。"(马建忠 1983:365)

② 黎锦熙(2007:273)认为:"若要全句中一部分的词或语句特别表现得精警,这路的助词也可用在句首的一顿之下,这叫做'提顿'的用法——专为提起语势……"

③ 赵元任(1926)指出北京话有四种假设顿:阿、呐、末、罢。"这四种里,罢字有选择的口气,末是平淡的事情,这么来也好,那么来也好,呐表示稍微重一点的事情,阿的口气最重,大概都是用在不会实现或怕实现的假设上的。"

④ 赵元任按附着对象将语气词分为短语助词和句子助词,并说:"有的助词只用在短语之后……有的只用在句子之后……有的两处都可以用。"(1979:353)又指出"啊、噢、呐"的分工不同:"啊:给听话的人一点儿时间,让他把话听进去。噢:给说话的人一点儿时间,让他想一想底下该怎么说。呐:提出特别一点,让说话的和听话的双方考虑。"(赵元任 1979:360)

⑤ 吕叔湘指出:"有时候我们用一个语气词来表示话没有完,这可以称为停顿语气。停顿语气可以分两类:(1)提示,(2)顿宕。提示和顿宕的区别是:前者是有意停一停,唤起听者对于下文的注意;后者不一定是有意为之,往往只是由于语言的自然,例如一句话太长,一口气说不完,或是一边说一边想着,下句不接上句,就不得不在中途打个停(当然也有利用这个趋势,顿挫以取势,或摇曳以生情)。"(2002:321)

标记话题常用的语气词（张美兰、陈思羽 2006），提顿词（徐烈炯、刘丹青 2007），语法性话题标记、后置性话题标记（强星娜 2009）等。^① 我们采用"话题语气词"这个术语，仅出于如下考虑。

其一，据附着对象、共现词语、语调、迭用自由度和隐现自由度等标准，语气词主要分为 2 类 3 种。两类是话语语气词和准话语语气词，前者包括附着述题的述题语气词和附着话题的话题语气词，后者是附着话题或述题内部的句法、词法成分的语气词。在这个 2 类 3 种的语气词系统里，每个语气词都各居其位并各司其职。

其二，话题语气词和准话语语气词，往往被笼统地称为句中语气词或主位标记，但在上面系统里，依据附着对象和功能将它们明确分为 2 类。

其三，所谓"话题标志语"和"话题标记"包括强制性超音段成分（停顿和话题语调），还包括非强制性的音段成分（介词、动词、代词和助词等），话题语气词则非常单一，仅指"语法性话题标记"或"后置性话题标记"（强星娜 2009）。而且与后两个术语相比，"话题语气词"显得简短而方便使用。

其四，话题和述题是句子的两个互相对立并互为依存的话语成分，^② 分别附着在两者之后的两类语气词也是相互对立、互为依存的关系，应该顺理成章地分别命名为"话题语气词"和"述题语气词"。

本章仅就表 4-5 确定的 9 个话题语气词重点讨论如下问题：话题语气词的功能归属，话题标记系统及其功能，话题语气词的功能模式及其系统。

第二节　话题标记系统及其分工

徐烈炯、刘丹青（2007：82）指出，"广义的话题标记可以包括各种音段成分、超音段成分（或叫韵律成分），以及成分的排列顺序即语序……狭

---

① 前 4 个术语多源于传统语文学，"句中语气词"取义于结构主义语言学的分布概念，而"话题标记"显得过于宽泛，包括音段成分、超音段成分及其排列顺序。音段成分内部又包括"词汇性的话题标记"和"语法性话题标记"2 大类，前者又包括介词、动词、代词、助词和语篇衔接语等类别，而且几乎都是前置性的（强星娜 2009）。

② 徐烈炯、刘丹青（2007：212）提出："话题提供话语的起点，并预示着它必须有后续成分，即述题部分。话题重要的作用就是告诉听话人话题后面将有围绕话题展开的内容，这些内容才是表达的重点。"

义的话题标记就是指用来表示语言单位的话题功能的某种音段成分，在语法上属于形态或附属性的虚词"。姚双云、刘红原（2020）也指出，"为了凸显话语所指，发话人主要通过以下三种形式手段来协助构建话题：一是语序上的前置，二是话题标记的标识，三是停延等韵律上的增显效果。正是由于话题结构中的话题部分被前置甚至附有起强化作用的标记手段，其语调上具有独立性倾向，使得话题与常规小句中的主宾语成分相比，处于一种有标记的、凸显的地位"。据此并综合学界已有研究成果［参见雷莉（2001）的综述］，普通话的话题标记系统首先可分为强制性和可选性2个子系统，具体分为4类10种成员（见图8-1）。

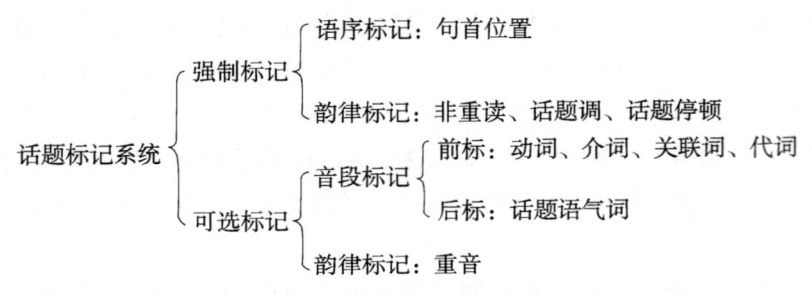

```
                    ┌ 强制标记 ┬ 语序标记：句首位置
                    │          └ 韵律标记：非重读、话题调、话题停顿
话题标记系统 ┤
                    │          ┌ 音段标记 ┬ 前标：动词、介词、关联词、代词
                    └ 可选标记 ┤          └ 后标：话题语气词
                               └ 韵律标记：重音
```

图8-1 普通话话题标记系统

下面将在学界已有研究的基础上分别讨论它们标记话题语并使之话题化、增强话题性的功能。

一、强制性话题标记及其功能

强制性话题标记包括2类4种，即作为语序手段的句首位置和作为韵律手段的非重读、话题调和话题停顿。强制性话题标记都是话题语实现话题化的不可或缺的手段，只要出现话题就会有强制性话题标记与之共现。它们彼此的不同在于如下方面：

（一）4种强制性话题标记相对于话题语的句法位置不同、功能有别。句首位置和话题语同步，非重读和话题调依附于话题语并与之同步，话题停顿紧跟在话题之后并向后延伸到其后的话题语气词。

（二）因语体不同而隐显表现不同。句首位置在口语和书面语里都是显性标记；后3种在口语里才是强制性显性标记，在书面语里往往是隐性标记，所以往往为研究者所忽略。

（三）分工不同。

其一，话题作为"句子的出发点"或"话语叙述的起点"，在书面语里通常位于句法结构的最左侧（姚双云，刘红原2020）。或者说，居于句首是话题的一个必要特征（Li & Thompson 1976；曹逢甫 1995），它使得话题通常出现在话轮构建单位（turn-constructional units, TCUs）的起始位置。因此，无论在口语还是书面语里，句首位置的功能都是以强制性显性标记使话题语发生话题化，同时使之具备有定性、已知性（吕叔湘 1946；沈家煊 1999：221），并能生成如下两种话题结构。如：

（1）水果，我喜欢苹果。
（2）水果，我不喜欢 $_t$。

例（1）里话题语本身不是 CP 的组成成分，但与 CP 通过"相关性"建立语义联系。例（2）里话题语和语迹 t 同指，话题由宾语移位生成，因而在原位上留下了语迹。

其二，非重读仅在口语里进一步显示句首位置已经赋予话题语有定性、已知性，显示话题在句子里的重要性降低，因而不能成为句子的自然焦点（陆俭明 1986），以致可以有条件省略。

其三，话题调覆盖话题语并向可能出现于其后的话题语气词延伸，以略微上扬的调型提请听者注意即将出现的述题及其携带的新信息。①

其四，话题停顿紧跟话题语或其后的话题语气词，一直延续到述题开始，以拉开话题和述题之间的时间距离，书面语里可以非强制性替换为逗号。对于它的功能，学界的认识略有不同。陆俭明（1986）视其为话题标记，张伯江和方梅（1994）视其为主位的主要标记之一。屈承熹（2003）认为，停顿是否必要"应该跟话题与述题之间的语法或语义关系成反比：语法或语义关系越松，越需要停顿；如果两者之间毫无语法或语义关系，那么，停顿是必需的形式"。徐烈炯、刘丹青（2007：84）认为，除了表示话题外，提顿词也有那种突出（话题中的）焦点的作用。我们以为，话题停顿是强制性话题标记，由话题和述题之间的句法语义关系远近决定其长短，句法语义关系远，言者往往需要给自己赢得较长的边说边想之机或给予听者较多的边听边想之机，反之则短一些，以此照顾言听双方的即时认知能力。

---

① 黎锦熙（2007：273）指出，语气词"用在句首的一顿之下……声调高平些（一），而不那么下坠"。方梅（1994）注意到，语气词用作主位标记时"跟它前面的语段明显伴有上扬的语调"。江蓝生（2004）认为："名词话题句或假设分句必有停顿，而且在停顿处往往有上扬的拖腔或半拖腔，以引出下句；用两个或三个音节，腔调就拖长了，使得话题跟述题的分界更加分明，语气也显得和缓。"

强制性话题标记的分工如表 8-1 所示。

表 8-1　强制性话题标记的分工

强制标记类别		分工
语序标记	句首位置	使话题语发生话题化，使之具备有定性、已知性
韵律标记	非重读	显示话题语的有定性、已知性和非焦点
	话题调	提请注意即将出现述题
	话题停顿	拉开话题和述题的时间距离，以照顾言听双方的即时认知能力

二、可选性话题标记及其功能

可选性话题标记包括音段性话题前标、话题后标和韵律标记重音等 2 类 3 种。话题前标又称词汇性话题标记，主要包括介词、动词、代词、关联词及其共现组合（参见雷莉 2001；刘岩 2008）。

可选性话题前标的类别系统如表 8-2 所示。

表 8-2　可选性话题前标类别系统

介词前标	像、就、就⋯⋯而言/来说、关于、至于、对于、对于⋯⋯（来说）、对、在、在⋯⋯方面、从⋯⋯方面看/说、在⋯⋯上/中/下时、当⋯⋯时候、为了、因为、根据、据、作为⋯⋯
动词前标	说/谈/提到、说/谈/提起、论（起）、有、是、所有⋯⋯
关联词前标	只有、只要、一旦、无论⋯⋯还是⋯⋯、不管、就是、只、连⋯⋯（都）、哪怕、凡是、凡⋯⋯、不是、与其、不但、不光、不只、非但、除非、幸而、幸好、幸亏、假如、假使、倘若、要是、万一、既然、因为、由于、虽然、尽管、即使、即便、就是、就算、哪怕、纵使、纵然
代词前标	什么、这（zhèi）⋯⋯

由于语法化程度低，词汇性话题前标分别以"例举""提及""关涉""范围""因果""指示"等明确的词汇意义预先增强话题性，即在话题说出之前以较为明确的词汇意义增强其话题性。话题前标既可用于口语，也可用于书面语。如：

（3）如今回想，除了我还没有忘记"是吃了谁的奶长大的"之外，既未做大官，又未挣大钱，至于"娶个好媳妇"这一段，更恐怕是下辈子的事了！

（4）说起"十八里红"，还有一场老大不小的官司呢。

（5）凡是一个媳妇应做的事她全做了。
（6）这女人在诗人的诗中，以及诗人的心中，却永远不能老去。

话题后标即话题语气词，仅用于日常会话句的话题后，使用频次极低，[①]语法化程度高于述题语气词（胡明扬1987；张伯江、方梅1996），其功能研究是学界的难题之一。

至于重音，它的作用是用来标记对比话题和焦点话题。这里不做讨论。

三、小结

话题标记系统包括2个子系统的4类10种成员。其中，强制性标记必然优先标记话题语以实现话题化，而后可选性标记在初步话题化的基础上可选性地进一步增强话题性。据此，完整的话题应由话题语加上2个子系统的4类标记构成，可表示如图8-2［+表示强制性标记（超音段标记），±表示可选性标记，自然顺序表示话题语及其标记的前后位置］：

±词汇性前标　　|话题语　+句首位置+非重读+话题调±重音|　　±语气词后标+停顿

图8-2　完整话题的结构模式

据此，汉语里的话题语及其标记的结构理应有如下4种类型：
类型A，话题语+强制标（句首位置、非重读、话题调和话题停顿）。如：

（7）女人毕竟是女人。
（8）航空母舰，咱也有了。

类型B，前标+话题语+强制标。如：

（9）说起"十八里红"，还有一场老大不小的官司呢。
（10）至于"娶个好媳妇"这一段，更恐怕是下辈子的事了！
（11）凡是一个媳妇应做的事她全做了。

[①] 据郭锐（2002：276）统计，在2万字的动态语料里，语气词出现420次，占总频次的3.1%。其中口语里出现413次，约占98.33%；书面语里出现7次，约占1.67%。据此可推知，话题语气词的使用频次还要低得多。

类型 C，话题语 + 强制标 + 后标。

（12）"仆人们呢？""他们呀，妈妈在家，他们是机器；妈妈一出去，他们便自己放了假！"

（13）作为一个中医的这个学习者哈，啊，你会不会有一种担心，说现代文明，因为已经发展很快了，古代的方子呢，已经不能适应现代人的生活了？

类型 D，前标 + 话题语 + 强制标 + 后标。如：

（14）要是明天下起雨来罢，凉快是会凉快点，不过道儿有点儿难走就是勒。

（15）要说夜宵呢，还得馄饨、包子，要不就来碗稀粥，那都比牛奶、咖啡强。

如果将话题标记的多寡视为话题的标记度强弱的手段，以上四种话题的标记度由弱到强表现为如下序列：A<B<C<D。

从生成顺序角度看，话题语经两步编码才得以实现最终的话题化并增强话题性。

第一步，使用强制性话题标记以实现初步话题化。如：

（16）大象鼻子长。
（17）我，工作、学习、等待。

例（16）的"大象"同时具有句首位置、非重读、话题调和话题停顿4种强制性标记，初步让"大象"实现为主话题。例（17）的"我"同时具有句首位置、非重读、话题调、停顿及其书面语里的逗号，初步达到了话题性需求、话题和主语合一的目的（刘丹青 2016）。

第二步，用可选性话题标记进一步增强话题性。据图 8-2，它们和强制性话题标记的组合理应分为如下 4 种情况。如：

（18）原句：要说夜宵呢，还得馄饨、包子，要不就来碗稀粥，那都比牛奶、咖啡强。

对比 a：要说夜宵，还得馄饨、包子，要不就来碗稀粥，那都比牛奶、咖啡强。

对比 b：夜宵呢，还得馄饨、包子，要不就来碗稀粥，那都比牛奶、咖啡强。

对比 c：夜宵，还得馄饨、包子，要不就来碗稀粥，那都比牛奶、咖啡强。

上例里的话题语都是"夜宵"一词。除了具有全部的强制性话题标记之外，原句同时使用了前标"要说"和后标"呢"，对比 a 仅有前标"要说"，b 仅有后标"呢"，c 既无前标"要说"也无后标"呢"。据此，以上 4 种话题的话题性理应依次减弱，即原句 > 对比 a > 对比 b > 对比 c。换言之，除强制性话题标记之外，可选性话题标记的多寡与话题性强弱呈现出正相关：可选标记多，话题性强，反之则弱。学界往往习惯于把仅带有强制性话题标记的话题视为无标话题，同时带有前后标或其中之一的话题视为有标话题。但是，所谓无标话题，实际上也带有 4 个强制性话题标记，即作为语序标记的句首位置和作为韵律标记的非重读、话题调和话题停顿。一句话，话题都是有标记的，只是有强制性和可选性之分罢了。总之，随着音段性话题标记由无到有，由少到多，话题的标记度由弱到强，反之则由强到弱。

换而言之，"话题语 + 音段性标记"构成了标句符短语 CP。如果这种话题和焦点话题同现的话，其语序位置位于焦点话题之前。与词汇性话题标记的语法化程度极低相比，话题语气词的语法化程度极高，所以"话题语 + 话题语气词"型话题的话题性理应高于"词汇性前标 + 话题语"型话题。

第三节　对话题语气词功能的再认识

强制性话题标记的功能见前述，可选性话题标记里的前标是词汇性的，词义比较实在，功能比较容易确定。但对可选性后标即话题语气词的功能，学界已有的认识及其表述里往往包括强制性标记和可选性前标的功能或其要素。这显然缺少系统性的意识，也不曾认真考虑过强制性话题标记及其功能。考虑到话题语气词只是话题标记系统里的可选性标记之一，研究话题语气词功能的第一步，应当从学界对话题语气词功能的已有认识的表述里，排除那些属于强制性标记的功能要素，这样才能得到只属于话题语气词的专职功能。否则就会难以清楚认识话题语气词的功能。

一、对话题语气词功能的已有认识和表述

话题语气词及其功能的研究历史,可粗略划分为"前话题标记阶段"和"话题标记阶段"。前话题标记阶段的研究肇始于19世纪末,其影响至今仍在。[①] 话题标记阶段的研究肇始于赵元任(1952:16,1979:45)的"停顿小词",至今仍然方兴未艾。析而言之,围绕话题语气词的功能,学界先后提出了停顿说、句中语气词说和话题或主位标记说。

(一)"停顿"说认为,话题语气词表示"提示""暂顿""顿宕"(吕叔湘2002:321;赵元任1926;1979:50),或"作为停顿的标记",并"表示某种语气",即"表示着重,引起听话人的注意"和"用于假设分句后"(丁声树等1961:216—217;朱德熙1982:214)。[②] 此外,屈承熹(2003)提出,话题语气词的共同功能是"伴随停顿",区别仅在于"话语承接功能不同"。简言之,停顿说主张话题语气词的功能是表示停顿、伴随停顿或做停顿的标记,以引起听者注意,或表示某种语气(着重),发挥话语承接功能等。

(二)"句中语气词"说,将其功能条分缕析为"停顿""列举""沉吟""强调""赞许""批评""夸张""问候""呼告""感叹"等语气功能(秦礼军1983),或简要概括为"预示停顿的作用"和"表达口气的作用",后者"多为舒缓、委婉或延宕、迟疑的口气"(张谊生2000:283)。[③] 简言之,

---

① 马建忠(1983:334)最早提出"助读则以起下文",黎锦熙(2007:273)称之为"'提顿'的用法",吕叔湘(2002:321—323)提出"停顿语气",丁声树等(1961:216—217)提出"语义未完,略有停顿",赵元任(1979)称之为"停顿助词",朱德熙(1982:216—217)称之为"停顿的标记"兼"表示某种语气"。而后,高名凯(1986:537)将话题语气词称为"句中感叹词",赵元任(1979:353)称之为"短语助词",北京大学中文系1955、1957级语言班(1982)、秦礼军(1983)、李兴亚(1986)、张谊生(2000)、齐沪扬(2002)、孙汝建(2006)和张彦(2006a)等先后称之为"句中语气词"并将其与"句末语气词"视为并列对立的2个语气词功能类别。

② 丁声树等(1961:216—217)对语气词的所谓停顿功能的表述最为详尽。恭录如下:一句话的中间用语助词"吧、么、呢、啊"等可以表示语意未完,略有停顿。停顿可以分三项来说:(甲)提出来说,引起对方注意。用"吧"停顿,是举例的性质……用"么"停顿,有"论到"或"至于"的意思……"啊"用在句子起头部分之后,让人听注意以下的话……用"呢"停顿,也有引起注意的作用……(乙)用在假设分句之后……用"吧"或"呢"的假设句常常是两歧式的,表示犹豫不定或左右为难的意思……(丙)列举,通常用"啊"不用"吧、么、呢"……并列的各项后都用"啊"。有时候两项并列,第二项后头用了"的"字,第二个"啊"就可有可无……有时候在有所选择的并列的两项之间用"啊"。

③ 高名凯(1986:537)曾用"句中感叹词"一名,20世纪80年代以来才有学者较多使用"句中语气词"一名,并将其与"句末语气词"对立(主要见秦礼军1983,李兴亚1986,张谊生2000:281,齐沪扬2002:141和孙汝建2006)。

该说主张，话题语气词的整体功能是表示或预示停顿，区别在于语气或口气不同。

（三）"话题标记"说包括提顿说和主位标记说两种表述。

主位标记说认为，句中语气词的整体功能是"造成一个明显的停顿"，以此作为"主位和述位的分界处"及"次要信息和重要信息的分界线"，"标志着次要信息的结束，更标志着重要信息的开始"并"提示听者注意后面内容"。彼此的区别在于引进主位的类型不同、语气意义的有无和是否经常用于后续句（张伯江、方梅1996）。可简括为表8-3。

表8-3 主位标记说对句中语气词功能的认识

		语气意义	主位类型	分布	使用群体
主位标记	啊	"基本不带语气意义"或"已经不带语气意义"		篇章主位、话题主位和人际主位	四十岁以下北京人较多使用
	吧				
准主位标记	嘛、嚜	"还有较明显的语气意义"、"语气意义很轻"或"很强"		新话题	
	呢		常用于后续句	转换新话题	
句中语气词	啦、呀	纯语气词	一般用在并列项之后		

关于话题语气词的所谓提顿功能，黎锦熙（2007：273）最早提出："若要全句中一部分的词或语句特别表现得精警，这路的助词也可用在句首的一顿之下，这叫做'提顿'的用法——专为提起语势，故比上面用在句尾的，声调高平些（—），而不那么下坠；可也不一定带有疑叹的意味。"对于它们是否具有语气功能，黎氏态度有点模棱两可。

徐烈炯、刘丹青（2007：91）接受黎说并进一步申说道："'提'字表示它的功能，反映话题在句子中的提挈作用，又正好跟日语语法中用'提示助词'称话题标记相合；'顿'表示它的结构特点，即停顿作用。"要言之，提顿说认为，话题语气词具有提示话题和发挥提顿的双重作用。对于它们是否具有语气功能，两位学者一方面说："所谓'句中语气词'，用在句子中间的停顿处，此时句子内容尚未表示出来，而且作为句子核心的动词多半还未出现，所以还谈不到说话人的态度，也就不存在所谓语气问题。……真正的'句中语气词'是没有语气的，叫'语气词'只会有误导作用。"（徐烈炯、刘丹青2007：91）另一方面又说，它们"在用作话题标记时都还多少保留一点句末语气词的语义特点"。（徐烈炯、刘丹青2007：248）同时，屈承熹（2003）认为语气词有3个功能，即言者主观态度、伴

185

随停顿和承前的篇章功能,"吧""嘛""呢"是话题语气词,"啊/呀"仅有言者的主观态度和伴随停顿的功能,而没有承前的篇章功能;徐晶凝(2008:226)认为,话题语气词的交互主观性功能相对弱些。

为了便于理解,以上对话题语气词功能的认识和表述可简单归纳如表8-4所示。

表8-4 对话题语气词功能的已有认识

	停顿作用	标记作用	提示和预示作用	语气作用
停顿说	表示停顿	做停顿的标记	表示着重,引起听话人的注意	表示某种语气
句中语气词说	表示或预示停顿			表示不同语气或口气
主位标记说	造成明显的停顿	标记主位、述位的分界	提示听者注意后面的内容	有或无语气
提顿词说		标记停顿和话题的已知性有无、强弱和对比	提示话题作为话语的起点,预示着它必须有后续成分	多少保留一点句末语气词的意义特点

二、对话题语气词功能的再认识

对比上节所论强制性标记的功能和本节所述学界对话题语气词的已有认识,话题语气词的整体功能可重新认识如下:

首先,既然话题语必然位于句首位置且必然伴随非重读标记,那么,句首位置必然强制性使话题语发生话题化并赋予它有定性和已知性,非重读必然进一步强制性显示其有定性和已知性。因此,这2个功能不宜再视为话题语气词的功能。

其次,既然话题必然紧跟话题停顿,而话题停顿必然强制性拉开话题和述题的时间距离以照顾言听者的即时认知能力,那么,所谓"表示停顿"、"预示停顿"、"标记停顿"、"造成停顿"、"停顿的音段化"和标记主位或话题等功能,也都不宜视为话题语气词的功能。原因还有下面两个。第一,话题停顿强制性与话题共现,话题后加上话题语气词,停顿自动移到其后而其功能依然存在。因此,话题语气词没有所谓的"表示/预示/标记/造成停顿"和"音段化"功能,也没有所谓的"标记主位/话题"功能。同时,话题停顿是口语里的强制性显性标记,在书面语里往往转化为逗号,而话题语气词只是口语里的可选性标记,在正式口语和书面语里几乎不出现,只有在舒缓会话里才会极低频出现。这也从侧面证明了,不是话题语气词具有停顿功能。第二，4类26个句末语气词都应该可以用来标记停顿，但事实上，只有"呢、吧₁、啊、哈、嘛（源自"吗"）、时、的话、的时候"和"也罢/也好"等9个衍生出了话题语气词的用法。对此，停顿说显然无法给出合理解释。换言之，停顿及有关功能不宜再视为话题语气词的功能。

再次，既然话题必然伴随话题调，而话题调强制性以微扬调型提请听者注意即将出现述题，那么，该功能也不宜再视为话题语气词的功能。

综上，标记话题信息的有定性和已知性是句首位置和非重读的强制性功能，标记主位和述位成分或话题和述题的分界以照顾言听双方的即时认知能力是话题停顿的强制性功能，提请注意即将出现述题是话题停顿和话题调的强制性功能，它们都不宜再被认为是话题语气词的功能，至少不是它的专职功能。由此出发，重新审视上表所列学界提出的话题语气词功能则会发现，只有如下3个功能才是话题语气词所独有的功能，即提及话题的较弱口气、辅标话题信息类型和充当话语填充语。分别讨论如下：

（一）提及话题的较弱口气

首先，该功能是由它们源自述题语气词这一历时演变和继承关系决定的。赵元任（1979：50）认为，"a，ne，me，ba这四个助词都有表疑问和表停顿这两种作用"，因此既可以在句末做述题语气词，也可以在话题后做停顿助词。胡明扬（1987），张伯江、方梅（1996）和屈承熹（2003）等学者认为，"嘛、呢、啊/呀"的话题语气词功能都可以追溯到它们作为句末述题语气词的功能，并将此作为话题语气词由述题语气词转化而来的证据。胡明扬（1987：96）更明确地认为，语气词"在单词、短语（即一般所说话题）后面的语气意义仍然和在其他场合原来的语气意义相同"。

就声母和有关特征看，话题语气词可分为如下四组：

舌音"呢"源自强肯定语气词"呢"；

唇音"吧"源自高确信度的确信语气词"吧₁"，"嘛"源自本应如此的理性惊讶语气词；

零声母"啊"源自中性惊讶语气词，"哎"源自故作夸张的惊讶语气词，颚音"哈"源自含蓄惊讶语气词；

"的话、的时候、时"源自句末假设助词（张炼强1990；江蓝生2002）。

从口气功能说，除后3个外，"吧₁、啊、哎、嘛、哈"都是选用位置殿后的确信语气词和惊讶语气词，"呢"本是同类里选用位置最后的强肯定语气词。它们都是句法层次很高或最高的述题语气词，所以才演变出话题语气词用法。

　　历史渊源既明，那么由句末述题语气词演变来的话题语气词不大可能一下子就全然失去原有功能而顿变成单纯的话题语气词。因此，比较合理的解释只能是，它们由句末述题语气词演变而来并仍然保留有较弱的口气功能（这也是众多学者讨论话题语气词功能取舍时犹豫不决的主要原因），同时兼具辅助标记话题的功能。

　　其次，话题语气词功能是伴随着附着对象的句法降级而弱化的。赵元任（1979：51）指出：“零句之中有的是指出事物的存在或唤起对它的注意，有的是有较多的话说，更近于一种说明。把这两种零句放在一起，恰好构成一个整句。”"整句的主语作为话题，作为问话，谓语作为说明，作为答话。"如：

　　　　（19）铁星月怪叫道：“哈！不是楷书是什么？四书啊？篆书啊？经书啊？"

　　　　（20）"我今天最后一场，还是在3307。""下午哈？""上午。那碰不到了。"

　　　　（21）她们穿的是什么？吊带衫吗？

　　　　（22）"她是一位了不起的姑娘。我同她在一起三四年了。"他转向那两个人。"四年吧？"那两个人点了点头。

　　　　（23）呼天成说：“炳灿，我问你，你住的房子是谁的？"王炳灿低着头说：“村里的。"呼天成说：“屋里的沙发呢？"王炳灿说：“村里配的。"呼天成说：“挂钟呢？"王炳灿说：“村里的。"呼天成又说：“粮食呢？水呢？电呢？八月十五吃的月饼呢？说！"

　　这种本来带有句末述题语气词的独词性问话式零句，一旦进入整句之中，原来指向新信息所在的述题的语气词就转而指向旧信息所在的话题语了，语气词自身也由述题语气词而摇身变为话题语气词了。由于所附对象的信息重要性降低——由新信息降低为旧信息，语气词的重要性自然也随之降低，即所表口气相应减弱，不再表示对述题里未知信息的主观性和交互主观性口气，而变为表示提及话题这种已知信息的较弱口气了。换言之，随着所附述题降级为话题，其功能由表述、说明转化为指称、提及，或由答话转化为问话，附着其后的述题语气词也就随之演变为话题语气词，口气功能自然随之弱化。借用徐晶凝（2008：226）的话说，由于话题一般不具有独立交际的功能，附着其上的话题语气词的交互主观性功能也相对弱些。

最后，对于话题语气词具有弱口气功能，前述提及的诸君也大都认可。如齐沪扬（2002：165）认为，句中语气词可能具有"'表现说话时的各种情绪'的作用，但这种作用相对于停顿作用来说则是次要的。所以，句中语气词所表示的'停顿'确实也是语气表达的需要，但不具有句末语气词在'表示说话人使用句子要达到的交际目的'这种功能语气类别中所起到的形式标志的作用"。这可谓一语道出话题语气词的本质。此外，李秉震（2010）另辟蹊径，从话语标记和语气词的匹配角度，通过语气词互换检验，发现不同的匹配具有不同的意义，这恰恰证明了话题语气词仍然承载口气意义。转引李文例句如下（序号另编）：

（1）至于金小姐呢/*吧/嘛，她没拜访过汪太太；汪太太去看范小姐的时候，会过一两次，印象并不太好。

（2）再说第二胎？呢/吧/*嘛，儿媳妇连眨巴眼都拿着尺寸；打哈欠的时候有两个丫环在左右扶着。

（3）拿梅花来说*呢/吧/*嘛，一串串丹红的结蕊缀在秀劲的傲骨上，最可爱，等半绽将开地错落在老枝上时，你便会心跳！

这也从一个侧面反映出话题语气词具有弱口气功能。

（二）辅标话题的信息类型

在句首位置和非重读对话题施加的有定性、已知性的基础上，话题语气词进一步标记话题的已知性强弱、对比性、现实性和非现实性。

（三）话语填充语

语气词"总是出现在语气比较舒缓、谈话相对从容的叙述语体（narratives）"中（张伯江、方梅 1996：39），其中使用频次最高的"啊、呢、吧、的话"等话题语气词还衍生出话语填充语（verbal filling, filler-type markers, filled pause）用法，通常称之为"赘词""搪塞""填空儿""思索"功能（陈建民 1984：175），并且呈现出男用"呢"、女用"吧"的倾向性（胡明扬 1987：97；陈建民 1984：175；张伯江、方梅 1996：43）。

据上所论，话题语气词的功能模式可暂且概括如下（+表示必有，±表示可有）：

+提及话题的较弱口气 + 辅标话题的信息类型 ± 话语填充语。

前两个为话题语气词的必有功能，后一个为可有功能。该功能模式维

189

护了语气词功能系统的功能一致性,也凸显了话题语气词功能的特殊性。但话题语气词至今还没有语法化为单纯的话题标记,既没有语法化为专职话题标记,也没有成为强制性话题标记,仍保留着较弱口气和其他功能,因而具有较明显的语用色彩。①

第四节　话题语气词的个体功能

话题语气词包括如下 9 个:啊、嘛、哈、哎、吧、呢;的话、时、的时候(见表 4-5)。② 按照上节提出的话题语气词功能模式,下面逐一讨论。

一、啊

话题语气词"啊"由中性惊讶语气词演变而来,"语义上最中立,适用面最广,没有其他几个话题标记的特定语用限制"(刘丹青 2016),以弱惊讶口气辅标当前话题、呼语话题、人际话题和篇章话题。如(举例不区分典型式和变体):

(24)"你喜欢什么?"不知谁问。"我呀,我喜欢苹果!"李云鹤说完哈哈大笑起来。

(25)"仆人们呢?""他们呀,妈妈在家,他们是机器;妈妈一出去,他们便自己放了假!"

(26)全村的农民,有的呀在割麦,有的呀在插秧,有的呀在从事别的劳动。

(27)哭笑不得——朱先生啊朱先生,你就这样害我,没商量地陷我于不义。

感激涕零——朱先生啊朱先生,这辈子我永远不会忘记你对我的好意。(傅杰《怀真集·朱维铮先生纪念文集》)

(28)"大概呀,这是送咱们到正式的医院去。"晓荷一边往车上爬,一边推测。

---

① 刘丹青(2021)提出,"汉语话题内部最大的分野在于无提顿词的话题和带提顿词的话题","提顿词话题更接近'话题'的初始意义,即语用层面的话题。提顿词是其语用功能的显性化"。

② 张美兰、陈思羽(2006)在清末民初时北京话对外教材中发现,那时至少已经出现 6 个话题语气词:呢、吧(罢)、啊(阿/哪/呀/哇)、的话、咯、咧。

（29）林三嫂（入）老奶奶，大伙儿老说我马虎，其实呀，谁也不能永远不粗心！

（30）世上无路可通天，就只有这岩洞顶上有一窍，真正可通天。因此呀，世上相爱却又不能如愿的男女呀，就到这里来拜天地，在这里拜了天地就是有名有分的夫妻了。

（31）我啊，从啊，旧社会过来的，在，日本时期啊，我们吃的那个什么，吃的那个混合面。

例（24）—（30）里，"啊"依次以较弱中性惊讶口气辅标概念及其人际话题、呼语话题和篇章话题，例（31）里用在介词"从"后发挥填充语作用，为边说边想提供片刻喘息之机。据上，可将其功能表述如下：

　　啊＝弱中性惊讶＋辅标当前话题＋话语填充语。

二、哎

"哎"源自夸张式惊讶语气词，以较弱的夸张式惊讶口气辅标呼语话题。如：

（32）老虬哎，你看我老婆，多漂亮。你杀了我，她就要当寡妇。多可怜呀！

（33）小子哎，你还活着。你就烧高香吧，你的命是捡来的。

与前引例（27）里的"朱先生啊朱先生"相比，以上两例里的"老虬哎""小子哎"都略带夸张。据此，其功能可概括如下：

　　哎＝弱夸张式惊讶＋呼语话题。

三、嘛

作为述题语气词，"嘛"的"典型环境是有因果关系的上下文，且以出现在表达原因的小句中为常"（强星娜 2010）。由此演变出的话题语气词用法，是以较弱的理性惊讶口气辅标因果性当前话题和新话题。如：

（34）李金柱最后拍板了："第一个吃螃蟹嘛，总得有些勇气。"

（35）毛泽东却不以为然地说："小孩嘛，撒尿是常事情。"

（36）刘强：你想想，我是你丈夫，男人嘛，看见自己的老婆往外跑，那心里……你想想，啊？

（37）男女男女嘛，两人碰撞出了火星首先就会做男女之间本能的事情，这也是必然的。

（38）语文老师嘛，对错别字和病句总是比较敏感。

（39）第一回嘛，得给个真实，我宁可以后去再打扮。

（40）"你……平时对我甜言蜜语的说得好听，其实嘛，你一点也没把我放在心上。"

（41）"你这个林（指林佳楣）呢，是两棵树，树离了水就会枯黄。所以嘛，你们就分不开了。"

"嘛"在例（34）里辅标小句做话题，例（35）—（39）辅标名词性话题，都与述题存在因果关系，述题是由话题得出的自然推论。例（40）辅标情态话题，例（41）辅标篇章话题，仍然都是由因推果的关系。无论辅标哪类话题，"嘛"都具有较弱的理性惊讶口气，因而带有自信色彩。据此其功能可表述如下：

嘛 = 弱理性惊讶 + 因果话题。

四、哈

"哈"源自含蓄式惊讶语气词，以较弱的含蓄式惊讶口气辅标当前和新话题，多为女性所用（尹世超 1999）。如：

（42）我这个人哈，就是抹不下脸来求人。

（43）像我们那个什么，就是叫，叫王红，一叫王怀玲的哈，他们都那个分配到那个□□印刷厂了。

（44）作为一个中医的这个学习者哈，啊，你会不会有一种担心，说现代文明，因为已经发展很快了，古代的方子呢，已经不能适应现代人的生活了？

"哈"在例（42）里引进当前话题，在例（43）、（44）里引进新话题，口气都较为舒缓（尹世超 1999）。据此其功能可表述如下：

哈 = 弱含蓄式惊讶 + 当前话题、新话题 + 年轻女性。

五、吧

"吧"源自弱确信口气述题语气词"吧₁"，以较弱的确信口气辅标当前话题和新话题，给人以轻松、随便、漫不经心的感觉，年轻女性多用（胡明扬 1987：97；陈建民 1984：175；张伯江、方梅 1996：43）。如：

（45）这个旧的习惯吧，过这个腊八，喝这腊八粥，平时就爱说，腊八腊八冻死俩仨儿，什么哪。

（46）就说咱们北京吧，有的那个话呀你没法儿写，你写不出来。

（47）你喜欢他的时候吧，他嫌你老是打扰到他，干扰了他的生活；你不喜欢他了吧，他却跟别人造谣说你喜欢上了其他人，还说自己心里觉得有些失落；你又关注他了吧，他却说你处处针对他，总找他的茬；你不理他了吧，他竟然跟人说你是因为讨厌他。

（48）大夫的劝阻却使韩淑珍为难了，不戴吧，不行；戴吧，怕老人知道多心……

（49）或许吧，我要的幸福就是这样子，或许是我老了。

（50）我吧，昨儿吧，给她打了个电话吧。她吧，谁知道吧，不在家！（胡明扬 1987）

（51）王玉兰吧，她吧，对工作挺认真的。有几回下了班吧，我走过她办公室，总看见她吧，在那儿抄抄写写的。

在例（45）、（46）里，"吧"以漫不经心的口气辅标现实话题；例（47）、（48）里辅标虚拟话题，例（49）里辅标人际话题，例（50）、（51）里带着重号的"吧"做话语填充语。据此其功能可表述如下：

吧 = 弱确信口气 + 现实/虚拟话题 + 话语填充语。

六、呢

"呢"源自强肯定述题语气词，常以较弱的强肯定口气辅标对比性话题。当前话题可以附着"呢"，也可不附着；可以都附着"呢"，也可附着别的话题语气词（方梅 1994；屈承熹 2008）。如：

（52）罗大伦：啊不，桂枝汤调和营卫，它一方面呢是要解表；一方面呢，是往里收敛。

（53）小环子：（拍着伙计的肩膀）这么着得了，今儿个呀，算你请我，明儿个呢，我请你！

（54）东汉西汉一共有四百年，这是经学，就是《五经》之学。到了魏晋时候呢，就是玄学。那么到了隋唐时候呢，隋朝和唐朝是什么呢？佛学。到了宋明时候呢，是理学。到了清朝时候呢，那就很复杂了，简单的说，那叫朴学，也叫做乾嘉汉学。

（55）据说呢，这位学子后来表白，他是认为呢他这样做是有理由的。

（56）实际上呢，生痤疮的小孩子往往有两个特点：一个是酷爱冷饮；还有一点呢，就是有可能会情致压抑，很郁闷。

（57）如果呢，你是信巫不信医，你像那个，就是扁鹊，在治那个虢太子之前，大家都记得，看到那个地方都开始祭祀啊，实际上这个在古代就是这样，就是还会有一些巫师呢，然后好像在给你救治身体啊。

（58）团结来干什么？"攘夷"。因为呢，当时的夷人，就是胡人，他们的战斗力要比这个"文明人"要强大得多。

（59）梁冬：王老师呢，上一次呢，和我们聊到了一个话题啊，就是关于老子这个话题。他讲到呢，老子呢很可能呢，是因为有这个白化病，就是说，有一点点缺陷，耳朵也不太好，眼睛也不太好，所以呢，有幽闭症，当然这是一个学界上的讨论。

例（52）—（54）里，"呢"辅标对比性话题，例（55）、（56）辅标人际话题，例（57）、（58）里辅标篇章话题，例（59）里带着重号的两个"呢"充当话语填充语，其余的"呢"辅标话题或次话题。据此其功能可表述如下：

呢＝弱肯定口气＋对比话题＋话语填充语。

七、的话、时、的时候

"的话"源自假设句末尾的假设助词，"时、的时候"源自条件句末尾的假设助词。它们都以弱假设口气辅标非现实话题，后2个多用于惯常话题。如：

（60）"对了，你到伦敦的话通知我，想托你买几本书。""包我身上。"她点起一枝烟。

（61）我妈妈当时真的是天天打我，每天必打，过年或是放假的话，一天打两三顿也不一定（笑）。

（62）人们评价同一社会制度时，公平总是相对于某一特定尺度而论。

（63）闲的时候呢，就一个人蹲在墙根下或是盘腿坐在炕上出神。

（64）中华人民共和国副主席缺位的时候，由全国人民代表大会补选。

（65）今天的话，大家一起，就这个问题的话，应该的话，要好好讨论一下。我认为的话，大家的认识的话，还是要统一起来。（谢晓明、陈琳 2012）

（66）所以的话，今天呢，你要敢于叫一个名字，那么的话，实际上，你是对客户的一个承诺，对社会责任的一个承诺。

例（60）—（64）里的话题都是非现实话题，"的话"多用于口语，"时"多用于书面语，"的时候"可用于口语和书面语。其余2例里带着重号的"的话"充当话语填充语。据此它们的功能可表述如下：

的话 = 假设口气 + 标记非现实话题 + 话语填充语；
时/的时候 = 假设口气 + 条件话题。

八、小结

话题语气词的个体功能彼此有别，因而彼此不可完全替换，否则会影响口气功能和话题信息类型的变化，乃至不能成话。对此，赵元任（1926）早就提出，作为话题语气词的"'罢'字有选择的口气，'末'是平淡的事情，这么来也好，那么来也好，'呐'表示稍微重一点的事情，'阿'的口气最重，大概都是用在不会实现或怕实现的假设上的"。半个世纪过后，赵元任（1979：360）又从互动性角度指出，"啊：给听话的人一点儿时间，让他把话听进去。噢：给说话的人一点儿时间，让他想一想底下该怎么说。呐：提出特别一点，让说话的和听话的双方考虑"。尽管前后表述不尽一致，但他始终认为话题语气词分工有别，不能自由替换。如：

（67）老婆呀/哎/*吧/*呢/*嘛/**的话/**的时候/**时，快吃桃子吧。

（68）桃子呀/哎/吧/呢/嘛/的话/**的时候/**时，老婆吃了。

例（67）里的"老婆"是呼语话题，其后的"呀"虽能替换为"哎"，但口气明显有别，而且都不能替换为"吧、呢、嘛"，更不能替换为"的话、的时候、时"。例（68）里的"桃子"是概念话题，其后的"呀"虽然可替换为"哎、吧、呢、嘛、的话"等，但口气也明显有别，而且绝对不能替换为"的时候、时"。

第五节　话题语气词的迭用

与述题语气词可以自由地 2 或 3 个右向迭用相比，话题语气词只发现"呢、了（啦）、吧、啊（呀）、嘛"能位于"的话、的时候"之后与之极低频共现构成二迭式。如：

（69）他们在英国的话呀，这个一天的话啦，就是定量的话也就是两个鸡蛋，啊，并且还挺贵。可是当时，这个北京的话了，那买鸡蛋挺便宜，哈，这个也很多，哈。（谢晓明、陈琳 2012）

（70）溥仪的话呢，他只能在宫里这样一个小天地生活，对他来说是个很苦恼的事情，他不能出去啊。

（71）你比如说一小礼节的话吧，那老得，那这，拿这个坐着说吧，就拿这坐，那坐着就得有样儿……

（72）……不死的话不用担心，死的话嘛……也好，因为你已经死了，还有什么好担心的呢？

（73）狮群大小是存在差别的，食物丰盛的时候，它的群就大一些，有四十只。食物少的时候呢，它的群就比较小，只有三只。

（74）有时间的时候吧，不想吃；没时间了吧，什么都想吃。

（75）这吃饭的时候呀，这老丈人得陪着仁姑爷一块儿吃饭。

（76）东每说，这不关语法的事，调情的时候嘛，用英文也很带劲。

以上例句显示出如下三个规律。首先，依次使用了"的话＜呀、的话＜啦、的话＜啦/了、的话＜呢、的话＜吧、的话＜嘛"和"的时候＜呢、的时候＜吧、的时候＜呀、的时候＜嘛"等 2 类 10 个话题语气词二迭式。其次，语气词化程度低的复合语气词"的话、的时候"靠近话题语，语气词化程度高的单纯语气词"啊、啦/了、呢、嘛"则远离话题语，不能颠倒。最后，迭用式里的前后两个话题语气词有所分工，在前的"的话、的时候"明确标记话题的信息类型，在后的"呢、了/啦、吧、啊、嘛"分别表示引进话题的较弱口气。此外，话题语气词的有无、异同和多寡，都会影响提及口气的异同和话题的信息类型，因而不得自由替换。

第六节　小结

回顾上文，我们依次讨论了三个问题。一是构建了话题标记系统，包括强制性子系统和可选性标记子系统。二是从学界对话题语气词功能的已有表述里排除强制性标记、词汇性前标和重音的功能，从而得到话题语气词的专职功能，包括提及话题的较弱口气、辅标话题的信息类型两个必有功能和话语填充语这个可有功能。三是逐一讨论了话题语气词的个体功能，并用迭用式及其规律予以佐证。至此，话题语气词的个体功能及其在迭用顺序里的位置可归纳如表 8-5 所示。

表 8-5　话题语气词的个体功能

话题语气词	功能参项			
	提及话题的较弱口气	辅标话题信息类型	话语填充语	迭用及其先后
		现实话题 / 非现实话题		
哎	弱夸张惊讶	呼语话题		
嘛	弱理性惊讶	因果话题		＋殿后
啊	弱中性惊讶	当前话题		＋殿后
哈	弱含蓄惊讶	新旧话题	＋（女性）	
呢	弱肯定	对比话题	＋（男性）	＋殿后
吧	弱确信	当前话题　非现实话题	＋（女性）	＋殿后
的话	弱假设	非现实话题		＋居前
的时候	弱假设	非现实话题		＋居前
时	弱假设	非现实话题		＋居前

由上表出发，结合辅标对象和迭用位置两个因素，话题语气词可以分出两个二级亦即最终功能类："的话、的时候、时" 3 个辅标非现实话题，迭用时居前；"啊、嘛、呢" 3 个辅标现实话题，迭用时殿后；"吧"辅标现实和非现实话题，迭用时也殿后。

学界已经指出，话题语气词具有非强制性（Li & Thompson 1976），语体选择倾向性（袁毓林 2003），分布后置性、非专用性、句类受限性和成员多样性（张伯江、方梅 1996：40；强星娜 2011）。普通话话题语气词多达 9 个（日语和韩语只有 1 个，傈僳语和拉祜语也只有 2 个话题后标），这必然导致它们内部成员的功能分化，彼此在提及话题的较弱口气、辅标话题的信息类型和充当话语填充语方面表现出差异，因而不可自由替换。

第九章 准话语语气词功能系统

第一节 引言

准话语语气词有4个：啊、的、了（啦、咧）、也罢/也好。"也罢/也好"表面上是2个，但不能单用，只能成对使用或重复用2次，所以也可以说它们只是1个，姑且记作"也罢/也好"。

学界以往对准话语语气词的研究大都是在停顿语气词、句中语气词和话题或主位标记的名目下附带涉及而已。（一）停顿语气词阶段，吕叔湘（2002：321）的"停顿用法"和丁声树等（1961：209）的"停顿语气词"说都多少涉及准话语语气词。（二）句中语气词阶段，高名凯（1986：537）最早提出"句中感叹词"，赵元任（1979：353）提出"短语助词"，北京大学中文系1955、1957级语言班（1982）、秦礼军（1983）、李兴亚（1986）、张谊生（2000）、齐沪扬（2002）、孙汝建（2006）等先后以"句中语气词"为名巨细无遗地刻画其句法分布规律，朱德熙（1982：213）还指出了它们的分布禁区。（三）话题或主位标记阶段，对于"啊"附着并列成分时的功能，赵元任（1979：361）最早提出列举功能，储泽祥（1995）提出"数排意义"，张伯江、方梅（1996：49）提出"轻松语气"，徐晶凝（2008：146）提出"强传信式告知求应"。简言之，除了张伯江和方梅两位学者外，大都主张列举说，即准话语语气词是列举语气词，所构成的短语是列举短语。至于"啊"附着反复体词的功能，学者提出"物量扩展兼显著主观评价"说（陈光2003）、"不如意评价"说（安国峰2012；李霞2006）和"拉近感情距离"说（张赫2013）。关于"啊"附着反复谓词的功能，主要有"动作反复"（李人鉴1964；北京大学中文系1955、1957级语言班1982；刘颂浩1994；李宇明2002；王天欣

2009）和"动量扩展兼显著主观评价"说（陈光 2003）。要言之，学者大都认可准话语语气词不再表示语气，而具有句法语义功能，它们参与构成的短语也具有了与原来短语不同的句法语义功能。分歧在于对其新的句法语义功能的解读各见其所见，言人人殊。

至于名称问题，"停顿语气词"和"句中语气词"两个术语都显得宽泛无当，且前者和话题停顿存在冲突，后者是一个纯分布概念，不利于把准话语语气词和话题语气词区分开来。同时，将分布于句中的语气词一律视为主位标记或话题提顿词也不尽然，对那些不附着主位或话题的句中语气词而言，更是如此。此外，有关的描写与解释也有待深入、全面。鉴于上述，本章拟讨论准话语语气词的形式表现和功能特点，特别是与述题语气词、话题语气词的不同之处，然后逐个进行个案描写，最后稍作归纳。

第二节　准话语语气词和话语语气词的区别

一、准话语语气词的形式表现

准话语语气词是只能或也能附着话题和述题内部的句法成分的句中语气词。也就是主位标记或话题语气词之外的句中语气词。其中，"也罢/也好"只能做准话语语气词。"的、了（啦、咧）"除了做述题语气词，也能做准话语语气词。"啊"除了做述题语气词、话题语气词，还能做准话语语气词。虽然来源不同，专职化程度也有高有低，但都表现出如下特征：

（一）只能或也能附着话题和述题里的各种句法成分乃至词法成分，句法层次较低或很低。从语类看，准话语语气词附着体词、谓词以及体谓混杂型词语；从音节多寡看，准话语语气词附着单音节词语、多音节词语；从句法成分看，准话语语气词附着状语、述语、宾语、补语、定语、插入语或其内部句法成分，偶尔也附着复合词内部的并列语素。

（二）"啊、的、了（啦、咧）"都能间隔重复使用，"也罢/也好"只能成对搭配使用或重复使用两次，但都不能右向递层迭用。

（三）只能与句法语调或词语语调强制性同现（赵元任 1979：360），不能与述题调、话题调同现。书面语里后面可以换用顿号、逗号，也可以

199

不用。

（四）能与"什么、等（等）、之类、比如、像、和、或（者）"以及省略号等列举助词（张谊生2001）紧邻或间隔同现，与之一起做话语成分或其各种句法成分。

（五）句法上，将所附并列、对举、反复词语重组为例举、对偶、描摹、增情呼唤和轻责短语；韵律上能作为韵脚将所附短语重组为"前长后短式"和"前后等长式"韵律块。

（六）隐现不如述题语气词、话题语气词自由。

二、准话语语气词和话语语气词的区别

以上6个形式特征也是准话语语气词与话语语气词（话题语气词、述题语气词）的主要对立之处。虽然准话语语气词和话题语气词都分布于句中，但两者之间存在明显对立。可对比如表9-1所示。

表9-1 话题语气词与准话语语气词形式与功能对比

对比参项	话题语气词	准话语语气词
成员	啊、吧、呢、嘛、时、的时候、的话	啊、的、啦（了、咧）、也罢/也好
线性分布	靠近句首	句首之后直至句末
句法位置	话题之后、主语之前	话题、述题里的并列、对举、反复成分之后
后跟停顿类型	话题停顿	句法或词语停顿
同现成分	陈述句、祈使句、话题前标记	列举助词
同类选用	个别偶能	不能
重用及其次数	不能	重用次数≥2
所在序列的话语、句法功能	做话题	做话题和述题的句法成分
隐现自由与否	自由	不自由

由上表可知，除"啊"之外，话题语气词和准话语语气词的其余成员完全不同。而其余参项，也都表现得截然对立或明显不同。

此外，准话语语气词将其所附词语重组出不同于原式的语义功能。具体表现为，将并列词语重组出例举兼轻松随便色彩以转指类指，将对举谓词重组出交替反复义，将反复谓词重组为长时持续义，将反复体词重组出舒缓色彩，将反复代词重组出轻责色彩。

第三节　准话语语气词的句法功能

准话语语气词附着并列、对举和反复词语，分别将其重组为例举、对偶、描摹、增情呼唤和轻责短语。分别讨论如下：

一、附着并列词语重组为例举短语

准话语语气词所附并列成分具有如下 6 个特征：

（一）附着话题尤其是述题里的并列成分，后者包括谓语、插入语、状语、宾语、定语里的并列成分乃至下位成分。

（二）所附并列成分在句子的句法结构里的层次可高可低，最高的是话题、述题的直接成分，也可以是层次很低的间接成分。如：

（1）捷径啊，‖₂ 够用啊，‖₂ 就那么几条啊，‖₂ 一本万利啊，|₁ 都 ‖₂ 是 ‖₃ 源远流长的 ‖‖₄ 思想 ‖‖‖₅ 方法。

（2）他 |₁ 要 ‖₂ 对 ‖‖‖₄ 自己的 ‖‖‖‖₅ 关于 ‖‖‖‖‖‖₇ 金桥啦 ‖‖‖‖‖‖‖‖₈ 和不能率领一群乌合之众打到国境界以外去啦 ‖‖‖‖‖‖‖‖₈ 等类似的 ‖‖‖‖‖‖₆ 空话 ‖‖‖₃ 给予 ‖‖‖₃ 回答。

例（1）里"啊"所附"捷径，够用，就那么几条，一本万利"是话题里的直接并列成分，处于句子的第 2 层。例（2）里"啦"附着的"金桥""不能率领一群乌合之众打到国境界以外去"是做状语的介词短语里的并列宾语，处于句子的第 8 层。虽然可能还不是最低的，但已经大大低于学者已经指出的第三层。

（三）所附并列成分的单位不限，绝大部分都是词或短语。如例（1）里的"捷径，够用"和"就那么几条，一本万利"，例（2）里的"不能率领一群乌合之众打到国境界以外去"。偶尔也可以附着小句乃至并列复合词里的语素。如：

（3）按说，无论是珠海有关部门强制拆除居民自己架设的简易浮桥也好，还是郑州的街道办事处强制拆除居民自己房子里的楼梯也罢，……你得给群众出行、过河、回家找到更为方便、安全的出路呀！

（4）彩云摇着头道："……你们看着姨娘本不过是个玩意儿，好时抱在怀里、放在膝上，宝呀贝呀的捧；一不好，赶出的，发配的，送人的，道儿多着呢！"

例（3）里的"也好"和"也罢"都附着小句。例（4）里的"呀"附着复合词内部的单音节语素。后者显然打破了朱德熙（1982：213）所说语气词"必须在词和词的交界处"的禁区。

（四）所附并列成分的长短不限，从单音节到十几个、几十个音节都有。如例（3）里"也好""也罢"附着的小句分别有二十一、二十二个音节。例（4）里的"宝""贝"都是单音节。

（五）所附并列成分的语类不限，可以是体词、谓词或体谓混杂。如例（1）里"捷径"是名词，"够用"是动词，"就是那么几条"是动词性短语，"一本万利"是成语。例（2）里"金桥"是名词，"不能率领一群乌合之众打到国境界以外去"是动词性短语，例（3）里"珠海有关部门强制拆除居民自己架设的简易浮桥"和"郑州的街道办事处强制拆除居民自己房子里的楼梯"都是主谓结构。下面例（5）里附着名词、方位词或其短语。

（5）丢不了，回家找去吧！屋里头哇，犄角儿呀，炕席底下呀，炉坑里头哇，水缸后头哇，小抽屉里头哇，你回去找一找就找着啦。

（六）所附并列成分的数量不限，最多可达十几个，偶尔也可只有一个（但仅限于与列举助词紧邻同现的情况）。如：

（6）电视中听一听我们的歌星演唱，天啊，那词可真大：动不动就是地球啊，宇宙啊，太阳啊，星星啊，人类啊，祖国啊，奉献啊，人生啊，生活啊，前程啊，未来啊，以往啊……
（7）他两个小时打了十四次电话，都是讲什么军衣上的扣子怎么钉呀等等鸡毛蒜皮的事情。

例（6）里"啊"一连附着了十二个并列成分，例（7）里只附着一个，但有列举助词"等等"与之紧邻同现。

准话语语气词附着并列成分重组成的例举短语具有如下 5 个共同特征：
（一）可逐一附着每个成分，也可仅附着其中一个或部分成分。附着多个并列成分时，可仅附着于部分，也可附着全部。如（V 表示可出现而没出现之处）：

（8）二十五岁的张静那时高兴得整天唱啊、跳啊，开大会∨、刷标语∨，简直不象四个孩子的妈妈，而象个涉世未深，热血沸腾的小青年。

（9）天上那个官，就是南正，把天神的秩序组织起来，天神是什么呢，就是自然之神啊，天∨，地∨，日∨，月呀，天神是最高的，天下面是地，日月是个补助，还有风神，雨神，雷神，什么神，各司其职，然后去祭祀他。这样就组成了一个天神崇拜的系统。

（10）现在讲的什么胃炎呀，消化系统的胃炎∨，胃溃疡啊，这个整个胰系统啊，等，就是它很宽泛了。

例（8）附着前端两个并列成分，例（9）附着后端一个并列成分，例（10）附着两端而不附着中间一个。但具有对偶关系的并列成分需要逐一附着，否则难以成立。如：

（11）你们舞文弄墨的，不要光写山呀水呀，还得写写风景中的新人新事！

对比：？山∨水呀 /* 山呀水∨

（12）不远处，上海孩子和少数民族孩子围在一起唱啊跳啊，干翁拽着可心一起奔了过去，可心爸爸在一旁急忙嘱咐："慢慢的。"

对比：* 唱∨跳啊 /* 唱啊跳∨

（二）例举短语的成分之间一般不再用连接词，下面的例句是极为罕见的。如：

（13）回来很多啊男的，或者壮丁啊，或者是很多这个艺人啊，或者是战士啊，就从东亚都回来了。

（14）他那时候旧燕京是，算半工半读吧，毕业吧，相当于什么初中啊是相当于高中啊，不太清楚。

例（13）里的"啊"短语中间连用一个"或者"和两个"或者是"，例（14）里的"啊"短语中间用"是"，都表示选择关系。准话语语气词构成的例举短语之所以如此少用连接词，原因是停顿与准话语语气词一起已经

203

附带有连接功能。

（三）例举短语可以单独或与例举标记等一起做话题、述题或其句法成分，也就是说，可以被更大的句法结构所包含。这也是它们和话语语气词的重要不同之处。列举标记可以用一个或多个，位置可前可后，也可以前后都用。如：

（15）大人小孩儿住在一起，门外有个小门脸儿，什么炸油饼的，卖个老豆腐啦，卖个炸丸子啦，比较陈，比较穷，这地方。

（16）在唱戏不讲究有包头吗？就是那个那个盔甲什么一类的东西，搞这些东西的，就叫包头，做假头发啦，假胡须啦什么伍的，属于这一类的。

（17）就是画片儿啊，几个几个画片儿啊，什么什么地方儿什么什么，什么女的那唱戏的，什么女的那是讲究那会儿小寡妇儿上坟啦，什么牛郎织女啦，什么这个卖油郎啦，什么哪儿哪儿打仗放炮啦，就是这一个片儿，就看一个片儿，不动……

（18）就拿画画儿本身来说吧，也只有低能的人才会专门在风景上下功夫，什么画个岩洞呀，河流呀，树丛呀，雾呀，云呀什么的……

（19）要说他从家里拿走的东西，一般也不是什么特别值钱的东西，比如说一个茶杯啦，一盏台灯啦，一支钢笔啦，一个手电筒啦，一本历史书啦，一双羊皮皮鞋等等。

例（15）里"什么"位于"啦"短语前；例（16）里"什么伍的"位于"啦"短语后；例（17）里四个"什么"分别位于四个"啦"短语前；例（18）里"什么"位于"呀"短语之前，"什么的"位于"呀"之后；例（19）前有"比如说"，后有"等等"。由上可知，例举短语与列举助词结合可有如下五种方式（仅以二项式为例，用A、B代表并列成分，准话语语气词以"呀"为例）：

（a）A呀，B呀。如：鸡呀，鱼呀。
（b）列举标记+[A呀，B呀]。如：什么鸡呀，鱼呀。
（c）[A呀，B呀]+列举标记。如：鸡呀，鱼呀什么的。
（d）列举标记$_1$+[A呀，B呀]+列举标记$_2$。如：什么鸡呀，鱼呀等等。
（e）列举标记+A呀，列举标记+B呀。如：什么鸡呀，什么鱼呀。

（四）例举短语可以单独或与列举标记等一起做话题或述题，更多的是做话题或述题的句法成分，包括插入语、谓语、状语、宾语或定语及其成分。

据上可知，准话语语气词构成的例举短语的成分之间的关系，不是严格的并列关系而是一种较为原始的句内并联关系，所连接的语类没有非常严格的限制，即使是不同语类的成分也可并联一起（胡建华 2021）。

（五）对于附着并列成分的语气词，学界习惯于称为"列举语气词"。但"列举"与"例举"虽然都有胪列之意，都表示并列关系，位置都可互换而不改变句法、语义关系，但又明显存在如下 4 点不同：

1."列举"的意思是"一个一个地举出来"，"例举"是"用一个或多个例子举出"。列举的例子必是多个，通常是全部；例举可以多个，也可一个，通常是具有代表性的。

2. 列举短语和例举短语的形式标记有同有异，对比如表 9-2 ["下降尾音"见赵元任（1979：367），"列举助词"见张谊生（2001）]。

表 9-2　列举短语和例举短语的形式标记对比

短语类型	对比参项				
	下降尾音	停顿	列举助词	连词	语气词
列举短语	+	+	+	+	-
例举短语	+	+	+	+偶尔	+

由上表可知，例举短语各项都可后附语气词，列举短语一般不能；列举短语中可用连词"和"或"而且"，例举短语一般不能。如在 CCL 语料库里发现列举短语用语气词的有 4 个用例，例举短语用连词的用例仅有 1 例。如：

（20）你比如说这个资本家呀和先生∨，他夜里头啊胡搞去，抽大烟哪，下处啊这一带啊，谁给他看门儿……

（21）梁冬：古代的那个酒楼啊和 KTV ∨ 混业经营，是吧？

（22）……所以这个大腿根啊和乳房∨都是在胃经里。

（23）他要对自己的关于金桥啦和不能率领一群乌合之众打到国境界以外去啦等类似的空话（他们认为这些仅仅是空话）给予回答。

例（20）—（22）的前后项附着了语气词又用了连词，属穷尽性列举。例（23）的前后项附着了语气词并使用了连词，属非穷尽性例举。原因在于，例举短语里的语气词不仅协助例举，还一定程度上发挥例举标记兼连词的作用。换言之，列举助词和连词都不再是必要手段了。再如：

（24）我读过他写的东西，尽是些扯淡话，什么"人生海洛因幻果"啦，什么"我是和着玉米面蒸的发糕"啦，这个比喻还算确切，他那张脸真象个倒立着的大窝头。还有，还有，还有什么"人是一碟两毛五的炒三丝儿"、"真善美是口香糖"、"真正的痛苦在于一无所爱"什么的，整个的一个箴言哲理集锦。（转引自马啸1992）

上例里"什么"和"什么的"等4个列举助词都可隐去而无损例举功能的表达。

3. 列举短语一般都是语义自指，例举短语是语义转指，即以有限例举项转指同类所有成员，以局部转指全部，是遍指或类指。如例（20）—（22）都是自指，例（24）转指同类所有成员。

4. 列举短语所用连词包括口语词和书面语词，参与构成的列举短语因此有口语和书面语之分；语气词都是口语词，参与构成的例举短语也有明显的口语色彩。

二、附着对举谓词重组为对偶短语

先看例句：

（25）田埂上，她读啊写啊；油灯下，她写啊读啊。

（26）看她真高兴啊，一路都是蹦啊跳啊的。

（27）刘华玲喝得满脸通红，不耐烦地喊："你们也别死呀活呀的，以后有我的就有你们的。我喝啤酒不能让你们喝马尿，我吃肉片不能让你们吃狗屎。"

以上例句里，"啊"附着对举谓词构成对偶短语"读啊写啊"、"写啊读啊"、"蹦啊跳啊"和"死呀活呀"，分别表示两个动作长时交替反复进行。如果删除其中的"啊"，剩下的"读写""写读""蹦跳"都很难成立，并影响到整个句子的成立。

三、附着反复谓词重组为描摹短语

"啊"多附着自主谓词，偶尔附着非自主谓词；附着反复谓词通常是两次，也可多次。如：

（28）他写啊写啊写啊，直到天亮还没有写完。

（29）一个水手的妻子坐在那儿吃栗子，啃呀啃呀啃呀地啃着。

（30）"体操皇后"科马内奇第一次夺得世界冠军时，高高地扬起双手，笑啊、笑啊，好像永远也笑不够。

准话语语气词附着反复谓词构成描摹短语，句法上都不能做话题或其句法成分，也不能独自做述题，只能在述题里做后谓语表示前景或做前谓语表示背景。如：

（31）然后我上去之后，唱，我一直在想，然后闭上眼睛，手一直在这样抖啊抖。

（32）请注意，这里是慢镜头，一张张美丽的美元身体轻盈地旋转着，缓缓地飘啊，飘啊。

（33）孩子和浪荡子牵着它们，拼命地跑啊跑的，要把它们放上天空，它们总是中途夭折，最终飞上天空的寥寥无几。

（34）就这么等呀等，一直等到太阳下山，黄羊的身子终于动了，只见它伸了个懒腰，站起来走了没几步，就岔开后腿撒尿。

前两例里，描摹短语做多个谓语里的最后一个谓语，表示多个事件或一个事件的不同动作里作为前景的那个事件或动作。后两例里，做多个谓语里的前谓语，表示多个事件或同一事件的多个动作里作为背景的那个事件或动作，后续句表示前景即结果或目的。偶尔也可以做定语。如：

（35）提到《阿里布达》第八集，流浪者就会想到阿雪那晃呀晃呀的狐狸尾巴。

（36）……摆呀摆呀的相公灯，扭呀扭呀的闺女灯。

如果删除其中的"呀"，就不再是描摹短语，即失去生动色彩，而变成了重叠式。

四、附着反复称谓词重组为增情呼唤短语

"啊"所附着的反复称谓词有名词、人称代词2类。名词包括专有名词、称谓词和拟人化称谓词。如：

（37）儿子啊儿子！不是妈妈心狠，你也为党做点贡献吧！

（38）娘娘呀娘娘，您太聪明了，您家里有大百科全书啊，没您不

知道的，我问问您吧。

（39）一个个古老的传说，一旦被哥呀妹呀地唱出来，感动的，首先是歌唱者自己。

（40）曲副书记在电话里口口声声梁啊梁啊地称呼我，使我受宠若惊。

（41）他（孔子）就叹息，说觚啊，觚啊，你已经不像觚了。

（42）站在一百码以外的秃子这时扑通一声倒在地上，妻呀妻呀地哭唱。

"啊"在以上例句里附着反复称谓词构成呼唤短语，做话语层面的人际话题或句法层面的状语。

五、附着反复代词重组为轻责短语

"啊"附着第二人称代词"你、你们"构成轻责短语，做人际话题。如：

（43）她的嗅觉好像失灵，温柔的白脸无一丝变色，细细的柳眉徐缓地舒展着，轻声说："你啊你。我就这么一会儿不在，怎么就……"

（44）"你们呀你们呀，我不高兴，不行；高兴了，也不行。让我怎么是好？"老爷子抱怨完了，又是一杯下肚。

学界几乎一致认为，语气词不是语法结构的必需成分，其有无、异同和多寡不影响合语法性，位于句中的准话语语气词只是"说话人对句子信息、结构心理切分的手段，并不与句法成分相干，它们只体现篇章功能，而不体现句法功能"（张伯江、方梅 1996：8）。但前述显示，准话语语气词附着并列、对举、反复词语并将它们重组为与原式不同的例举、对偶、描摹、增情呼唤和轻责短语，说明它们都有一定的句法功能。这是它们和述题语气词、话题语气词的又一重要区别。

第四节 准话语语气词的语义功能

准话语语气词在与所附对象一起重组为各种与原式不同的短语的同时，还将其语义重组出不同于原式的语义。这是它们和述题语气词、话题语气词的又一重要区别。

一、例举短语的语义功能

例举短语具有和原式不同的以少概全的类指功能兼随便轻松口气,即言者举例时只是随口说出,并非刻意选择具有代表性的或重要的例子。姑且选取此前此后例句如下:

爱啊恨啊,情啊恋啊,想啊念啊,梦啊怕啊,死啊活啊,哥啊妹啊——转指所有流行歌曲的内容

花咧,草咧,石咧,水咧——转指观赏事物

滑雪啦、溜冰啦、击剑啦——转指体育运动

吃饭啦,跳舞啦,参加野餐会啦——转指交际活动

做家务向父母要报酬啦,下学出去打工赚钱啦——转指流行的教育方式

护发啦,养颜啦,保持形体啦——转指女性美容美体

过家家啦,老鹰抓小鸡啦,木头盯啦——转指儿童游戏

什么冰河动得快啦、动得慢啦、或者完全不动啦——转指冰河运动

什么对立面已经化为"斋粉"啦,什么"沉舟侧畔千帆过,病树前头万木春"啦,什么"尔曹身与名俱灭,不废江河万古流"啦,什么"玉宇澄清万里埃"啦,什么"战斗正未有穷期"啦,什么"大打一场意识形态上的人民战争"啦——转指"文革"时大批判文字常用引语

如果删除其中的准话语语气词,句法上或成立或不成立,但语义都不再具有"以少概全"的类指义。对比如下:

爱啊恨啊,情啊恋啊,想啊念啊,梦啊怕啊,死啊活啊,哥啊妹啊——爱恨,情恋,想念,*梦怕,死活,*哥妹

每天早上都扫地、擦桌子的,勤快极了——每天早上都扫地、擦桌子,勤快极了

此外,准话语语气词隐省还会将个别例举短语还原为复合词,同时失去临时具有的句法功能。对比如下:

一丁点儿权呀利呀的事　　一丁点儿权利的事

宝呀贝呀地捧　　　　　　　　*宝贝地捧

二、对偶短语的语义功能

准话语语气词将语义相反或相对的两个对举谓词重组为对偶短语，表示交替反复义。如：

（45）昨天他还当着我的面，赞扬了小杨一番，可今天又当着大伙说小杨自私啊刻薄啊什么的。

（46）晚会上大家唱啊笑啊，跳啊闹啊，折腾了好一阵子。

（47）歌啊，舞啊，说啊，笑啊，满身辛劳，全抛到九霄云外去了。

如果删除其中的准话语语气词，对偶短语或成立或不成立，但语义上都不再表示交替反复义。对比如下：

哥呀妹呀　　　　　　　　　　*哥妹
晚会上大家唱啊笑啊，跳啊闹啊　*唱笑，*跳闹
歌啊，舞啊，说啊，笑啊　　　　*歌，舞，*说，笑

三、描摹短语的语义功能

准话语语气词将反复谓词重组为描摹短语，表示长时间持续或反复义兼生动描摹色彩。学界多将"VV"短语视为动词重叠式或反复体，表示短时持续或反复。描摹短语虽然仍然表示持续或反复义，但不再是短时或少量义，而表示长时间持续或反复义兼生动描摹色彩。对比如下：

（48）a.富贵老头往里面爬爬，问道："深更半夜，你到外边来干什么？"

b.他们爬呀爬呀，艰难地朝大海的方向爬去。

（49）a.美女……站在领奖台上长发飘飘，斯文秀气，充满了东方女性的魅力。

b.我飘呀、飘呀……飞呀、飞呀……四周是像墙一般密密层层的巨树，高不见顶。

例（48）句 a 的"爬爬"表示短时反复，句 b 的"爬呀爬呀"表示长时间持续；前者是客观描写，后者是生动刻画，给人以如在眼前的感觉。例（49）句 a 的"飘飘"表示状态，句 b 里的"飘呀、飘呀、飞呀、飞呀"表示该状态长时间持续。

四、增情呼唤短语的语义功能

准话语语气词将呼语名词重复式重组为呼唤短语，具有增强感情色彩的功能。单音节反复式的"啊"不宜删除，否则句法上难以成立。对比如下：

（50）人啊人，到底你是钱的奴隶还是钱是你的奴隶？
　　　对比：＊人人，到底你是钱的奴隶还是钱是你的奴隶？
（51）a. 祖国呀祖国！……你快富起来！强起来罢！
　　　对比：≠祖国祖国！……你快富起来！强起来罢！
（52）病痛中的女儿呼唤着："妈妈、妈妈，你怎么就不能多照看我一下！"
　　　对比：病痛中的女儿呼唤着："妈妈呀、妈妈呀，你怎么就不能多照看我一下！"

例（50）里的"人啊人"和"人人"的语义、韵律都不相同。前者是增强感情的呼唤，后者是遍指义。例（51）里的"祖国啊祖国"和"？祖国祖国"，例（52）里的"妈妈、妈妈"和"妈妈呀、妈妈呀"在色彩、韵律和合语法性上都有所不同。

五、轻责短语的语义功能

准话语语气词将第二人称代词反复式重组为轻责呼语，表示增强感情的指责。如果删除其中的"啊"，"你你""你们你们"只能表示急迫口气或口吃形式。如：

（53）小叶你糊涂啊，年轻人都这样，书越读得多越糊涂了，你啊你啊……
　　　对比：小叶你糊涂啊，年轻人都这样，书越读得多越糊涂了，你你……

这种短语里的轻责色彩，不是"啊"自身的功能，而是整个短语的功能,也包括"你"所承袭的古代汉语(乃至人类语言)第二人称代词拥有的非礼貌基因。①

第五节 准话语语气词的韵律功能

准话语语气词附着语素、词、短语或小句与之构成一对或一串"X+P(particle)",即组合成更大的并置或并联结构,具有如下 3 个重要特点。

(一)除非前后带有列举助词,否则必需 2 个及以上"X+P"形成一对或一串韵律块才能单独或与列举助词一起做述题、话题或其句法成分。

(二)在韵律块里,语气词发挥着特殊的韵脚作用。

(三)由于韵律块的句法、语义及其附加色彩不同,准话语语气词的发音长短不同,形成两种不同的韵律结构:例举短语里的语气词都是"前后等长"式(前后语气词发音等长),其余都是"前长后短"式(前一个语气词发音略长于后一个)。对比如下:

    前后等长式:胳膊肘往外拐呀,见利忘义呀,吃里扒外呀,名利思想呀,吃独食呀(例举短语,下同)
    喜剧演员也好,悲剧演员也罢,歌剧演员也好,舞蹈演员也罢
    过家家啦,老鹰抓小鸡啦,木头盯啦
    吃啊喝啊、宝呀贝呀
    死啊活的、鞋呀袜子的
  前长后短式:吃啊吃啊、跑啊跑啊(描摹短语)
    写啊读啊、唱啊跳啊(对偶短语)
    娘啊娘啊(增情呼唤短语)
    你啊你啊(轻责短语)

前长后短式都是 4 音节,有别于词汇韵律结构里的"2+2"模式,也有

---

① 古代汉语的第二人称代词是尊长对卑幼者的对称。现代北京语有一套人称代词礼貌式,第二人称用"您",第三人称用"怹",第一人称单数用复数式"我们"。当代英语的 you,是第二人称单数式和复数式,本是古英语第二人称代词的复数式,现在取代了古英语的非礼貌的单数式 thou(王力 1984:273—275)。如话剧《日出》里潘月亭讽刺一心要逆袭上位的下属李石清说:"……你叫我月亭可以,称兄道弟,跟我'你呀我呀'地说话也可以,现在我们是平等了。"

别于"1+1+1+1"模式,部分地符合韵律语法所谓的音节增减会影响句子的合语法性、语义及其色彩。①

前后等长式更不符合词汇韵律结构的两种模式,但也只是接近而不全然符合韵律语法。因为,它们不仅具有有别于原式的句法、语义功能兼附加色彩,更因韵律的作用而具有强大的包容性,不同语类(体、谓或体谓混杂)、义类(同义或近义或反义)、音节数量(单或多音节)、句法结构类型,都能插入其间或附着其后并将它们重组为至少两音步(四音节)或更多音步(更多音节)的韵律块。排列对比如下(乘号后的数字表示构成韵律块的成分的数量):

[1音节+呀]×2:宝呀贝呀

[1音节+咧]×4:花咧,草咧,石咧,水咧

[1音节+啊]×2×6:爱啊恨啊,情啊恋啊,想啊念啊,梦啊怕啊,死啊活啊,哥啊妹啊

[2音节+也好/也罢]×2×3:政策也好制度也罢,法律也好规定也罢,经验也好做法也罢

[2音节+啊]×12:地球啊,宇宙啊,太阳啊,星星啊,人类啊,祖国啊,奉献啊,人生啊,生活啊,前程啊,未来啊,以往啊

[2—6音节+也罢/也好]×2×4:承认也罢,不承认也罢;"那个人"存在也罢,"那个人"不存在也罢;直接的也罢,不直接的也罢;是旧友也罢,是新朋也罢

[2—7音节+呀]×5:灯光呀,拍摄角度呀,微笑的分寸呀,还有声音的柔和呀,神态的庄重呀

[2—18音节+啦]×2:金桥啦和不能率领一群乌合之众打到国境界以外去啦

[3—5音节+啦]×5:贡献大啦、包袱重啦、税负不平等啦、竞争不公平啦、投入不足啦

[4—13音节+啦]×7:几个几个画片儿啊,什么什么地方儿什么什么,什么女的那唱戏的,什么女的那是讲究那会儿小寡妇儿上坟啦,什么牛郎织女啦,什么这个卖油郎啦,什么哪儿哪儿打仗放炮啦

[6—9音节+啦]×4:你父亲是做什么的啦、你高中的成绩好不好啦、你是几月生的啦、你吃过青蛙没有啦

---

① 就此我们请教过冯胜利教授,蒙他赐教说:"实在是漂亮的韵律语法现象,值得好好讨论:加进句法语气词后就是 CP 的层级韵律了,不再是 IP 或 VP 的韵律现象。"

［9—16音节＋啦］×6：什么对立面已经化为"斋粉"啦，什么"沉舟侧畔千帆过，病树前头万木春"啦，什么"尔曹身与名俱灭，不废江河万古流"啦，什么"玉宇澄清万里埃"啦，什么"战斗正未有穷期"啦，什么"大打一场意识形态上的人民战争"啦

［21—22音节＋也好／也罢］×2：无论是珠海有关部门强制拆除居民自己架设的简易浮桥也好，还是郑州的街道办事处强制拆除居民自己房子里的楼梯也罢

以上例句里，无论所附对象音节多寡（1音节—22音节）、成分数量多寡（2—12个）、语类异同、结构整散、整个序列长短，都能分别在其各个成分之后附着1个（偶尔2个）语音最轻且可自由延宕伸缩的准话语语气词作为统一标记，最后再跟一个较大停顿作为韵律块的后界标，从而将它们重组为一个更大的韵律块，以此控制句子的模块数量不超过记忆常数 $7±2$（陆丙甫1986）。

就本质上说，准话语语气词间隔重用作为韵脚参与构成"重韵"韵律块，是日常会话语流中又一种"打包传递"形式（沈家煊2017）。"包袱皮儿"是由准话语语气词作为韵脚反复出现构成的长短式和等长式韵律块，它们分别将一对或一串词语重新包裹或重组为两类"意随韵生""韵移其意"（钱锺书1986：364）的包裹，分别包裹重组后的句法、语义兼附加色彩。简言之，"包袱皮儿"是语气词作为韵脚的韵律块，"包袱瓤儿"是异于所附原式的句法、语义及其附加色彩。即此也可证明，韵律不仅是"语法的一种形态手段"、一种"语法的'构成'部分"（沈家煊2017），同时也是语义的一种手段——"用节律的音乐性启发意会"（申小龙2017）。这是准话语语气词和述题语气词、话题语气词的重要不同之处。

第六节　个案描写

一、啊

作为准话语语气词，"啊"用途最广，可附着并列体词、谓词或体谓混杂型，也可附着对举谓词、反复谓词、反复名词和反复人称代词，将它们重组为例举短语、对偶短语、描摹短语、增情呼唤短语和轻责短语。下面从其附着的语类入手讨论其句法功能。

(一)"啊"附着并列体词

"啊"附着并列体词性词语，构成例举短语做话题、述题或其句法成分。如：

（54）山哪，树哪，河哪，田哪，房屋哪，都被盖在它的网下面。
（55）婆呀爸呀妈呀大哥大嫂三娃子牛犊还有干大你们听我讲吧！
（56）什么理想啊、信念呢、前途啊、高尚的情操啊，都没人信了。
（57）《聊斋》呀，《水浒》呀，《三国演义》什么的，都是民间传说，没什么章法，说谁写的都成。
（58）光猪呀，鸡呀，就够我忙乎的。
（59）比如谈话记录呀，讯问笔录呀，申请报告呀，日程安排呀，项目报表呀等等等等，这些是不是你都拿过？

以上几例里，"啊"例举短语单独或与例举标记等一起做话题，"啊"先与附着对象构成例举短语，再与列举助词构成更大的短语，然后做话题。例（54）里"啊"例举短语单独做话题，例（55）里与"大哥大嫂三娃子牛犊还有干大"一起做话题，例（56）里与"什么"一起做话题，例（57）里与"《三国演义》什么的"一起做话题，例（58）里与副词"光"一起做话题，例（59）里与前面的"比如"、后面的"等等等等"一起做话题。再如：

（60）许多青少年因崇拜某位明星的某些特征，比如长相啊，歌声啊，于是就不顾一切模仿明星的行为，搜集他们用过的一切东西。
（61）就拿画画儿本身来说吧，也只有低能的人才会专门在风景上下功夫，什么画个岩洞呀，河流呀，树丛呀，雾呀，云呀什么的……
（62）小伙子生平还没看见过女人，眼前许许多多新鲜事物，象（像）皇宫啊，公牛啊，马儿啊，驴子啊，金钱啊，他全都不曾留意。
（63）这叫相书哇，《麻衣相》啊，《原柳庄》啊，《水镜集》呀，《相法大全》哪，《相法全篇》哪，《揣骨相》啊，《摸骨相》啊，《大清相》啊，种种的，不是一个人编的，所以那书不一样，一个一样儿……

例（60）里"啊"例举短语与"比如"一起做插入语，例（61）里与前面的"什么画个"一起做插入语，例（62）里"啊"例举短语与"像"

一起做插入语兼其后谓词性词语的话题，例（63）里与"种种的"一起做插入语兼其后谓词性词语的话题。再如：

（64）姑娘笑道："死的日子有呢，这会儿别死呀活呀怪叫！"
（65）刚刚还斗红了眼，但胜负一定，哥呀、弟呀、叔呀、伯呀的就亲热得不得了。
（66）谁也不相信宽容，谁也不相信仁爱，却满口人权啊正义啊体面啊文明啊传统啊革新啊地唱。
（67）王全一步追上，大拳头没头没脑地砸下来，打得王升孩子似地哭，爹呀妈的乱叫，一直到别人闻声赶来，剪住王全的两手，才算住。

例（64）里，"啊"短语和"别"一起做状语，例（65）里与结构助词"的"一起做主语，例（66）里与"满口""地"一起做状语，例（67）里与"的"一起做补语里的状语。再如：

（68）您瞧吧，全是果树，桃哇、梨呀、杏、山楂、核桃和各种树木，整个您看不见地儿。
（69）你成天儿忙着，汤呀，药呀，冷呀，暖呀，连觉也没有好好儿睡过。
（70）就在那时候，她还不断地问我，你父亲是做什么的啦、你高中的成绩好不好啦、你是几月生的啦、你吃过青蛙没有啦等等。
（71）这主要是女同志用的，唇彩呀，指甲油啊，胭脂啊，睫毛膏啊，诸如此类。
（72）他就喜欢花啊，草啊，鸟啊，什么的。
（73）她用家里寄来的多余的钱，经常花几个美分买一些棒棒糖啊、爆米花之类，和同学分享。

例（68）里"啊"短语与"杏、山楂、核桃和各种树木"一起做宾语，例（69）里单独做宾语，例（70）里"啦"短语与"等等"一起做宾语，例（71）里"呀/啊"短语与前面的"女同志用的"和后面的"诸如此类"一起做宾语，例（72）里"啊"短语与"什么的"一起做宾语，例（73）里先与"爆米花"构成并列短语，再与前面的"一些"、后面的"之类"构成更大的例举短语一起做宾语。再如：

（74）梅老大夫这时边给暖暖拿药边又说：人哪，犯不着为一点权呀利呀的事就生气记仇的，能活多长时间？

（75）总之，波斯猫带着满身洋味儿，一直在中国未取得鸟啊、鹰啊、蛐蛐啊，鸽子啊等等的地位。

例（74）里"啊"附着并列复合词的两个语素成分，然后与"的"一起做内涵定语，例（75）里"啊"短语与"等等"一起做领有定语。

（二）"啊"附着并列谓词

"啊"附着并列谓词性词语构成的例举短语做话题或述题里的句法成分或其成分。如：

（76）他们雇了三个女人来帮忙。擦呀，刷呀，冲洗漆具呀，敲打地毯呀，把画拿下又挂上呀，擦拭镜子和枝形挂灯呀，在卧室生火呀，把床单和羽绒褥垫晾在炉边呀，这种情景无论是从前还是以后，我都没有见过。

（77）比如说黑呀白呀、长呀短呀、高啊低啊、胖啊瘦啊这叫性质，还有什么真善美，假丑恶，都是性质。

例（76）里"啊"短语单独做话题，例（77）里依次与"比如说"一起做话题。再如：

（78）我们孙将军如何如何，道德又好啊、人品又好啊、威望又高啊、力量又大啊、人马又多啊，你如果联合我们孙将军一起来对抗曹操，那不是就可以完成大业了吗？

（79）我们斫呀，拔呀，搬成一堆堆过磅呀，登记呀，装上车呀，送往"中心点"的厨房呀……大家忙了一天，菜畦里还留下满地的老菜帮子。

（80）伊丽莎会老半天坐着，缝呀，读呀，写呀，对我或是她妹妹不吭一声。

（81）昨天他还当着我的面，赞扬了小杨一番，可今天又当着大伙说小杨自私啊刻薄啊什么的。

（82）晚会上大家唱啊笑啊，跳啊闹啊，折腾了好一阵子。

（83）万选蓉和孩子们一起津津有味地吃着五彩果冻，在孩子们中间唱啊、跳啊、乐啊！

217

例(78)里的"啊"短语单独做插入语,例(79)里单独做述题,例(80)单独做连谓里的后谓语,例(81)里与"什么的"一起做述题里兼语的谓语,例(82)里做述题里的前谓语,例(83)做后谓语。再如:

(84)……所以,我们才这样山啊水啊的来找你了……

(85)二十五岁的张静那时高兴得整天唱啊、跳啊,开大会、刷标语,简直不象四个孩子的妈妈,而象个涉世未深、热血沸腾的小青年。

(86)他们的许多政绩都是靠达标呀、升级呀弄来的……

(87)春节期间不能说"破"呀、"漏"呀、"没了"等等,认为不吉利。

(88)冰心的小诗是沉静的,他不像郭沫若一样大呼小叫,也不像徐志摩一样爱呀美呀的感喟哀叹,他更多地把对人生的感受凝结在诗的意象中。

(89)他看书从来不在上面写字,连个道都不画,熟记在心,融会贯通,不是那种记啊画啊的人,一切都是在脑子里,一种精神的领悟。

例(84)里"啊"短语与前面的"才这样"一起做述题里的状语,例(85)里与前面的"整天"一起做"高兴"的补语,例(86)里单独做述题里的介词的宾语,例(87)与列举助词"等等"一起做动词的宾语,例(88)里与前面的"像徐志摩一样"和后面的结构助词一起做定语,例(89)与前面的"那种"和后面的"的"一起做定语。

(三)"啊"附着体谓混杂型词语

"啊"附着体谓混杂型词语,构成例举短语做话题或述题的成分。如:

(90)他呀,干起活来,什么吃饭啊、睡觉啊、身体啊、自己的家啊,全都抛在脑后了,他呀,简直就是一头干活的"牛"。

(91)胳膊肘往外拐呀,见利忘义呀,吃里扒外呀,名利思想呀,吃独食呀,等等等等,人家想说什么就有什么。

以上两例里"啊"短语分别与"什么""等等等等"一起构成更大短语做话题。再如:

(92)我弄不懂也懒得弄懂他那些个事情,什么寄售啊,高价啊,创汇啊，交税啊，被检查组立案检查啊，等等，等等。

（93）但可惜的是，这些音乐电视大多体现的是爱啊恨啊，情啊恋啊，想啊念啊，梦啊怕啊，死啊活啊，哥啊妹啊等等。

例（92）里，"啊"短语与前面的"什么"、后面的"等等，等等"一起做述题里的插入语。例（93）里分别与"等等"一起做宾语。

值得注意的是，以上位置里的"啊"几乎都可以替换为"啦"。但附着对象为谓词性且处于非遍指义的谓语位置时，只能用"啊"，不能用"啦"（方梅 1994；张伯江、方梅 1996：48—49）。下面一例格外特别，前面用"啦"例举短语，后面用"啊"例举短语。如：

（94）桦树啦、杨树啦、野樱树啦，生出清香的、粘性的树叶……乌鸦啊、麻雀啊、鸽子啊，怀着春天的欢喜，忙着修理他们的巢儿……

二、的

吕叔湘（1999）"的"字条举有如下两例：

（95）钳子、改锥的，放在这个背包里。
（96）老乡们沏茶倒水的，热情极了。

这两例里"的"的作用是"表示'等等、之类'，跟'什么的'同义"。这等于说，钳子、改锥的 = 钳子啊、改锥啊 / 钳子呀、改锥呀的；沏茶倒水的 = 沏茶呀倒水呀 / 沏茶呀倒水呀的。它们是以另一种方式随便例举以转指同类，仍然具有"加强所附着的语言单位的指别度的作用"（完权 2016：158）。

丁声树等（1961：217）指出："有时候两项并列，第二项后头用了'的'字，第二个'啊'就可有可无。"据此，"的"单独或与"啊"一起附着反义或对举的体词或谓词，将其重组为三种例举短语，即"AB 的"、"A 啊 B 的"和"A 啊 B 啊的"。它们单独或与话题前标、列举助词一起做话题或述题或其各种句法成分。

（一）"的"附着体词做话题、述题或其中的各种句法成分。如：

（97）那单衣裳就像风似地鼓胀着风，裤啊褂的，准是被树枝刮破的口子。

（98）当个穷兵，这话也就没法说了，连个鞋呀袜子的也弄不上。

（99）礼堂里，桌子椅子的放了一大片，连走路都成了问题。

（100）老人们抽一袋烟聚着扯淡，精壮男女则嘴里荤啊素的，在田埂上疯野。

（101）利用妹妹在火车上当列车员的便利，上海、南京、杭州的跑了起来。

（102）调材的不在镇子里呆着，跑到林子里做什么"湿"啊"干"的……

（103）寺不大，建筑很普通，殿呀厢的一堆房子。

例（97）里"的"短语单独做话题，例（98）里和焦点前标一起做焦点话题，例（99）里做次话题，例（100）里和"嘴里"一起做谓语，例（101）里做状语，例（102）里与列举助词"什么"一起做宾语，例（103）里做定语。再如：

（104）他死呀活的没咱们什么事，你也用不着惦记。
（105）什么死啊活的，别讲这些不吉利的话。
（106）走啊走的，天色可就黑了下来啦。
（107）瞧你，干吗（嘛）跟我遮呀盖的。
（108）一到庄上，乡亲们忙着倒水沏茶的，待我们可亲热啦。
（109）如果害了病就愁眉苦脸，一天到晚担心死呀活的，还有什么心思去治病呢？
（110）沈沄心里一酸，好久了，没有人问她胖啦瘦的之类的话了。

例（104）里"的"短语和前面的主语一起做话题，例（105）里和列举助词"什么"一起做话题，例（106）里单独做话题，例（107）里和"干吗（嘛）跟我"一起做谓语，例（108）、（109）里单独做宾语，例（110）里和列举助词"之类"一起做直接宾语的定语（这也是发现的唯一一例"啦"和"的"并用的用例）。

三、了（啦、咧）

（一）"啦（了、咧）"附着并列体词或谓词并重组为例举短语，单独或与列举助词一起做话题。如：

(111) 这真是一个很有希望的小运动家，滑雪啦、溜冰啦、击剑啦……他什么都喜欢。

(112) 悔过咧，道歉咧，他们全没听见。

(113) 第二天我们到底找到了那座废城。好大一个土城墙！里面街道啦、客栈啦、粮仓啦，果然样样俱全。

(114) 什么看电影了、听音乐了、看书了、旅游了，我都喜欢。（刘月华、潘文娱、故韡2001）

(115) 我越想这个话越对，所以我把一切无理取闹的事搁下，什么探听秘密咧，什么乱嚷这个主义那个问题咧，全叫瞎闹！

（二）"啦"附着并列名词重组为例举短语，做话题的成分和述题里的插入语、宾语、定语或其成分。如：

(116) 他说："我和日晷仪啦、文件啦，有什么关系？对这种无聊的事我不屑一顾。"

(117) 他停了一下又说："……哎，这样吧，等有空我给你介绍认识几个人物，像黄金荣啦，杜月笙啦，张啸林啦，都是手眼通天且手下喽啰又多，是些有大用处的人，不知蔼龄小姐可有兴趣？"

(118) 我长大了要当美术设计师，画工艺品啦、布景装饰啦、广告啦……干这些工作才能赚钱呢……

(119) 因此，我写童话，不像一般作家，讲究什么流派啦，风格啦……我想的是我的读者，想他们最需要什么。

(120) 它在房间里上蹿下跳时，从不弄碎一样东西。它只把小刀啦、废纸啦、火柴盒、头梳一类的小东西从桌上往下摔着玩。

(121) 我也希望伦敦啦、罗马啦、或者巴黎的黎明，不至像包围我的东京黎明那样地荒凉寂寥。

例（116）里"啦"短语和前面的"我"一起做话题。例（117）里与"像"一起做插入语。例（118）里单独做"画"的宾语。例（119）里与"什么"一起做"讲究"的宾语。例（120）里与"一类"一起做介词宾语的定语。例（121）里与后面的"或者巴黎"一起做宾语小句里主语的定语。

（三）"啦"附着并列谓词构成例举短语，也能做话题或其成分，偶尔做述题的插入语、谓语、宾语或其成分。如：

221

（122）再拿大批判来说吧……什么对立面已经化为"斋粉"啦，什么"沉舟侧畔千帆过，病树前头万木春"啦，什么"尔曹身与名俱灭，不废江河万古流"啦，什么"玉宇澄清万里埃"啦，什么"战斗正未有穷期"啦，什么"大打一场意识形态上的人民战争"啦……古的今的诗的散文的比喻的修辞的文的武的，各种话的力量用了一个溜够，……

（123）我很少花太多的工夫去护发啦，养颜啦，保持形体啦，能有目前这个形象，我想遗传吧。

（124）他曾经说，花脑筋去研究什么冰河动得快啦、动得慢啦，或者完全不动啦，这种人简直是笨蛋。

例（122）里，"啦"短语与"再拿大批判来说吧""什么"和省略号一起做插入语，例（123）里单独做后谓语，例（124）里与列举助词"什么"一起做宾语。

四、也罢、也好

"也罢、也好"只能单个重复使用（简称"重用"）或两个成对附着于选择关系的并列体词、谓词或体谓混杂型词语之后，[①] 构成例举短语做容让条件话题，其后的述题表示在它例举范围内无例外的断言（石吉梦 2008）。其格式包括重用式"也好……也好""也罢……也罢"和搭配式"也罢……也好""也好……也罢"等 4 种。如：

（125）承认也罢，不承认也罢；"那个人"存在也罢，"那个人"不存在也罢；直接的也罢，不直接的也罢；是旧友也罢，是新朋也罢，"那个人"，总会成为你的心情。

（126）我们的表达力，至多只是表达一点粗浅的浮情，忧国也好、非战也好、田园也好、香奁也好、铁板高唱也好、儿女私情也好……

（127）吴稚晖说："只怕各位不肯赏光。馄饨也罢，面也好，用不着我吴稚晖掏腰包的。"

（128）他所讲到的演出阵容，喜剧演员也好，悲剧演员也罢，歌剧演员也好，舞蹈演员也罢，都被法布先生——这狗儿子，说得一塌

[①] 卢烈红（2012）将"也好"的重用称作"配对型"，并说早在《朱子语类》里就已经出现了。

糊涂!

（129）当时的企业改革,租赁也罢承包也好,都不过是将生产作业及其管理权限尽可能下放,将效益与生产直接联系。

以上各例,依次是重用式"也罢……也罢""也好……也好"和成对搭配式"也罢……也好""也好……也罢"。其中例（126）里的"也好……也好……也好……也好……也好……"短语做插入语,例（129）里的"也罢……也好"短语做次话题,其余各例都做话题。

第七节　小结

准话语语气词所附语类及其重组短语的句法功能可归纳如表9-3所示。

表9-3　准话语语气词及其重组短语功能对比

准话语语气词	所附语类	话题或其成分	重组短语功能				
			述题或其成分				
			宾语或其成分	插入语或其成分	定语或其成分	谓语或其成分	状语或其成分
啊	体	+	+	+	+	+	+
	谓	+	+	+	+	+	+
	体谓	+	+	+			
的	体	+	+		+	+	+
	谓	+	+		+	+	
啦	体	+	+	+	+		
	谓	+	+	+	+	+	
了	体/谓	+					
咧	体/谓	+					
也罢/也好	体/谓/体谓	+					

由上表可得出如下结论:

（一）准话语语气词"几乎可以出现在句子的每一个有空隙的地方"（张彦2006a）。

（二）"啊"和"也罢/也好"都能附着体词、谓词和体谓混合型并列成分,"的、啦（了、咧）"只附着体词和谓词性并列成分。所附语类与所构成的例举短语的功能之间并无明显的必然联系。

（三）"啊、的、啦（了、咧）"例举短语都既做话题或其句法成分，也做述题或其句法成分；"也罢/也好"例举短语只做话题，不做述题或话题和述题的内部成分。可以认为前三者的功能强于后者。

（四）"啊"字例举短语做述题成分的功能最多，"的"字例举短语不能做插入语及其成分，"啦"字例举短语不能做状语及其成分。也就是说，"啊"字例举短语做述题或其句法成分的功能略强于"的、啦"短语。原因可能是多方面的。一是方言来源不同。"啊""的""了""啦"是普通话及其基础方言北京话里的语气词，"咧"最初只是北京人模仿外地口音的偶用词，且已退出北京话（孟琮 1985）。二是语法化程度不同。句中语气词来自句末语气词（胡明扬 1987；张伯江、方梅 1996），"啊"已经由表示"暂顿"发展出"列举"功能（胡明扬 1987）或已经由句末语气词发展为主位标记，"啦"还没有发展出专职主位标记功能（张伯江、方梅 1996：48）。就此而言，"啊"的语法化程度也应高于"啦"，而"的"至今还没有与结构助词彻底划清界限，语法化程度也略低于"啊"。三是发音响度不同。"啦"比"了"响亮，"适宜于大声说话、拖长发音，尤其适宜于表达带有相对较强情感色彩的语气，而弱化、轻声的 e 韵则不适宜于发音的放大、拖长，尤其不适宜于表达带有相对较强情感色彩的语气"（郭小武 2000）。四是并列成分少且韵律比较紧凑，倾向于用"了"，反之则倾向于用"啦"（刘辉博士告知），也就是响亮的语音形式更有利于整合结构松散的并列短语。

准话语语气词所附短语及其重组短语的句法、语义功能可归纳为表 9-4。

表 9-4　准话语语气词所附词语与重组短语的功能对比

准话语语气词	所附短语及其语义	重组短语及其语义
啊	并列短语→列举	例举短语→类指兼随便色彩
	对举谓词→对举	对偶短语→交替反复
	反复动词→短时反复	描摹短语→持久反复兼生动色彩
	反复称谓词→重复	增情呼语→增情情感
	反复代词→重复	轻责短语→轻责
的	并列短语→列举	例举短语→类指兼随便色彩
啦（了、咧）	并列短语→列举	例举短语→类指兼随便色彩
也罢、也好	并列短语→列举	例举短语→类指兼随便色彩

据前述重用类型和语法功能对立，结合上表所列重组短语的语义功能对立，准话语语气词内部成员可分为如下 2 个二级功能类。

"啊、的、啦（啦、咧）"为一类。它们单个或与别的成员搭配重用 2

次或多次，重组短语能做话题和述题或其内部成分，语义功能多样或单一。

"也罢/也好"为一类。它们成对搭配或重用2次，重组短语只能做话题，语义功能单一。

由前述所论可知，准话语语气词附着述题或话题的内部成分，并在句法上将其重组为不同于原式的多种短语，语义上重组出不同于原式的多种功能，[①]韵律上将其重组为"等长式"和"长短式"两种韵律块，有助于营造良好的话语氛围，缓解听者紧张的情绪，以顺利实现交际任务。因此，女性比男性更偏爱使用准话语语气词表示例举（曹志赟1987）。

丁声树等（1961：16）讨论并列结构时指出："并列结构的成分之间可以有连词，也可以没有连词。成分跟成分之间讲究字数匀整，有时还拿相同的字眼起头或收尾。所以一句话里即使有好些层并列结构，解释起来好象（像）费事，看起来、念起来却并不沉闷，反而觉得生动有趣。"这"字数匀整""生动有趣"八字虽就无语气词的并列短语而发，[②]但也适用于我们所谓准话语语气词参与构成的韵律块的话语色彩。

需要补充的是，准话语语气词所附原式可用于书面语和口语，但重组后的各种短语都只能用于日常会话的舒缓语体，因此后者可视为前者的口语变式。这可由如下三个对比得到佐证。

一是与书面语对比。如：

（130）薛姨妈和宝钗香菱并两个年老的嬷嬷连日打点行装。
　　　　对比：薛姨妈啦、宝钗香菱啦，两个年老的嬷嬷啦连日打点行装。

（131）要爱不要恨，要教不要训，要管不要整，要拉不要推，冷处理，热定型。
　　　　对比：要爱啊不要恨啊，要教啊不要训啊，要管啊不要整啊，要拉啊不要推啊，冷处理啊，热定型啊。

例（130）原句是书面语叙述句，对比句里不仅原来由连词兼表的分类功能不复存在，而且整个句子也只能是日常会话句了。例（131）本是严肃

[①] 与述题语气词和话题语气词对句法、语义几乎毫无影响相比，准话语语气词具有一定的句法、语义功能，据此可以认为它们可能具有逆语法化的倾向。

[②] 丁著此语针对的是下面一个例句：
　　并不奇怪，这不过是大狗小狗饱狗饿狗之间的一点特别有趣的争斗，一个不大不小的缺口，一种又痒又痛的矛盾。

演讲的句子，显然不宜附着准话语语气词。可见，准话语语气词通过拖腔、低调（赵元任 1979：363）、停顿等只有日常会话才特有的韵律手段及其色彩，与正式书面语、正式口语形成鲜明对比。

二是与书面语里的列锦、排比对比。列锦、排比在句法上也属并列短语，也有例举功能，但均为典雅书面语所用并列短语，不具有日常会话色彩，因而强烈排斥准话语语气词及其作为韵脚的特有表达色彩。如：

（132）荒坟、石碑、刺树、窝棚、横舟、野渡。麦浪时起时伏。

（133）一道道的山，一道道的河，一行行的青松，一队队的红卫兵，一群群的马，一盘盘的炒疙瘩。

三是与评书艺术里的串口和相声艺术里的贯口对比。如：

（134）堂馆把话答，客爷听根芽；您老别走啦，再走身体乏。到了咱的店，好像到了家。进店洗脸水，这个算白搭。您老要喝水，香片大叶茶。您老要吃饭，煎炒馏烹炸。您老要喂马，我把细草铡。铡得碎碎的，马吃不硌牙。您老上厕所，手纸一大挡。茅房有板凳，不用您蹲下……别到对过店，那店太邋遢。房子多少年，早晚要趴下。跳蚤满炕蹦，臭虫满墙爬。晚上睡不着觉，一个劲儿瞎挠抓。天明起身走，越想越腌臜。（《岳飞传·抛彩招夫》）

上例这段长达 30 多句的串口没用一个准话语语气词。再如相声《满汉全席》有一段堪称世界之最的贯口，连用 210 个菜名，是一个超长的例举短语，但没用一个语气词。如果用了，就会显得拖沓疲软，无法表现"口快如刀"的艺术效果。

最后，准话语语气词并非普通话所独有，汉语方言及其亲属语言也普遍拥有。另外，大多数语言里并列成分的显性连接手段都只有语音停顿、连词和副词，汉语有连词、副词、连副同用、指示代词和例举语气词（朱德熙 1982：156；邓云华 2004）。相比之下，准话语语气词在汉语并列语法范畴系统里虽不是显赫范畴，却可能是口语并列成分的多样性编码策略（宋文辉 2016）之一，也是"汉语'大语法'包含韵律"（沈家煊 2017）的表现之一。

第十章　语气词迭用顺序及其规定性

第一节　正名

对多个语气词紧邻连用，学界至少使用过如下16种名称：连助（陈骙等1960：9），合声（袁仁林1989：59），合助助字、叠助、双合字（马建忠1983：377），结合（赵元任1926；李小凡1998：113），相继（赵元任1979：353），迭用（胡明扬1987；胡裕树1995：377；左思民2009），组合（朱德熙1982：208），连用（上神忠彦1968；丁恒顺1985；郭锡良1988；赵长才1995；李晟宇2005），复用（李宇明1997），连续共现（尹世超1999），同现（杨永龙2000），共现（史金生2000），句末助词串（邓思颖2002），叠合（戴昭铭2009）。[①] 考虑到它们紧邻连用的线性先后，实质上是右向递层迭加，越往右层次越高，我们更乐意接受"迭用"一名。此外，先后迭用的2或3个语气词之间并不存在直接组合关系（朱德熙1982：207），之所以称之为"迭用式"，仅仅为了便于称说（丁恒顺1985）。

第二节　已有研究回顾

南宋陈骙《文则》（1960：9）已注意到文言文语气词迭用现象，并举出4个三个语气词迭用的例句，此外还评价说："凡此一句而三字连助，不嫌其多也。"元代卢以纬《助语辞》（1985：84—85）收录了6个语气词迭

[①] 戴文认为，叠合语气词是一个"固化结构""结构化单位"，即"原本不相干的单位变成了一个固定结构单位，甚至"其结构的凝固程度，都超过并列结构的实词"。这与学界的一般认识不同。

用式，包括 2 个二迭式和 4 个三迭式。清代王鸣昌、魏维新（见刘长桂、郑涛 1983）列出 34 个迭用式，包括 26 个二迭式和 8 个三迭式。袁仁林（1989：59）将语气词迭用称为"合声助词"，分 6 条列举出 20 种迭用式，包括 18 个二迭式和 6 个三迭式。马建忠（1983：377—381）谓之"合助助字"、"两字叠助一句"、"双合字"或"参合字"。他认为：

> 古人谨尔话言，往往意在言外，记者追忆其言而笔之，笔之或不足拟其辞，故助以声。一之不足，而再焉，而参焉，至辞气必达而止。求之今文，双合字之助句者鲜矣，而参合者则仅见于《论语》《檀弓》《左传》，且其句大抵皆记者追述言者之辞气已耳。故凡句之有合助者，大抵皆由咏叹而发。又凡助字之叠助一句也，各以本意相加，非以二三字之合助而更幻一新意者也。（马建忠 1983：377）

马建忠还列出 5 类 18 个"叠助"格式，并自信满满地总结说："总之，合助之字，各抱本意，借以毕达句中所孕之辞气耳。助字之妙，惟古人能用之，周秦以下无继之者。"（1983：381）

当代学者里，赵元任（1926）最早将语气词迭用称为"普通结合语助词"和"特别读音的结合语助词"并列举了几个迭用式。吕叔湘（2002：269）最早注意到语气词迭用的层次。20 世纪中叶，太田辰夫（2003：327）第一次按照功能和迭用顺序将语气词分为甲类（非叙实语气词）和乙类（叙实语气词）。① "甲类位于句子的最后，是给整个句子加上疑问、推测及其他各种非叙实的语气的。"乙类"表示叙实的语气"，"不是给全句，而是给述语添加存在、已然、曾然等叙实的语气"。上神忠彦（1968）独辟蹊径，据迭用顺序将语气词分为 6 类 12 种，总结出"二语连用"29 式，"三语连用"24 式和"四语连用"11 式，一共 64 种，并概括出连用公式。20 世纪 80 年代以来国内学界先后提出了 2 类 8 种迭用顺序序列（见表 10-1）。②

---

① 这 2 个术语可能受了王鸣昌、魏维新的启发。王、魏将甲组语气词（他们谓之"歇语辞"）界定为"凡文之实写顺写者，其歇语多用之词"，将乙组界定为"凡文之虚写与逆写者，其歇语多用之词"。

② 此外，齐沪扬（2002：191）、戴昭铭（2009）也为普通话语气词迭用提出了不同序列，李小凡（1998：113—121）、饭田真纪（2007）、林华勇（2007）、涂光禄（1993）、宋秀令（1994）、范慧琴（2001）、李雄燕（2003）、王建设（2004）、马晓琴和陶相荣（2007）、吴翩翩（2009）等分别为不同方言提出了各自的迭用序列。

228

表 10-1　20 世纪 80 年代以来学界提出的主要连用顺序类型

连用类别	连用序列	文献
三类连用序列	了/呢$_1$/来着＜呢$_2$/吗/吧$_1$/吧$_2$＜啊/呕/欤/嚜/呢$_3$	朱德熙（1982：207）
	的＜了＜吗/吧＜啊	传田章（1988）
	的/了＜么/呢/吧＜啊	胡裕树（1995：376）
	的＜了＜呢/吧/吗/啊	黄伯荣、廖序东（2007：34）
	呢＜吧/吗＜啊	Li（2006：65）
四类连用序列	的/了＜(呢＜吧/吗/嚜)＜啊/哎/呕	胡明扬（1987：77）
	的＜了＜么/呢/吧＜啊	丁恒顺（1985）、张谊生（2000：279）
	了＜呢＜吧/吗/嚜＜啊/哎/呕	邓思颖（2010）

已有研究为语气词连用研究奠定了基础，也存在如下遗憾：第一，借以立论的语气词过少，最多也只有 13 个。第二，各家按照连用顺序为语气词所分类别多寡不同，最少分 2 类，最多 4 类。第三，所列类、种顺序存在不少失误。第四，出发点不同，对语气词类、种的命名、功能的概括精粗有别，优劣互见。

由上可见，学界所论语气词连用都不同程度地存在涵盖范围过窄，归类和设类过少且不一致的问题。加之对语料调查和认识不足，方法随意，导致所提连用序列存在失误和遗漏。因此，要想提出更加符合现代汉语语气词连用顺序的真实面貌的序列，首先借以立论的语气词范围亟待扩大，最好能涵盖所有语气词。其次，归类应更科学有据。最后，错误的连用顺序亟待调整，研究方法也应有所改进。有鉴于此，本章拟在已有研究的基础上，尝试对语气词的连用顺序展开研究，希望得出涵盖范围更广，类、种更多的连用序列。

语气词连用研究，至少包括如下内容：哪些语气词可以连用，即连用的语气词类别问题；一次最多连用的语气词数量；连用顺序及其规则、制约机制（刘丹青 2008：299）；连用式类型及其系统；以上四个方面的历时演变和方言类型学表现等。本章拟就前三个内容展开讨论，其余问题将在下章展开。

第三节　可连用的语气词范围

宏观上，3 类语气词里，准话语语气词不能连用，话题语气词能 2 个连用，述题语气词都能 2 或 3 个连用。

此外，语气词即使在句末接连出现，也不一定都是连用，不在句末接连出现反而可能是迭用。如：

（1）刘姥姥道："我这生象，怎好见得？好嫂子，你就说我去了罢。"

（2）我问你听见我刚才说的话了么？（黄国营 1994）

（3）曾思懿：你看见他跟袁小姐放风筝了么？（黄国营 1994）

（4）挺厉害的嘛你，背着阿南和别人瞎搞，既然，泡了这么多男人，还跑到北京来干什么？

（5）你们看小说了呢，还是看电视了？

例（1）里，"了"属小句"我去"，"罢"属主句"你就说"，可以变换成：你就说罢，我去了。或将小句加上引号：你就说"我去了"罢。这说明，"了"与"罢"虽同在句末紧邻出现，却分布于句子的不同结构层面，辖域大小不同，因而不是迭用。例（2）里"了"和"么"都属直接宾语小句"听见（我刚才说的话）"。例（3）里"了"和"么"都属于主句"你看见（他跟袁小姐放风筝）"。例（4）里"的"和"嘛"紧邻出现在易位句中间即述题之后、易位的主语之前。例（5）里"了"和"呢"接连出现在复句的前一分句末尾。例（2）—（5）都是真正的语气词在述题后迭用，也就是本章讨论的对象。

第四节　迭用顺序

语料调查发现，4 类语气词的迭用顺序可归纳为表 10-2（< 表示前项先于后项）。

表 10-2　述题语气词迭用顺序序列

	确认语气词	肯定语气词				确信语气词	惊讶语气词
	A<	B<	C<	D<	E<	F<	G
语气词成员	吧₂ 得了 就是 算了	去 来（着）而已 罢了	似的 的	了	呗 呢 着呢	吗 吧₁ 不 不成 不是 没（有）	啊（呀）哎 哦（哟）嘛 哈

续表

	确认语气词	肯定语气词				确信语气词	惊讶语气词
	A<	B<	C<	D<	E<	F<	G
序位	首位	前位	前中位	中位	中后位	末位	
层次	下层					上层	

上面的序列对语气词选用具有如下规定性。

一、类、种及其成员规定。按选用顺序，述题语气词分为4类7种。4类分别是确认语气词（A）、肯定语气词（B—E）、确信语气词（F）、惊讶语气词（G），7种是A、B、C、D、E、F、G。任意从上面顺序里截取其中2或3个序位的语气词即可构成二迭式或三迭式。

二、位置规定。顺序公式里包括6个位置，分别对应4类7种述题语气词。位置决定了述题语气词在选用式里的临时位置。首先，首位、前位语气词在选用式里只能领先，不能居中、殿后。如*的来着了、*的来着。其次，末位语气词相反，不能领先、居中而只能殿后。如*吗了、*呢啊吧。再次，中位及其两侧的语气词领先、居中或殿后皆可，以"了"最为典型。如的了、的了呢、了呢。最后，7种语气词在顺序公式里的序位不变，在具体选用式里的临时位是可变的。如"了"的序位是中位，但在"了呢"选用式里领先，在"的了呢"选用式里居中，在"来着了"选用式里殿后。

三、顺序和空位规定。语气词选用必须遵循顺序公式里语气词的类、种的位置先后，不能颠倒，但中间允许有空位。顺序公式里有6个序位，而具体选用式最多只能容纳3个语气词，这导致了选用式会出现空位，即间隔选用式，如：

BD选用（来着了）中间空C种；
BE选用（而已呢）中间空C、D两种；
CF选用（的吗）中间空D、E种。

没有空位的迭用式可称为紧邻迭用式，如BC迭用式（来着的）、CD迭用式（的了）、DE（了呢）迭用式，中间都不能插入任何语气词。此外，BC迭用式（来着的）后面可以再加上D、E或F、G，DE迭用式前面可以加上B或C，后面可以再加F或G类。

四、层次规定。语气词选用顺序的先后反映了句法结构的层次高低和内外，越往左层次越低越在内层，反之则越高越在外层。层次最高即最外层的语气词决定句子的最终口气（张世禄2017）。

五、异类选用规定。同一个序位的不同类、种或个体语气词，只能择一出现，不能两个或多个一起出现，更不能重叠出现。首先，F、G两类各自的内部成员彼此互补，不能先后选用，只能择一与B—E类语气词之一或二选用。如BF选用（而已吗）、CF选用（的吧$_1$）、DG选用（了啊）、EF选用（呢吗）。其次，B、C、D、E 4种可以彼此选用，但各自内部成员之间只能择一参与选用而不能先后选用。换个角度看，异类选用规定又可称为"同类相斥"，即同类、同种或近义语气词都不能先后选用，至于同一个语气词，就更不能重叠使用了。但偶尔也有违规选用现象。

六、数量规定。同一个选用式里经常2个、最多3个语气词一起选用。超过3个，即使符合其他规定，也是违法选用。如"*来的了呢"和五选式的"*来着的了呢吧"等都不允许出现。

七、语音规定。忽略A类不计，语气词的选用顺序的先后与其响度由低到高大体同步，简示如下：

先后顺序：A.吧$_2$<B.来$_{lai/lei}$<C.的$_{de}$<D.了$_{le}$<E.呢$_{ne}$<F.吗$_{ma}$/G.啊$_a$
语义顺序：　　　　　　　肯定　　　　　　<确信/惊讶
响度顺序：　　　　　　　 e　　　　　　　　 a

元音响度序列里，除"来"外，其余6个恰好分为e段和a段，明显表现出音响度"前低—后高"的趋势。"的<了<呢"选用段里，"的"的声母是不送气清塞音d，"了"是浊边音l，"呢"是浊鼻音n。三者分别与央元音e构成de、le、ne三个音节。由于辅音的响度高低不同，这三个音节的响度由前向后也表现出"前低—后高"的趋势。总之，语气词选用顺序里，响度由低到高与距离核心谓词远近大体同步，距离核心谓词越近，响度越低，反之越高。

以上所说位置、顺序、异类选用（同类相斥）和数量规定，是语气词句末选用必须遵守的四个原则，违背其一，即为违法选用或边缘选用。由顺序公式及其规定性可知，考察语气词选用式及其类型可以有不同角度。亦即，顺序公式里的数量规定、位置规定、紧邻还是间隔关系，以及语气词的音节结构类型、音响度大小、零声母语气词是否与其前面的语气词发生固定或语流合音等等，都可以作为分类依据。

此外，上述规定都是对语气词选用式的规定。违背上述规定之一即构成违规或边缘选用。如C类"的"偶有位于D类"了"之后的用例，D类"了"的变体"啦""咧"偶有位于同类"了"之后的用例，F类"不成""不是""没"偶有位于同类"吗""吧"之前的用例。另外，确认语气词也可内部彼此选用。但这些在选用类型系统里均为边缘选用，而且和先秦汉语的情况（朱承平1998）是一样的。换言之，偶见的违法选用是语气词

232

选用顺序及其选用类型系统的边缘表现，不影响选用顺序模式的成立及其规定性。

第五节 制约机制

"任何已知的陈述都是对较低层面概括的解释，但是在和较高层次的概括对比时又是描写。"（克罗夫特2009：342）上文得出的语气词选用顺序所反映的，不再是个体语气词（散钱）的选用顺序，而是语气词组、类、种（钱串子）的选用顺序。这不仅为语气词选用顺序提供了一个高度概括的序列公式，也为进一步研究语气词选用机制提供了基础，还是进一步描写语气词选用类型及其系统的一把金钥匙。

语言单位"线性顺序并不独立起作用"（Richard Kayne，转引自徐烈炯2009：320—321），而是受其他机制在背后制约的。这同样适用于语气词选用。对于制约语气词选用的机制，学界已经提出多个原则，如"信疑"顺序原则（马建忠1983：377—381），"结构（或时态）·语气助词·辅音语气词加元音语气词"顺序原则（胡明扬1987：77），语义/功能原则，即时态＞疑问与祈使＞态度与情感顺序原则（朱德熙1982：208），信息量"小—大"顺序原则（或"不易认知＞易于认知"原则）（袁毓林1999）以及"情态优先，语气殿后"顺序原则（戴昭铭2009）等。在吸收马建忠、朱德熙的功能机制和胡明扬的功能加语音机制的基础上，我们提出如下4个机制：

一、功能机制，指的是4类语气词按照所表口气类型依次选用如下：确认口气＜肯定口气＜确信口气＜惊讶口气。

二、层次机制，指语气词选用顺序的"先—后"与其所处层次"低—高"呈对应关系。上面的选用顺序里，越在后的语气词层次越高，反之则越低。归根结底，"层次高低决定成分的线性顺序"，线性顺序是句法-功能层次的反映。

三、语音机制，即响度低者在前，高者在后（确认语气词和复合词不在其内）。[①]

[①] 据汤廷池（1988），汉语四音节象声词的音节连用、英语词汇的连用都遵循 i＞ɪ＞ɛ＞æ＞ɑ＞o＞u 的次序。该次序是这些元音在声谱（sound spectrogram）上第二共振峰（second format）的频率高低的顺序，即从频率最高的 [i] 依次到频率最低的 [u]。这或许告诉我们，普通话语气词选用顺序也可归结为第二共振峰的频率高低。

四、局部功能机制，指的是肯定语气词内部 4 小类，肯定口气的程度低者在前，程度高者在后。

语气词选用的线性顺序是表层形式，宏观的功能类别和局部的肯定程度强弱是内在的机制，层次是功能类别的句法表现。音响原则是与词义内容具有象似性关系的词形因素。因此选用顺序、功能类别、句法层次和响度高低之间的关系可表示如下：

选用顺序：确认语气词＜肯定语气词＜确信语气词＜惊讶语气词
句法层次：　　低　　　　次低　　　　次高　　　　高
音 响 度：　　　　　　　　低　　　　　　　　　　高

第六节　小结

语气词选用顺序的最终序列，对语气词句末选用时的组、类、种及其成员、彼此关系、先后顺序及其位置（序列位和临时位）都一一做出了规定，违背它将导致非法、弱势或边缘选用。

第十一章 语气词选用系统

第一节 引言

已有研究认为,[①] 普通话语气词可以 2 或 3 个一起选用构成选用式,并提出了少量选用式。但研究对象都仅限于少数语气词,且分类不一,方法随意,提出的语气词选用式数量与类型都远不完善,更未建立选用类型系统。本章拟就 26 个述题语气词的选用式展开研究,以期构建出尽可能完善的选用类型系统。方法上主要运用排列组合法逐级推导和语料互验、上下级选用式逐级互验,以尽量保证考察结果的可靠性。

第二节 二选式的推导与验证

语气词二选式是最常见的,数量众多,类型复杂,分为如下 3 类 6 种情况:

确认语气词居前式:确认语气词＜肯定语气词、确认语气词＜惊讶语气词。

肯定语气词居前式:肯定语气词＜肯定语气词、肯定语气词＜确信语气词、肯定语气词＜惊讶语气词。

确信语气词居前式:确信语气词＜惊讶语气词。

下面分别讨论,例句只举语气词的原型,一般不列变体。

---

① 主要见赵元任(1926)、胡明扬(1987)、朱德熙(1982:227)、丁恒顺(1985)、胡裕树(1995:377)等。

一、确认语气词领先二选式

该类仅有 3 种 3 式迭用式。

（一）AD. 就是了。如：

（1）母亲的钱，你拿来用就是了，还不就是你的么？

（二）AE. 得了呗。如：

（2）徐伯贤说："老弟，你抓紧点儿，赶紧弄出来得了呗。"

（三）AG. 吧₂啊。如：

（3）少喝点吧啊，再喝，你都快跟我抡拳头啦！

确认语气词居前二迭式 CCL 语料库中目前只发现如上 3 种 3 式。AD 是确认语气词居前、肯定语气词殿后。AG 是确认语气词居前、惊讶语气词殿后，而且一律出自《编辑部的故事》和《皇城根》两部新北京话作品，不见诸其他文本。[①]

二、肯定语气词领先二迭式

据表 10-2，按照迭用顺序先后，肯定语气词分为 4 个小类。它们既可彼此迭用，也可后跟确信语气词或惊讶语气词构成迭用式。

（一）B 领先式

该类二迭式有 30 个，包括"去"领先式 7 个，"来" 4 个，"来着" 7 个，"而已" 8 个，"罢了" 4 个。

"去"领先的二迭式有 5 种 7 个，BC. 去的，BD. 去了，BE. 去呗；BF. 去么、去吧₁，BG. 去啊、去嘛。如：

（4）我朱老巩不是为自己死去，是为四十八村人的利益死去的。

（5）林则徐死了，徐广缙离开广东去打太平天国去了。

---

① AG 迭用式里的惊讶语气词可理解为句末感叹词。如果它们和前面的"吧₂"之间可加入一个短暂停顿，"啊"就是代句词的作用了，相当于一个追问句或催促句。也可以说，"吧₂啊"迭用属于边缘用法。

（6）要那破家干吗？又没什么宝贝，偷就偷去呗！

（7）走自己的路，让人家说去罢！

（8）"同意了，你就搬到地主的大瓦房里去么！"江水山压抑着冲胸的怒火。

（9）您问我菜贵不贵，要我说一点都不贵，人家大老远从南方运来也不容易。嫌贵，你吃大白菜去呀。

（10）"你试试看看去嘛！"王六老板暴怒地一跺脚。

"来"领先的二选式有4种4个：BC.来的，BD.来了，BE.来呢，BF.来吗。如：

（11）那年枪崩人，我在旁边站着来的……枪没崩我，我耳朵就不好使了。

（12）你刚才跟我说什么来了？

（13）你刚才还咳嗽来呢，快穿好衣服。

（14）你去问问音乐班的条件吧，你不是钢琴八级来吗？

"来着"领先的二选式有5种7个：BC.来着的，BD.来着了，BE.来着呢，BF.来着吗、来着吧$_1$，BG.来着啊、来着嘛。如：

（15）本来昨天就想请你吃饭来着的。

（16）她怎会让你不远千里，来劝你大师兄回心转意来着了……

（17）不是有一天，门口来了母女两个，妈还说来着呢，那个小姑娘长得挺俊。就是她！

（18）周巡长：真是那样！我说，昨天咱们不是谈向三元跟孟小樵来着吗？

（19）"不会向我们表达来着吧？"张高峰很不放心。

（20）她格格地笑了起来，回答道："我干了什么来着呀，竟害得你到这样一个地步？"

（21）发现城里最近不少人讨论三拼来着嘛。（网络语言）

除"来着了、来着呢"频次略高外，其余都很低，BG式几乎只有网络用语的例子。

"而已"领先的二选式有5种8个：BC.而已的，BD.而已了，BE.而已呢、BF. 而已吗、而已吧₁、BG. 而已啊、而已哦/哟、而已嘛。如：

（22）我不知道自己是何时才体会到一篇作品并不仅仅是文字而已的。

（23）我只是锦上添花而已啦。

（24）那么与文艺心理学有关的学科是不是仅此而已呢？并不。它还与另两门学科发生联系。

（25）博姆：理智之中必定包括理性思考，难道理性思考也只是记忆而已吗？

（26）我想那送给母亲这预言的那位老太婆，大概也不外乎一种恭维之辞而已吧？

（27）唉……我真的只是个幌子而已呀！！！

（28）各位可千万不要烦哦，我只是要交代一下亚利斯大陆的势力分布而已哦。

（29）我只是闻到香味，过来看看而已嘛！

"罢了"领先的二选式有2种4个：BF. 罢了吧₁、BG. 罢了啊、罢了哦、罢了哈。如：

（30）说不定自己身体里头也养着小动物，只是不知情罢了吧？

（31）我只是浪得虚名罢了啊……

（32）现在好像出到第7本罢了哦？

（33）这个情人节对我来说只不过是又一个2C节罢了哈！

（二）C 领先式

该类二选式有17个："的"领先式12个，"似的"5个。

"的"领先的二选式有4种12个：CD. 的了、CE. 的呗、的呢、CF. 的不、的不成、的吗、的吧₁、CG. 的啊、的哎、的哦、的嘛、的哈。如：

（34）为了事业，为了T台，我竟然可以不顾母亲的病，想想也真够狠心的了。

（35）我们看见一个纸箱子里装着一窝小花蛇。他爸胆战心惊地问他哪里来的，他说："这里一条那里一条捉来的呗。"

（36）广东吸纳了异地的农村剩余劳动力，但是广东的剩余劳动力是谁吸纳的呢？

（37）那他放假会回海南的不？

（38）难道你们是来游山玩水的不成？

（39）你就安分守己做你的小的儿去吧，不是你自己愿意往侯姓人家里边挤的吗？

（40）这真是粗心大意，我还没有跟内人提起这件事，不过，内人应该会答应的吧？

（41）今天都要努力加油的呀！！！

（42）走，下次坐地铁回家了别说宿舍，家里这样也愿意的哎！

（43）这个冬天不可缺少的哦！！！

（44）我的技术可以的嘛！！！

（45）明天 1 月 18 号，可以说还有 10 个小时；我等了很久很久，你们知道的哈！！

其中"的了、的呢、的吧、的吗、的嘛、的啊"频次都很高，"的哎、的哦、的哟"很低，"的呗、的不、的哈"最低。

"似的"领先的二选式有 4 种 5 个：CD. 似的了，CE. 似的呢，CF. 似的吗、似的吧₁，CG. 似的啊。如：

（46）谢跃进开的这个公司，也没见他怎么费劲，可钱就挣得导流水似的了。

（47）卢先生才把她捧在手上当活宝贝似的呢……

（48）假若他不是举人公，他还不是被敌人随便的杀了，像上街的野狗似的么？

（49）戈：诶，这给陈世美平反的稿子怎么写啊？横不能写一个小学生检查似的吧？

（50）他无聊的瞎说，纯像打电话似的啊啊。

（三）D 领先式

该类二选式有 3 种 14 个：DE. 了呗、了呢，DF. 了不、了没、了没有、了不成、了不是、了吗、了吧₁，DG. 了啊、了哎、了哦、了嘛、了哈。如：

（51）"那万一办不成怎么办呢？"大嫂想得总是周全一些。"办不

239

成？办不成我就扎根边疆了呗。"我半开玩笑地说。

（52）我很惊讶，广州怎么已经在卖《江青传》了呢？

（53）你知道是什么时候了不？

（54）好妹妹，你看到他的辫子了没？

（55）你猜我吃了饭了没有？（网络用语）

（56）尤三姐便啐了一口，道："我们有姊妹十个，也嫁你弟兄十个不成。难道除了你家，天下就没了好男子了不成？"

（57）你瞧，他们找不到吴大头心慌了不是？

（58）我大喊着："你之前到哪里去了？你遇到其他人了吗？"

（59）到现在你该清楚这是怎样布局的温柔陷阱了吧？

（60）这一次啊，乔老爷，你可真是上轿了啊！

（61）小眼镜这么挂太嗲了哎？

（62）那么每次奴婢找不到格格，格格就是躲在树上了哦？

（63）四祖又说："这样看来，你是没有姓了嘛？"

（64）听说帝都下雪了哈？①

（四）E 领先式

该类二选式有 15 个："呢"领先式 8 个，"着呢"7 个。②

"呢"领先的二选式有 2 种 8 个：EF. 呢不是、呢吗、呢吧₁，EG. 呢啊、呢哎、呢哟、呢嘛、呢哈。如：

（65）沉默半天，说道："好好干吧，你还年轻呢不是？来日方长嘛。"

（66）她……伸出的手指几乎碰到了他的鼻子，说："不在你眼睛

---

① 另外，"了"的强式变体"啦"领先的二选式有 2 类 7 个：DF. 啦没、啦没有、啦吗、啦吧₁；DG. 啦啊、啦嘛、啦哈。如：

（1）白雪娘又说："在你家里，可别说这话！记住啦没？"

（2）你瞧我这摊儿啦没有？哪一天都是二百多块，这二百多块完全归你。

（3）小喜道："这也要看风驶船啦吧，我该认不得这个啦？"

（4）"您买了票啦吗？""买啦！"

（5）噢噢，嗬，这位大人，您认错人啦吧，您认错人啦吧？

（6）好吧，打这儿可要抬杠啦啊，咱就拿您本人抬吧！

（7）就这一认命，得啦，反动统治阶级、封建地主阶级他们就以这个得意啦嘛！认命啦嘛，没有斗争性啦嘛！

（8）来啦哈？（尹世超 1999）

② 与之同类的"呗"不能领先构成二选式，原因待考。

上架着呢吗？"

（67）你就等着我说这句话呢吧？你就逼着、折磨我好让这句话从我嘴里说出来呢吧？

（68）他们还忙着其他面子建设呢哎！

（69）昨天她还来过呢呀！

（70）姐还有百子图龙凤被面子呢哟！

（71）老王，工会能不能救济救济啊，你们不是还有工会经费呢嘛？

（72）大伙儿正吃饭呢哈。

"着呢"领先的二选式有2种7个：EF. 着呢吗、着呢吧₁，EG. 着呢啊、着呢哎、着呢哦、着呢嘛、着呢哈。如：

（73）你是谁啊，怎么老给我打电话啊，没看我忙着呢吗？

（74）甲：哎，你和你爸爸现在闲着呢吧？

（75）如今这学校可繁华着呢啊！

（76）没必要非得一棵树上吊死，郑州和它一样待遇的酒店多着呢哎。

（77）我也等着呢哦。

（78）游泳池还开着呢嘛，今天可以游泳了！

（79）天哪！居然是真的！！礼物！生日礼物还欠着呢哈！

三、确信语气词领先式

该类二选式都是确信语气词领先，惊讶语气词殿后的选用式，有9个："不"领先式2个，"不是"2个，"没（有）"3个，"吧₁"2个。

"不"领先的二选式有2个：FG. 不啊、不哦。如：

（80）你还记得到郭老不啊？

（81）外地人会的第一句四川话是什么？你晓得不哦？

"不是"领先的二选式有2个：FG. 不是啊、不是嘛。如：

（82）你和晴雯姐姐好不是啊？

241

（83）李：你看，急了不是嘛？

"没（有）"领先的二选式有3个：FG.没啊、没哎、没有啊。如：

（84）海萍在公车上给海藻打电话："你出来了没呀？怎么听你那边还没动静？"

（85）你的hE2死机问题解决了没哎？（网络用语）

（86）你的官司了了没有啊？（网络用语）

"吧₁"领先的二选有2个：FG.吧₁啊、吧₁哈。如：

（87）刘：啊，有客人就不吃饭了？行，待着吧，待着吧啊。晚饭甭吃了。

（88）这道题没错吧哈？（尹世超1999）

至此可将语气词二选式系统归纳为表11-1（左栏数字为选用式类型数，其余数字为选用式个数）。

表11-1　语气词二选式系统

领先语气词		类型数量（种）	二选式及其个数	合计（个）
确认语气词	得了	1	AE.得了呗（1）	3
	就是	1	AD.就是了（1）	
	吧₂	1	AG.吧₂啊（1）	
肯定语气词 B	去	5	BC.去的、BD.去了、BE.去呗、BF.去么、去吧₁、BG.去啊、去嘛（7）	76
	来（着）	5	BC.来着的、来的；BD.来着了、来了；BE.来着呢、来呢；BF.来着吗、来吗、来着吧₁；BG.来着啊、来着嘛（11）	
	而已	5	BC.而已的；BD.而已了；BE.而已呢；BF.而已吗、而已吧₁；BG.而已啊、而已哦/哟、而已嘛（8）	
	罢了	2	BF.罢了吧₁；BG.罢了啊、罢了哦、罢了哈（4）	

续表

领先语气词		类型数量（种）	二选式及其个数	合计（个）
C	的	4	CD.的了（啦/咧）；CE.的呗、的呢；CF.的不、的不成、的吗、的吧$_1$；CG.的啊、的哎、的哦（哟）、的嘛、的哈（12）	
	似的	4	CD.似的了；CE.似的呢；CF.似的吗、似的吧$_1$；CG.似的啊（5）	
D	了	3	DE.了呗、了呢；DF.了不、了没、了没有、了不成、了不是、了吗、了吧$_1$；DG.了啊、了哎、了哦、了嘛、了哈（14）	
E	呢	2	EF.呢不是、呢吗、呢吧$_1$；EG.呢啊、呢哎、呢哟、呢嘛、呢哈（8）	
	着呢	2	EF.着呢吗、着呢吧$_1$；EG.着呢啊、着呢哎、着呢哦、着呢嘛、着呢哈（7）	
确信语气词	不	1	FG.不啊、不哦（2）	9
	不是	1	FG.不是啊、不是嘛（2）	
	没（有）	1	FG.没啊、没哎、没有啊（3）	
	吧$_1$	1	FG.吧$_1$啊、吧$_1$哈（2）	
合计		39		88

上表显示，3 类述题语气词领先构成的二选式一共有 39 种 88 个。其中，肯定语气词领先的二选式 76 个，确信语气词 9 个，确认语气词只有 3 个。就个体领先的二选式数量看，可排列出如下序列：

了（14）＞的（12）＞来（着）（11）＞而已/呢（8）＞去/着呢（7）＞似的（5）＞罢了（4）＞没（有）（3）＞不/不是/吧$_1$（2）＞得了/就是/吧$_2$（1）

"了、的、来（着）"领先的二选式超过 10 个，"而已、呢、去/着呢、似的、罢了"在 4—8 个之间，这两类都是肯定语气词。其余都是确信语气词和确认语气词，它们领先的二选式都少于 4 个。

第三节　三选式的推导与验证

上表所列二选式里，除了确认语气词领先的 3 个二选式外，其余 85 个二迭式的前、中、后位置至少有一个空位。在其中一个位置加上一个其他语气词就构成了三迭式。但语料调查仅发现14个三迭式用例。按领先的二迭式为序例举如下：

一、"来着的"领先式3个：BCE.来着的呢，BCF.来着的吧$_1$，BCG.来着的啊。如：

（89）有谁知道这是个电影还是MV的截图，叫什么来着的呢？（网络用语）

（90）那哈那哈来着的吧。（网络用语）

（91）过分的谦让，那个叫什么来着的啊，哈哈哈。（网络用语）

二、"来（着）了"领先式2个：BDE.来了呢、来着了呢。如：

（92）同整个贵州人辩论吗？可是，又有哪几个贵州人提出过"不能用'夜郎自大'这个成语"的问题来了呢？（网络用语）

（93）哪个商贩用双氧水进行发泡来着了呢？（网络用语）

三、"来着呢"领先式1个：BEF.来着呢吧$_1$。如：

（94）MS，这吧里，我年龄最大来着呢吧？（网络用语）

四、"的了"领先式3种4个：CDE.的了呢，CDF.的了吗、的了吧$_1$；CDG.的了啊。如：

（95）你说我这是怎么的了呢。

（96）他现在会规规矩矩的了吗？

（97）他不会答应你的了吧？（赵元任1979）

（98）就是这方面的专家，也没那么多可讲的了啊！

五、"了呢"领先式2种4个：DEF.了呢吧$_1$，DEG.了呢啊、了呢哎、了呢哈。如：

（99）得了杰克逊病打了激素用漂白剂了呢吧。（网络用语）

（100）他怎么不理我了呢呀？（网络用语）

（101）吃货们，我给你们囤货了，你看和夏天的时候不一样了呢哎。（网络用语）

（102）貌似我也快病了呢哈。（网络用语）

至此可以将语气词三选式归纳为表 11-2。

表 11-2　语气词三选式系统

领先的二选式	三选式	合计（个）
BC 领先	BCE.来着的呢，BCF.来着的吧$_1$，BCG.来着的啊	3
BD 领先	BDE.来了呢、来着了呢	2
BE 领先	BEF.来着呢吧$_1$	1
CD 领先	CDE.的了呢，CDF.的了吗、的了吧$_1$，CDG.的了啊	4
DE 领先	DEF.了呢吧$_1$，DEG.了呢啊、了呢哎、了呢哈	4
合计		14

上表显示，14 个三选式均为由 5 种结构类型的肯定语气词二选式后加 1 个语气词构成的。其中，BCE、BDE、CDE 是肯定语气词二选式后加肯定语气词"呢"，BCF、CDF、DEF 是肯定语气词二选式后加确信语气词"吧$_1$"或"吗"，BCG、CDG、DEG 是肯定语气词二选式后加惊讶语气词"啊"、"哎"或"哈"。

第四节　边缘选用式

以上所论二选式和三选式都是符合选用顺序规定的选用式，可称为规范选用式。但语料里还发现如下 2 类违背顺序规定的 10 个选用式，包括逆序选用式和同类选用式。

一、逆序选用式

该类只发现 1 个逆序二选式 DC."了的"，以及由它领先构成的 1 个三选式 DCE."了的呢"。如：

（103）那个故事是口头流传并被印成书了的。

（104）尤老娘笑道："我们不能别的出力，白看一看家，还有什么委屈了的呢？"

二、同类迭用式

该类有如下3个小类：

（一）确认语气词"得了、算了"与"吧$_2$"同类迭用的二迭式有2个：AA. 得了吧$_2$、算了吧$_2$。如：

（105）你要走就走得了吧。

（106）银官同你女儿的亲事，只怕他们不依，你也就撂开手算了罢。

（二）肯定语气词"而已"与"罢了"的二迭式1个：BB. 而已罢了；"了"与其变体的二迭式2个：DD. 了啦、了咧。如：

（107）双方攻防速度都快得很，但技术含量都不是很高，只是场面上比较好看而已罢了。

（108）为此她非常苦恼，我们开玩笑说，还没有嫁人，怎么就成黄脸婆了啦。

（109）我还以为我们被抓了一年了咧！

（三）确信语气词"不成、不是、没"与"吗、吧$_1$"同类迭用的二迭式3个：FF. 不成吗、不是吗、没吧$_1$。如：

（110）你们小两口子相好，我秦妈妈难道会反对不成吗？

（111）磨盘里的料不一定很多不是吗，如果料加得过多过猛，磨盘反而阻塞，难以转动。

（112）你玩够了没吧？（自拟）

至此，语气词的10个违规迭用式可归纳如下：

逆序迭用式（2）：DC. 了的，DCE. 了的呢；

同类迭用式（8）：AA. 得了吧$_2$、算了吧$_2$；BB. 而已罢了；DD. 了啦、了咧；FF. 不成吗、不是吗、没吧$_1$。

上面的违规选用式,各自"违规"选用的原因不同。

第一,逆序式严格说来只有1个"了的",且用例极其罕见,不可与符合选用顺序的"的了"同日而语。沈家煊(2016a:354,357)指出,"的了"里的"了"表示一个肯定判断的实现并带有语气,"了的"里的"了"表示实际事情的实现。

第二,肯定语气词彼此选用的"了啦""了咧"2个,很可能属于方言用法。

第三,确信语气词彼此选用的"不成吗""不是吗""没吧",都由"不、不成、不是、没"领先,它们的语气词化程度很低,尚介于句末否定词与语气词之间,属于边缘语气词,大都出现在网络用语里,且频次极低。

对待以上违规选用式有三种态度。一是从选用类型系统里剔除出去,以维护选用顺序的权威性与选用类型系统的纯洁性,这要在一定程度上甘冒不尊重语言事实的风险。二是尊重语言事实而将其保留在选用类型系统里,但要对选用顺序公式做出微调。三是将其视为边缘选用式,既老老实实地尊重语言事实,选用顺序公式也无需修改。我们姑且采纳第三种态度,将规范选用式视为原型,违规选用式视为边缘形式。

第五节　小结和余论

一、小结

由前述所论,可归纳出语气词的选用式系统如表11-3所示。

表 11-3　语气词选用式系统

领先语气词		类型数（种）	原型二选式 选用式及其个数（个）	原型三选式 类型数（种）	原型三选式 选用式及其个数（个）	边缘选用式 类型数（种）	边缘选用式 选用式及其个数（个）	合计（个）
确认语气词	得了	1	AE. 得了呗（1）			1	AA. 得了吧$_2$（1）	2
	算了	1				1	AA. 算了吧$_2$（1）	1
	就是	1	AD. 就是了（1）					1
	吧$_2$	1	AG. 啊（1）					1
	去	5	BC. 去的，BD. 去了，BE. 去么，去吧，BG. 去啊，去嘛（7）					7
	来（着）	5	BC. 来的，来着的，BD. 来了，来着了，BE. 来呢，来着呢，BF. 来吗，来着吗，来着啊，BG. 来着啊，来着嘛（11）	5	BCE. 来着的呢，BCF. 来着的吗，BCG. 来着的啊，BDE. 来了呢，来着了呢，BEF. 来着呢吧$_1$（6）			17
肯定语气词	而已	5	BC. 而已的，BD. 而已了，BE. 而已呢，BF. 而已吗，而已吧$_1$，BG. 而已啊，而已唉/哟，而已嘛（8）			1	BB. 而已罢了（1）	9
	罢了	2	BF. 罢了吧$_1$，BG. 罢了啊，罢了哈（4）					4
	的	4	CD. 的了（啦/咧），CE. 的呗，CF. 的不，的吗，的吧$_1$，CG. 的啊，的哎，的唉（哟），的嘛，的哈（12）	3	CDE. 的了呢，CDF. 的了吗，CDG. 的了啊（4）			16
								5
								95

248

第十一章 语气词选用系统

续表

领先语气词		原型二选式		原型三选式		边缘选用式		合计（个）
	类型数（种）	选用式及其个数（个）	类型数（种）	选用式及其个数（个）	类型数（种）	选用式及其个数（个）		
似的	4	CD. 似的了, CE. 似的呢, CF. 似的吗, CG. 似的啊（5）						5
了	3	DE. 了呗, DF. 了不, 了没有, 了不成, 了不是, 了吗, 了吧₁, DG. 了啊, 了哎, 了喽, 了哈（14）	2	DEF. 了呢吧, DEG. 了呢啊, 了呢哎, 了呢哈（4）	3	DC. 了的, DCE. 了的呢, DD. 了啦, 了咧（4）	22
呢	2	EF. 呢不是, 呢吧₁, 呢哎, 呢哟, 呢嗦, 呢哈（8）						8
着呢	2	EF. 着呢不是, EG. 着呢吗, 着呢哎, 着呢唉, 着呢嗦, 着呢哈（7）						7
不	1	FG. 不啊, 不唉（2）						2
不成					1	FF. 不成吗（1）		1
不是	1	FG. 不是啊, 不是嗦（2）			1	FF. 不是吗（1）		3
没（有）	1	FG. 没啊, 没哎, 没有啊（3）			1	FF. 没吧₁（1）		4
确信语气词								
吧₁	1	FG. 吧₁啊, 哈（2）						2
合计	39	88	10	14	9	10		112
	18						12	

249

上表显示出如下规律:

（一）3 类 18 个语气词领先构成 58 种 112 个选用式。4 个确认语气词领先构成 5 个选用式，9 个肯定语气词领先构成 95 个选用式，5 个确信语气词领先构成 12 个选用式。肯定语气词对选用式的构成具有举足轻重的作用。

（二）112 个选用式里，原型选用式 102 个，边缘选用式 10 个。原型选用式为绝大多数。

（三）原型选用式里，二选式 88 个，三选式 14 个。二选式为绝大多数，三选式极其少见。[①]

（四）原型二选式里，肯定语气词领先的二选式多达 76 个，其余 2 类语气词领先者只有 12 个。14 个三选式都是由肯定语气词领先的二选式领先构成的。这再次说明肯定语气词的重要作用。

二、余论

（一）赵长才（1995）发现，整个先秦时期共有 50 种语气词选用式，其中二选式出现最早，种类、用例最多，分布最广，各阶段始终占绝对优势；三选式直到春秋晚期至战国初才开始出现，整个先秦时期的种类、用例都很少，分布不广，使用很不普遍，大多昙花一现。与之相比，现代汉语选用式得到了极大的发展，是整个先秦时期的两倍多。但古今都是二选式占优势，三选式始终是劣势。

（二）普通话语气词选用顺序及其机制、选用式数量、类型及其系统，应该具有一定的语言类型学意义。

首先，仅就所见报道可知，在汉语及其方言、亲属语言以及其他语气词语言里，语气词选用式数量差距悬殊。如香港粤语 42 个单音节语气词有 164 个二选式（游顺钊 1980），武汉话 24 个语气词有 204 个选用式（吴翩翩 2009），晋语曲沃话 18 个单音节语气词有 44 个选用式（秦思璇 2015），陵川话 16 个语气词有 44 个选用式（李芳 2013），湖南岳阳话 18 个语气词至少有 30 种选用式（方平权 2006），柳州话 12 个常见语气词有 29 个选用式（蔡文俊 2014）。此外，孟高棉语族越南语 22 个语气词有 220 个选用式（武氏明河 2012），壮侗语族壮语忻城话 62 个语气词有 34 个选用式（何霜 2007），日语 5 个可以选用的终助词有 3 类 7 个选用式（承蒙西村英树博士

[①] 这与学界的已有结论基本一致（丁恒顺 1985；张谊生 2000：281；马建忠 1983：377；赵长才 1995）。

250

赐告）。

其次，语气词最多选用个数相去悬殊。古今汉语雅言系统最多选用3个（赵长才1995），当代方言最少选用2个，最多6个。如包头话最多2个，赣语永新话、岳阳话3个，绥德话、武汉话、廉江话和柳州话4个，山西定襄话、湖南涟源荷塘话5个，汾阳话、贵阳话和张家口话6个。[①] 此外，西双版纳傣语最多选用2个，日语3个，越南语和忻城壮语都是4个（武氏明河2012；何霜2007）。

最后，岳阳话陈述、疑问、祈使和感叹语气词都可以同类选用，廉江话、越南语有的语气词可以颠倒选用（林华勇2007；武氏明河2012），壮语忻城话的曲折调语气词和西双版纳傣语的一些语气词都能重叠（何霜2007；赵媛2012）。

从以上三个方面反观普通话，语气词选用式类型少于粤语、武汉话和越南语；最多选用个数少于绥德话、定襄话，更少于汾阳话、贵阳话和张家口话；同类选用或逆序选用都极其罕见，且绝对不能重叠。

（三）语气词选用及其类型系统的构建具有两个方面的实践意义。

1.语气词选用式系统是其功能系统的一个重要内容，与选用序列公式及其制约机制具有彼此发明、相互验证的作用，也可望为个体语气词的准确描写、定位乃至定性提供一个较为可靠的形式参照系，以便从宏观角度观察、描写、解释语气词，并与目前语气词研究领域流行的"各个击破"的研究策略具有互补、验证作用。

2.从语气词选用类型系统出发，学界的如下说法和做法都应该重新审视。

①有学者认为"一个句子只能有一个语气助词"（郭春贵1986），"不同类型的语气词不能在同一个句子中同现，但同类语气词可以在同一个句子中同现"（杨永忠2011）。实际上，原型选用式里不同种的语气词经常2或3个一起选用，同种的语气词经常相互排斥，只有边缘选用式里才能偶尔彼此选用。另外，不同类、种的语气词在选用式里的位置先后不同，层次高低有别，功能自然有所区别，而非"均能出现于相同的句法位置"或"具有相同的句法地位"。

②"句尾用了'来着'，一般不再用别的语气词。"（北京大学中文系1955、1957级语言班1982：308）但由前述可知，"来（着）"在领先位置

[①] 依次见邢向东（1995），崔容（2002），周凤玲（2009），龙安隆（2013），方平权（2006），马晓琴、陶相荣（2007），吴翩翩（2009），蔡文俊（2014），范慧琴（2001），李雄燕（2003），涂光禄（1993），宋秀令（1994），张家口话承蒙宗守云教授当面赐告。

和别的语气词选用,一共构成 11 个二选式和 6 个三选式。

③有学者认为"连用只允许两个语气词连用,不能超过两个"(周一民 1998:262)。但表 11-3 已经说明,语气词选用式里有 14 个原型三选式和 1 个边缘三选式。

④有学者将"的、了、呢"视为"时态或结构语气词",并将"呢"分别归入 3 类,分别置于语气词选用顺序的 3 个序列位(朱德熙 1982:208)或者 3 个不同的句法层次上(石定栩 2009)。这种做法影响很大,需要稍加澄清。在"来(着)"领先的 17 个选用式里,它都位于"的>了>呢"选用段之前,与"的、了、呢"分别位于先后相继的 4 个序列位里。换言之,在语气词选用序列里,"来着"居首,"的"第二,"了"第三,"呢"第四,而后才是"吗/吧""啊/嘛"等。更重要的是,"吧$_2$>来看>的>了>呢>吗>啊"这个包括 7 个序位的选用序列只能位于体助词及其后的补宾语之后,远离核心谓词。按照"一个形式一个功能"(one form one meaning)原则,紧贴核心谓词的体助词"过、了、着"已经表示了体功能,位于其后及其后的补宾语之后的语气词系统等不大可能,而且主要是不再需要重复表示体意义了。此外,"呢"所在的众多选用式里,都位于各种肯定语气词之后和 F 种(吗、吧$_1$)、G 种(啊、哎、嘛)之前这个唯一的位置。所以,普通话理应只有一个"呢",也理应只有一种功能,并只能处于同一个句法层次上。

⑤有学者认为,文言文里的"之乎者也"本非当时口语里的语气词,而是人为的书面语断句符号,同时被赋予语气提示功能(孟昭连 2013)。此说最早由黎锦熙(2007:260)提出,而且王力(1984:215—216)早已有过明确结论。现在由现代汉语语气词选用个数及其顺序先后、层次高低、制约机制可推知,上古汉语也应如此。如此则该说不攻自破,因为一个句子是不可能也不需要使用两三个断句符号的。

第十二章　语气词句式系统

第一节　引言

　　学界向来是从词类序列、标志字、词或特定语义关系角度认定句式的，几乎不曾涉及语气词，甚至明确认为它不能做句法成分，不能参与构成句式，层次切分操作更是提前将它排除出去。直到 20 世纪 80 年代初，才有学者先后提出并讨论了"非疑问形式＋呢"句（陆俭明 1982b）、"副词＋语气词"句（陆俭明 1982a，1983；杨德峰 2017）、"NP 了"句式（邢福义 1984）、"NP 呢"句式（李宇明 1989）、"吧"字句式（邵敬敏 1995）、"还 NP 呢"句式（郑娟曼 2009）和"形容词性成分＋着呢"句式（王彦杰 2010）等等。陆俭明（1982b）还审慎地提出，语气词"不只表示语气，似乎还有'成句'的作用"。21 世纪以来，范晓（2010）提出，"'句式'是一种句法、语义、语用三位一体的句子结构格式"，其"结构成分或语用成分可由词语充当"。据此，语气词的有无可以构成语气词句式与零语气词句式的对立，而语气词的异同、多寡则可以构成语气词句式内部的对立。也可以说，语气词相当于形式句法学里的标句符（简称 C），是句子（简称 CP）的功能中心语之一。为此，本章拟围绕语气词句式及其系统讨论如下问题：语气词句式的界定、构建依据和语气结构及其类型系统，单语气词句式和迭用语气词句式。

第二节　语气词句式的界定

一、语气词句式的界定

　　范晓（2010）提出："句式是句子的语法结构格式，即指由一定语法形式显示的表示一定语法意义的句子的结构格式（'结构格式'也可简称'构式'），具体可表述为：由词类序列、特定词（或特征字）、固定格式、语调（句调）等形式显示的包含句法结构和语义结构并具有语用功能的句子的结构格式。"据此，语气词句式姑且定义为"以语气词为特征词的句式"，而语气词就是语气词句式的标志。

关于语气词的分类，我们在充分吸收已有研究成果的基础上，按照所附对象、表现形式和功能等3个方面11个依据提出了语气词三分功能系统。新的三分功能系统兼顾了形式和功能，更符合普通话语气词的共时面貌，也有历时源流关系为证，理应成为构建语气词句式系统的理想依据。

但是，即使拥有了语气词三分功能系统作为构建语气词句式的依据，仍然面临不同选择。首先，可以同时依据3个子系统构建语气词句式系统，也可以依据其中1个或2个子系统构建语气词句式。其次，如果同时选择3个子系统构建语气词句式系统，还要面临主次依据的抉择；如果选择2个子系统，也要面临选择哪2个子系统的抉择；如果选择3个子系统之一，则有3种选择，既可选择述题语气词，也可选择话题语气词，还可选择准话语语气词构建语气词句式系统。对于以上所述多种选择，可简单分析如下。首先，一个句子尽管可以同时出现3类语气词，但这种句子毕竟寥寥，很难据以构建出较为全面的语气词句式系统。而且，同时依据3类形式与功能都不相同的语气词子系统，也很难构建出内部逻辑一致的句式系统来。其次，同时使用2类语气词的句子虽然略多，但也同样遭遇选择哪2类语气词和句式系统内部一致性难题。最后，三分功能系统里的3个子系统，从述题语气词到话题语气词，再到准话语语气词，所附对象的层次递降、信息重要性递减。同时，语气词数量也依次递减，对表达句子语气的重要性递降，隐现自由度也大体递减。相比之下，述题语气词具有最大优势，不仅数量最多，所附述题（或谓语）承载着句子的新信息即重要信息，后跟时间最长的句间停顿，必然与语调的显著标志调尾在句末述题后强制性共现，而且选用最为自由，最多可选用3个。因此，述题语气词应该是3个子系统里最适合拿来构建语气词句式系统的特征词群。

当然，也可提出"广义语气词句式"和"狭义语气词句式"的概念。前者指话题语气词、述题语气词和准话语语气词三者俱全、三者择二或三者择一的句子，后者指仅带述题语气词而不要求、但也不排斥其他两类语气词的句子。至此，可将前述语气词句式的定义修改如下："以述题语气词为特征词（不要求也不排斥其他两类语气词）的句式。"为简洁起见，仍叫"语气词句式"，其结构模式可表示如下：**语气词句式 = 零语气词句式 + 述题语气词**。下文仅就这种狭义的语气词句式展开讨论。

二、由述题语气词分类看构建语气词句式系统的依据

沈力（2003）曾提出，汉语存在一个零形式的直陈语态（mood）标记。徐晶凝（2008：80）进一步认为："不带有语气标记的语句，无论是陈述句、疑问句还是祈使句，在情态意义上都是不同的。""因此，我们不妨将不带有语气标记的语句都看作是带有零形式的语气标记。那么我们可以说，在现代汉语中，传态语气是句类的必备特征。"据此，零语气词句式的语气结构是"语调/疑标+Ø"，表示"语气 + 零口气"，即只有语调或疑标表示上位语气，而没有语气词表示下位口气，它们的口气可称为零口气或直接口气。语气词句式的语气结构里，既有语调或疑标表示上位语气，也有语气词表示下位口气，可称为非直接口气。进而言之，非语气词语言的句子都是零语气词句式，语气词语言如汉语的句子既有零语气词句式，也有语气词句式。这应该是语言类型学的参项之一。

语气词虽然是日常会话句的可选性口气手段，但动态频率极低。书面语句几乎不用，日常会话句的各种句类里的原型句式也几乎不用，只有非原型句式才极低频带有语气词，以此区别于零语气词句式和各种句类的原型句式。对比如下：

　　　　　　　句类核心成员　　　　　　非原型成员
（1）a. 我不说。（直接口气）　b. 我不说而已/的/就是/罢了。（肯定口气）
（2）a. 他是厂长？（直接口气）　b. 他是厂长了/呢/吧/吗/啊？（确信口气）
（3）a. 进来！（直接口气）　　b. 进来就是了/得了/好了/吧/呀！（确认口气）
（4）a. 好！（直接口气）　　　b. 好哇/呀/哎/哦！（惊讶口气）

由以上例句可见，与零语气词句式相比，语气词句式是句类系统里以语气词为特征词的非原型句式。语气词句式里，在语调或疑标所表语气类型的基础上，语气词表示其下位的丰富细腻、多姿多彩的各种非直接口气。因此可按照语气词的有无、异同和多寡，初步构建出如图 12-1 所示的句式系统。

```
                ┌ 零语气词句式                    ┌ 肯定语气词句式
     ┌ 句式 ┤                  ┌ 单语气词句式 ┤ 惊讶语气词句式
          │                  │              │ 确信语气词句式
          └ 语气词句式 ┤              └ 确认语气词句式
                          │
                          └ 选用语气词句式 ┌ 二选语气词句式
                                          └ 三选语气词句式
```

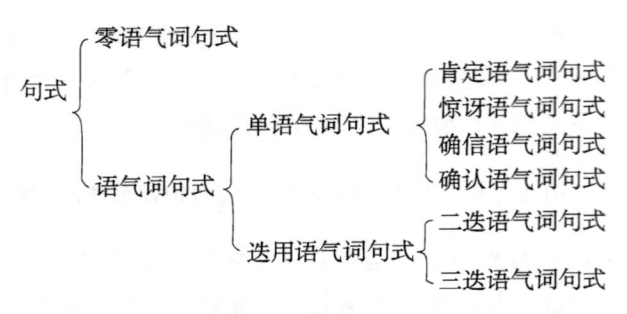

图 12-1　普通话句式系统

此外，语气结构类型系统显示，语调或疑标和语气词之间的功能一致性依次递减：升调和确信语气词、降调和确认语气词上下位功能绝对一致；平调和肯定语气词、曲调和惊讶语气词上下位功能基本一致；非平调及疑标和肯定语气词、非曲调及疑标和惊讶语气词上下位功能不一致。简言之，2 类 4 种 77 个语气结构，分别表示 77 种"语气＋口气"综合值。其中，每个语气词和语调或疑标都各得其位，各司其职，一起为句子的述题赋以"语气＋口气"综合值。因此，语气结构类型系统才是构建语气词句式系统的最理想依据。它既包括了语调或疑标表示的上位语气类型，也包括了语气词在此基础上表示的下位口气类型。下文将重点为 4 类述题语气词逐一构建各自的单语气词句式子系统，并分别刻画其语气结构。讨论顺序依次为：肯定语气词句式、惊讶语气词句式、确信语气词句式和确认语气词句式。最后简单讨论选用语气词句式。为突出重点并节省篇幅，本章只讨论语气词和四种基本语调或疑标组合构成的语气结构句，而不讨论它们和呼调、促降调的组合。

第三节　单语气词句式

一、肯定语气词句式

肯定语气词既能和平调构成功能基本一致的语气结构，也能和升调、降调、曲调或疑标构成功能不一致的语气结构。分别讨论如下：

（一）肯定语气词句式之一：A. 平调＋肯定语气词

将肯定语气词逐一代入 A，可得到 10 个语气结构基本一致的肯定语气词陈述句式。如：

（5）朱丹溪听说罗知悌厉害以后，马上就背包去拜师去。

（6）"爹，你回吧。"我说，"我认识路，我带着地图来着。"

（7）世人所谓的明白，不过是世智辩聪，耍耍小聪明而已。

（8）我可没有曹导说得那么好，我只不过敢管敢骂罢了。

（9）你……干嘛喊得这么重，象是闷了一辈子的哑巴第一次说话似的，整个房子都给震动了。

（10）我们来喝茶的。

（11）有人说，那就是他们自己的问题了。

（12）还能上哪儿？我朋友那儿呗。

（13）说不定，通过读这本书，你还会不知不觉地学到一些会计知识呢。

（14）他们小两口儿热乎着呢。

以上显示，肯定语气词都能与平调构成语气结构基本一致的肯定语气词陈述句式，语气结构均为"陈述语气＋肯定口气"。相对于零语气词陈述句所表直接口气，以上各例分别表示各种非直接的肯定口气。该类为肯定语气词陈述句式的原型，虽然与下面即将论及的句式 A_1—A_4（肯定语气词＜升调、降调、曲调、疑标）等 4 个语气结构句均为肯定语气词句式，但因语调或疑标不同而语气结构有别。以上 10 个句式的语气结构姑且概括如下：

A＝"平调＋肯定语气词" → "陈述语气＋肯定口气"。

（二）肯定语气词句式之二：A_1. 肯定语气词＜升调

将肯定语气词逐一代入 A_1，发现 10 个语气结构不一致的肯定语气是非问句式。如：

（15）不对，他家里种着五十多顷地，当家的还出去捡粪去？

（16）你怎么喘得这么厉害？有人追你来着？

（17）"你以为我只是说说而已？"母亲问。

（18）或许这孩子毕竟不是弱智，只不过发育比其他孩子迟一点罢了？

（19）所长，每次你都干这个，好像你怕什么似的？

（20）那您祖父是什么时候，多大的时候进北京的？

（21）记者：大家都知道李敖是个作家，这回怎么竞选起"总统"来了？

（22）主任：这就是传说中的反恐游戏呗？

（23）"怎么，替儿子写检查呢？"他问，大咧咧地在一旁坐下。（金智妍2011）

（24）你虽然没生下一男半女，他的侄子多着呢！随你挑一个，过继过来。

以上显示，肯定语气词都能和升调构成语气结构不一致的肯定语气词是非问句式，语气结构均为"肯定口气＜是非问语气"。由于上层语气的压制，肯定语气词都表示下层肯定口气，升调表示上层是非问语气。虽然与即将论及的句式C（升调＋确信语气词）均为语气词是非问句，也均由升调表示是非问语气，但因语气词不同而口气明显有别。以上10个句式的语气结构姑且概括如下：

A_1="肯定语气词＜升调"→"肯定口气＜是非问语气"。

（三）肯定语气词句式之三：A_2. 肯定语气词＜降调

将肯定语气词逐一代入A_2，只发现"去、了、呗、呢"能和降调构成4个功能不一致的肯定语气词祈使句。① 如：

（25）不要再扮演寡妇的角色了！你才廿四岁，你该忘掉小叔，去交男朋友去！

（26）你该吃药了！

（27）大家都劝你去，你就去呗！

（28）你快看书呢！别玩了！

以上例句的语气结构均为"肯定口气＜祈使语气"。由于上层语气的抑制，肯定语气词表示下层口气，降调表示上层祈使语气。这与下文即将论及的句式D（祈使语气＋确认口气）有所不同。以上4个句式的语气结构姑且概括如下：

A_2="肯定口气＜降调"→"弱肯定口气＜祈使语气"。

（四）肯定语气词句式之四：A_3. 肯定语气词＜曲调

将肯定语气词逐一代入A_3，发现9个功能不一致的肯定语气词感叹句

---

① "的、似的、着呢"指向静态事件的归纳特征和祈使语气的实施行为的功能特征相冲突，"来着、似的"往往指向已然，"的"指向已然或必然的特征和祈使语气的将然特征相冲突，所以它们4个都不能和降调构成语气结构。另外，"而已、罢了"的情况不明。

式。如：

（29）金宝这时有些结巴，说："现在她好了，刚才她晕来着！"
（30）"你我之间，如此而已！"罗隆基把断了的手杖往地上一扔，扬长而去……
（31）李鸿章只是执行了清政府的妥协投降路线罢了！
（32）长安在穿衣镜里端详着自己……一扭头笑了起来道："把我打扮得天女散花似的！"
（33）凤姐忙收了怯色，反喝道："死了罢了！有什么大惊小怪的！"
（34）男孩的父母和老师注意了，前面到悬崖边了！
（35）托福考了600多分也没能出去，为什么？欧洲的情况不景气呗！
（36）陈胜叹口气，自言自语说："唉，燕雀怎么会懂得鸿雁的志向呢！"
（37）年轻人么，他们的日子还长着呢！

以上显示，肯定语气词都能与曲调构成语气结构不一致的肯定语气词感叹句，语气结构均为"肯定口气＜感叹语气"。由于上层语气的压制，肯定语气词都表示下层口气，曲调表示上层感叹语气。这与即将论及的句式B（曲调＋惊讶语气词）有所不同。以上9个句式的语气结构姑且概括如下：

A_3＝"肯定语气词＜曲调"→"肯定口气＜感叹语气"。

（五）肯定语气词句式之五：A_4. 疑标＜肯定语气词

疑标包括疑问词、析取词和肯否式（张伯江1997）。将肯定语气词逐一代入 A_4，发现"去、来着、的、了、呢"等5个分别和疑标低频且跨层共现构成3类11个功能不一致的肯定语气词非是非问句式。①如：

（38）现下上哪儿去找文告去？如今不像从前你还在的时候儿啦——
（39）春玲跑到前面堵着他："她和你说什么来着？"
（40）他看我笑他，也笑着说，吃糖有什么好笑的？吃糖可以防止老年痴呆！

---

① "而已、罢了、似的、着呢"等5个肯定语气词，都不能和疑标构成语气结构，原因不详。

（41）一时在旁的群众好奇了：这么大热的天，孙夫人到苏州干什么来了？

（42）邓析说："不要急，他不卖给你。卖给谁呢？"

（43）是前年还是大前年来着？

（44）总理引肇甫来到会客室，与肇甫面对面坐在沙发上，询问起先生的情况：哪年去世的？在外地还是在老家病故的？

（45）青青吃惊地问我：可乐你是不是疯了哟，你最近打麻将赢了还是手镯有线索了？

（46）有人会问，如以"见兴"为例，究竟是先有色相，还是先有见呢？

（47）以后还敢不敢去钓鱼了？

（48）小刘很认真地说："那我出300块，你去不去呢？"

以上例句的语气结构均为"疑标＜肯定语气词"，分别表示特指问、选择问和反复问语气及肯定口气。这与将要论及的 B_3（疑标＜惊讶语气词）有所不同。以上11个句式的语气结构姑且概括如下：

A_4＝"疑标＜来着"→"非是非问语气＜弱肯定口气"。

（六）小结

肯定语气词句式共有5类43个，归纳为表12-1。

表12-1　肯定语气词句式系统

句式	语气结构	"语气+口气"综合值
句式 A（10）	平调＋肯定语气词	陈述语气＋肯定口气
句式 A_1（10）	肯定语气词＜升调	肯定口气＜是非问语气
句式 A_2（4）	肯定语气词＜降调	肯定口气＜祈使语气
句式 A_3（9）	肯定语气词＜曲调	肯定口气＜感叹语气
句式 A_4（11）	疑标＜肯定语气词	非是非问语气＜肯定口气
合计：44	5	44

二、惊讶语气词句式

惊讶语气词既和曲调高频同层共现构成功能基本一致的语气结构，也和升调、降调、平调、疑标低频跨层或同层共现构成语气结构不一致的句式。分别讨论如下：

（一）惊讶语气词句式之一：B. 曲调＋惊讶语气词

将惊讶语气词逐一代入 B，发现 5 个语气结构基本一致的惊讶语气词感叹句。如：

（49）他捡起地上的碎片一看，不禁惊呼一声："这可是宝贝啊！"
（50）刘小枫也闻声回首：嚯！真的哎！这不是电视剧里那个女主角嘛！
（51）一个女人，只要符合这几个表现，一定是最美的女人哦！
（52）邓小平同志笑了笑，说："自由港好嘛！"
（53）周立波：哎呀，那么咱俩加起来 30 多年了哈！

以上例句的语气结构均为"感叹语气＋惊讶口气"。与零语气词感叹句的直接口气相比，它们分别表示非直接的惊讶口气。值得注意的有两点。

一是此类和本节以下所论句式 B_1（升调＋惊讶语气词）、B_2（降调＋惊讶语气词）、B_3（平调＜惊讶语气词）、B_4（疑标＜惊讶语气词）均为惊讶语气词句式，也均由惊讶语气词表示口气，但由于语调或疑标不同而语气结构不同。

二是此类与前面所论 A_3."肯定语气词＜曲调"虽然同为感叹句，也均由曲调表示感叹语气，但因语气词不同而口气截然有别。

以上 5 个句式的语气结构姑且概括如下：

B＝"曲调＋惊讶语气词"→"感叹语气＋惊讶口气"。

（二）惊讶语气词句式之二：B_1. 升调＋惊讶语气词

将惊讶语气词逐一代入 B_1，发现 3 个语气结构不一致的惊讶语气词是非问句式。如：

（54）本来住咱们牛街这一片的人都是干什么的多啊？
（55）恐怕要到密支那才有大休息哦？
（56）你在看书哈？

以上显示，"啊、哦、哈"与升调构成语气结构不一致的惊讶语气词是非问句式。与零语气词是非问句式所表直接口气相比，以上例句分别表示非直接口气。这与即将论及的 C（升调＋确信语气词）明显不同。以上 3 个句式的语气结构姑且概括如下：

B_1＝"升调＋惊讶语气词"→"是非问语气＋惊讶口气"。

（三）惊讶语气词句式之三：B_2. 降调 + 惊讶语气词

将惊讶语气词逐一代入 B_2，发现 5 个功能不一致的惊讶语气词祈使句式。① 如：

（57）你一定好好看书啊！

（58）亚三刚抓起酒杯，手机"嘀嘀"响了："喝酒可以，但千万不要贪杯哎！"

（59）下面向大家介绍一下具体做法，一定要认真对照哦！

（60）有什么黑暗、有什么错误，公开来讲嘛！

（61）可不许跑哈！

以上显示，惊讶语气词都能与降调构成语气结构不一致的惊讶语气词祈使句式，表示"祈使语气 + 惊讶口气"。此类与即将论及的句式 D（降调 + 确认语气词）均为祈使句，均由降调表示祈使语气，但因惊讶口气强于确认口气，所以该类句式往往有催促的意味。以上 5 个句式的语气结构姑且概括如下：

B_2="降调 + 惊讶语气词" → "祈使语气 + 惊讶口气"。

（四）惊讶语气词句式之四：B_3. 平调 < 惊讶语气词

将惊讶语气词逐一代入 B_3，发现如下 5 个语气结构不一致的语气结构。如：

（62）哪里你觉得没写清楚，哪里你不太懂？你给我指出来，我好改啊。

（63）我曾笑他，你是一个哲学家哎。

（64）中医在排毒的治疗上可比西医有更大的优势哦。

（65）这个很难抹杀的嘛，对不对。我的意思是，这个是可以考虑的嘛。

（66）曲黎敏：所以这里边就是说，它里边是有同和异之分的哈。

以上例句显示，惊讶语气词都能和平调低频构成语气结构不一致的惊讶语气词陈述句，表示"陈述语气 < 惊讶口气"。这与前面所论 A."平调 + 肯定语气词"均为陈述句，也均由平调表示陈述语气。但是，惊讶语气词

---

① 语料库里的"X+ 嘛？"句里的"嘛"，应该都是"吗"字的误写。"哎"的原因不明。

表示言者对意外等信息（陈振宇、杜克华2015）的主观性，必然意味着对命题信息的强肯定。在形式上表现为，惊讶语气词必须后于并层次高于肯定语气词与之迭用。所以此类句式的肯定口气强于A。以上5个句式的语气结构姑且概括如下：

B_3="平调<惊讶语气词"→"陈述语气<惊讶口气"。

（五）惊讶语气词句式之五：B_4. 疑标<惊讶语气词

将5个惊讶语气词逐一代入B_4，只发现"啊"和疑标低频跨层共现构成如下5个惊讶语气词非是非问句式。如：

（67）你当体委主任的时候，后面那个"长胡子"的人是谁啊？
（68）我们这是在干什么哦？
（69）老杨，你是62岁还是26岁啊？你要再玩命，我就去请省领导辞掉你的职。
（70）哦，好好，香港好。香港香不香啊？
（71）新学校好不好哦？

以上例句显示，惊讶语气词里只有"啊"和疑标构成的非是非问句式的语气结构，均为"非是非问语气<惊讶口气"。这与前述A_4."疑标<肯定语气词"同为非是非问句式，均由疑标分别表示特指问、选择问和反复问语气，但因语气词不同而口气有别。由于惊讶语气强于肯定口气，所以该类句式往往给人以肯定口气更强的感觉。以上5个句式的语气结构姑且概括如下：

B_4="疑标<啊"→"非是非问语气<惊讶口气"。

（六）小结

惊讶语气词句式一共5类23个，句式B为原型句式，其余为非原型句式。归纳为表12-2。

表12-2 惊讶语气词句式系统

句式	语气结构	"语气+口气"综合值
句式 B（5）	曲调+惊讶语气词	感叹语气+惊讶口气
句式 B_1（3）	升调+惊讶语气词	是非问语气+惊讶口气
句式 B_2（5）	降调+惊讶语气词	祈使语气+惊讶口气
句式 B_3（5）	平调<惊讶语气词	陈述语气<惊讶口气
句式 B_4（5）	疑标<惊讶语气词	非是非问语气<惊讶口气
合计：23	5	23

三、确信语气词句式

确信语气词分别与升调绝对高频同层共现构成 5 个语气结构绝对一致的句式：C. 升调 + 确信语气词。如：

（72）你现在办个民办大学，你试试。你看你能招来生不？你看经济上能运转不？

（73）白雪娘又说："在你家里，可别说这话！记住啦没？"

（74）他们都是，他们不是，他们不是在旗的人吧？后来入的吧？

（75）娘说："军儿，看人家多光彩。将来你能吗？"

（76）甜的不吃，你要吃素的不是？

以上显示，确信语气词都能与升调构成功能绝对一致的确信语气词是非问句式，其语气结构均为"是非问语气 + 确信口气"。与零语气词是非问句所表直接口气（或零口气）相比，以上各句式分别表示是非问语气的各种非直接的确信口气。该类为语气词是非问句的原型，与上文论及的句式 A_1（肯定语气词<升调）、B_1（升调 + 惊讶语气词）均为语气词是非问句，也均由升调表示是非问语气，但因语气词不同而口气有别。以上 5 个句式的语气结构姑且概括如下：

C="升调 + 确信语气词" → "是非问语气 + 确信口气"。

四、确认语气词句式

确认语气词只能与降调绝对高频同层共现构成 5 个语气结构绝对一致的确认语气词祈使句式：D. 降调 + 确认语气词。如：

（77）把这个钱拿去，给秋贵娶个媳妇，再好好的栽培秋阳吧！

（78）您同志想要花，就挖去得了，我赶明个再压上几个枝条，又是几棵。

（79）郝又三并不同意田老兄的见解，但他又愿多听一些葛寰中语中有刺的话，遂说："世伯只管说下去好了！"

（80）陈先生，对方只有两三千兵力，如果他们不听话，你们就把他们消灭算了！

（81）铁传甲忽然惨笑道："你们不用麻烦了，快杀了我就是！我自问昔年确有对不起翁天杰之处，如今死而无怨！"

以上显示，确认语气词与降调构成语气结构绝对一致的语气词祈使句式，其语气结构均为"祈使语气＋确认口气"。与零语气词祈使句所表直接口气相比，以上各例分别表示祈使语气的各种非直接的确认口气。该类为语气词祈使句式原型，虽然与上文所论 A_2（肯定语气词＜降调）、B_2（降调＋惊讶语气词）同为带语气词的祈使句式，也同由降调表示祈使语气，但因语气词不同而口气有别。以上 5 个句式的语气结构姑且概括如下：

D＝"降调＋确认语气词" → "祈使语气＋确认口气"。

五、小结

上面以 4 类 26 个述题语气词与 4 个基本语法调和 3 种疑标构成的语气结构作为句式特征，构建出表 12-3 所示的单语气词句式子系统。

表 12-3　单语气词句式系统

语气结构类型	肯定语气词句	惊讶语气词句	确信语气词句	确认语气词句	合计	
原型语气结构句	A."平调＋肯定语气词"句（10）	B."曲调＋惊讶语气词"句（5）	C."升调＋确信语气词"句（5）	D."降调＋确认语气词"句（5）	25	
非原型语气结构句	A_1."肯定语气词＜升调"句（10）	B_1."升调＋惊讶语气词"句（3）			13	52
	A_2."肯定语气词＜降调"句（4）	B_2."降调＋惊讶语气词"句（5）			9	
	A_3."肯定语气词＜曲调"句（9）	B_3."平调＜惊讶语气词"句（5）			14	
	A_4."疑标＜肯定词"句（11）	B_4."疑标＜惊讶词"句（5）			16	
合计	44	23	5	5		77
	67		10			

上表显示出单语气词句式的如下 3 个规律：

（一）就语气词为标志而言，分为 2 大类 4 小类。以肯定语气词为标志的句式 44 个，以惊讶语气词为标志的句式 23 个；以确信语气词为标志的句式 5 个，以确认语气词为标志的句式 5 个。

（二）就语气结构的原型性而言，4 类 25 个句式为原型，即语气结构的上下位功能一致的语气词句式；其余 52 个句式为非原型，即上下位功能不一致的语气词句式。

（三）就所属句类而言，77 个句式分别隶属于 4 个句类，如表 12-4 所示。

表 12-4　语气词句类及其单语气词句式系统

句类		语气词原型句式	语气词非原型句式		合计
言者为主型句类	陈述句	A."平调+肯定语气词"句式（10）	B₃."平调＜惊讶语气词"句式（5）	15	29
	感叹句	B."曲调＋惊讶语气词"句式（5）	A₃."肯定语气词＜曲调"句式（9）	14	
听者为主型句类	祈使句	D."降调+确认语气词"句式（5）	A₂."肯定语气词＜降调"句式（4）	14	48
			B₂."降调+惊讶语气词"句式（5）		
	疑问句	C."升调+确信语气词"句式（5）	A₁."肯定语气词＜升调"句式（10）	18	
			B₁."升调+惊讶语气词"句式（3）		34
			A₄."疑标＜肯定语气词"句式（11）	16	
			B₄."疑标＜惊讶语气词"句式（5）		
合计		25	52		77

上表显示出，言者为主型句类包括 29 个语气词句式，陈述句、感叹句分别为 15 和 14 个。听者为主型句类包括 48 个语气词句式，祈使句 14 个，疑问句 34 个（是非问句 18 个，非是非问句 16 个）。言者为主型句类拥有的语气词句式远少于听者为主型句类。

第四节　迭用语气词句式

表 11-3 显示，述题语气词都能右向递层迭用，构成 88 个原型二迭式和 14 个原型三迭式，一共 102 个原型迭用式。据此自然可构建出 88 种二迭语气词句式和 14 种三迭语气词句式，一共 102 种迭用语气词句式。2 大类迭用语气词句式各举一例并分析如下：

（82）［您已经够辛苦］＜［平调+［的＜了］］。

（83）［他不会答应你］<［［的＜了］<［升调＋吧］］？

例（82）里，平调表示陈述语气，前位"的"被抑制在下层表示"肯定_{性状}"口气，末位"了"表示最终的"肯定_{主观已然}"口气。例（83）里，前位"的"和中位"了"被抑制在下层、中层依次表示"肯定_{性状}"和"肯定_{主观已然}"的口气，升调表示是非问语气，末位"吧_1"表示最终的"高确认"口气。

第五节 小结和余论

一、小结

围绕语气词句式，上文依次讨论了3个问题，初步得出如下结论：

（一）提出述题语气词是构建语气词句式系统的特征词群，并将语气词句式界定为"以述题语气词为特征词的句式"。

（二）依据语气结构"语法调或疑标＋语气词"构建出单语气词句式系统，包括2大类4小类77个句式，各自的语气结构因语调或疑标和语气词共现的种类、频次、层次和功能关系不同而各异。

（三）据语气词迭用式类型系统，构建出2类102个迭用语气词句式，二迭语气词句式88个，三迭语气词句式14个。

（四）77个单语气词句式和102个迭用语气词句式，一起构成普通话179个语气词句式（见表12-5）。语气词句式系统和学界已有的仅以句法结构、句法词和语义关系等为特征的零语气词句式系统一起构成更完整的普通话句式系统。语气词句式用于日常会话的舒缓语体，零语气词句兼用于书面语和日常会话，两者各得其所，各展其用，表现不同的语气结构和语体风格。

表12-5 普通话语气词句式系统

单语气词句式（77）						迭用语气词句式（102）	
肯定语气词句式（44）		惊讶语气词句式（23）		确信语气词句式（5）	确认语气词句式（5）	二迭语气词句式（88）	三迭语气词句式（14）
肯定语气词原型句式（10）	肯定语气词非原型句式（34）	惊讶语气词原型句式（5）	惊讶语气词非原型句式（18）				

吕叔湘（1979：91）曾经指出：

> 怎样用有限的格式去说明繁简多方、变化无尽的语句，这应该是语法分析的最终目的，也应该是对于学习的人更为有用的工作。

虽然这段话可能是针对以"语法结构格式"为特征的零语气词句式而发的，但也适合语气词句式。因为"语法结构格式"里的"词类序列""特定词""固定格式"等句式的形式手段要么封闭性不强，要么认识存在分歧，据以构建"包含句法结构和语义结构并具有语用功能的句子的结构格式"必然难以获得一致认识。但，语气词句的语气和口气手段都是封闭的，语气结构类型及其数量也是近乎封闭的，使得语气词句式的类型及其数量也是封闭的，每种句式的语气结构及其"语气+口气"综合值也都是固定的，偶尔浮现出的特定的语用效应也是大体可以推测的。

二、余论

我们曾从语义结构、句法层次、语气结构和时范畴缺席等方面讨论"了$_1$"和"了$_2$"的成句能力的制约因素，初步得出如下结论：

（一）语义结构的差异决定"了$_1$"只能附着述题里的核心谓词且有所选择，而"了$_2$"几乎不受限制。

（二）"了$_1$"位于述题里的最下层，"了$_2$"位于述题里的最上层，决定了前者只能在句法结构层面参与构成词组，后者只能在句子话语层面参与构成述题。

（三）"了$_1$"只能和核心谓词构成"X+了$_1$"词组，"了$_2$"只能与语法调或疑标一起构成针对"X+了$_1$"的语气结构并以之为辖域表示口气。

（四）普通话是体凸显型和口气凸显型语言，而且不依赖高度语法化的时范畴系统来表示时范畴。这导致"了$_1$"所表完成体范畴难以直接明确地定位到客观时间轴，进而大大制约了其成句能力。"了$_2$"的口气功能与时、体范畴无关或关系不直接，因而不受此制约。

以上4个因素依次从微观到宏观影响到"了$_1$"和"了$_2$"的成句能力，导致前者的成句能力大大小于后者。简言之，"了$_1$"被包裹在X的多层茧壳之内——[状+[[动+了$_1$]+补]+宾]]，然后再由语气结构为它包上最外层的"语气+口气"包装，使静态的句法结构"X+了$_1$"成为带有语气结构的述题或零句——[状+[[X+了$_1$]+补]+宾]]<[语调/疑标+了$_2$]。语气结构及其中的语气词的层次，不仅高于述题及其核心谓

词，也高于作为高层谓语的语气副词。也就是说，语法调赋予静态的 X 以动态的言语行为语气，将命题纳入当下言谈；语气词再表示言者当下的主观性及交互主观性。这等于赋予了语气词以几乎无限的成句能力。打个比方说，语法调和语气词及其构成的语气结构几乎可以对任何词语序列进行"出厂"——实现为句子——前的"语气＋口气"包装，使之由"句干"（范晓、张豫峰等 2003）实现为带有语气结构的话语句。语气结构赋予述题以"语气＋口气"搭配值或错配值，使得句法结构或词组实现为句子，因而具有几乎无限的成句能力。

埃德加·莫兰（2002：256）指出，系统或整体的"某个部分变成核心器官，也就是这个部分获得了解放，有能力发展创造潜力和高级组织潜力……发展中的器官用自己的能力为整体牟利，整体于是拥有了器官的性能"。除了语调，语气词或许就是汉语句子的"核心器官"，其"创造潜力和高级组织潜力"使得词语序列成为话语成分并带有口气功能。这可能也正是生成句法学将其视为标句符的理由之所在。

第十三章 语气词系统的历时变迁

第一节 引言

本章拟就语气词的聚合系统及其语音格局的历时变迁进行一些考察。考察的前提有如下三条：

一、语言或方言的语气词都自成系统，不同时代有不同的系统。语气词的系统性表现为聚合的系统性、功能的系统性与组合的系统性。随着时空变化，一种语言或方言的语气词系统的内部要素会发生相应调整以保持系统平衡，新旧时代的语气词系统的要素之间会继承或遗弃、分化或合流。

二、语气词大多是标音性质的（吕叔湘 2002：259），任何时代的语气词都统一于该时代的语音系统，有多少个历史时期就会有多少个语气词系统；而且"任何方言的语气词都统一于自己的方音系统（少数例外），这样有多少种方言，都有多少个语气词系统"（袁家骅等 1960：53）。研究语气词时空变迁的最佳途径应从其语音格局出发，讨论它与整个语言的语音系统之间的互动关系。这是因为，语义上，语气词不表概念，不参与句子命题，难以进行语义分析；句法上，语气词不充当句法成分，不参与句子的句法结构，难以进行句法分析；书写形式上，语气词及其功能与文字形体之间不存在直接而必然的关联，仅仅是约定俗成的结果，难以进行文字分析。唯有语气词的语音格局及其历时变迁研究应该是最方便的，最具有操作性的。

三、单纯语气词大都是语气词聚合系统里的核心成员，复合语气词大体上是边缘成员。因此，研究语气词的历时变迁应以单纯语气词为主要对象。

下文将在以上三个前提之下依次讨论语气词的上古、中古、近代和当代的语音格局。

第二节　上古语气词聚合系统及其语音格局

一、上古语气词聚合系统的语音格局

关于语气词出现的时间，学界认识很不一致［参见罗祥义（2016）］。王力（2005：295—296）指出：

> 在原始时代，汉语可能没有语气词。直到西周时代，语气词还用得很少。……春秋时代以后，语气词逐渐产生和发展了。

对此，这里不予赘述，仅以《诗经》的押韵系统和汉字谐声系统为上古语音系统的代表。据王力（1985c）、郭锡良（1986），上古汉语声母包括6类32纽，韵母包括阴、阳、入3大类11小类30部。

本节选择《论语》作为上古单纯语气词的代表性文本，主要依据有三：

一是《论语》比较接近《诗经》时代。[1]

二是孔子本人曾整理过《诗经》，而且他从政和教学都使用当时的雅言。[2]

三是先秦10部重要典籍中，《论语》所用语气词及其迭用式数量最多，频次最高，语气词的品种也最多（郭锡良1988，1989）。[3]

据郭锡良（1989）等，《论语》一书的语气词聚合系统包括10个成员，[4] 按语音格局归纳为表13-1。

---

[1]　孔子公元前484年（鲁哀公十一年）结束周游列国的人生壮举"自卫反鲁，然后乐正，《雅》《颂》各得其所"（《论语·子罕》）。换言之，孔子对整理、继承、传播《诗经》发挥过重大作用，当然应该熟知其语言。

[2]　《论语·述而》记载说："子所雅言，《诗》、《书》、执礼，皆雅言也。"

[3]　先秦10部重要典籍中，《论语》二迭式37例，仅次于《左传》（68例）和《荀子》（63例）。《论语》不到2万字，《左传》近20万字，《荀子》近10万字，从出现频率看，《论语》应该是数量最高的。三迭式，《论语》7例，《左传》《孟子》各2例，其他著作均无此用法。从句尾语气词迭用类型看，郭文所列10部典籍中的18种二迭式，《论语》出现10种，与《左传》的二迭式分布不同，种类相同，并列第一。郭文所列三迭式6种，《论语》出现3种，《左传》仅1种，《孟子》2种。可见，《论语》中语气词迭用在先秦文献中是非常突出和有代表性的。

[4]　李小军（2013：131—132）列出先秦至西汉的单纯语气词聚合系统包括14个成员，比《论语》多了"者、尔、云、兮"等4个。

表 13-1 《论语》的语气词聚合系统及其语音分布格局

韵部	零声母 影纽	舌根音 匣纽	舌面音 日纽	舌面音 余纽	舌尖前音 精纽	舌尖前音 心纽	唇音 帮纽
之 ə		矣 ɣǐə	耳 njǐə	已 ʎǐə	哉 tsə		
鱼 ɑ		乎 ɣɑ		欤 ʎǐɑ		邪 zǐɑ	夫 pǐwɑ
歌 a				也 ʎǐa			
元 an	焉 øǐan						

上表显示，上古单纯语气词聚合系统的语音格局具有如下特点：

（一）如果接受那时汉语雅言已经分化出 4 个声调的观点，[①]10 个语气词里有 6 个是平声，4 个上声，没有去声和入声。[②]

（二）分布于 7 个声母，其中零声母 1 个，舌根音 2 个、舌面音 4 个、舌尖前音 2 个、唇音 1 个，明显集中于舌面音；就发音方法看，各种擦音 7 个（矣、乎、耳、已、欤、也、邪），塞音、塞擦音和零声母各 1 个（哉、夫、焉），以擦音声母为主。

（三）分布于之、鱼、歌、元 4 个韵部的 7 个韵母，[③]高度集中于之、鱼 2 部的 5 个韵母。

为了说明这并非孤例单证，表 13-2 再列出《今文尚书》和《孟子》的单纯语气词以资比较。

表 13-2 《今文尚书》与《孟子》的单纯语气词数量与百分比对比

文本名	语气词总数	鱼、之部语气词数	占总数百分比
《今文尚书》	12	9	75%
《论语》	10	8	80%
《孟子》	14	9	64%

另外，除"焉"外都是阴声韵，不分布于入声韵；除"乎""哉"外，都是带介音的复韵母，即三四等韵；主元音包括 [ə]、[a]、[ɑ] 3 个，开口度一般较大或最大，响度较高或最高。

---

① 虽然学界存在"古无声调说""古无四声说""古有四声说""古无去声说"等众多观点，但多数学者认为《诗经》中"以平协平，以上协上"的现象可能证明上古汉语已经产生声调。

② 刘淇《助字辨略》所收语气词也分为平声、上声两部分。上平声收"思、为、与、诸、如、且、夫、乎、兮、来、哉、云"等，下平声收"焉、么、邪"等；上声收"只、尔、耳、已、了、者、也、以、矣"等。

③ 钱宗武（2001）认为，《今文尚书》的语气词大都具有音近孳乳关系，如"矣、乎、焉"双声，"所、哉"为旁纽双声；就韵部看，"所、乎"模韵，"矣、已、止、其、哉"咍韵，"所、若"韵近，"乎、所"模韵和"若"铎韵对转。

二、上古语气词迭用的语音顺序格局

据郭锡良（1988、1989）、赵长才（1995）、朱承平（1998）、杨永龙（2000）、华建光（2008）等学者考察，上古单纯语气词迭用式包括二迭式与三迭式。

二迭式包括以下三组：

  焉矣、耳矣、也已、也矣……

  已乎、已邪、矣乎、也邪、也欤、也哉……

  焉哉、也哉、矣哉、耳哉、乎哉、也夫、矣夫、已夫、也乎……

三迭式包括：焉耳矣、焉耳乎、也已矣、也乎哉、也欤哉……

据上可归纳出它们的迭用顺序如表 13-3 所示（功能类别名称换用第五章的术语）。

表 13-3　上古汉语语气词迭用式

领先＼殿后		肯定语气词 ＜				确信语气词 ＜			惊讶语气词	
		1.焉＜	2.也/耳＜	3.已＜	4.矣	5.乎/欤/		邪	6.哉/	夫
肯定语气词	焉		焉耳		焉矣				焉哉	
	也			也已	也矣	也乎	也欤	也邪	也哉	也夫
	耳				耳矣	耳乎			耳哉	
	已				已矣	已乎		已邪		已夫
	矣					矣乎			矣哉	矣夫
确信语气词	乎								乎哉	
	欤								欤哉	
	邪									
惊讶语气词	哉									
	夫									

上表显示出，上古汉语语气词的顺序里分为 3 个段位（3 类语气词在迭用顺序里的位置）6 个序位（各类语气词内部小类在迭用顺序里的位置）。3 个段位依次是肯定语气词、确信语气词和惊讶语气词，6 个序位包括肯定语气词段位的 4 个序位（焉＜也/耳＜已＜矣），确信语气词段位的 1 个序位（乎、邪、欤）和惊讶语气词段位的 1 个序位（哉、夫）。

如果从语音角度观察，可发现上古汉语单纯语气词迭用顺序呈现出如

表 13-4 所示的语音顺序格局。

表 13-4　上古汉语语气词选用的语音格局

段位	肯定语气词 <				确信语气词 <			惊讶语气词	
序位	1. 焉 <	2. 也 / 耳 <		3. 已 <	4. 矣	5. 乎 /	邪 /	欤	6. 哉 /	夫
音节拟音	*Ian	*ia/	*njiə	*ʎiY	*ɣiə	*ɣa/	*zia/	*ʎiY	*tsə/	*piwa
声纽	影	余	泥	余	匣	匣	邪	与	精	帮
主元音	a	a	ə	e	ə	ɑ	ɑ	ɑ	ə	ɑ
声调	平	上	上	上	上	平	平	平	平	平

注：华建光（2008）发现，11 部战国传世文献（《左传》《国语》《论语》《墨子》《晏子》《孟子》《庄子》《荀子》《韩非子》《吕氏春秋》《战国策》）中 11 个语气词的选用顺序为：耳 < 也、已、矣 < 乎₁、与、耶、夫 < 哉 < 乎₂。与上表略有出入。

上表所示语气词选用的语音顺序里，实际上包含着如下规律：

（一）除了作为语气词的资格还不是十分充分的"焉"是一个阳声韵外，其余音节都是阴声韵。

（二）声纽呈现出"发音部位后者在前，发音部位前者在后"的规律。前 4 个序位的声纽发音部位大都靠后或较靠后；后 2 个序位的发音部位均靠前或较靠前。"已、欤"2 个语气词的声纽发音部位居中，分布上"已"前"欤"后。同时，声纽的发音方法还呈现出"擦音在前，塞擦音居中，塞音殿后"规律，其中前 4 个序位的语气词的声纽为擦音，后 2 个序位依次为塞擦音或塞音。

（三）主元音响度呈现出"响度低者前，响度高者后"的规律：前 4 个序位的主元音响度低，除"焉、也"是前低元音 [a] 外，"耳、已、矣"均为央元音 [ə]；后 2 个序位的响度高，除"哉"外均为后低元音 [ɑ]。同时，除"哉"外，其余语气词都有介音。

（四）除"焉"外，声调都明确地呈现出"上声前（2—4 序位），平声后（5、6 序位）"的规律。

第三节　中古语气词聚合系统及其语音格局

一、中古语气词聚合系统及其语音格局

据王力（1985c）和郭锡良（1986），中古汉语的声母系统包括 5 类 35

纽；韵母系统包括61个韵类、141个韵母；声调系统是平、上、去、入4个调类。

我们选择《颜氏家训》作为中古语气词的代表性文本。主要依据有三：

一是该书成书于公元589年，比《切韵》（公元601年）仅早12年，可以视为同时代的文本。

二是颜之推亲自参与了《切韵》一书大纲的讨论，并且在"论南北是非，古今通塞，欲更捃选精切，除削舒缓"时，他与萧该"多所决定"（陆法言《切韵·序》）。因此有理由认为，《颜氏家训》的语音系统与《切韵》最为接近。

三是该书出现12个单纯语气词［也、矣、焉、耳、尔、已、云、乎、耶（邪）、欤、哉、夫］，①总频次为730次，平均万字出现语气词的次数约175个，仅为《论语》《孟子》的约1/3，但却是其余7部中古典籍的3至14倍！②这有力表明了，《颜氏家训》成书前后四五百年间，上古语气词已经呈现出江河日下、行将谢幕之势，近代汉语语气词即将以崭新的面貌登上历史舞台。尽管颜氏一生写作追求"典正""不从流俗"，用字追求"小学宗系"，力图保持文言框架，但他毕竟不是生活于春秋战国时代，"形成一种介于先秦与唐宋、文言与白话之间的具有过渡性质的语言面貌"（刘光明2006）。该书的语气词聚合系统的语音格局可归纳为表13-5（括号内数字表示出现频次）。

---

① 与南北朝包括译经文本在内所包含的16个成员相比（李小军2013：198），《颜氏家训》没有"为、者、不、时、来"等5个。

② 综合李泉（1992）、孙锡信（1999）、刘光明（2006）、李禾范（2006）、王海霞（2008）等学者的研究，将《颜氏家训》一书里的"也、矣、焉、耳、乎"5个高频语气词在有关上古、中古典籍里的数据列成下表，以期通过对比显示其明显的时代性。

语气词	《论语》（战国前期）	《孟子》（战国中期）	《世说新语》（南朝宋）	《颜氏家训》（隋代）	敦煌变文（唐五代）	《游仙窟》（初唐）	《入唐记》（晚唐）	《祖堂集》（南唐）	《坛经》（盛唐）
也	469	1214	57	395	451	11	151	554	18
矣	138	195	17	78	47	1	64	150	0
焉	44	102	2	21	1	0	1	33	0
耳	1	11	76	97	9	2	7	17	0
乎	104	156	28	65	16	1	0	69	0
次数	501	507	59	175	12	16	23	47	15

注：最后一行的"次数"是"万字出现语气词的次数"。

表 13-5 《颜氏家训》的语气词语音格局

韵母	声母 零声母 影	舌根音 余	舌根音 匣	舌尖前音 精	舌尖前音 日	唇音 帮	合计
仙	焉（21）*øĭɛn						1
文		云（4）*jĭuən					1
咍				哉（34）*tsɒi			1
鱼		*欤（1）jĭo					1
模			乎（65）*ɣu				1
虞						夫（3）*pĭu	1
麻		耶/邪（10）*jĭa					1
马		也（395）*jĭa					1
止		已（1）*jĭə 矣（78）*jĭə			耳（97）*ȵĭə		3
纸					尔（12）*ȵĭe		1
合计	1	6	1	1	2	1	12

由上表可知，中古汉语单纯语气词聚合系统语音格局具有如下特点：

（一）都读本调，平声 7 个，上声 5 个。

（二）分布于 6 个声母，其中零声母 1 个，舌根音 7 个，舌尖前音 3 个，唇音 1 个，明显集中于舌根音。就发音方法而论，各种擦音 9 个（云、欤、耶/邪、也、已、矣、乎、耳、尔），塞擦音、塞音与零声母各 1 个（哉、夫、焉），仍以擦音声母为主。

（三）分布于 10 个韵母里，无明显集中的倾向；除 "焉、云" 两个外都是阴声韵，没有入声韵；除 "乎" 外，均为复韵母，且多为三四等韵；它们的主元音包括 [e]、[ə]、[ɛ]、[a]、[o]、[u]、[ɒ] 等 7 个。

二、中古语气词选用顺序的语音格局

暂不考虑 "云"，① 中古语气词选用顺序可暂且排列如表 13-6 所示。

---

① 李小军（2013：200）认为这一时期 "云" 已经退出使用。

表 13-6 中古汉语语气词选用顺序的语音格局

语音	肯定语气词 <					确信语气词 <			惊讶语气词	
	1. 焉 <	2. 也/耳 <	3. 已 <	4. 尔 <	5. 矣	6. 乎 /	耶/邪/	欤	7. 哉 /	夫
音节拟音	*øĭɛn	*jĭa	*ʑĭə	*ȵjĭə	*ȵjĭe	*ɣu	*jĭa	*jĭo	*tsɒi	*pĭu
声母	影	余	日	余	日	匣	余	余	精	帮
主元音	ɛ	a	ə	ə	e	u	a	o	ɒ	u
声调	平	上	上	上	上	平	平	平	平	平

上表所示选用语音顺序格局说明，与上古相比，中古语气词的选用顺序遵循着如下规律：

（一）选用顺序仍然分为3个段位，依次是肯定语气词、确信语气词和惊讶语气词。分为7个序位，比上古增加了1个，即肯定语气词里的"尔"自成1个序位。

（二）以余纽、日纽为声母的8个语气词里，"也、耳、已、尔、矣"5个位于"乎"前面，"耶、邪、欤"3个位于"乎"后面，从而打乱了上古声母发音部位的"后＜前"顺序规律。但发音方法仍大体呈现出"擦音前，塞音后"的顺序。

（三）主元音遵循舌位"前＜后"规律：1—5序位为前元音［ɛ］、［e］或央元音［ə］（"也"除外）；6、7序位为后元音［ɒ］、［o］、［u］（"耶、邪"除外），从而取代了上古汉语响度"低＜高"顺序规律。

（四）声调遵循"上声＜平声"顺序，除"焉"外，2—5序位均为上声，6、7序位均为平声。这与上古汉语几乎完全一致。

第四节 近代语气词聚合系统及其语音格局

一、近代语气词聚合系统的语音格局

据杨耐思（1981），近代汉语（唐至清初）的声母系统有7组发音部位的19个声母，韵母系统包括46个韵母，声调系统包括阴平、阳平、上声、去声、入声。

本节选择元杂剧作为近代汉语语气词的代表性文本。主要依据有三：
一是，虽然新兴语气词于唐五代已经应运萌生，[①] 但直到宋元时期才真

---

① 据孙锡信（1999：40），唐五代时期"无"经由"摩、磨、麼"而产生"麼（吗）"，"尔"经由"薾"、"裏"经由"里、俚、哩"而合流为"呢"，"着、者"虚化出祈使语气用法，"後"逐渐滋生出假设语气用法。

正获得长足发展，[①]元杂剧更全面地展现出近代汉语语气词的崭新格局。元杂剧作品主要出现在金末元初，略晚于轻声产生的北宋。

二是，元杂剧里文言语气词的数量大为减少，频率大为降低，功能也发生了变异。元杂剧前后的文献对比也清楚地说明了这一点。如早于元杂剧的《颜氏家训》等的语气词数量、频次已不能与《论语》《孟子》等上古文本同日而语，晚于元杂剧的《西游记》等文言语气词的使用频次更大大低于近现代汉语（详见表13-11）。元杂剧所用文言语气词一般只出现在仿文言中（任晓彤2007）。

三是，元杂剧骤然出现了40多个语气词，数量之多为同时代典籍之最；且成分复杂，功能多样，关系纷繁。如"也么哥、嗏、沙（唦）"等未在其他文献中出现；"咱、著（着）、则个、来"等承袭自早期近代汉语；"者、咱、著（着）、来、呵"极其活跃；后来发展成为现代汉语的语气词在元杂剧中均已初具雏形，也居于近代汉语典籍之首。

近代汉语26个单纯语气词聚合系统的语音格局可排列为表13-7（有异体字或语流音变不同用字者一律只列出最常见的1个作为代表）。

表13-7　近代汉语语气词的语音格局

韵母	零声母 [ø]	舌根 [k]	[x]	[ŋ]	舌尖前 [ts]	舌尖中 [t]	[tʰ]	[n]	[l]	舌叶 [tʃ]	[tʃʰ]	[ʃ]	唇音 [p]	[m]
齐微[i]	咦					的		呢	哩	只				
支思[ɿ]												时		
车辙[iɛ]						特				者				
歌戈 [o]	阿	个	呵	哦										
歌戈 [io]										着				
歌戈 [uo]									啰				波	麽
家麻 [a]					咱	那				嗏	唦	罢		
家麻 [ia]	呀													
皆来[ai]	哎				则				来					
尤侯[əu]			後											

由上表可以将元杂剧单纯语气词系统语音格局的特点总结如下：

（一）大多数为轻声。这是语气词由上古演变至近代发生的最重大变

[①] 据孙锡信（1999：40），宋元时期"了"已经演化成陈述语气词，"罢"作为祈使、测度语气词大量出现，"後"逐渐由"呵"取代，"也"逐渐以"呀"的形式出现，"者"音变为"则个"或"咱"，"来"演变出确认语气。

278

化，可视为近代汉语语气词与上古、中古语气词的重要分水岭。[①] 当然，由今视古，[②] 近代汉语语气词不可能一下子全部变为轻声，而是有先后、快慢之别的。

（二）分布于14个声母，其中零声母有4个语气词，舌根音4个，舌尖前音2个，舌尖中音7个，舌叶音6个，唇音3个。就发音方法看，塞音5个，塞擦音6个，擦音4个，鼻音4个，边音3个，零声母4个。

（三）分布于10个韵母之中，其中4个单韵母分布有15个语气词，占语气词总数的半数以上；6个复韵母分布有11个语气词。这与上古、中古汉语绝大多数单纯语气词都是复韵母相比，有很大不同。主元音6个，即[a]、[ɛ]、[ə]、[o]、[i]、[ɿ]。

以上说明，伴随着中古到近代汉语语音系统不断简化和汉外语言接触频繁，元杂剧所代表的近代汉语语气词也发生着剧烈变化，"不仅数量多，用法复杂，而且一些语气词之间关系密切，意义十分接近，呈现出一种错综复杂的局面"（任晓彤2007）。元杂剧是近代汉语语气词发展的顶峰，也是向现代汉语过渡的重要时代。既是语气词系统的"大乱之秋"，也将成为大治之始。

二、近代语气词迭用顺序的语音格局

近代汉语单纯语气词的迭用面貌还很不清楚。据沈孟璎（1982）、任晓彤（2007）和白达奕（2009）等，近代汉语语气词迭用包括三种类型。

（一）文言语气词自相迭用，如"矣乎哉"等。

（二）近代语气词自相迭用，如"的了、了么、了罢、了那、了啊、了呀、了哩、者呵、呵呢、波徕、者波（只波）、啊哩、罢便了"等。

（三）混合迭用，如"也那、也啰（也落）、也麽、也呵、也波、也哦、了也、了耶、矣了"等。

如果实在不愿以"暂付阙如"四字来搪塞，也可以第二类为近代汉语

[①] 轻声的出现打破了汉语音节的"声＋韵＋调"模式。虽然《中原音韵》并未反映这一变化，但近代汉语出现了大量二音节复合词，成为轻声产生的温床。王力（1980：198）认为："估计在十二世纪前后，轻声就产生了。而这些语法成分大概从开始不久就是念轻音的。后来复音词的后一成分或后面两三个成分也都变为轻音。"此外，现代方言提供了这一变化的活化石（孙景涛2005；李莎2006；梁磊2007）。但元代卢以纬《语助》一书"二"和"十二"两节都将当时俗语"么"注作平声。

[②] 当代南方方言（含晋语）的语气词几乎都读本调；北方方言的西南官话也几乎读本调，江淮官话和晋语部读本调，部分读轻声；西北官话、冀鲁官话和华北官话几乎全部读轻声（详见第十五章）。

语气词选用的典型代表，姑且构拟出近代汉语单纯语气词选用的粗略规律及其语音格局，如表 13-8 所示。

表 13-8　近代汉语语气词选用的语音格局

语音	肯定语气词<			确信语气词<		惊讶语气词		
	1. 的<	2. 了<	3. 呢	4. 罢 / 么		5. 啊 / 呀 / 呵		
音节	*ti	*li（？）	*ni	*pa	*muo	*o	*ia	*o
声母	舌音			唇音		零声母	零声母	舌根音
主元音	i	i（？）	i	A	o	o	a	o
声调				轻声（？）				

注：括号里的问号表示存疑。

尽管上表所列语音格局太过粗疏，但仍然显示出如下规律：

（一）语气词选用仍然分布于 3 个段位（肯定语气词、确信语气词和惊讶语气词）。但只有 5 个序位，肯定语气词分布于其中的 3 个序位。

（二）声母呈现出"舌音在前，唇音和零声母在后"的规律。

（三）主元音呈现出"前高元音在前，低元音居中，后高元音殿后"的规律。

可以说，普通话语气词选用的语音格局已经孕育在以上 3 条粗略的规律里了。

第五节　当代语气词聚合系统及其语音格局

一、当代语气词聚合系统及其语音格局

当代普通话声母系统包括 7 组 22 个声母，韵母系统包括四呼 38 个韵母，声调系统包括阴平、阳平、上声、去声 4 个声调，另有轻声。

普通话常见单纯语气词有 8 个，[①] 据功能与分布可以分为三组，其主要语音格局如表 13-9 所示。

[①] 据翟燕（2013：201—203），清代北方话语气词聚合系统可归纳如下：了、罢、的、呢、么、呀。仅此可见，除了书写形式略有不同外，清代北方话已经初步形成了普通话语气词的基本面貌。

表 13-9 当代语气词聚合系统及其语音格局

声母		韵母				
		[ə]	[a]	[A]	[ai(ei)]	[ou(o)]
舌音	[t]	的				
	[l]	了				
	[n]	呢				
唇音	[p]		吧			
	[m]		吗			
零声母	[ø]			啊	哎	哦

据上表，普通话单纯语气词聚合系统的语音格局具有如下特点：

（一）全部读最轻声。

（二）分布于 6 个声母，舌音声母 3 个语气词，唇音声母 2 个，零声母 3 个。

（三）分布于 5 个韵母，都是阴声韵，且绝大多数为单韵母；主元音包括 [ə]、[o]、[a]、[A]。据开口度、舌位前后可以分为如下三组：

[ə] 组，是中、展唇、央元音，开口度中

[A] 组，是低、展唇、央元音，开口度大

[o] 组，是次高、圆唇、后元音，开口度小

就整个音节的响度而言，可以分为如下三组：

低音组，即舌音组，是自然的声韵组合 [tə]、[lə]、[nə]，音响度最低。

中音组，即唇音组，不是自然的声韵组合 [po]、[mo]，而是 [pA]、[mA]，由于声母的同化作用而实际开口度小于、响度低于央元音 [A]，甚至更弱。

高音组，即零声母组，最典型的语气词"啊"的音节是充分而典型的 [A]，开口度大于、响度高于"吗、吧"组。该组的"哎"是开口度较大的 ai 或 ei，"哦"是舌根、半高的紧元音，响度略高于"呢"。

三组语气词依照声母的有无、主元音的开口度以及整个音节的响度呈现为如下序列：

的 / 了 / 呢 ＜ 吧 / 吗 ＜ 啊 / 哎 / 哦

声母：有　　　　　　　　　　　　无

开口：小　　　　　　　　　　　　大

音响：低　　　　　　　　　　　　高

二、当代语气词选用系统的语音顺序格局

当代普通话语气词的选用顺序的序列已经见诸表 10-2，可截取其中常

见单纯语气词并修改为表 13-10。

表 13-10　当代语气词选用顺序及其语音格局

语音	确认语气词<	肯定语气词<				确信语气词<		惊讶语气词	
	1.吧$_2$<	2.来<	3.的<	4.了<	5.呢<	6.吗/吧$_1$		7.啊/哎/哦	
音节	[pA]	[lai]	[tə]	[lə]	[nə]	[mA]	[pA]	[A] [ai]	[o/ou]
声母	唇音	舌音				唇音		零声母	
韵母	[A]	[ai]	[ə]			[A]/[o]			
声调	最轻声								

上表显示出普通话语气词选用具有如下规律：

（一）语气词选用分布于 4 个段位 7 个序位。4 个段位依次是确认语气词、肯定语气词、确信语气词和惊讶语气词。这是和以往各时代都不同的地方。其中，肯定语气词内部分为 4 种，各有 1 个序位，这一点和上古持平，少于中古，而多于近代。

（二）除了确认语气词和肯定语气词"来"外，响度低者在前，高者在后，主要表现为语气词的主元音 /ə/（[e]、[ə]、[ɣ]、[o]）</A/（[A]、[a]）这 2 个音位及其变体的对立。

（三）肯定语气词内部 4 个小类，肯定口气的程度低者在前，高者在后。同时伴随着整个音节响度的由低到高的规律：的<了<呢。

第六节　小结

一、语气词聚合系统的语音格局的变迁

据孙锡信（1999）、任晓彤（2007）、李小军（2013）和翟燕（2013）等学者的研究，上古到当代单纯语气词的数量变化可粗略归纳为表 13-11（见下页）。该表说明，从甲骨文至今的 3000 多年来，语气词聚合系统成员的数量经历过一个近似"橄榄型"（即"少→多→少"）的变化过程。

同时，它们的语音格局变迁大势可总结为表 13-12。

第十三章　语气词系统的历时变迁

表 13-11　单纯语气词古今数量变迁

时期	语气词													总计
先秦	也	矣	耶	哉	夫	者	乎	尔	耳	焉	已	云	兮	为 不 未 时					14
魏晋	也	矣	耶	哉	夫	者	乎	尔	耳	焉	已			为 不 未 时	好 看 后 着	无₁ 那₂				16
唐五代	也	矣	耶	哉	夫	者	乎	尔	耳	焉				为 不 未 时	好 看 后 着	无₁ 那₂				21
宋代	也		耶			者				欤						着	无 那₃	的 丁 呀 吵 呵 休		14
元代	也	矣	耶	哉	夫	者	乎	尔	耳				兮	来 时 不	后 着₄	麼 呢₅	的 丁 呀 沙 呵	喽	咱	24
清代														来 时		么 呢	的 丁 呀	罢		8
当代														不 来 时		吗 呢	的 丁 啊	吧₁		9

注：1. 同一语气词的异写形式只选择最常用的一个。带数字下标"1"的"无"另有"无"，带下标"2"的"那"另有"拏、末"，带下标"3"的"那"另有"哪、裹（哩）、在"，带下标"4"的"着"另有"则，则个，咱，只，些"，带下标"5"的"呢"另有"哪、呢、肇、哩，里"等形式。

2. 据孙锡信（1999：93），《全宋词》所用语气词 21 个。我们将其中选用式"去也、无、也呵"分析为 2 个而不计"去"一词，将"哪、麼、嚇"呀、哑"分别合并为 1 个，从而得到 14 个语气词并重新排列如下：也、耶、欤、者、着、的、丁、那〔哪、裹（哩、理）、在〕休、无（麼、嚇）、吟、呀（哑）、呵、咱。前四个为文言文语气词，其余均为魏晋以后的新生语气词。

3. 当代另有"嘛、哈、哎、哦、没"和"吧₂"等 6 个，无法排入上表。

283

表 13-12 历代单纯语气词聚合系统的语音格局对比表

时期	语气词数	声调	声母 数量	声母及分布的语气词	韵母 数量	发音部位及分布的语气词数	单、复韵母数量	韵尾	主元音
上古	10	平/上	7	零声母 1, 舌根音 2, 舌面音 4, 舌尖前音 2, 唇音 1	7	擦音 7, 塞音和塞擦音各 1	单韵母 2, 复韵母 5	阴声 6, 阳声 1	3 [ə], [a], [ɑ]
中古	12	平/上	6	零声母 1, 舌根音 2, 舌尖前音 3, 唇音 1	10	擦音 9, 塞音和塞擦音各 1	单韵母 1, 复韵母 9	阴声 10, 阳声 2	7 [e], [ə], [ɛ], [a], [o], [u], [ɒ]
近代	26	轻	14	舌尖前音 2, 舌尖中音 7, 舌叶音 6, 唇音 3	10	擦音 4, 塞音 5, 塞擦音 6	单韵母 4, 复韵母 6	阴声 10, 阳声 0	6 [a], [ɛ], [ə], [o], [i], [ʅ]
当代	8	轻	6	零声母 3, 舌尖中音 3, 唇音 2	5	擦音 3, 塞音 2	单韵母 4, 复韵母 1	阴声 5, 阳声 0	4 [ə], [o], [a], [A]

上面两个表显示出单纯语气词聚合系统的语音格局发生过五个方面的变化。

（一）声母、韵母及其主元音的数量都经历了一个近似"橄榄型"的历时变化过程。其中元音代最多，这可能与辽金元时代的"蒙式汉语"有一定关系（祖生利 2002, 2018）。

（二）声调经历了从具有本调到失去本调而读最轻声的历时变化过程。

（三）声母声母比例逐渐增加，其余声母比例逐渐减少的趋势。从古至今，声母依次消失的是舌面音、舌尖前音、舌尖后音和舌根音。现代汉语里只有零声母、舌尖中音和唇音声气词。

（四）复韵母比例逐渐减少，单韵母比例逐渐增加；同时阳声一直很少直至消失。

284

（五）音节一直朝着简化的方向发展，具体表现为声调弱化为最轻声，浊声母清化，介音消失，复韵母逐渐由单韵母取代。

以上五个方面如同五条小溪共同汇聚成语气词语音格局历时变迁的大势之河。

二、历代语气词选用从古至今不曾变化的规律

（一）一直遵循着功能顺序。

（二）选用语气词数量最多不超过 3 个。

（三）不同时代的单纯语气词选用还遵循着不同的语音顺序规律。

前述所论声韵调 3 方面、6 种与选用顺序有关的语音参项可以对比如表 13-13 所示。

表 13-13　历代语气词选用顺序语音格局

时期	声调 上＜平	声母 部位：后＜前	方法：擦音＜塞音	声母：有＜无	韵母 开口：小＜大	舌位：前＜后	音响：低＜高
上古	＋	＋	＋	－	＋	－	＋
中古	＋	－	＋	－	－	＋	－
近代	－	？	？	？	？	？	？
当代	－	－	－	＋	＋	－	＋

由上表可知，语气词选用顺序的语音格局由古至今发生了多方面的变化。

（一）选用顺序里的段位经历过"少—多"的变迁，上古至近代都是 3 段位，当代普通话是 4 段位。

（二）伴随着语气词轻声化进程，声调"上＜平"顺序规律在近代、当代汉语中失去了作用。

（三）上古声母的"发音部位后者在前，发音部位前者在后"的顺序规律和发音方法的"擦音前，塞音后"顺序规律先后失去作用，而代之以近代、当代汉语的"舌音在前，唇音居中，零声母殿后"的顺序规律。

（四）上古主元音的"响度低者在前，高者在后"顺序规律曾经一度被中古的元音舌位"前＜后"顺序规律所取代，但在当代汉语里再次焕发出活力。

以上共同构成语气词选用顺序的语音格局历时变迁大势。

三、语气词聚合系统的语音格局变迁的原因

语气词聚合系统的语音格局经历过一个近似"橄榄型"的变化历程，

这与汉语语音系统的"橄榄型"变迁史息息相关。历代语气词的分布都存在一些语音"禁区"和"特区"。语气词不能进入的"禁区",如上古、中古的语气词不分布于去声和入声;除了"焉、云"之外,上古语气词都不分布于阳声韵和入声韵。语气词集中的"特区",最明显的是上古、中古语气词都集中于上声、平声,韵部集中于鱼、之、歌3部(王力1985c:131),① 当代普通话集中于最轻声,肯定语气词集中于舌音声母和/ə/音位,确信语气词和惊讶语气词集中于唇音声母、零声母和 /A/ 音位。

表面看去,古今语气词的变迁大势似乎确如王力(2005:321)所总结的那样:

> 汉语语气词的发展有一个特色,就是上古的语气词全部都没有在口语里留传下来,"也、矣、焉、耳、乎、哉、欤、耶"之类,连痕迹都没有了。代替它们的是来自各方面的新语气词。譬如说,有来自语尾的"的",有来自词尾的"了",有来自否定词的"无、么",有来自夸张语气的"那、哩"的"呢"。近代汉语还有一些新兴的语气词,如祈使语气用'罢'(吧)和用途越来越大的"啊"及其变音"呀、哇、哪"。

但如果从语音角度看,古今至少有一部分是一以贯之的。就是说,上古语气词虽然几乎都没能继承下来,但普通话语气词却从上古语气词的语音格局及其音义象似性那里继承了某些重要基因。

(一)上古汉语语气词的主元音在之、鱼、歌、元4部而以之、鱼2部最多。鱼部字主元音多数音韵学家都构拟为 *a,之部的主元音高本汉(1994)、王力(1985c)等学者都构拟为 *ə 或 *e。现代汉语里,唇音声母、零声母和舌音声母语气词及其变体的主元音均为[a](吗、嘛、吧、呗、啊/呀、哎、啦、来),舌音声母和唇音声母语气词及其变体的主元音均为[ə]或[o](的、了、呢、么、啵)。一句话,古今语气词的主元音几乎都

---

① 对此,清代孔广森《诗声类》早就发现,《诗》之语助不出支之鱼歌4部,且"无阳声之字"(见郑奠、麦梅翘1964:4)。王力(1985b:131)进一步指出:

> 古人之于"虚字",有一种下意识的倾向,某一些韵部的字常被用为文法成分,另有些韵部的字则很少见。例如《鱼》部、《之》部、《歌》部的字特别多用(於、与、以、于、所、惟、也、欤、耶、或、诸、乎、而、耳、何、兮、如、若、矣、其、则、乃、故、我、吾、女、者、亦、哉),《寒》部次之(焉、然、安),其余各部,几乎没有什么常用的虚字了。

高度集中于 /A/、/ə/ 2 个音位。

（二）[ia] 是个历史久远的语气词。元代前用以书写 [ia] 的汉字是《广韵》麻韵的"也、耶、邪"。由于宋元音变，"也"在《中原音韵》中入车遮韵，读音为 [iɛ]。同时"也"仍可用来书写 [ia] 这个读音。为适应音变需要，本来用以书写象声词和感叹词的"呀"被用来记录仍读为 [ia] 的"也"（钟兆华 1997）。

（三）[*n-] 也是先秦已有并沿用至今的语气词，随着语音变化先后使用过如下汉字来书写它，现在规范为"呢"：

尔 <先秦—魏晋南北朝> → 聻（你/尼/伱）<晚唐五代> → 你/聻（你/伱）<宋> → 那/聻 <金元> → 那/哩/呢 <金元之后> → 哩/呢 <明清> → 呢 <现代>

以上事实说明，"这种吻合绝非偶然，而是表现了古今语气词在发音上的联系"（任晓彤 2007）。

最后，仅将上古汉语和普通话语气词的语音格局跨时代对比如表 13-14 所示，以结束本章。

表 13-14　上古汉语和普通话语气词的语音格局对比

声纽	上古汉语				普通话		
	韵部				声母	韵母	
	之 *ə	鱼 *ɑ	歌 *a	元 *an		e	a	ai/ei/o
影纽				焉 *Ian	零声母	呃	啊	哦、哎、欸
匣纽	矣、兮 *ɣIə	乎 *ɣɑ			颚音		哈	
日纽	耳 *nJIə				舌音	的、了（啦）、呢		来
余纽	已 *ʎIə	欤 *ʎIɑ	也 *ʎia					
精纽	哉 *tsə							
心纽		邪 *ziɑ						
帮纽		夫 *pIwɑ			唇音	吧 吗、嘛	呗 没	

第十四章　语气词系统的方言对比

第一节　引言

早在20世纪60年代，袁家骅等（1960：53）就曾指出："任何方言的语气词都统一于自己的方音系统（少数例外），这样有多少种方言，都有多少个语气词系统。"这一论断实为慧眼独具，对语气词的标音性质——音义象似性关系——做出了合理的逻辑推演。本章拟对语气词的方言类型所做的初步考察及其结论，某种程度上就是受了袁氏论断的启发。

首先，汉语方言的语气词大都包括句中语气词和句末语气词两类，个别方言还有句首语气词。[①]下文除非特别声明者，"语气词"一律指句末语气词。其次，就音节或语素数目而言，语气词分为单纯语气词与复合语气词，这里只就单纯语气词讨论四个问题——方言语气词的数量格局、选用数量格局、音节格局和声调格局。声调格局比较复杂，另设第十五章专门讨论。最后，要特别声明的是，由于历史的原因，绝大多数方言报告或论文对语气词的描写都很简略，本章及下章的讨论仅能在此薄弱的基础上进行有限地讨论，所提结论也只能是很粗略的，请读者权把本章及下章所论当作引玉之砖。

第二节　方言语气词的数量格局

汉语早在殷商时代就已经开始出现语气词了。[②]从当代共时角度看，汉语方言或次方言明显呈现出地域上南多北少的总格局。这种格局突出表现

---

① 主要参见林华东（2007a）和杨秀明（1996）等。
② 主要见张玉金（1997、2000）。

为，整体上南方方言语气词多于北方方言；同时，南北方言内部，各自地域内的南部方言的语气词均多于各自的北部方言。下面分别讨论。

一、汉语方言语气词南多北少之格局

据不完全统计，在北方方言和南方方言里，单纯语气词的平均数量大体如下所示：

方言	语气词平均数量	语气词最多方言点
北方方言（34 个方言点）	15.6	遵义话 39
南方方言（18 个方言点）	20.4	广州话 41

仅由上面的粗略统计可知，南方方言语气词的平均数量比北方方言多出 4.8 个。北方方言的语气词数量在 7 至 34 个之间，其中太原话最少，有 7 个语气词（崔容 2002）；遵义话最多，有 39 个语气词（胡光斌 2002）。南方方言的语气词数量在 12 至 41 个之间，其中湖南东安土语语气词最少，有 12 个语气词；广州话最多，有 41 个语气词（方小燕 1996）。

二、北方方言内部语气词南多北少之格局

北方方言内部次方言也呈现出南多北少之格局，即其北部次方言的语气词一般少于南部次方言。下面是对其中 33 个次方言点语气词数量的统计。

北方方言次方言	语气词平均数量	地域位置
西北官话（4 个方言点）	11.9	北部
晋语（5 个方言点）	12.0	
华北官话（4 个方言点）	12.3	
江淮官话（6 个方言点）	15.6	
西南官话（14 个方言点）	18.5	南部

北方方言内部次方言的语气词南多北少之格局具体表现出如下规律：

（一）西北官话、华北官话和晋语的语气词最少，语气词的平均数量在 11.9 至 12.3 个之间，其中语气词最多的绥德话、临城话也只有 13 个语气词（马晓琴、陶相荣 2007；张国丽 2008）；临淄话有 20 个语气词（史冠新 2006），是华北官话里语气词最多的。因此，仅就语气词的数量看，西北官话、华北官话和晋语这 3 个次方言十分接近。

（二）江淮官话语气词的平均数量居中，为 15.6 个，其中语气词最多的高邮话有 18 个（姚亦登 2008）。

（三）西南官话语气词的平均数量最多，为 18.5 个，其中遵义话竟然多

达 39 个（胡光斌 2002）。

三、南方方言内部语气词南多北少之格局

下面是对其中 17 个方言点语气词数量的统计。

南方方言	语气词平均数量	分布地域
客语（2 个方言点）	17	北部
湘语（5 个方言点）	19.4	
吴语（3 个方言点）	20.7	
闽语（2 个方言点）	21.5	
赣语（2 个方言点）	26.5	
粤语（3 个方言点）	30.3	南部

由上可知，客语和湘语显然是南方方言里的 2 个异类，它们的空间分布不在南方方言区域里的北部，而语气词数量却是南方方言里最少的。这是有其特殊原因的。如客语平均仅有 17 个语气词，与北方方言的江淮官话（15.6 个）、西南官话（18.5 个）十分接近。这可能与客家先民主要来源于淮河以北的中原及其周边地区，历代又十分注重保留自己原有的北方方言特征有关。湘语平均有 19.4 个语气词，与西南官话十分接近。其中语气词最多的衡阳话也只有 21 个，比西南官话的遵义话（39 个）要少 18 个。这可能与湘语受到来自西南官话的北、南、西三面包围而受到其巨大影响（侯精一 2002：123）有关。[①] 因此，客语、湘语实际上均可视为南方方言家族里的有点特殊的北部方言：客语沿袭了较多的古代中原官话的特征，湘语则受西南官话同化程度较深。

鉴于上述，如果将客语、湘语视为南方方言里的北部方言，那么南方方言语气词也呈现出南多北少的格局，具体表现如下：

（一）吴语、闽语语气词平均数量在 20.7—21.5 个之间，略多于湘语。其中，闽语泉州话有 21 个语气词（林华东 2007b），吴语中语气词最多的宁波话有 27 个之多（李封 2009）。

（二）赣语各次方言的语气词在 22—31 个之间，语气词平均数量在南方方言里居中，为 26.5 个。其中，语气词最多的大冶话竟然多达 31 个（汪国胜 1995）。这可能与其"吴头楚尾，粤户闽庭"的地理位置密切相关。

（三）粤语各次方言的语气词在 18—41 个之间，在南方方言里其语气词的平均数量最多，为 30.3 个，几乎是北方方言语气词平均数 15.6 个的 2 倍，

---

① 鲍厚星（见侯精一 2002：123）认为："湘语受到西南官话北、南、西三面的包围，不可避免地要受到后者的影响……"

而且比湘语、吴语、客语和闽语都多出近 10 个。其中广州话语气词多达 41 个，为各方言之最，比华北官话的临淄话多出 21 个。

四、汉语方言语气词南多北少格局背后的原因推测

（一）内部原因，是方言音系繁简。

虽然各方言语气词都有不同程度的超音系现象，但整体上还是各随其方言语音系统的繁简而多寡不同。大致说来，由于方言音系繁简不同，语气词表现出如下两个特点：

①语气词数量与音系繁简呈现出正比例关系，即音系复杂的方言，语气词数量多，反之则少。总体上看，汉语南方方言的音系比北方方言要复杂；北方方言内部，江淮方言的音系要比其他次方言略为复杂。受此影响，南方方言的语气词多于北方方言；北方方言内部，除西南官话外，江淮方言的语气词多于其余次方言。这一点还直接关系到语气词的音节分布的多寡。

②语气词是否轻声与方言音系繁简呈现出反比例关系，即音系复杂的方言，语气词趋向于读本调或本调多于轻声，反之则趋向于读轻声或本调少于轻声。

（二）外部原因，是邻近语言或方言的语气词的有无、多寡。

上面虽然从音系角度部分地解释了语气词的数量多寡、语气词读本调（或本调多寡）还是轻声的现象，但仍然不能很好地解释南方方言语气词多于北方方言，北方方言内部西南官话语气词多于其余次方言的原因。我们推测，西南官话语气词多于北方方言其余次方言，虽然与音系繁简存在一定关系，但很可能还与其毗邻的民族语言的影响存在一定关系。

与北方方言地域相邻的是语气词不发达的阿尔泰语系，与南方方言、西南官话相邻的是南岛语系、汉藏语系等语气词丰富的语言，如表 14-1 所示。

表 14-1　南北亲属语言语气词数量对比

地理分布	语系	语族	语言	语气词数
北方	阿尔泰语系	突厥语族	维吾尔语	29
		满—通古斯语族	蒙古语科尔沁土语	13
			满语	15
南方	汉藏语系	壮侗语族	忻城壮语	62[①]

汉藏语系（汉语、壮侗、藏缅、苗瑶语族）、南亚语系（孟高棉语族）

---

① 何霜（2007）发现，忻城壮语的语气词包括句首语气词 4 个、句中语气词 19 个、句末语气词 62 个，一共 85 个。

和南岛语系（印度尼西亚语族）诸语言大都拥有丰富的语气词。这些语言与汉语南方方言、西南官话长期接触，互相影响，不免对南方方言、西南官话的语气词产生过一定影响。

此外，Huang(1984)提出，语言有冷热两类。冷语言（cool language）需要听者投入较多，用推理、语境、知识等手段来理解句子；热语言（hot language）的句子已经提供了足够的信息，听者可以直接听得到。以主语省略为例，汉语属于冷语言，听者需要通过语境来洞悉被省略的主语所指；英语属于热语言，主语不能省略，每个句子早已提供了完备的信息。邓思颖（2019）将冷、热等概念运用于研究句末语气词的有无、多寡现象。粤语属热语言，句末语气词数量多，提供了非常丰富的语义语用信息，听者可以通过句末语气词准确理解；英语属冷语言，没有句末语气词，由句末语气词表达的内容需要听者通过别的方式来理解；普通话属中热语言，有少量句末语气词，提供适量的信息。这或许有助于解释由南向北方言语气词大体依次减少的现象。

第三节　方言语气词的音节格局

方言语气词的音节格局指语气词所分布的音节数量多寡。在汉语南方方言与北方方言里，语气词分布的音节数量差异明显，各自内部次方言之间的差异也相当突出。表14-2列出了一些方言点的语气词分布的音节数量。

表14-2　南北方言点语气词分布的音节数量对比

方言		语气词分布的音节数目	分布地域
北方方言	北京话（周一民 1998）	9	北
	晋语临城话（张国丽 2008）	12	
	晋语洪洞话（弯淑萍 2003）	15	
	江淮官话高邮话（姚亦登 2008）	19	
	西南官话绵阳话（陈健 2008）	23	
南方方言	湘语岳阳话（方平权 2006）	21	南
	赣语石城话（刘纶鑫、何清强 2001）	21	
	闽语泉州话（林华东 2007b）	21[①]	
	吴语宁波话（李封 2009）	27	
	粤语广州话（方小燕 1996）	37	

① 泉州话里另有5个句首语气词（林华东 2007a），此处没有计入。

上表告诉我们，总体来看，汉语方言（或次方言）语气词分布的音节数量呈现出南多北少的格局，与语气词数量南多北少的总格局相对应，即语气词越多，所分布的音节数就越多，反之则越少。

第四节　方言语气词的迭用数量格局

汉语诸方言（或次方言）普遍存在语气词迭用现象。但迭用的语气词个数的差异很大，大体分为如下四种情况：

（一）最多迭用3个，以北京话为代表。北京话3个语气词迭用分为两组。第一组是"的了呢""的了吧""的了吗""的了啊"。如：

（1）你说我这是怎么的了呢？
（2）这样你孙悦该知道我不是随便来串门子，受你白眼的了吧？
（3）他现在会规规矩矩的了吗？
（4）就是这方面的专家，也没那么多可讲的了啊！

第二组是"就是了吧""就是了吗""就是了哟"。如：

（5）没有等老梁回答，就有个人反驳他说："那不过是表明那么个意思就是了吧！
（6）不是一再说学习写作的角度吗？那么应当取法于上。那么去学薛宝钗就是了吗？
（7）一个毛主席的"小老乡"对我说："寻么子么，哪双'孩'合脚，穿去就是了哟！"

（二）最多4个语气词迭用，以陕北绥德话、湖北武汉话、广东廉江话为代表。如：

（8）不去哩啥价咂，咱嫑等哝。①（不去的话，那咱就别等了。）

---

① 绥德话里"哩"用以构成假设分句，"啥"表达与已然事实相悖的主观愿望，"价"用在虚拟句末，表示言者希望某种情况（曾经）发生，而实际上并未发生，"咂"用在假设句里表示强调、提示语气（马晓琴、陶相荣2007）。

(9)(甲：他屋里三个月没有交电费了。)乙：把电断它着₂就是的咧₁！①

(10)食完饭来₂正₃讲₁啊₃。②（说是先把饭吃完啊。）

（三）最多5个语气词迭用，以山西定襄话、湖南涟源荷塘话为代表。如：

(11)你丢咾来来哇么的，就不用赔哪哦。③（是你丢的吧，难道就不用赔了吗？）

(12)好多个人唧咯哩嗌哦。④（好多人噢！）

（四）最多6个语气词迭用，以山西汾阳话、贵州贵阳话为代表。如：

(13)等他走喽的咧么哈啊。⑤
(14)不怕得了的罗嘛哈。⑥

仅就以上简单讨论或许可以说，汉语方言语气词迭用个数在2至6个之间。另外，一次迭用的语气词个数可能与该方言语气词总数存在一定关系。

---

① 武汉话里"它"表将然，"着₂"表先事，"就是的"表确定、强调，"咧₁"表缓和语气（吴翩翩 2009）。

② 廉江话里"来₂"表示意愿实现，"正₃"表示"先说……"的意味，"讲₁"表示引述，"啊₁"表示为确认而问（林华勇 2007）。

③ 定襄话里"咾"表示动作的完成、实现或情态的变化；"来来"用于陈述句尾，表示不久前发生的事；"哇"用于陈述句尾，表示较有把握的揣测语气，期望得到肯定的回答；"么"表示"的确如此""当然如此"的确认语气；"的"用于陈述句尾，表示对整句话内容的确认和肯定（范慧琴 2001）。

④ 荷塘话里"唧"用于陈述句中，表示肯定语气；"咯"一般用于陈述句，表肯定；"哩"用于陈述句，感情丰富，语调有缓有急；"嗌"用于肯定陈述句中，表商量征询意见；"哦"一般用于陈述句，否定，表毫不在乎，感情色彩强烈（李雄燕 2003）。

⑤ 汾阳话里"喽"用在陈述句末尾，表示可能的语气；"的"用在陈述句末尾，表示确实、肯定的语气；"咧"用在陈述句末尾，表示肯定、决定的语气；"么"用在陈述句末尾，加强肯定的语气，表示事情很清楚，不必多讲；"哈啊"用在祈使句末尾，表示叮嘱的语气（宋秀令 1994）。

⑥ 贵阳话里"得"用于描述心理状态及存在的否定句末，表示消极意义的评述语气；"了"用于陈述句末，表示变化、出现新情况；"的"在句末表示肯定、已然等，其语气与普通话的语气词"的"基本相同；"罗"用于陈述句末，强调所陈述的是既定事实；"嘛"用于陈述句末，表示确实如此；"哈"用于陈述句末，表示说明、申辩（涂光禄 1993）。

第五节　方言语气词的声调格局

古代汉语语气词都有固定的声调。刘淇《助字辨略》(1954)所收语气词都分布在平声和上声，其中平声语气词有"思、为、与、诸、如、且、夫、乎、兮、来、哉、云、焉、么、邪"等，上声语气词有"只、尔、耳、已、了、者、也、以、矣"等。这种格局大体上一直持续到宋元时代。所以历代韵书，包括元代周德清所著《中原音韵》(见张玉来、耿军 2013)，所收语气词都一直是有固定声调的。

关于轻声现象的产生时代，王力(1980：198)认为："作为语法形式的轻音，那就必须随着语法的要求而产生。因此，依我们看来，在普通话里，轻音的产生应该是在动词形尾'了''着'形成的时代，在介词'之'字变为定语语尾'的'字的时代，在新兴的语气词'吗''呢'等字产生的时代。估计在十二世纪前后，轻声就产生了。而这些语法成分大概从开始不久就是念轻音的。后来复音词的后一成分或后面两三个成分也都变为轻音。"此外，现代汉语方言也提供了轻声大约出现于12世纪的活化石(参见平山久雄 1998，孙景涛 2005，李莎 2006，梁磊 2007)。

以今视古，[①]现代汉语方言不可能一下子都发展出轻声来，而是有先后、快慢之别的，有的方言至今也没有轻声，有的方言早就全部是轻声了。就语气词的声调而言，现代汉语诸方言大致分为以下三种情况。

(一)语气词全部是轻声。在我们统计的材料里，此类有12个方言点，包括华北官话、西北官话、个别江淮官话(主要是靠近华北官话地域的方言点，如安徽宿松话等)和部分湘语(如湖南岳阳话、涟源荷塘话、湘乡仁厚话等)、部分赣语(如醴陵话、南昌塘南话、江西新余话等)。另外黄伯荣(1996)所收86个方言点，多数都属此类。

(二)语气词全部是本调。在我们统计的材料里，此类有31个方言点，包括粤语、闽语、客语、吴语和部分湘语、赣语，即通常所说的南方方言。这些方言的音系里没有轻声，语气词当然都不是轻声。此外，让人颇为意外的是，晋语定襄话和云南沾益话也属于此类。[②]

[①] 南方方言语气词几乎全读本调，北方方言里的西南官话、江淮官话和晋语部分读本调，北方方言里其余方言片(西北官话、冀鲁官话和华北官话)几乎全部读轻声。

[②] 据范慧琴(2001)，定襄话语气词分布于4个声调，而没有轻声；另据山妲兰(2005)，沾益话有4个声调，也没有轻声。

（三）语气词部分是轻声，部分是本调。在我们统计的材料里，此类有7个方言点，几乎都是西南官话、江淮官话和晋语（见表14-3）。

表14-3 部分方言点语气词声调数量及其百分比

方言	方言点	语气词数	语气词调类数	轻声语气词数	本调语气词 本调语气词数	本调语气词 语气词数	本调语气词 占比
晋语	洪洞	17	2	16	1	1	6%
西南官话	常德	14	2	13	1	1	7%
华北官话	临淄	20	3	17	2	3	15%
晋语	黎城	9	3	6	2	3	33%
晋语	太原	7	3	4	2	3	43%
西南官话	武汉	22	4	15	3	7	32%
江淮官话	高邮	20	5	4	4	16	80%

由上表可见，第三类方言里，轻声语气词与本调语气词的比例有很大不同。其中，洪洞话、常德话的本调语气词都只分布于1个本调，而且各自都只有1个语气词（郑庆军2006），本调语气词在语气词总数里的占比都在10%以下。高邮话的语气词本调多达4个，本调语气词多达16个，占语气词总数的80%，几乎等同于上述第二种方言。临淄话、黎城话（冯子伟2009）、太原话和武汉话（吴翩翩2009）处于以上两者之间，语气词本调有2或3个，本调语气词约占语气词总数的15%至43%。

就地域来看，第一类方言主要分布于长江以北及其沿岸地区；第二类方言主要分布于长江以南的京广线以东地区；第三类方言主要分布于西南、山西和长江沿岸地区。换句话说，语气词读本调还是轻声，与方言所处地域呈现出如下对应关系：

    本调或轻声：本调   本调或轻声   轻声
    地   域：南方   中部   北方
    代表方言点：粤语   武汉话   北京话

第六节 余论

方言学界历来有"南方方言"或"南方话"和"北方方言"或"北方

话"的说法,①在学界内外均影响巨大,②似乎成定论。但上述讨论却告诉我们,汉语方言语气词数量、选用个数、音节个数、声调类型,和南北方言的划分之间在如下三个方面表现出明显的不一致。

一、语气词的多寡与南北方言之间不存在必然对应关系。最突出的表现是,南方方言里的客、湘、吴、闽语与西南官话的语气词数量相差无几(如下所示):

方言	语气词平均数量	分布地域
西北官话、晋语、华北官话	11.9—12.3	北方
江淮官话	15.6	
客语	17	
西南官话	18.5	
湘语	19.4	
吴语	20.7	
闽语	21.5	
赣语	26.5	
粤语	30.3	南方

二、语气词是否轻声及本调多寡与南北方言之间不存在对应关系。具体表现有三。

(一)作为南方方言的湘语岳阳话、涟源荷塘话、湘乡仁厚话和赣语醴陵话、南昌塘南话、江西新余话等的语气词与北方方言一样都读轻声。

(二)作为北方方言的晋语定襄话、西南官话沾益话等的语气词与南方方言一样都读本调。

(三)同样作为北方方言的西南官话大部分、晋语大部分和江淮官话大部分的语气词既像南方方言有本调,又像北方方言有轻声。

三、语气词选用数量多寡与南北方言之间尚未发现对应关系。换言之,

---

① 近年来,学界还提出从西北官话中独立出晋语,从江淮官话中独立出徽语,二者均为一级方言。

② 2019年分别在Google和中国知网搜索"北方方言""北方话""南方方言""南方话"四词,得到如下数据。

网站	北方方言	北方话	南方方言	南方话
Google	244,000	514,000	218,000	3,890,000
中国知网	15	51	32	0

上表统计说明,南方方言、北方方言的划分不仅在学界广泛应用,而且在社会上也广泛流传。

语气词选用数量多的既有南方方言，也有北方方言；而语气词选用数量少的也是既有南方方言，也有北方方言。

除了以上三个理由之外，南北方言二分说还存在着如下三点不足：

（一）指称不对等。据学界通行的说法，南方方言通常包括6个一级方言，北方方言只包括1个一级方言，即北方话。也就是说，南方方言指的是南方方言群，北方方言仅仅指北方话1种方言。这显然是不对等的。

（二）术语多义。"北方方言"既指称方言学上与吴、闽、粤、湘语等对立的广义北方话或北方官话，又指称与南方方言群对立的北方方言群。然而，所谓北方方言群是不存在的，即后一个意义上的北方方言实际上是不存在的。

（三）徽语、晋语的归属问题。自从徽语、晋语2个一级方言被提出并得到大多数学者赞成以来，似乎还没有人谈到它们在南北方言二分格局里的地位归属，事实上可能也很难恰当地对它们进行归类。

由上述讨论，似乎可以得出这样的结论：汉语方言南北二分之说主要反映了地域差异，[①]也反映了部分语言差异（如音系繁简、词汇差异和语法差异），但仍然不够全面。如果仅从各方言语气词平均数量和轻声与否两个参项或许可以提出汉语方言的如下三分格局（见表14-4）：

表14-4　汉语方言语气词平均数量三分格局

方言群及其次方言		语气词平均数量	轻声或本调
北部方言	西北官话、华北官话	11.9—12.3	轻声
中-西南部方言	晋语、西南官话、江淮官话、湘语、客语	12.0—19.4	轻声和本调
东南部方言	粤语、闽语、赣语、吴语、徽语[②]	20.7—30.3	本调

以上三个方言群的语气词平均数量及轻声有无之间存在明显差异。北部方言的语气词最少，且几乎都是轻声；中-西南部方言语气词平均数量居中，轻声和本调并存；东南部方言语气词最多，且都是本调（客语有例外）。

此外，依据语气词多寡及轻声有无将现代汉语方言三分还有两个外部

---

① 《现代汉语词典》（2002年版）对"北方话"的解释是："长江以北的汉语方言。广义的北方话还包括四川、重庆、云南、贵州和广西北部的方言。"朱德熙为《中国大百科全书·语言文字卷》所撰写"汉语"词条不用"南方方言""北方方言"，而用"官话""非官话"两个术语。

② 徽语归入南部方言，主要依据杨时逢、赵元任（1965）以来学者将其归入吴语的做法。

依据。依据之一,三分格局与汉语语气词的历史演变阶段之间存在大致对应关系。上古汉语语气词均为本调,近代汉语多半为轻声,现代汉语几乎均为最轻声。现代汉语从南至北三个方言群的语气词声调类型依次与上古汉语、近代汉语和现代汉语大体相对应。依据二,三个方言群的语气词还与各自的音系、词汇和语法之间的对立或差异相互验证。

第十五章　方言语气词的声调类型

第一节　引言

　　一直以来，学界往往只关注具体方言内部语气词及其声调的微观面貌，而极少关注方言间语气词声调的宏观情况。本章拟通过一定规模的文献调查讨论以下五个问题：（一）汉语方言语气词声调的轻重类型；（二）语气词声调的轻重类型与方言分区；（三）语气词声调的轻重类型与其演变的三个阶段；（四）语气词声调与调尾的互动和变异；（五）讨论我们的结论与"语调语素类型"假说的关系。

第二节　方言语气词的声调轻重

　　学界向来默认，像非语气词一样，语气词也有自己的本调，古今韵书、字书、辞书也都为之标注声调。下文所谓语气词声调的轻重之"重"指本调，"轻"指轻声。所谓轻声，仅指纯轻声词汇（如普通话语气词"呢""着呢"）的固定轻声，它们与调系和超调系[①]里的其他调类功能上构成对立。至于复合词里不同位置上和语流里连读变调等临时形成的轻声，不在讨论之列。以下讨论仅就已有报道（恕不逐一调查核实）展开，也暂不考虑轻声在底层是否已经被删除的问题。
　　从信息负荷量说，各种语义、语法类别的语素或词理应大体均衡地分布于该语言或方言调系里的各个调类。因此，观察语气词在方言调系里分

[①] 方言里，除了非语气词所用调类构成的基本调系之外，还有语气词专用的调类构成的调系。学界一般将前者称为一个方言的调系，我们则将包括语气词专用调类的调系称为超调系。

布调类的多寡,应该是发现其特点的一个重要窗口。为此,我们随机选取了至少报道有 10 个单纯语气词的 102 个方言点为考察对象,按照语气词声调轻重分为 3 类,即语气词均为本调的方言(40 个)、兼有本调、轻声的方言(19 个)和均为轻声的方言(43 个),[①] 依次简称为"本调方言""本轻方言"和"轻声方言"。下面分别讨论。

一、本调方言点

请看表 15-1。

表 15-1　本调方言点的调系与语气词数量

方言点	调系	语气词数量	参考文献	方言点	调系	语气词数量	参考文献
新塘	5	14	丁加勇、许秋莲、肖蓉 2006	张谷英	8+轻	20	杨洋 2016
绥德	5	14	马晓琴、陶相荣 2007	玉林	8	18	苏丽红 2011,2015
定襄	4	16	范慧琴 2001	廉江	8	30	林华勇 2007
隆回	4	16	丁加勇、罗够华 2006	汕头	8	33	林春雨 2005
曲周	4+轻	17	崔素丽 2012	石城	6+轻	21	刘纶鑫、何清强 2001
昆明	4	17	张华文 1996,1997	新余	7	18	王晓君 2006
贵阳	4+轻	18	涂光禄 1993	安陆	6	17	盛银花 2007
金秀	4	19	马骏 2002	台山	8	18	甘于恩 2002
彭州	5+轻	20	杨绍林 2010	岳阳	7+轻	20	方平权 2006
仙居	6	20	钱文华、张玮 2011	广州	9	36	方小燕 2002
扬州	5	21	朱韦魏 2015	文昌	8	16	柴俊星、孙丹 2015
绵阳	4+轻	22	陈健 2008	汾阳	6	13	宋秀令 1994
新田	5	22	谢奇勇 2006	阳江	9	18	黄伯荣主编 1996
永州	4	23	张晓勤 2006；文智芳 2014	常州	7	23	郑伟、孙锐欣 2008
成都	4+轻	24	林凌 2007	龙海	8	12	王丽华 2013

[①] 之所以不收报道少于 10 个语气词的方言点,主要考虑到调查报告往往随意列举几个语气词,以证明该方言有语气词[如黄伯荣(1996)大都如此],而无助于立论。另外,由于各类方言点及其语气词的准确数量对本文相关结论不是至关重要的,所以数量是否平衡和绝对准确也不在考虑之列。

续表

方言点	调系	语气词数量	参考文献	方言点	调系	语气词数量	参考文献
桂阳	4+轻	24	邓永红 2006	湘潭	6+轻	17	曾毓美、陈芳 2006；肖雯瑾 2015
武冈	5+轻	26	向柠 2006；李振中、肖素英 2008	衡阳	6	21	彭兰玉 2006
攀枝花	4+轻	29	何永斌、彭德惠、陈奎彦 2004	泉州	7	21	林华东 2007b
重庆	4+轻	30	彭锦维 2001	宁波	7	23	李封 2009
遵义	4+轻	34	胡光斌 2002	衡山	6	30	彭泽润、刘娟 2006

上表显示，语气词均为本调的方言点40个，分布于8大方言：官话12个，湘语8个，晋语、粤语各5个，闽语4个，吴语3个，赣语2个，客语1个。官话12个方言点里，包括西南官话10个和江淮官话2个，没有其余官话方言点。

该类方言里，调系调类在四至九个之间的，大约平均6个；语气词数量在12—36个之间的，大约平均21个。调系与语气词平均数之间表现出如下对应关系：

	四调系	五调系	六调系	七调系	八调系	九调系
方言点数	13	6	7	5	7	2
语气词平均数	22	20	20	21	21	27

数字显示，除四调系方言点的语气词略多于五至八调系方言点的外（原因是西南官话语气词普遍较多），五至九调系方言点的语气词平均数表现出先平而最后增多的趋势。

二、本轻方言点

请看表15-2。

表15-2 本轻方言点的调系、语气词数量及其声调轻重类别

方言点	调系	语气词总数	本调语气词	轻声语气词	本轻比例	参考文献
临澧	3	19	2	17	11∶89	邹飞 2006
曲沃	4	18	2	16	11∶89	秦思璇 2015
凤台	4+轻	10	7	3	70∶30	彭倩倩 2014
微山	4+轻	15	6	9	40∶60	殷相印 2006

续表

方言点	调系	语气词总数	本调语气词	轻声语气词	本轻比例	参考文献
临淄	4+轻	15	3	12	20∶80	史冠新 2006
武汉	4+轻	18	7	11	39∶61	吴翩翩 2009
上海	5+轻	18	5	13	28∶72	钱乃荣 1996
辉县	5+轻	18	15	3	83∶17	穆亚伟 2013
湘阴	5+轻	22	14	8	64∶36	曾常红、危卫红 2006
高邮	5+轻	24	20	4	83∶17	姚亦登 2008
双峰	5+轻	32	19	13	59∶41	李蔚 2014
大冶	5+轻	32	21	11	66∶34	汪国胜 1995
娄底	5+轻	23	11	12	48∶52	彭逢澍 2006
东安	6	12	7	5	58∶42	蒋军凤 2002
仁厚	6	19	1	18	5∶95	李雨梅 2007
前山	6+轻	27	6	21	22∶78	毛秉生 2006
苏州	7+轻	11	2	9	18∶82	李小凡 1998
江阴	7+轻	12	7	5	58∶42	张月 2015
湖州	8+轻	17	14	3	82∶18	顾怀秋 2012

上表显示，19个本轻方言点，分属5大方言，官话6个，吴、湘语各5个，晋语2个，赣语1个。粤、闽、客语1个没有。

该类方言里，调系调类在三至八个之间的，大约平均5.2个；语气词数量在10—32个之间的，大约平均19个。调系与其语气词平均数之间表现出如下对应关系：

	三调系	四调系	五调系	六调系	七调系	八调系
方言点数量	1	5	7	3	2	1
语气词平均数	19	15	24	19	12	17

数字显示，五调系方言点的语气词平均数最多，其余调系方言点的语气词均少于五调系，整体表现出忽高忽低的趋势。

此外，各方言点里，本调语气词数量在1—21个之间，轻声语气词在3—21个之间。各方言点内部，本调和轻声语气词的数量之比最高为83%∶17%，接近本调方言点；最低为5%∶95%，接近轻声方言点。前者如吴语湖州话、晋语辉县话、中原官话里紧邻江淮官话的凤台话，语气词绝大部分都是本调，只有3个语气词为轻声；后者如湘语仁厚话、吴语苏州话、晋语曲沃话和西南官话临澧话，语气词几乎都是轻声，只有1或2个语气词是本调。

303

三、轻声方言点

请看表 15-3。

表 15-3　轻声方言点的调系与语气词数量

方言点	调系	语气词总数	参考文献	方言点	调系	语气词总数	参考文献
永新	4+轻	10	龙安隆 2013	耒阳	5+轻	11	钟隆林 2006
隆德	4+轻	10	杨苏平 2015	新化	5+轻	12	罗昕如、罗小琴 2006
射阳	5+轻	10	陈昌霞 2003	安庆	5+轻	14	鲍红 2007
唐山	4+轻	11	习丹丹 2016	洮州	5+轻	15	王可峰 2012
宿州	4+轻	11	营蓓蒂 2013	安仁	5+轻	16	何铃玉 2015
乾县	4+轻	12	李芳娟 2011	江都	5+轻	16	朱景松、周维网 1995
浚县	4+轻	12	陈红芹 2008	茶陵	5+轻	17	李珂 2006
正阳	4+轻	13	王丁丁 2013	南京	5+轻	20	朱晓丹 2011
濉溪	4+轻	14	郭辉、郭海峰 2009	洞口	5+轻	14	曾蕾、胡茜 2006
攸县	4+轻	12	董正谊 2006	涟源	6+轻	10	李雄燕 2003
临城	4+轻	13	张国丽 2008	宁化	6+轻	15	张桃 2004
汉阴	4+轻	13	吴登鹏 2011	邵阳	6+轻	20	李国华 2006
南疆	4+轻	14	徐春兰 2009	祁东	6+轻	23	李文军 2008
光山	4+轻	19	张贤敏 2009	长沙	7+轻	13	胡萍 2002
兰州	4+轻	14	丁一欢 2015	柯桥	7+轻	15	盛益民 2014
北京	4+轻	16	胡明扬 1987；周一民 1998	南昌	7+轻	17	熊正辉 1982
吴桥	4+轻	17	闫浩然 2009；刘娜 2011	临川	7+轻	12	梅淑娥 2008

续表

方言点	调系	语气词总数	参考文献	方言点	调系	语气词总数	参考文献
新蔡	4+轻	21	李艳 2011	昌东	7+轻	22	万丽媛 2007
常德	4+轻	15	郑庆君 2006	浏阳	8	33	李冬香 2006
通辽	4+轻	17	佟桦 2012	广丰	8+轻	17	胡松柏 2007
益阳	5	14	曾毓美、臧志文 2006	塘南	8+轻	22	肖放亮 2006
邵东	5	18	黄磊 2006				

上表显示，43个轻声方言点分见于5大方言。其中官话21个，赣语10个，湘语9个，吴语2个，客语1个，晋语、闽语、粤语均为0。

该类方言里，调系调类在四至八个之间的，大约平均5个；语气词在10—33个之间的，大约平均15个。调系与语气词平均数之间存在如下对应关系：

	四调系	五调系	六调系	七调系	八调系
方言点数量	19	12	4	5	3
语气词平均数量	14	15	17	16	24

数字显示，整个序列大体呈现出调类与语气词数量基本同步递增之势。

第三节 语气词声调类型与方言分区的关系

一、语气词声调的轻重与方言分区

前述所论8个一级方言里语气词声调轻重不同的方言点数量可排列如表15-4所示。

表15-4 8个一级方言的语气词声调类型及其方言点数量

语气词声调轻重方言点	闽语	粤语	客语	晋语	吴语	赣语	湘语	官话	合计
本调方言点	4	5	1	5	3	2	8	12	40
本轻方言点				2	5	1	5	6	19
轻声方言点			1		2	10	9	21	43
合计	4	5	2	7	10	13	22	39	102

姑且不考虑其他因素，仅按上表所列数据计算，3类方言点在各自一级方言所占百分比由高到低排列如下：

本调方言点：粤语/闽语 > 晋语 > 客语 > 湘语 > 西南官话 > 吴语 > 赣语
　　　　　　100%　　　>71% >50% >36% >　31%　　>30% >15%

本轻方言点：吴语 > 晋语 > 湘语 > 江淮官话 > 赣语
　　　　　　50%>29% >23% >　15%　 > 8%

轻声方言点：赣语 > 北方官话 > 客语 > 湘语 > 吴语
　　　　　　77%>　54%　 > 50% > 41% > 20%

如果以方言点数量在各自一级方言里的百分比在50及以上作为标准，8个一级方言可按语气词声调轻重进行分区，与罗杰瑞（1995：162）对比如下：①

	本调	本轻	轻声
方言分区	粤/闽/晋	吴/湘/客	赣/官
罗杰瑞的分区	南方方言（闽/粤/客）	中部方言（吴/湘/赣）	北方话

对比可见，虽然我们统计的方言点数量不够均衡，在一定程度上影响了分区的准确性，但仍然和罗杰瑞依据3方面10条标准②的分区结果大都吻合，即粤闽语、吴湘语、北方话都各为一大类，只是我们将晋语归入本调方言，客语归入本轻方言，赣语归入轻声方言。这在一定程度上可以说明，语气词及其声调轻重这个参项，似乎比语音、词汇和语法参项具有更高的代表性，也更能反映方言的本质特征。如果再考虑到，语气词是各方言普遍拥有的词类范畴之一，语法化程度最高，封闭性较强，声调数量及其类型的封闭性更强，会使得技术操作相对容易，因此它可望成为较理想的方言分区的辅助标准。③

上面所列3个序列里，值得注意的还有赣语和西南官话。学界一般主要依据语音特征将赣语归入南方方言群，将西南官话归入北方方言。但赣

---

① 客语只统计1个本调方言点和1个轻声方言点，湘语本调方言点占39%，轻声方言点占41%，都暂且归入本轻类。

② 罗杰瑞（1995：161—162）的10条标准是：（1）第三人称是"他"或"他"的同源词。（2）领属助词是"的"或"的"的同源词。（3）常用否定词是"不"或"不"的同源词。（4）表示动物性别的词序在前，如"母鸡"。（5）只有平声才分阴阳。（6）古舌根音在i前腭化。（7）用"站"或"站"的同源词。（8）用"走"或"走"的同源词。（9）用"儿子"或"儿子"的同源词。（10）用"房子"或"房子"的同源词。

③ 戴昭铭（2006）从语气词数量多寡、功能的精粗或有无、声韵类型差异3个方面推测："汉语语气助词地域界限的划然性可能不弱于声韵调系统。"

语里语气词均为轻声的方言点百分比高于官话。这说明，至少在语气词声调的轻重类型方面，赣语接近北方方言，是南方方言群里的另类。此外，西南官话里，语气词为本调的方言点的比例，仅次于闽语、粤语、客语、湘语，远高于其余任何方言，更远高于其他官话。可见，西南官话是北方方言里的另类。它调系简单（都是四调系）而语气词数量和声调类型都接近南方方言群，这可能跟周围方言和民族语言的影响有密切关系。

二、方言调系的繁简与语气词平均数的关系

由前述可知，3 类方言语气词的差异不仅表现在声调轻重上，还表现在调系繁简与语气词数量的关系上。

（一）轻声方言点里，调系平均拥有 5 个调类并有 15 个语气词；本轻方言点里，调系平均 5.2 个调类并有 19 个语气词；本调方言点里，调系平均拥有 6 个调类并有 21 个语气词。就是说，由轻声方言到本轻方言再到本调方言，调类平均数依次递增（5<5.2<6），语气词平均数也依次同步递增（15<19<21），表现出调系调类数、语气词数同步增多的倾向。

（二）本调方言点里，五至九调系方言点的声调数量与语气词平均数表现出较弱的同步增多趋势；轻声方言点里，声调数量与语气词平均数量大体表现出同步递增趋势。只有本轻方言里，三至九调系方言点的语气词平均数表现出忽高忽低趋势，可能是语气词的声调轻重类型正在经历变化，即由均为本调经过本轻兼有再到均为轻声，从而造成了语气词数量的波动。

（三）从轻声到本轻再到本调 3 类方言，语气词数量在 10—20 个区段的方言点百分比依次大幅度递减（88%>68%>53%），而 20 个以上区段的方言点百分比依次大幅度递增（12%<32%<47%）。这一减一增之间显示出，调系的调类平均数量少，语气词的数量多在低区段，反之多在高区段。

综合以上 3 个方面可知，随着方言点调系里的调类平均数由少到多，语气词平均数同步递增，反之同步递减。

第四节　由语气词声调类型看其演变的三个阶段

从上古到中古，语气词一直分布于上声和平声两个调类。宋元以降，官话主体方言的语气词才渐失本调而变为轻声。元杂剧里骤然出现了 40 多个新兴语气词，并已经孕育着普通话语气词的雏形（任晓彤 2007）。对

于官话主体方言的语气词何时、如何由均为本调演变为均为轻声的,王力(1980)和金有景(1984)都做过推测。①现在可以看到,前述3类方言里,语气词声调由南部方言均为本调到中部方言本轻兼而有之,再到北部方言均为轻声的空间推移,可能折射出语气词声调历时演变的3个阶段。下面本着以今证古、以空间推移证时间流逝的思路,通过对3类方言的调系繁简、语气词数量及其调类多寡、轻重类型等方面的共时对比,尝试勾勒其历时演变的3个阶段。

一、调系由繁到简与语气词由多到少基本同步

前文已经证明,本调方言到本轻方言再到轻声方言,三者的调系由繁到简(6>5.2>5)的趋势与语气词由多到寡(21>19>15)基本同步。这有当代方言和历时演变的事实为证。

首先,张世方(2000)和曹志耘(2008:图001)显示,1,076个方言点调系的调类在2—13个之间(见表15-5)。

表15-5　1076个汉语方言点的声调数量

调系	东-南部方言群					中-西南部方言群				北部方言群	
	十三调系	十一调系	十调系	九调系	八调系	七调系	六调系	五调系	四调系	三调系	二调系
方言点数目	2	1	16	51	113	151	162	127	268	184	1
小计(个)及其百分比	70、6.5%				426、39.6%				580、53.9%		

将表15-1至表15-5合观可以发现,70个九至十三调系方言点的语气词几乎均为本调;426个六至八调系方言点的语气词多为本调,少为本轻;580个二至四调系方言点的语气词几乎都是轻声(江淮官话个别方言点和西南官话除外)。

其次,从周边语言生态环境看,3类方言的调系繁简与各自周边语言调系的繁简大体同步。南方壮侗、苗瑶语族声调多,西南藏缅语族少,北方阿尔泰语无声调,夹在中间的汉语声调数量居中。相应地,靠近壮侗、苗瑶语的汉语南方方言声调多,从南向北依次减少,靠近阿尔泰语的某些西北方言最少只有2个声调(桥本万太郎1985:112)。如果接受汉语声调过去、现在的发展主流都是由繁趋简、由多渐少的观点(钱曾怡2000;彭泽

---

① 王力(1980:198)指出:"估计在十二世纪前后,轻音就产生了。而这些语法成分大概从开始不久就是念轻音的。"金有景(1984)也估计,官话里"了、呢、吗"轻声化发生在公元十三十四世纪。

润 2006），那么《广韵》代表的中古四声八调系统在《中原音韵》时代就已经减少到四调系；当代官话虽以四调系为主体，但也大面积出现三调系和个别二调系方言点（张世方 2000）。

由上可知，汉语方言调系南繁北简的空间推移链，基本映射出中古以降官话调系由繁趋简的历时演变链。以此为背景可以推测，汉语雅言系统的语气词经过了由均为本调、经由本轻二分、再到均为轻声的历史进程。这与当代方言语气词的平均数由本调方言的 21 个到本轻方言的 19 个，再到轻声方言的 15 个的空间推移链，也基本同步。近代汉语到当代官话的历史进程也是如此。如元杂剧有 40 多个语气词（沈孟璎 1982；任晓彤 2007），当代北京话只有 16 或 25 个语气词（胡明扬 1987；周一民 1998）。

二、语气词的调类由多到少的宏观走向

三类方言语气词所分布的调类数量，从本调方言的 7 个调类（2—8）到本轻方言的 6 个调类（1—5，9），再到轻声方言的 1 个调类，明显表现出依次递减的趋势。这可从宏观、微观角度分别观察。

首先，宏观上，本调和本轻方言的语气词的分布调类与各自调系可对比列成表 15-6、表 15-7。

表 15-6　本调方言点的调系与语气词分布调类对比

语气词调类	四调系	五调系	六调系	七调系	八调系	九调系	合计
1							0
2	绵阳			湘潭	常州		3
3	隆回	新塘	衡阳、安陆	新余	文昌		6
4	定襄、曲周、昆明、遵义、贵阳、金秀、永州、成都、攀枝花、重庆	绥德、武冈、彭州			石城、台山、汕头		16
5	桂阳	新田、扬州	汾阳、衡山	岳阳			6
6			宁波	泉州	玉林		3
7			仙居		张谷英镇、龙海	广州、阳江	5
8					廉江		1
9							0
合计	13	6	7	4	8	2	40

表 15-7　本轻方言点的调系与语气词分布调类对比

语气词调类	三调系	四调系	五调系	六调系	七调系	八调系	九调系	合计
1		曲沃、凤台	上海	仁厚	苏州		温岭	6
2	临澧	临淄		东安				3
3		微山、武汉			江阴			3
4			高邮、湘阴、双峰					3
5			辉县、大冶			湖州		3
6								0
7								0
8								0
9			娄底					1
合计	1	5	7	2	2	1	1	19

由以上两表可知，在语气词均为本调和本轻兼有的方言里，语气词看似无序地散见于 2—9 个调类，实际上蕴含着如下明显倾向：

（一）语气词调类大都少于或远少于调系。

一种语言或方言里，调系的调类多寡往往与各种语义或语法类词语分布的调类数量大体成正相关，调类越多，各类词语分布的调类就多，反之则少。但语气词分布的调类却往往少于调系。如本调方言调系的调类在 4—9 个之间，除八调系的廉江话外，其余方言点的语气词都分布于 2—7 个调类里，大部分分布于 3—5 个调类里。本轻方言调系的调类在 3—9 个之间，语气词仅分布于 1—5 个调类里，近三分之一方言点仅分布于 1 个轻声里。轻声方言调系调类在 3—8 个之间，语气词一律分布于 1 个轻声里。换个角度看，40 个本调方言点和 19 个本轻方言点里，仅有 16 个方言点（约占总数的 27%）的语气词分布的调类数量等于调系（它们是：四调系昆明话、遵义话、贵阳话、金秀话、永州话、成都话、攀枝花话、定襄话、重庆话和曲周话，五调系新田话、扬州话，六调系宁波话和八调系廉江话，以及本轻方言点辉县话、大冶话），其余 43 个方言点（约占两类总数的 73%）里，除了桂阳、仙居、娄底外，语气词分布的调类都数量不等地少于调系。极端的例子有：七调系的常州话语气词仅分布于 2 个调类里，八调系的文昌话仅分布于 3 个调类里，九调系的温岭话和七调系的苏州话，都仅分布于 1 个轻声调里。

（二）语气词偏爱缺省的平调、轻声。

1. 语气词偏爱缺省平调。

（1）有 29 个方言点（约占总数的 28.4%，包括 26 个本调方言点和 3 个本轻方言点），平调语气词明显多于调系调类的平均数。如永春话、攀枝花话、廉江话、衡阳话平调语气词都多于 10 个，衡阳话、广州话、汕头话多于 20 个，汕头话竟然多达 26 个，是平均数的 5 倍多。

（2）按照平调类别多寡，这 29 个方言点分为以下四种情况。

四级平调，如广州话 36 个语气词里有 31 个是平调或接近平调，其中 7 个阴平 55/53 调，1 个上阴入 55 调，4 个下阴入 33 调，11 个阴去 22 调，8 个阳平 11/21 调。如果忽略调类和入声韵尾而只考虑调值的话，它们可以合并为高平 55/53 调、中平 33 调、次低平 22/21 调和低平 11 调。

三级平调，如湘阴话 15 个、汕头话 26 个、娄底话 8 个语气词均为 11、33 或 55 调，泉州话有 12 个为 22、44 或 55 调，衡山话有 22 个分别为 33、44 或 55 调，衡阳话 21 个语气词全部为 11、22 或 33 调。

二级平调，如新田话有 14 个、台山话 12 个、双峰话 10 个、湘潭话 9 个、东安话 7 个、彭州话 6 个、龙海话 6 个语气词均为 33 或 55 调，扬州话有 10 个为 11 或 55 调，永州话有 13 个语气词为 11 或 22 调，张谷英镇话有 12 个为 11 或 33 调，永春话有 9 个为 22 或 33 调。

一级平调，如贵阳话 8 个、绵阳话 7 个、成都话 7 个语气词均为 55 调，桂阳话 6 个、曲周话 5 个、仙居话 5 个、玉林话 9 个、绥德话 9 个、安陆话 9 个语气词均为 33 调，攀枝花话有 15 个语气词为 44 调，汾阳话有 4 个语气词为 11 调。

2. 语气词偏爱轻声。

总体上有 43 个方言点（约占总数的 42.2%），语气词均为轻声。按照音高类型多少，可分为如下 4 类：

四级轻声，如湘语衡东前山话，语气词"都有固定的高低度，讲话时这种高低度一点儿也不能马虎"。如"嘞、嘟、嗳"为高平 5 度，"哎、啫"为次高平 4 度，"咯、喽、哒、啰、啦、唧"为中平 3 度，"唻"为低平 1 度，"的"有次高平 4 度和中平 3 度 2 种，"喽"有次高平 4 度和低平 1 度 2 种，"啊"除了 41 降调外，还有次高平 4 度、低平 1 度 2 个轻声调值。而且，不同高低度的轻声表示不同语气类别或其程度。如 4 度轻声语气词多表陈述语气，1 度轻声语气词多表祈使语气。（毛秉生 2006）。

三级轻声，如常德、娄底话语气词都有低轻 1 度、中轻 3 度、高轻 5

度之分（郑庆君 2006；彭逢澍 2006）。

二级轻声，如南昌话语气词有高轻声和低轻声（熊正辉 1982），南昌县塘南话语气词的轻声有高平 5 度和次低平 2 度两种（肖放亮 2006），湘语攸县话、吴语广丰话语气词的轻声有高低调之分（董正谊 2006；胡松柏 2007）。

一级轻声，如以北京话为代表的绝大多数北方话方言点和部分南方话方言点。

由上可知，平调语气词明显占优势的方言点和轻声方言点一共多达 72 个，约占总数的 70%。而且，调系无轻声的方言，语气词多读平调；有轻声的方言，语气词首选轻声。这说明，平调、轻声都是语气词的首选或最终归宿（袁思惠 2015；邓思颖 2016）。平调是单值的声调特征（王洪君 1999：239），具有诸多先天优势；轻声是无调。二者都不是"最小的、有区别意义的音高曲线"调型（tonal pattern），而是各自方言中最无标记的默认调或缺省调（default tone）（王洪君 1999：249）。此外，在 19 个本轻方言点里，17%—95% 的语气词也是轻声调。这样一来，语气词为默认调的比例就更大了。更有意思的是，大多数本轻方言里的语气词都是平调和轻声兼而有之（湘语湘阴话、娄底话就是典型例子），甚至有多级平调和多级轻声。这说明从平调到轻声很可能是语气词声调历时演变链中的必然一环。

（三）语气词有超调系的专用调类。

目前至少发现 5 个方言点的语气词在各自调系之外拥有自己的专用调类。如桂阳话四调系而语气词分布于 5 个调类，仙居话六调系而分布于 7 个调类，它们都各有一个语气词专用的超调系调类。更极端的例子是，湘阴话是五调系（阴平 44、阳平 13、上声 52、阴去 45、阳去 21），但语气词都分布于另外 5 个超调系调类里，即语气词的本调（an⁴¹、去⁵⁵、pan/man/ko/哒、喃$_1$³³、喃$_2$、是／哦¹¹），本轻兼有（啊$_1$³³、啊$_2$¹¹、啊$_3$⁻¹、吧$_1$³³、吧$_2$⁻¹、着$_1$⁵⁵、着$_2$⁻¹）和轻声（啰⁻¹）（曾常红、危卫红 2006）。娄底话也是五调系（阴平 44、阳平 13、上声 42、阴去 35、阳去 11），"但语气词的声调，只有 11 调与单字调相同，此外还有 8 种调值是和单字调不相同的，即轻调短调有 1、3、5 三种，全调有 33、55、21、53、331 五种。平调 33、55、11，读全调和读短调不区别意义。"（彭逢澍 2006）语气词在调系之外拥有自己的专用调类，还是一个待解之谜，但很可能是破解语气词声调来源的一把钥匙。

以上三个方面从宏观角度清楚地显示，大多数方言点里语气词调类少于调系，而且多为缺省的平调、轻声，有的方言里语气词还在调系之外拥有自己的专用调类。这似乎在向我们暗示，语气词与非语气词特别是它们的声调很可能不是一奶同胞，而更可能是路人关系。

三、南方话语气词的分布调类历时演变的微观观察

从上古至中古，语气词几乎一直都只分布于平、上两个调类，选用时均呈现出"上声前，平声后"的顺序。

  上古：选用顺序：也＜耳＜已＜矣＜乎／邪／欤＜哉／夫
     声调顺序：上　上　上　　上＜平／平／平＜平／平
     功能顺序：肯定语气词　　　　＜非肯定语气词
  中古：选用顺序：也＜耳＜已＜尔＜矣＜乎／邪／欤＜哉／夫
     声调顺序：上　上　上　上　上＜平／平／平＜平／平
     功能顺序：肯定语气词　　　　　＜非肯定语气词

从功能类别看，都是肯定语气词在前，非肯定语气词在后，与普通话完全一致。从调类看，肯定语气词都是上声，非肯定语气词都是平声。如果接受古平声是高长调，古上声是低短调假设（王力 1985a：73），则可以说，从上古到中古，肯定语气词殿后的句子的末音节都是低短调，非肯定语气词殿后的句子的末音节都是高长调。在语气词选用句里，低短调的肯定语气词在前，高长调的非肯定语气词在后，整个选用顺序呈现出语气词声调"前低短，后高长"的音高顺序格局。这直接地说明了，直到唐末语气词都只分布于平、上两调。同时，间接地说明了，上古、中古时代，语气词句的末音节的声调只有两种，一种是肯定语气词为末音节带来的低短的上声，一种是非肯定语气词为末音节带来的高长的平声。这或许有助于合理解释成熟于盛唐的格律诗之所以经常押平声韵的现象。因此可以推测，语气词可以做格律诗韵脚的时代，[①] 语气词肯定还没有变为轻声。

如果接受中古汉语四调系之说，则可认为，中古以后汉语方言才开始向两个方向演变，南方方言由声母清浊分化出八调系，北方话大都经历平分阴阳和入派三声而演变出新的四调系。与此同时，南北方言语气词的声调也有不尽相同的演变方向。北方话语气词在平、上两调的基础上以《祖

---

① 晚唐诗人赵嘏《十"无"诗——寄桂府杨中丞》一诗连用 10 个语气词"无"做韵脚。

堂集》为起点,逐渐集中到轻声里;南方话语气词最初可能分布于8个调里,而后渐次合并到较少乃至1或2个调类里。如果将平仄兼备的廉江话语气词分布于8个调视为南方话语气词声调由多变少的起点,而将温岭话、苏州话和上海话语气词只分布于1个轻声视为终点,那么语气词声调由8个到1个的历时演变过程,可假设为3个历时趋简阶段:平仄调段→平调段→轻声段。这3段还可假设出不同的阶:平仄调段包括平或仄调→平调,平调段包括多平调→单平调,轻声段包括多轻声→单轻声。3段6阶在前述3类方言里都可以找到代表性方言点。

(一)平仄调段:平或仄调→平调

1. 平仄调段的演变主要表现在本调方言和部分本轻方言中。

这些方言的语气词绝大部分都不是分布在1个调类里,而是分散在2—8个调类里,而且都既有平调,又有仄调。逻辑上语气词中间应依次经过7→2个调类的不断减少,最终演变到只分布于平调。其中本轻方言里,语气词分布于1个调类的6个方言点已经到达单平或仄调阶段。本调方言里,语气词分布于2个调类的3个方言点即将完成向单平或仄调的冲刺,还有6个方言点的语气词虽有多个仄调,但都出现了明显集中于某个仄调的倾向,如石城话9个语气词集中于53调,岳阳话9个集中于45调,贵阳话15个集中于31调,宁波话7个集中于24调。此外,文昌话10个、重庆话16个非疑问语气词和常州话22个语气词已经集中到非常接近轻声的21调里了。

2. 语气词之所以会由多个平或仄调向平调集中,原因可能是平调(尤其是高平55调)具有诸多优势。

(1)神经解剖学发现,对于感知平调,人类大脑至今也没有发展出明显左偏侧化机制,只能用右脑才能感知它(帅兰、龚涛2013)。这说明平调还是尚未语言范畴化的原始调型。

(2)实验语音学发现,相对于升、降、凹、凸等个性鲜明的本调来说,平调具有无标记性、稳定性、独立性(石锋、冉启斌2011)和经济性。其中稳定性的表现之一是,在声调彼此同化过程中,其他声调被同化成高平调的情况远多于高平调被同化为其他声调。而且在儿童习得声调过程中,平调最早出现(蒋平1999)。

(3)从音位学角度看,语气词一旦统一为单平调,就意味着这个封闭类的所有成员都不能再以基频的升降曲折作为区别特征了,单个平调也就只能发挥背景作用以突显音段差别了。

（4）从跨方言角度看，汉语方言高平调的出现频率高于中平调，中平调高于低平调（蒋平 1999）。

（5）从跨语言角度看，高平调是汉藏语言的基本声调，也是其他声调派生的基础，即使没有形成别义声调系统的语言也都有高平调（陈新义 2011）。从音节及其韵母繁简看，汉语方言的音节结构分两大类：以北京话为代表的方言都是双韵素音节，因而都有曲折调；以上海话为代表的方言都是单韵素音节，因此都没有曲折调。这说明，长短音节及其韵母繁简与不同调型之间也有一定对应关系（Duanmu San 1990）。虽然我们没有精确数据，但语气词的音节及其韵母往往是该方言里最简最短的（轻声方言尤其如此），所以也最容易由仄调演变为平调，直到轻声。

（6）从历时演变角度看，汉语雅言或普通话系统里，某些具有特别价值的语义、语法类词汇往往统一为某个特定调类：单音节亲属名词、器官名词、人称代词、疑问词几乎统一为上声；形容词叠音后缀和拟声词统一为阴平；介词、连词统一为语流轻声；结构助词、体助词、常用单音节方位词、趋向词和量词以及词缀、准词缀统一为轻声；叹词无所谓自己的声调，但和语调的关系如胶似漆，密不可分，并凭借语调而成句。其中，拟声词最有意思。它们从西周至唐代一直稳定分布于古四声而平声占大半；元代开始分布于今四声而阴平占明显优势；清中期阴平调攀升至 86%，普通话里高达 92.6%，即将一统天下。据此，附着话语成分及其成分，句法层次最高，语法化程度最高，音节最简且语义最虚的语气词，其声调统一于平调，理应是自然之势。

（二）平调段：多平调→单平调

语气词声调演变的平调段主要表现在本调方言以及部分本轻方言点里。26 个本调方言点和 3 个本轻方言点（均为湘语）里，平调语气词大都明显多于平均数。按照数量多寡，这 29 个方言点可分为四种情况。

1. 四级平调方言点，如广州话 36 个语气词里有 31 个是平调或接近平调。
2. 三级平调方言点 6 个，如衡阳话 21 个语气词全部为 11、22 或 33 调。
3. 二级平调方言点 9 个，如永春话有 9 个为 22 或 33 调。
4. 一级平调方言点 11 个，如攀枝花话有 15 个语气词为 44 调。

据上，语气词平调段的演变顺序可假设如下：四级平调→三级平调→二级平调→一级平调。语气词由平仄不一的本调统一为平调，再由高低不等的多级平调统一为单级平调，距离轻声就只有一步之遥了。

（三）轻声段：多轻声→单轻声

该段主要出现在轻声方言以及个别本轻方言里。按照音高类型多少，分为如下 4 类：

1. 四级轻声方言，如湘语衡东前山话。
2. 三级轻声方言，如常德话、娄底话。
3. 二级轻声方言，如南昌话。
4. 一级轻声方言，如四川内江方言的语气词，调值为音系外的 33 调，与阴平调值 44 接近（胡利权 2019）。

据上，轻声语气词的历时演变顺序可假设如下：四级轻声→三级轻声→二级轻声→一级轻声→最轻声。

四、小结

以上讨论初步说明，宏观上，语气词声调轻重不同的 3 类方言折射出语气词声调历时演变的 3 个阶段：本调→本轻→轻声。这 3 个阶段里，调系由繁趋简，语气词数量及其分布调类由多趋少。微观上，语气词声调由平或仄到平、由多平到单平，再由多轻声到单轻声，渐趋集中。

此外，学界讨论汉语调系繁简和调类分合时，经常拿声母、韵尾类型以及调系繁简为演变条件（如阴阳分调、全浊上声变去声、入派三声等等），但本节所论南方话语气词声调由繁趋简，和声母、韵尾以及调系繁简等一般性制约条件几乎没有关系，至少没见到任何有关报道。换句话说，语气词古今、南北调类的多寡都不受声调演变的一般规律制约。

第五节 语气词声调与调尾的互动关系

非语气词和语气词都能用在句末，但因功能不同，而有截然不同的句法表现。

非语气词充当句子的句法成分，因句法功能不同而分布于句子的各个句法位置，偶尔才用在句末（概率高低当然有所不同，但这不是我们关心的问题）。语气词是整个句子的语气成分，只能强制性用在句末述题后这个全句的语气结构的位置。这首先决定了，二者及其声调与语调的调尾同现的概率不同：非语气词及其声调与调尾同现是偶然的，概率极低；语气词及其声调强制性与调尾在句末述题后同现，是必然的。

更重要的是，非语气词和语气词与调尾在语流中的关系迥然不同。

非语气词的声调与调尾的音高发生冲突——词调小浪要升而调尾大波要降，或者词调小浪要降而调尾大波要升——的时候，为保证句法层面的词义表达，整个句子的调尾会略做让步，从而临时形成一个"**跨层截搭调**"——"词调的前部音高＋调尾的后部音高"。跨层截搭调的前部不完整地表现出句末非语气词的固有调型，以区别词义；后部不完整地表现出调尾的固有模式，以区别句子语气类型，从而实现了一举两得的目的。

语气词则不然。方言材料显示，当语气词及其声调和调尾这两个音高成分在句末述题后同现时，经常互动而引发对方变异，或者语气词声调影响调尾变异，或者调尾影响语气词声调变异。下面分别讨论。

一、语气词声调影响调尾

该类音变是由语气词声调引发的，结果是调尾发生了变化，有三种情况。

（一）语气词声调分化调尾

湘语衡东新塘镇话没有专用的是非问语调，是非问句由陈述结构加疑问语气词构成。但是，"嗳^{45}、咧^{45}、吧^{34}、啦^{33}"等高升、中升和中平调语气词用于句末时，调尾趋升，疑问程度高；而"哒^{33}、唉^{11}"等中平和低平调语气词用于句末时，调尾趋降，疑问程度低（丁加勇、许秋莲、肖蓉 2006）。可以说，由于语气词调型的影响，陈述语调分化出疑问程度高低有别的两个调尾。

（二）语气词声调同化调尾

首先，吴语建瓯片平阳话用于问句的语气词有 7 个，除"嘎"为高升 45 调外，其余均为低降 21 调。陈述句是降调，是非问句是升调。但是，低降 21 调语气词用于是非问句末尾时，语调"不可以随便地上扬或下降"，而"一般都表现为同语气词语调较一致的"低平走向（钱成慧 2000）。作者甚至认为，"由于上扬的语调是平阳话是非问句疑问语气的负载者，而带上低平调语气词后，平阳话是非问句的语调不再能上扬，即语调不再能负载疑问语气"，"疑问语气这时只能由低平调语气词负载"。（钱成慧 2000）要注意的是，平阳话语气词声调同化调尾是有条件的，只有在带语气词的是非问句里，语气词的低降调才使升调尾临时失去表义功能，而不带语气词的是非问句里，升调尾仍然表示疑问语气。

其次，粤语广州话是非问句有三种调尾：不带语气词时调尾上扬，带"咩^{55}、吗^{33}、咻^{33}、咧^{33}、嘅^{33}啦^{55}、啦^{55}吗^{33}、啊^{11}、啦^{11}、喫^{11}、喳^{11}"

等 10 个语气词时调尾中平或低平，带"㗎[35]、咩[53]、嘅啦[33 55]"3 个语气词时调尾趋高升或高平。非是非问句不带语气词时调尾上扬或下降，带"呢[55]、啫[55]、吖[55]、呀[33]、㗎[33]、㖞[33]、嚞[33]、喇[33]"8 个语气词时，"由于受语气词声调的同化，语调只能表现为与语气词声调一致的趋向"（方小燕 1996）。广州话语气词声调同化调尾也是有条件的，只有在语气词问句里，才能同化调尾。[①]

最后，北京话语气词都是最轻声，它的声调降低调尾的音高。实验语音学发现，不带语气词的是非问句，调尾明显高于带语气词的是非问句，也高于陈述句（王韫佳、阮吕娜 2005；陈茸、石媛媛 2009）。陈玉东、任倩楠（2016）还发现，在 5 种类型的"呢"字句中，"呢"使陈述句里"呢"前音节边界调的音高和音强大幅下落，使选择问和特指问下落幅度略减，使感叹句和反问句不降反升。这说明，语气词句里调尾的降低，是语气词轻声调值影响的结果。当然在听觉感知里，"轻声的本质是'轻'，是'无调'"（王洪君 1999：249），没有自身的相对音高特征需要保持，也难以恢复原调，容易在语调大波上随波逐流，而将小波对大浪的干扰降低到最小，即作为代数因子之一，轻声在代数和里的作用几乎为零。尽管如此，它仍能以自身音高短小的特质依附于调尾并使之略降。

（三）语气词声调取代调尾

首先，西南官话重庆话疑问语气词为高平 55 调（哈、嘞、唵）或超调系的中平 33 调（唦），16 个非疑问语气词（包括与前述疑问语气词同声韵而调不同的语气词）则以低降 21 调为主。高平或中平调语气词构成是非问句的调尾趋升，低降调语气词构成其余句类的调尾低降（彭锦维 2001）。作者认为，这是上升句调使疑问语气词的调值普遍升高，而下降句调使非疑问语气词的调值普遍下降。而且，由于语气词的固有声调阻碍了句子以升调表疑问功能的发育，从而加强了句子对疑问语气词的依赖。其实，从共时角度看，重庆话语气词的高平和中平调已经取代了调尾及其

---

① 张洪年（转引自彭小川 2006）认为，粤语疑问高升调覆盖叠加在阴去中平调的"嘅[33]"上，使之变为高升 35 调。彭小川（2006）认为，疑问低平调覆盖叠加在阴去中平调语气词上，使之变为低降 21 调变体，而不承认有独立的 21 调类语气词一类。张文有"嘅"与 35 调变体对应的阴去中平 33 调为证，彭文也有"啊、啦、咋、啰、㖞、喇"6 个语气词与变体对应的阴去中平 33 调为证。但有 2 个问题：一是"嚟、㗎"没有阴去 33 调，却有 21 调，这从何而来；二是"呃、嘞、啫、咯"4 个语气词均为下阴入 33 调，调值同阴去，但没有 21 调变体。难道它们都不用于低平调问句吗？在这两个问题排除之前，我们姑且接受方小燕的观点。另外，游顺钊（1980）、Wakefield〔转引自冯胜利（2015）〕都认为粤语声调之多已经严重限制了它控制语调音高的能力，很多类似英文用语调表达的话语语义，都用句末语气词来表达了。

功能，或者说语气词声调里已经吸收了句子调尾的升降因素才得以形成自己的平调或降调。换言之，重庆话语气词及其声调已经取代了句子调尾及其功能。

其次，冀鲁官话鲁北沾化、滨县、利津三县方言的语气词都是轻声，而各种句类都只有一种语调（沾化话都用降调，滨县和利津话都用升调，作者谓之"单调性"），"疑问语气全凭语气词'吗'来标志"（宋洪民 2006）。假如这是真的，它们的语气词彻底取代了调尾及其语气功能。按理说，该方言应该比其他官话拥有更多语气词以弥补单调性带来的功能损失，但作者对此没有报道。与前面所说语气词专用调类一样，这是又一个待解之谜，也有可能成为破解语气词声调来源的又一把钥匙。

二、调尾影响语气词声调

该类音变是由调尾引发的，结果是语气词声调发生了变化，也有三种情况。

（一）调尾分化语气词的声调

首先，赣语南昌话语气词均为轻声，句子有上扬、下降两种调尾。受调尾影响，语气词在每种调类的前字之后，都可能有高轻声、低轻声两个调值。更重要的是，"句尾的语调跟语助词轻声的高低是一对一的关系。句尾语调上扬，语助词必然读高轻声；句尾语调下降，语助词必然读低轻声。反过来，语助词读高轻声，句尾语调一定是上扬的；语助词读低轻声，句尾语调一定是下降的。""一个语助词或一个语助词的某个义项所要求的语调是确定的，因而读高轻声还是读低轻声也是确定的，说话人不能随意读。如果读错了语调和轻声，就会使句子变得无意义或者使句子变成另外一种意思。"（熊正辉 1982）换句话说，南昌话语气词由调尾升降的影响分化出高轻声、低轻声，这两个轻声变体还必须分别与两种不同的调尾相互依存才能发挥作用，不能独立表示语气。

其次，吴语处衢片广丰话语气词也均为轻声。它们的声调不仅有重读、轻读两种重音类型，还有高调、低调两种轻声音高类型。重读语气词的音时较长，具有明显的音高变化形式和确定的调值；轻读语气词的音时较短，音高变化形式不明显，调值高度也不很稳定。而且，作者提出所谓"情态语气词"多重读，"句类语气词"多轻读。高调语气词的调值受句末升高的句调的影响，最高可超过 5 度；低调语气词出现在句调平直或下降的句末位置，相对调值较低。重音类型和调值类型相组合，构成语气词的四种重音-调值格式，即重读高调式、重读低调式、轻读高调式和轻读低调式（胡松柏 2007）。但如果把语气词的重音类型视为语气词声调的自主变体，音高类型就是由调尾高低造成的轻声调值的分化。

再次，江淮官话安庆话的语气词，作者一律标注为轻声，但又说"大多数不读轻声，读高平调或低降调"。如"唻"在问句里读高平调，在陈述句里读低降调（鲍红 2007）。其实这也是调尾相对固定地同化语气词声调的结果。

最后，同是江淮官话的高邮话，语气词"噢²¹、nia²¹、包⁵³、嘞⁵³、哉⁵³、呢⁻¹、呐⁻¹"除了自身的本调和轻声外，在高平调尾句末一律变读为441调。"变读后，除仍表示原有的意思外，都有往大处夸张或不耐烦的意味。"（姚亦登 2008）显然，作者所谓的变读，实际上是高平句调尾叠加在语气词声调上，将3种调类、调值各异的语气词统一变为441调了。这只有调尾才能做得到。

（二）调尾同化语气词的声调

普通话的"语调调节是会影响声调的音高曲线的"（沈炯 1992）。闽语福州话的疑问语气词"无 [mo]、未 [mui]、呣 [ma]"都是轻声，但在上升的疑问调尾的作用下都读上升调（陈泽平 2004）。可见它的调尾对语气词声调的同化程度没有重庆话那么高，只是临时性的变调。

（三）调尾分化语气词的韵母

调值分韵现象在许多方言里都有表现，殊不知调尾也能导致韵母变异。如曹志耘（2009）讨论调值分韵时举例说："北京口语中单用的'对！'、'喂！'（如打电话时）常常读作 [tuai⁵¹]、[uai⁵¹]（或 [uai²¹⁴]），这符合长调使元音低化、使韵母强化的原理。"其实，这里的"对！"语调长而降，是应答句或感叹句。"喂"说成降调是招呼句（喂！），相当于"你好！"；如果说成升调就变成是非问句了，相当于"有人吗？"或"谁呀？"。所以这两个例子都不是"对"和"喂"两个词自身音节结构内部的声调引发了韵母分化，而是语调临时叠加在语气词的音节上而引发了韵母强化。

江淮官话盐城话提供了另一种例证。该方言有7个疑问语气词，均为轻声，分为2类。有变体的疑问语气词4个呃 [ə] / 啊 [ɒ]、呢 [nə] / 呐 [nɒ]、嗲 [tə] / 咑 [tɒ]、了唔 [lə və] / 了哇 [lɒ vɒ]，后者都是前者的强调变体；无变体的3个喃 [nɛ]、嚪 [tã]、吧 [bɒ]。是非问句有平、降、升3个调尾，非是非问都只有平、降2个调尾（蔡华祥等 2016）。疑问语气词和句类及其语调的搭配关系可列成表15-8。

表 15-8 盐城话疑问语气词的句类分布

疑问句类		疑问语气词									
		[ɛ]	[ã]	[ə]				[ɒ]			
		喃	噹	嘚	唔	呢	呃	吋	哇	呐	啊	吧
平调	是非		+	+	+	+	+					+
	特指	+		+	+		+					
	选择	+					+					
	反复	+				+	+					
降调	是非							+	+	+	+	
	特指								+	+	+	
	选择										+	
	反复									+	+	
升调	是非											++

7个疑问语气词和3种调尾的问句配合表现出如下3条规律：

1. 前元音［ɛ］、［ã］韵母和央元音［ə］韵母的语气词或变体只能用于平调问句；

2. 后元音［ɒ］韵母的语气词作为强调变体只能用于降调问句；

3. 含后元音［ɒ］韵母的"吧"可用于升调或平调问句，以升调为主。

由上可以看出，盐城话疑问语气词的变体是由调尾的平降造成的韵母分化，平调尾使语气词舌位靠前，降调尾使舌位靠后。一般所谓的"韵随调转"或"调值分韵"是单个的字或音节结构内部的调值引发的韵母的变异（闭克朝1991），而盐城话语气词的韵母分化是句子层面上一个语气成分（语调）引起另一个语气成分（语气词）的韵母的变异。这与"调值分韵"的层次不同，性质也不同。而且，7个语气词的演变速度也明显不同。如果假设它们的韵母是由前元音［ɛ］或［ã］经由央元音［ə］而向后元音［ɒ］演变的话，那么应该有3个可能的演变阶段：

一是"噹［tã］、喃［nɛ］"还没有开始演变，所以只能用于平调问句。

二是4个有变体的语气词正在演变之中，具体表现为前元音［ɛ］或［ã］向后央化而形成的央元音［ə］变体仍然只能用于平调问句，而后化形成的后元音［ɒ］变体只能用于降调问句。也就是说，舌位前后不同的2个变体分别与平调、降调相互依存。

三是"吧［ɒ］"已经完成演变，它已经没有前元音变体，能用于平调、升调问句，而主要用于后者。

换言之，无标记的平调稳定地制衡着前元音语气词韵母，有标记的降调、升调则拉动韵母向央元音、后元音演变并表示强调语气。表示如下：

　　　　[ɛ/ã] 噇/喃→[ə/ɒ] 呃/呢/嚜/唔‖哇/呐/吖/啊→[ɒ] 吧
　　　　平调句　　　　　　　　平/降调句　　　　　　平/升调句

　　盐城地处江淮官话洪巢片最北端，紧邻中原官话徐淮片，语气词只读轻声，不像南昌话那样调尾将语气词轻声分化为高、低两类，而是将其韵母分为前、后2个元音，即句子的超音段成分引发了语气词音段成分的分化。

三、小结

　　由上可见，语气词声调可以分化、同化或取代调尾，调尾也可以同化、分化语气词声调乃至韵母。对此，还应特别注意以下几点：

　　（一）语气词声调分化、同化或取代调尾，几乎都发生在本调方言里，而调尾分化或同化语气词声调，都发生在轻声方言里。合而观之，是语气词声调的轻重决定了它与调尾的互动类型与因果关系。语气词为本调往往引发调尾变异，为轻声往往被调尾引发声调变异。

　　（二）就影响程度看，或许可以排列如下：分化＞同化＞取代。若就性质说，分化是不同调类的语气词对调尾的影响结果，同化是同一种调类的语气词对调尾的影响结果，都是语气词声调对调尾的同化。语气词声调取代调尾及其功能，是最彻底的同化，索性将句子的调尾音高连同其功能都吸收到语气词自己的声调及其功能里了。

　　（三）高本汉（1994）以来，对音节三要素变异的研究，往往只关注三要素之间两两互动而引起的变异。现在我们发现，语气词声调能分化、同化或取代调尾，调尾也能同化或分化语气词的声调乃至韵母。这说明，调尾和语气词都是句子话语层面的语气成分，所以二者之间才能广泛而频繁地互动并引发对方变异。换句话说，它们之间的相互影响以及引发的变异是两个语气成分之间的形式互动乃至功能转移。这或许可以回答前面所提的问题，即为什么语气词声调的繁简不受调系繁简和声母、韵尾类型等非语气词声调演变的一般规律制约，而受句子语气层面的语调制约。

第六节　小结

　　上文围绕汉语方言语气词声调类型的讨论，可以归纳如下：

一、汉语方言语气词或均为本调，或均为轻声，或本调和轻声兼而有之。据此，当代方言可分为本调方言、轻声方言和本轻方言，空间上依次分布于我国南-西南部、北部和中部。

二、语气词数量由多到少、声调由均为本调到本轻兼而有之再到均为轻声的三类方言由南向北的空间推移，代表了汉语语气词声调由繁趋简的三个历时演变阶段。

三、语气词和句子调尾同处句末，语气词的声调能分化、同化乃至取代调尾，反过来，调尾也能分化语气词的声调乃至韵母。这说明语气词和语调都是句子话语层面的语气成分。

四、以上结论既为冯胜利（2015）"语调语素类型"假说的推论提供了更多的方言事实依据，也为冯氏"语调-语气实出一根""语气词源于语调"假说提供了有力证据。冯胜利（2015）提出"语调语素类型"假说及其五个推论：有声调语言都有句末语气词；非声调语言没有句末语气词（除非该语言其他因素造成类似于语调和声调的冲突，才产生语气词）；声调越多越复杂，句末语气词也越多越复杂；句末语气词越多越复杂，语调就越简单越贫乏（如闽南语）；某一语言从非声调语变成声调语，将无可避免地带来"从无句末语气词变为有句末语气词"的平行发展。叶述冕（2016）对是非问句的跨语言考察得出了与之略有不同的结论。另据孙宏开、胡增益、黄行（2007）（以下凡不注明出处的语言均见该书），汉藏语系的73种语言以及2种混合语（扎话、倒话）都是声调语言，声调数量在2—15个之间。除倒话外，其余74种语言都有语气词，且几乎都有固定调类。[1] 其中，新平傣雅语仅句末疑问语气词就至少有85个（赵媛2012），忻城壮语至少有62个句末语气词（何霜2007），老挝语万象话至少有50个句末语气词（Sengfa Holanouphab 2003）。南亚语系的9种语言里有5种声调语言，语气词数量至少在3—22个之间，[2] 其中3种语言的语气词都有固定声调。这和叶文一起为冯文假说提供了更多的跨语系证据。但是，南岛语系的16种语言里有11种都不是声调语言，却都有少量语气词。阿尔泰语系的21种语言都不是声调语言，[3] 朝鲜语也不是声调语言，而日语属于词汇声调语言，

---

[1] 侗台语族毛南语、苗瑶语族炯奈语，语气词全部或部分声调不太固定，侗台语族仫佬语的语气词多半没有固定声调，有些声母或韵母也不太固定，往往随调而变异。

[2] 孙宏开、胡增益、黄行（2007）所收南亚语言里语气词最多11个，武氏明河（2012）报道越南语至少有22个语气词。

[3] 孙宏开、胡增益、黄行（2007）没有收录满语支的巴拉语，这里据穆晔骏（1987）添加。

但除了蒙古语族东部裕固语外，它们都有数量不等的语气词。①此外，印欧语系的塔吉克语也是非声调语言而拥有语气词。另外，语气词的声调由繁趋简的历时变化不受声母、韵尾以及调类繁简等制约声调变异的一般规律或条件的影响，而共时层面上语气词声调与句子调尾之间相互影响并引发对方变异的现象，间接地说明了语气词及其声调与语调是同属句子话语层面的语气成分。②进一步说，非语气词的声调由音节内部的韵尾等异化而来，是用以区别句子命题层面的理性义、语法义和情态义的音高系统，即通常所说音系里的调系；语气词及其声调与语调都是句子话语层面用来区别言语行为语气及其下位口气的另一套音高系统，不属于一般所说调系。甚至可以说，前者是非语气词（或音系字）的调系，后者是句子的话语层面的调系。所以，语气词的声调和非语气词的声调仅仅貌似而实质不同，彼此不发生互动，却和同处句子话语层面的调尾经常互动变异乃至彼此取代而合二为一。

---

① 如维吾尔语至少有 14 种语气词（牛汝极、牛汝辰 1982），塔吉克语有 59 个语气词（张定京 2002），科尔沁蒙古语有 16 个语气词（查干哈达 1991），康家语有 19 个语气词（斯钦朝克图 2002），满语有 15 个语气词（王敌非 2009），鄂温克语有 13 个语气词（朝克 1992），日语有 28 个语气词（苏德昌 1992），朝鲜语有 300 多个语气词（张婷 2013）。

② 对此，学者有不同认识。如沈炯指出，声调和语调是两个相对独立的音高体系，"声调音域在语境中不断改变它的高低宽窄，语调就是以句子为单位的声调音域系列"（沈炯 1985：76）；"语气助词一般都用轻声。它们的音区特征是高是低，由前字的声调决定，跟语调无关"（沈炯 1992）。

第十六章　英汉语言的语气、语气结构及其系统对比

第一节　引言

学界习惯用"语气""语式""式"对译英语 mood 一词[①]，用"语气结构"对译英语 mood structure[②]，往往以为 mood 和"语气"、mood structure 和"语气结构"这两对四个术语分别同义。实际上，它们除了表示人类语言共有的人际功能之外，在各自语言里的归属、形式手段和功能的内涵、外延都不尽相同。对此，马建忠、赵元任、林语堂和王力等学者早就注意到了，近年来胡壮麟、王飞华、张德禄、赵春利、石定栩和陈国华等学者都进行过对比研究。

马建忠（1983）最早用传统语文学的"语气""辞气""口吻""神情"对译英语动词形态所表 mood，并将其功能内涵灌注到汉语"语气"一词中，明确指出印欧语用动词形态表示语气，汉语用语气词直接或帮助"传……语气"。[③] 而后将语气词直接或帮助表示的语气分为两个一级范畴：传信、传疑（含反问咏叹），[④] 又将各自分为多个二级范畴。[⑤] 其不足有三

[①] 主要见哈特曼 & 斯托克（1981）、戚雨村等（1993）、克里斯特尔（2000）、中国社会科学院语言研究所词典编辑室（2007）、刘丹青（2008）和夏征农、陈至立（2009）。

[②] 主要见何中清（2003）和 Halliday（2010：78，82）。

[③] 马建忠（1983：323）指出："泰西文字……凡一切动字之尾音，则随语气而为之变。""惟其动字之有变，故无助字一门。助字者，华文所独，所以济夫动字不变之穷。""若语气之轻重，口吻之疑似，动、静之字无是也，则惟有助字传之。"

[④] 马建忠（1983：323，361）指出："助字所传之语气有二：曰信，曰疑。""传信助字，为'也''矣''耳''已'等字，决辞也。传疑助字，为'乎''哉''耶''欤'等字，诘辞也。""其为用有三：一则有疑而用以设问者；一则无疑而用以拟议者；一则不疑而用以咏叹者。"

[⑤] 如将语气词直接表示或帮助表示的传信功能区分为如下四种：论断口气（马建忠 1983：

点。一是认为印欧语"一切动字之尾音,则随语气而为之变",无异于将印欧语动词形态的功能等同于汉语语气词的功能。实际上印欧语动词形态,不仅随语气而变,还随时、体、态乃至性、数、格、人称等而变。反言之,印欧语动词形态功能多样,表示语气仅是其功能之一。二是没有界定"语气、口气、辞气"为何物。三是对语气词之于语气的作用究竟是"传"还是"助"措辞游移,既名之曰"传信助字""传疑助字",又说"'也'字所以助论断之辞气""'矣'字惟以助叙说之辞气""'乎'字之助设问之句"。

赵元任(1926)认为英语用动词形态和语调表示语气(他谓之"口气"并以之兼表情态和语气),汉语用语调、语气词、语气副词、实义动词、叹词乃至连词等表示"口气",有些语气词的功能与英语的语调对应。虽然也没给出语气的定义,却无意中开启了至今影响仍然很大的大语气或情态之先河。

林语堂(1940:第三章、第十四章)专论英语语气并略及英汉语气对比。首先,他将英语语气分为句的语气(Sentence Moods)即"英语里大部分用动词所表达的那些句的语气"和动词的语气(Verbal Moods),前者划分为肯定、否定、疑问、可能和感叹,后者分为直说、疑问、命令、虚拟和无限式(林语堂 1940:50;375)。后者的"直说语气用于陈述,命令语气用于发号施令,疑问语气用于询问,虚拟语气用于假设,无限式是指陈不属于任何固定主语的动作"。(林语堂 1940:375)其次,他还指出英汉语气不同有二。一是英语有虚拟语气,这"在中文里是不加注意的"(林语堂 1940:51)。二是形式手段不同。

王力认为英汉语气的不同有三。一是"西洋语里的情绪,是靠语调(intonations)表示的。中国语里有了语气词,表示情绪的语调却居于次要的地位了"。"有时候是由语调表示的",而语气词和语气副词"帮着语调,使各品情绪更加明显"。(1984:216)二是汉语"语气词既不是表示叙述词的语气[象(像)西洋动词的 moods],而是表示全句的语气的⋯⋯语气词虽各有其语法上的意义(如决定、疑问、反诘、夸张等),但多少总带着些情绪"(1984:223),语气对译为 emotional moods,语气词对译为 emotional particles。三是英语疑问语气只有语调上的分别,现代汉语"只

(接上页)355)和论断之辞气(马建忠 1983:323);直决口气(马建忠 1983:329)、决断之口气(马建忠 1983:349)和决事理已然之口气(马建忠 1983:341);陈述口气(马建忠 1983:356)、陈述之口气(马建忠 1983:350)和叙说之辞气(马建忠 1983:323);揣摩量度之辞气(马建忠 1983:372)。另外,将传疑功能区分为设问、拟议和咏叹(马建忠 1983:361)。

在语气词上分别"（王力 1984：223）。简言之，英语句子的语气表达用语调，叙述词的语气表达用动词形态，汉语句子语气的表达以语气词为主，语调为辅。

胡壮麟（1994）指出，"英语语气主要由两个成分，即主语和定谓成分（finite element）的出现与否和配列来体现。尽管汉语没有定谓成分，就主语和动词的关系来说，在描写汉语的陈述语气（主语在前）和祈使语气（一般省略主语）时，两者可勉强对应"。表示惊叹语气，"两种语言仍有相似之处。只是英语的惊叹词组需前移到句子的主位位置，而汉语原位不动，其次，汉语一般要加上一个表惊叹的语气词'啊'。"另外，他还指出，英汉疑问语气手段有三个不同。

王飞华（2005）宏观上接受赵元任的观点，但认为英汉语言都用语调、语序、情态动词、副词、叹词等为语气手段，都有陈述、疑问、祈使、感叹等共同功能类。其不同有四：一是英语以动词为中心，汉语以语气词为中心；二是英语语气与时体等范畴紧密纠结，汉语语气与时体等相互疏离；三是英语语气表达是刚性的，汉语是柔性的；四是英语语气注重现实性（realis）与非现实性（irrealis），汉语注重对交际对象的关照。

张德禄（2009）接受胡文的观点并补充两个他所谓的"更加基础的特征"。其一，"汉语的语气不是以主语的有效性为特点的，而是由谓语动词、谓语动词的极性、整个命题，以及对它们的评价的中介程度的有效性为特点的。"其二，与英语相比，汉语主语的作用要小。汉语"语气是由语调、语气词、谓语或谓语的一部分或主语缺失来体现的"。语调是关键的，语气词是可选的。最后，他提出，汉语语气结构的典型模式为"主语＋状语＋谓语＋补语＋（补语）"，另有5种变式结构。

赵春利、石定栩（2011）梳理、辨析了英汉有关术语之间的对应关系，并提出英语的 mood 由形态表示说话者表述话语的方式，汉语的语气是基于词汇、语调、语序等多种手段的综合句法概念，内涵是说话者表述话语的方式，其类型也可分为直陈、祈使和虚拟三种。句末语气词充其量是语气手段之一，表示口气（tone）。

陈国华（2013）把谓语传达的语言主观性称为"语气"（mood），谓语传达语气的形式称为"语式"（mode）。他提出，语句的定式与否取决于谓语是否有宣意元素，[①] 英汉谓语都以定式表达语气，且都只有断言式和祈愿

---

① "宣意元素"是作者据清初学者魏维新的语言观而独创的术语并界定为"表达言者语言主观性的各种元素，包括句式、语式、时、态（aspect）、情态谓词、表示某些断言的谓词和情态副词等"，其外延远远超出一般所谓的语气了。

式。不同在于，英语谓语都以动词形态为定式传达语气，无形态变化的祈使式和愿求式也能决定主语的取舍及其形式；汉语谓语的必有成分是"宣意元素"，即"表达言者语言主观性的各种元素，包括句式、语式、时、态（aspect）、情态谓词、表示某些断言的谓词和情态副词等"，具体表现为宣意谓词（是、有、在）、助动词（可能）、情态中缀（得）、谓词后缀（过、了、着）、语句后缀（了、的）和零形式等。英语断言式实现为过去和非过去两个基础时，否定词是 not；汉语实现为已然和非已然两个基础态，否定词是"没、不"。祈愿式的肯定句谓词均为原形，否定式里英语用 don't，汉语用"别"。由此他为汉语构建出一个别开生面的、也可能是最广义的语气及其手段系统，但对语气词及其和非语气词的功能区别关注不够。

简单回顾显示，学界对英汉语气范畴和语气结构的对比研究已经做出了不少有益的尝试，但对两种语言的语气范畴的本质、语气手段及其功能之间的认识尚不一致，对语气结构及其类型系统的对比研究才刚刚起步，而且大都未能完全摆脱"用印欧语的眼光来看待汉语，把印欧语所有而汉语所无的东西强加给汉语"（朱德熙 1999：日译本序）的思路和做法。有鉴于此，本章拟就英汉语气范畴及其手段、功能异同和语气结构及其系统的异同展开一些讨论。

第二节　英汉语气范畴的定位

一、英语 mood 范畴的定位

英语语法学系统里，mood 和 modality 是两个紧邻范畴，既相互独立又相互关联。对于两者的关系，学者认识不一（菲尔墨 2005：23；Palmer 2001：4），但总体认同 modality 是一个意义范畴，mood 是一个语法范畴（Lyons 1977；Bybee & Fleischman 1995；Palmer 2001）。最近出版的 Nuyts & Auwera（2016：3.3.1，5.1）则将 modality 优先界定为"动力情态"、"道义情态"和"认知情态"，亦即可能性或必要性等功能；认为 mood 包括两个小类，句类表示的言语行为语气和现实或非现实语气。换言之，mood 是 modality 之外的一个范畴，"是以用动词的形式表现这种心理态度为条件的：所以语气是一个句法范畴，不是一个意念范畴"（叶斯柏森 2009：485）。该观点虽未得到一致首肯，但它的突出优点是便于对英汉两种语言的语气范畴和语气结构进行对比。

二、汉语语气范畴的定位

汉语学界对语气的界定及其形式手段关系的认识呈现出百家争鸣之势（参见齐沪扬 2002：2—16；徐晶凝 2008：30—41）。

据齐沪扬（2002：19），学界用"语气"这一个术语有三种所指：一是将语气的类别严格控制在"陈述、疑问、祈使、感叹"四种，而将其他的语气类别都作为口气处理；二是把所有的"对句中命题的再表述"统统看作语气；三是兼指二者。据此，可将学者对语气的认识分为如下三类。

第一类以吕叔湘（2002：258）为代表，将狭义语气界定为"概念内容相同的语句，因使用的目的不同所生的分别"。

第二类以黎锦熙（2007：260）和王力（1985a：228）为代表，前者将其界定为"全句的'语气'"，后者将其界定为说话的"情绪"。

第三类以吕叔湘、胡裕树、张斌为代表。早在 1962 年，吕叔湘鉴于语气一词异指的混乱状况提出应该将语气这个术语分为"语气"和"口气"两个，表示不同所指（张斌 1999）。自此多位学者循此思路展开研究，原则上都承认语调表示语气，分歧在于对口气手段的认识不同。

20 世纪末，胡裕树主张"句子的语气可以分为陈述、疑问、祈使、感叹四种"（1995：376），同时"句子可以有种种口气，例如肯定与否定、强调与委婉、活泼与迟疑，等等，都用于思想感情方面种种色彩的表达"（1995：379）。继而孙汝建接受胡裕树的观点并进一步指出，"语气（modality）是指说话人根据句子的不同用途所采取的说话方式和态度。口气（tone）是指句子中思想感情色彩的种种表达法"。（孙汝建 1999：9）"广义的语气包括语气（modality）和口气（tone），狭义的语气只有四种：陈述、疑问、祈使、感叹。口气包括肯定、否定、迟疑、活泼等。"（孙汝建 1999：12）

21 世纪伊始，范晓、张豫峰等认为，"口气则是在语气表述不同交际目的和用途时流露出来的主观情感"。（范晓、张豫峰等 2003：372—373）因而，"同样的语气，可以用不同的口气来表达。"（范晓、张豫峰等 2003：372）口气分为一般口气和特定口气。前者是中性的，比较平和或平直，内部强度比较单一；后者是非中性的，内部强度大体可分为强化口气和弱化口气。该书提出了一个最复杂的特定口气手段系统，包括语音、词汇、语序及句式等子系统及其下位系统，其中虚词有语气词、某些虚词（是、的、是……的）、叹词、语气副词和程度副词，实词包括个别动词、形容词、指示代词、疑问词等。（范晓、张豫峰等 2003：372—374）刘丹青（2008：478）将英语 mood 一词译作"语气"或"式"，并说"式除了基本的种类外,还可能有更加细微的小类,体现说话人更加细微的态度差异"。同时他赞同将基本式下面的式叫作"口气",以区别于体现为基本式的"语气"。最后,徐晶凝(2008:67,78)为"语气"赋予了两个所指。一是由句类及其标记表达的"对句类的形成起决定性作用"的言语行为语气,二是由语气词("吗"除外)"标注句类的不同传态语气","一方面指说话人对语句内容的信疑态度;另一方面则指说话人对交际参与者的处置态度"。赵春利、石定栩(2011)认为,汉语语气可基于英语 mood 的语法意义而非语法形式做出界定,其性质是基于词汇句法等多种手段的综合句法概念,其内涵是说话者表述话语的方式,其类型可分为直陈、祈使和虚拟3种。温锁林(2013)又将4种句类语气按照谓语动词的语义类别分出49个下位类,并将其中的"急促与舒缓"语气再依据语序、语气副词、语气词等分出7组14个下位口气。

前述所论进一步明确了,英语 mood 是句类表示的言语行为语气和现实与非现实语气,汉语语气只是言语行为语气。下面从以上两点出发,先对比英汉语气范畴手段及其功能,再对比其语气结构及其系统。

第三节 英汉语气手段及其功能对比

一、英语 mood 范畴的手段与功能

系统功能语言学认为,语言的人际功能由语气系统(mood)、情态系统(modality)和语调系统(intonation)体现。mood 的上位范畴是人际功能,和情态系统、语调系统密切相关。mood 一词源自拉丁语 modus(方式)一词,词义里仍保留着"方式"义的背景,语法意义是言者表述话语的方式,形式手段表现为对句子动词形态变化方式的选择,所以又可替换为 verbal mood, inflectional mood, grammatical mood, syntactic category 或 morph syntactic category 等同义形式。根据形式与意义的严格对应关系,只有通过动词形态表现的心理态度才能称为 mood(Booth 1837:124,转引自赵春利、石定栩 2011)。而英语用动词形态表示的时、体、态、归一度(Halliday 2000:72)不应视为 mood。而且不用动词形态表示的语法范畴,如词汇(如语气副词[①]、否定词、叹词乃至形容词等)、短语和语调所表示的

[①] 系统功能语言学将语气副词视为语气附加语和评论附加语,即小句语气成分的一部分(Halliday 2000:126)。

心理态度情感，也不应视为 mood。此外，英语还有如下四个语气手段值得一提。

一是语序，"主语通过改变其相对于操作词的位置而决定小句是'信息给予者'还是'信息寻求者'（operator）"（福塞特 2009）。

二是疑问词。它几乎只能用于限定成分之前做主语、补语或附加语，参与表达特指问和感叹语气。

三是语法调（降调、升调）和情感调。英语的"主语＋限定成分"结构句默认用降调表示陈述语气，偶用升调表示是非问，只有"限定成分＋主语"结构句才默认升调。但是，英语表达 mood 类型时主语相对于限定成分的顺序具有强制性，大大降低了语法调的强制性作用，而主要表现为规范性即地道性。此外，情感调包括高降调、低降调、高升调和低升调，可选性表示口气（tone）或情感态度等。其中，高降调表示态度坚定、情绪饱满、兴趣浓厚，给人一种语义完整，态度明确的印象；低降调除了表示态度明确以外，有时表示冷淡、严肃，甚至不友好；高升调时常表示怀疑或把握不大，要求对方表态；低升调表示态度友好，带有鼓励、安慰的语气，或要求对方继续把话讲下去，有时也表示言者态度随便，带有敷衍搪塞意味（朱成鹏、白志敏 1994）。

四是连词。or 在两个成分之间表示选择问语气，if 在从句里参与表达虚拟语气。

以上英语 mood 的手段里，限定成分、主语、疑问词总是强制性的，语调和 if、or 是可选性的。至此，英语 mood 的形式手段可总结如表 16-1 所示。

表 16-1　英语 mood 范畴的手段及其功能系统

		手段		功能
强制性	限定成分	时态操作符	did, was, had, used to; didn't, wasn't, hadn't, didn't + used to	过去（肯定／否定）
			does, is, has; doesn't, isn't, hasn't	现在（肯定／否定）
			will, shall, would, should; won't, shan't, wouldn't, shouldn't	将来（肯定／否定）
		情态操作符	can, may, could, might（dare）; needn't, doesn't/didn't + need to, have to	低（肯定／否定）
			will, would, should, is/was to; won't, wouldn't, shouldn't（isn't/wasn't）;	中（肯定／否定）
			must, ought to, need, has/had to; mustn't, oughtn't to, can't, couldn't,（mayn't, mightn't, hasn't/hadn't to)	高（肯定／否定）

续表

	手段		功能
	主语有无、类别和与限定成分的顺序	主语+限定成分	陈述语气
		限定成分+主语	是非问语气
		主语为零形式或第二人称	祈使语气
	疑问词	what, who, which, whose, whom; what (which, whose); when, where, why, how	参与表达特指问和感叹语气
	语法调	升调、降调	mood 类型
	连词	or	选择问语气
可选性	情感调	高降调、低降调、高升调、低升调	态度、情绪
	连词	if	可虚拟语气

需要特别提出的是，在主语和限定动词的语序一致，主语为同一人称，且时、体和归一度也都一致的情况下，是限定动词的不同形式决定了同一语气的下位范畴有所不同。如：

(1) We will go.

(2) We shall go.

(3) We should go.

(4) We would go.

以上四例均可视为陈述语气，主语均为第一人称复数形式，且动词均为将来式。但它们之间也存在区别。首先，例(1)(2)兼表一般现在时，例(3)(4)兼表一般过去时。此外，由于 shall 和 will, should 和 would 的不同，各例所表 mood 也有所区别：例(1)直接表示"我们该走了"，例(2)略为委婉，例(3)更委婉，例(4)最委婉。这意味着，shall 和 will, should 和 would 分别把上面四句将来时的陈述语气划分为不同的下位范畴。

另外，时态操作符的一般现在式和过去式的对立可以表示现实语气和非现实语气的对立。如：

(5) If he doesn't hurry up, he will miss the bus.（他不快点，就赶不上公交车了。）

(6) If I were a bird, I could fly to see you.（如果我是鸟儿，就能飞去看你了。）

例（5）用一般现在式 does（n't）表示真实条件语气，例（6）用一般过去时 could 表示虚拟条件语气。

二、汉语语气范畴的手段和功能

汉语动词没有形态，也没有英语式的 verbal mood 范畴，但有自己独特的语气范畴及其形式手段。结合表 5-5 所示语气手段，汉语的语气（mood）及其下位口气的形式手段一共有表 16-2 所示的 2 组 4 类。

表 16-2　汉语语气和口气手段及其功能系统

语气及其口气手段			功能		合计
^	^	^	上位语气	下位口气	^
语气手段	语法调	平调		陈述	9
^	^	曲调		感叹	^
^	^	升调		是非问	^
^	^	降调		祈使	^
^	^	呼调		呼唤	^
^	^	急促调		反问	^
^	疑标	疑问词	谁、啥、什么、哪、哪儿、哪里、几、多少、怎么、怎么样	特指问	^
^	^	肯否谓语	V 不 / 没 V	正反问	^
^	^	析取词	是……（还）是	选择问	^
口气手段	语气词	肯定语气词	去、来（着）、而已、罢了、似的、的、了、呗、呢、着呢	肯定	4
^	^	惊讶语气词	啊、哎、哦、嘛、哈	惊讶	^
^	^	确信语气词	吗、吧$_1$、不、不成、不是、没	确信	^
^	^	确认语气词	吧$_2$、得了、好了、就是了、算了	确认	^
^	情感调	27 种以音高跟时间的变化为主要成素		情感	2
^	^	13 种以强度跟嗓子的性质为主要成素		^	^

上表所列 6 种语法调或 3 种疑标分别强制性表示 9 种言语行为语气。4 类 26 个述题语气词可选性在句末述题后出现 1 至 3 个，即单个或二选、三选表示语气的下位口气。情感调表示 40 种口气。

333

三、小结

据上所论，英语 mood 和汉语语气的手段可简要对比如表 16-3 所示。

表 16-3　英汉语气手段对比

语言	语气				口气	
	限定形式	主语	疑标	语法调	情感调	语气词
英语	+	+	+	± 偶尔	± 少	
汉语			+	+	± 多	±

两相对比可发现如下规律：

（一）英汉都用语法调、疑标表示语气类型，也都用情感调表示口气。

（二）英语经常强制性使用动词限定形式和主语（包括疑标）的组合及其语序，偶用语法调表示语气；汉语强制性用语法调和疑标表示语气。

（三）英语可选性使用情感调表示口气，汉语可选性使用语气词和情感调表示口气。由于目前对情感调的功能及其和语气词之间的关系远不清楚，只好留待将来再论。

总之，据 Nuyts & Auwera（2016：section 23.3）的划分，英语属于动词语气型（verbal mood）语言，主要由动词的形态变化和与主语的相对语序表示语气及其下位范畴；汉语属于句子语气型（sentential mood）语言，由语法调或疑标和语气词表示语气及其下位口气，一起构成语气结构（语法调或疑标 $^{n=1}$ 语气 + 语气词 $^{n=1-3}$ 口气），分工合作表示语气和口气的搭配值（matching value）或错配值（mismatching value）。

第四节　英汉语气结构及其系统对比

一、英语 mood structure 及其系统

Halliday（2000: 68—69）认为，对话的实质是语言使用者的交际角色——给予或要求。言者要么给听者商品、服务或信息，要么他向听者索取商品、服务或信息。给予意味着"邀请接受"，索取意味着"邀请给予"。这些交际因素组合构成"提供"、"声明"、"命令"和"询问"四种主要言语功能。英语独立小句包括零句（MINOR clause）和主句（MAJOR clause），它们都和语气（mood）有关。零句没有主位结构，姑且忽略不

计。独立的主句是直陈或命令语气；直陈语气再分为陈述和疑问语气；疑问语气内部分为是非问和特指问等。对小句进行交际功能分析时，小句结构分为语气成分（mood element）和剩余成分（residue element）。剩余成分由谓语、补语和附加语构成。语气成分由主语和动词的限定成分构成。具体地说，主语的有无、类型（是否第二人称、是否疑问词）及其和限定成分的组配序列构成各种语气结构（mood structure）。直陈句的语气结构是典型、无标记的"主语＋限定成分"序列，其余语气结构均为非典型、有标记的语气结构，即通过对无标记语气结构序列及其成分的改变来形成与之对立的语气结构。最后，再由助动词的限定形式表示同一语气范畴的次范畴或下位范畴。

在此基础上，福塞特（2009）提出英语的"语义化的语气系统网络"，包括两大类意义。第一大类涉及给予、索取和确认关于"事件"的信息时，赋予言者和听者某种交际角色。第二大类涉及动作提议类"事件"对言者和听者角色的分配。其中信息部分相对完整的系统网络包括 22 式语气结构，表示 22 种潜在语气类型，包括信息给予（即陈述）2 类 6 式，信息寻求（即疑问）3 式，感叹语气 2 类 6 式和其他 7 式。动作提议类包括 33 式语气结构（不包括边缘语气里的语气结构），表示 33 种潜在的动作提议语气类型，主要分为直接提议和建议 2 大类：直接提议语气使用 9 式直接语气结构和 12 式请求语气结构，一共 21 式；建议语气使用 12 式语气结构。其他边缘语气里 2 式语气结构（即带或不带 please 和 for me 的语气结构式）。福氏的语气系统网络继承并发展了系统功能语法传统，集中体现了以语义为中心的系统功能原则，具有如下 3 个突破。一是将语气副词置于语气结构之外，而不是像 Halliday 等学者那样视之为语气附加语。二是提出信息类"事件可能是过去、现在或将来发生，对言者和听者的角色没有限制"，而动作提议类事件"只发生在将来，听者在事件中都承担一定责任"（福塞特 2009），从而一定程度上将动词形态所表部分时体功能从语气范畴里剥离出来。三是对 Halliday 等已有语气系统进一步细化。前两个做法较为严格地将英语语气限制在 verbal mood 的范围之内，[①]同时也便于和下文将要论及的排除了情态范畴的汉语语气结构及其系统进行对比。

下文姑且以 Halliday 从形式出发提出的语气结构系统为纲，以福塞特

---

① 虽然学界大都认为英语语气结构的原型模式为"主语＋限定成分"，但从不同角度提出了多种系统（韩力、张德禄 2019）。

（2009）的语义化语气结构系统网络为目，将两者统一成一个语气结构类型系统（例句均转引自福文），以便于和汉语语气结构系统进行对比。

（一）陈述句的语气结构：6式

陈述句的原型语气结构为"主语+限定成分"序列，所表语气细分为如下小类：

a. 主语+限定成分（简单式），约占29%。如：Tom has read it.

b. 主语+限定成分+附加问+降调（自信式）：Tom's read it, hasn't he.

c. 主语+限定成分+附加问+升调（延迟式）：Tom's read it, hasn't he?

d. 主语+限定成分+附加问（质疑式）：Tom's read it, has he?

e. 主语+限定成分+附加问（无标式）：Tom's read it, hasn't he?

f. 主语+限定成分+附加问（插值式）：Tom's read it, hasn't he, by now?

以上6式语气结构里，a为无标记陈述语气结构，其余均"带有确认寻求者"的功能特征。

（二）感叹句的语气结构：6式

感叹句给出的信息是言者对某事物"质或量"表示惊讶，语气结构有如下6式：

a. WH-+补语+主语+限定成分（对事）：What a good reader he is!

b. WH-+补语+主语+限定成分（对量）：What a lot of it he read!

c. WH-+附加语+主语+限定成分（对质）：How good at reading he is!

d. WH-+附加语+主语+限定成分+补语（对情形的质）：How clearly he read it!

e. WH-+主语+限定成分+补语（对情形的量）：How（much）he loves reading!

f. WH-+附加语+限定成分+主语（强调式）：How cool is that!（降调）

（三）疑问句的语气结构：12式

1. 是非问句：仅有"限定成分+主语"1式。如：Has the duke given that cup away?

2. 特指问句（WH-）：5式

特指问句由疑问词参与构成。它们做主语时，原型语气结构是"主语+限定成分"，做其他成分时，语气结构是"疑问词+是非问（限定成分+主语）"。

a. 主语（WH-）+限定成分（询问主语）：Who likes this car?

b. 补语/附加语（WH-）+"限定成分+主语"（询问补语）：Whose

little boy are you?/How do you know?

 c. 附加语 + 主语 + 限定成分（继续问）：Then she read what?

 d. 附加语（WH-）+ 补语（无标记追问）：What about last week？

 e. 附加语（WH-）+ 补语（有标记追问期待信息）：How about last week?

3. 选择问句：2 式

 a. 限定成分 + 主语 + 剩余成分 +or+ 剩余成分：Can you sing or dance?

 b.WH- + 附加语 + 限定成分 + 主语，剩余成分 + or + 剩余成分：Which vase shall you use, the short one or the tall one?

4. 核对问句：2 式

 a. 主语 + 限定成分 + 补语（极性质疑核对）：He's read it?

 b. 主语 + 限定成分 + 补语（内容质疑核对）：She's read WHAT?

5. 非问句：2 式

 a. 否定式限定成分 + 主语 + 补语，即简单确认式：Isn't she quite a good reader?

 b. 否定式限定成分 + 主语 + 补语，即感叹确认式：Isn't he a good reader!

以上疑问语气一共包括 5 类 12 式语气结构。其中只有 1 类 1 式为是非问语气结构，其余 4 类 11 种均为非是非问语气结构。

（四）祈使句的语气结构：37 式

除了带或不带 please 和 for me 的 2 式边缘性语气结构外，祈使句分为直接式和建议式。直接式分为 2 组 4 类 12 种 20 式语气结构，建议式分为 5 类 7 种 15 式语气结构，分别见表 16-4 和表 16-5（"语气结构"一栏为笔者添加，其余照录福氏原文）。

表 16-4 英语直接祈使句的语气结构系统

系统网络（潜在意义）			语气结构	典型例句（形式）
简单式	唯直接	无标记	a. 零语气结构	Read it!
		强迫	b. 限定成分	Do read it!
		出现主语	c. 主语 + 限定成分	You read it!
	协商	能力诉求	直接	d.+ 附加问	Read it, can you!
			间接	e.+ 附加问	Read it, could you!
			过分刺激	f.+ 附加问	Read it, can't you!
		意愿诉求	直接	g.+ 附加问	Read it, will you!
			间接	h.+ 附加问	Read it, would you!
			殷勤	i.+ 附加问	Sit down, won't you!

337

续表

系统网络（潜在意义）			语气结构	典型例句（形式）
请求式	诉求	能力诉求	直接	j. 限定成分 + 主语	Can you read it?
			间接	k. 限定成分 + 主语	Could you read it?
			过分刺激	l. 限定成分 + 主语	Can't you sit down?
		意愿诉求	直接	m. 限定成分 + 主语	Might you read it?
			间接	n. 限定成分 + 主语	Would you read it?
			刺激	o. 限定成分 + 主语	Would you like to read it?
	阐述式请求	超尝试		p. 限定成分 + 主语	Might you read it?
		阐述诉求		q. if+ 主语 + 限定成分	If you could（just）read it?
		伪条件诉求		r. if+ 主语 + 限定成分	If you could（just）read it?
		伪怀疑		s. I wonder+if+ 主语 + 限定成分	I wonder if you could read it?
		超伪试探诉求		t. 主语 + 限定成分 + 附加问	You couldn't read it（for me），could you?

表 16—5　英语建议式祈使句的语气结构系统

系统网络（潜在意义）			语气结构	典型例句（形式）
裁定	授权		a. 主语 + 限定成分	You can/may read it.
	建议		b. 主语 + 限定成分	You should read it.
	要求		c. 主语 + 限定成分	You must read it
	无标记裁定		d. 主语 + 限定成分	You will read it.
对意愿的伪陈述	无标记	简单	e. I want+ 主语 + 不定式 +please	I want you to read it, please.
		伪条件	f. I+would like+ 主语 + 不定式	I would like you to read it.
	过分刺激期待新颖性		g. I+wish+ 主语 + 无标记	I wish you would read it.
无标记建议			h. WH— about+（主语）+ 动名词	What/How about（you）reading it?
			i. WH— + 限定成分 + 否定 + 主语	Why don't you/Why not read it?
伪机会			j. 主语 + 限定成分（+ 附加问）	You could read it（couldn't you?）
			k. 主语 + 限定成分	You may/might as well read it.

338

续表

系统网络（潜在意义）		语气结构	典型例句（形式）
建议诉求	责任	l. 限定成分 + 否定 + 主语	Shouldn't you read it?
		m. 限定成分 + 否定 + 主语	Hadn't you better read it?
	能力	n. 限定成分 + 主语	Can't/Couldn't you (just read it?)
伪假设的建议		o. Supposing/WH— +if + 主语 + 限定成分	Supposing/What if you go now?

以上两表所列直接式和建议式祈使句的语气结构共 35 式。再加上 2 式带或不带 please 和 for me 的语气结构，一共 37 式。

（五）虚拟句的语气结构：7 式

1. 虚拟从句（if）：3 式

a. "if+ 主语 +had" / "限定成分 + 主语" + 过去分词，主语 +should（would/could/might）+have+ 过去分词（表示与过去相反）：If it had not rained so hard yesterday, we could have played tennis./Had she been here five minutes earlier, she would have seen her old friend.

b. if + 主语 + 过去式，主语 +should（would/could/might）+ 动词原形（表示与现在相反）。如：If I were in your position, I would marry her.

c. if+ 主语 +should（were to）+ 动词原形，主语 +should（would/could/might）+ 动词原形（表示与将来相反）。如：If you should miss the chance, you would feel sorry for it.

2. 宾语从句：2 式

a. 在 wish 后，主语 + 动词过去式 / 过去完成时。如：I wish they were not so late.（与现在和将来相反）/I wished he had done that.（与过去相反）

b. 在 advise 等后：主语 +（should）。如：I insisted that he（should）go with us.

3. 主语从句：1 式，即"主语 + 过去式 /should"。如：It's natural that he（should）feel hurt./It is high time that I went/should go home now.

4. 表语从句：1 式，即"主语 +should"。如：My suggestion is that we should go there at once.

（六）小结

姑且不计语法调和情感调的作用，仅从音段成分出发，英语的原型语气结构为：主语$^{n=0/1}$+ 限定成分$^{n=0-2}$，其类型系统包括 3 类 5 种 68 式。如图 16-1 所示。

语气结构类型系统（68） {
　给予型语气结构（12） { 陈述语气结构（6）
　　　　　　　　　　　　　感叹语气结构（6）
　索取型语气结构（49） { 祈使语气结构（37）
　　　　　　　　　　　　　疑问语气结构（12）
　虚拟型语气结构（7）
}

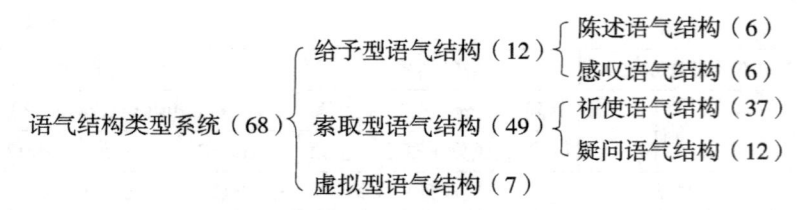

图 16-1　英语语气结构类型系统

二、汉语语气结构及其类型系统

汉语的单语气词句里，语法调或疑标和述题语气词一共构成 95 种语气结构（见表 7-3），包括 26 个搭配型语气结构和 69 个错配型语气结构（见表 5-9、表 7-4、表 7-5）。搭配型语气结构里，语法调和述题语气词分工合作表示句子或其述题的语气和其下位口气的搭配值；错配型语气结构里，语法调或疑标和述题语气词分工合作表示句子或其述题的语气和其下位口气的错配值。换言之，述题语气词在语气结构里的作用等于将各自所在语气结构里的上位语气分割为若干下位范畴。如"平调+呢"表示"陈述语气+强肯定口气"，"升调+吗"表示"是非问语气+低确信兼低委婉口气"，等等。据表 7-3，汉语单语气词句的语气结构类型系统可简示如图 16-2（不计表 7-3 里的 2 种呼唤句语气结构）。

单语气词句的语气结构类型（77） {
　给予型语气结构（29） { 陈述语气结构（15）
　　　　　　　　　　　　　感叹语气结构（14）
　索取型语气结构（48） { 祈使语气结构（14）
　　　　　　　　　　　　　疑问语气结构（34）
}

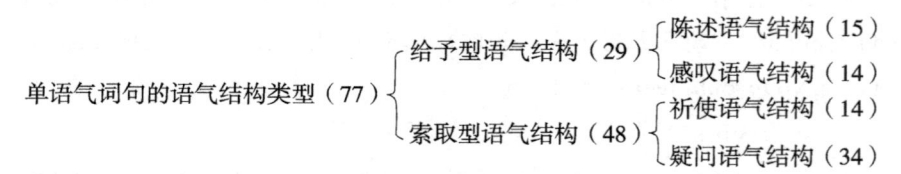

图 16-2　汉语单语气词句语气结构类型系统

如果将零语气词句、单语气词句和二迭、三迭语气词句合并起来，汉语句子的语气结构类型系统可进一步归纳为表 16-6。

表 16-6　汉语语气结构类型系统

语气词有无、多寡		语气结构类型	合计	
零语气词句		语法调 / 疑标 +0	9	
单语气词句		语法调 / 疑标 + 语气词	77	188
多语气词	二迭语气词	[语法调 / 疑标 + 语气词$_1$] 语气词$_2$	88	102
	三迭语气词	[[语法调 / 疑标 + 语气词$_1$] 语气词$_2$] 语气词$_3$	14	

注：1. 据表 11-3 而不计其中的 10 个边缘迭用式。
　　2. 零语气词句不计其中的口气调。

上表显示，汉语语气结构类型多达 3 类 4 种 188 式。除了都有语法调或疑标表示语气类型之外，零语气词句最简，没有语气词表示下位口气；单语气词句略繁，有 1 个语气词表示下位口气；二选语气词句更繁，有 2 个语气词表示下位口气；三选语气词句最繁，有 3 个语气词表示下位口气。仅就后两种各举一例，如下所示：

（7）得啦，反动统治阶级、封建地主阶级他们就以这个得意啦嘛！认命啦嘛，没有斗争性啦嘛！

（8）那不过是表明那么个意思就是了吧！

三、小结

（一）英汉语气结构对比

英语的语气结构以主语的有无、异同及其相对于限定成分的语序表示语气类型，以限定成分的有无、异同、多寡表示其下位范畴。汉语以语法调或疑标表示语气类型，以语气词的有无、异同、多寡表示其下位口气。两者的结构模式可对比如下：

  语言   语气结构   综合值

  英语：主语 $^{n=0/1}$ + 限定成分 $^{n=0-2}$ → 语气及其下位范畴

  汉语：语法调/疑标 $^{n=1}$ < 语气词 $^{n=0-3}$ → 语气 <[口气$_1$<口气$_2$<口气$_3$]

对比显示，英汉语气结构都有一元和二元的单层模式，汉语还有多元多层模式，包括三元的二层模式和四元的三层模式。

（二）英汉语气结构系统的对比

英语的语气结构用主语和限定成分的组配序列表示 3 类 5 种 mood 类型及其 68 种语气结构。汉语语气结构用语法调或疑标和语气词分工合作表示 2 类 4 种 77 式"语气 + 口气"综合值，等于分别将语气划分为若干下位范畴。可见，英汉两种语言的语气结构的成分尽管不同，但最终却有异曲同工之处，都表示语气及其下位范畴或下位口气。据此可将图 16-1 和图 16-2 里的基本语气及其语气结构的数量对比如表 16-7 所示（忽略呼唤语气结构）。

表 16-7 英汉单句的语气结构类型系统对比

语气结构类型		英语	汉语
给予为主型	陈述语气结构	6	15
	感叹语气结构	6	14
索取为主型	疑问语气结构	12	34
	祈使语气结构	37	14
给予/索取	虚拟语气结构	7	0
合计		68	77

仅就上表对比可知，宏观上，英语单句一共有 68 式语气结构，汉语单语气词句一共有 77 式，英语比汉语少 9 式。另外，汉语各种句子的语气结构一共多达 188 式，比英语的 68 式多出将近 2 倍！其中，英语有虚拟语气的 7 式语气结构，汉语没有①。中观上，英语祈使语气的语气结构最多，疑问次之，其余 2 种基本持平；汉语疑问的语气结构最多，其余 3 种基本持平。微观上，英语祈使的语气结构比汉语多 23 式；但其余 3 种语气，汉语的语气结构都远多于英语，其中疑问的语气结构比英语多出 22 式，陈述的语气结构多出 9 式，感叹的语气结构多出 8 式。

第五节　小结

回顾上文对英汉两种语言的语气手段及其功能和语气结构及其系统的简单对比，初步发现如下规律：

（一）表示语气时，英语强制性使用动词限定成分和主语及其组合序列，偶用语法调，汉语强制性使用语法调和疑标；表示语气的下位范畴或口气时，两者都可选性使用情感调，汉语还使用语气词。

（二）英语的原型语气结构为"主语 $^{n=0/1}$+ 限定成分 $^{n=0-2}$"，表示语气及其下位范畴；汉语为"语法调/疑标 $^{n=1}$+ 语气词 $^{n=0-3}$"，表示语气及其下位口气。

（三）英语的语气结构总数远少于汉语，但其祈使的语气结构远多于汉语，而汉语的陈述和感叹语气的语气结构都多于英语，疑问语气的语气结构远多于英语。

以上对比说明，首先，英语由于动词形态不可或缺，语气表达具有刚性；汉语由于语法调不可或缺，语气表达也具有刚性，但由于语气词具有可选性，下位口气表达具有柔性。其次，英语语气注重现实性与虚拟性的区分，汉语更注重对言听关系的关照。据此或许可以说，英格兰民族求人做事使用更丰富多样的语气结构，汉民族请人答疑解惑使用更多样化的语气结构。最后，汉语用 40 种情感调和 26 个语气词表示各种口气。据此或许可以提出汉语具有"口气突出型"特点。这可能是汉族"熟人圈子"社会里"人际关系本位"这一文化特质的语言手段之一。

---

① 汉语有无虚拟语气，学界存在争议（袁毓林 2015；陈振宇待刊），姑且不做讨论。

结　　语

前文对普通话语气词系统进行了多方面讨论，初步结论可简述如下：
一、提出语气词的独有特点和与非语气词的共有特点
（一）语气词的独有特点

语气词的独有特点包括6个。①语音上，音节最简，声调最轻。②声母集中于舌音、唇音和颚音或零声母，主元音集中于 /A/、/ə/。③分布上，可选性附着话语成分或其内部的句法成分乃至词汇成分、逻辑成分和音乐的音节及节拍。线性上可位于句子的前、中、后等位置。层次上可位于上、中、下各层次，几乎无处不在。虽然能位于几乎任何一种非语气词后，却不能与其构成任何一种已知的句法结构，也很少能被包含在更大的句法结构之中。④分别与特定语调［包括语法调（述题调）、话语调、句法调］强制性共现，并分别强制性后跟特定的停顿（包括述题停顿、话题停顿、句法停顿、逻辑停顿和音节顿或节拍顿）。同时还能可选性与话题标记、列举助词、焦点前标等共现。⑤组合上可以2或3个右向递层选用或间隔重用。⑥语义最虚，隐现一般都不影响句子的合语法性和命题真伪，即可选性最强。以上独有特点，明确显示出语气词和非语气词尤其是其中的句法虚词、情态词之间的截然对立。

（二）语气词和非语气词的共有特点

语气词与非语气词有5个共有特点。①和虚词一样具有数量封闭性。②和虚词一样具有黏着性。③和大多数词类一样不能重叠。④和叹词、拟声词、代词、名词等一样具有一定程度的音义象似性。语气词的音义象似性主要表现为"声母别口气类别，主元音别其强弱及色彩"（见表3-6）。⑤和部分非语气词一样多用于日常会话的舒缓语体。

二、构建语气词聚合系统

依据语气词的独有特点并参考语气词和非语气词的共有特点，确定出31个语气词成员，包括15个单纯词和16个复合词，并以2对4个元音语气词为基准，以"韵母表口气强弱"为经、"声母别口气类型"为纬构建出

语气词聚合系统（见表 3-8）。这个新的聚合系统既有助于解释聚合系统与其功能系统之间的密切关系，也有助于解释其选用顺序、历时来源、演变关系以及共时演变方向。

三、构建语气词功能系统

依据所附对象及其层次和伴随成分，语气词分为话语语气词、准话语语气词和非话语语气词等 3 个一级功能类（见表 4-2）。

话语语气词，是附着句子的述题和话题这两个话语成分的语气词，分为述题语气词和话题语气词 2 个二级功能类。前者在句末附着述题，即通常所谓的句末语气词；后者附着话题，通常谓之主位标记或提顿词。

准话语语气词，是只能或也能附着述题与话题的内部成分或其成分的语气词，即话题语气词之外的句中语气词。

非话语语气词，是附着句子的逻辑成分和音乐成分的句中语气词。分为逻辑标记语气词和音乐衬音语气词。前者附着逻辑背景或焦点，只有 1 个"啊"；后者附着韵语音节或节拍，有"啊、来" 2 个。

四、构建述题语气词功能系统

（一）将"语气"这一概念分为上位语气范畴与其下位口气范畴。语法调和疑标表示语气，述题语气词表示其下位口气。

（二）运用推导和语料调查相结合的方法发现，述题语气词和语法调或疑标之间存在 95 种共现关系。依据与之共现的语法调和疑标的种类、频次、层次和功能关系，述题语气词分为 4 种。

肯定语气词 10 个：去、来（着）、而已、罢了、似的、的、了、呗、呢、着呢。它们与平调存在 10 种高频同层共现关系，和其他语法调或疑标存在 41 种低频跨层共现关系。

惊讶语气词 5 个：啊、哦、哎、嘛、哈。它们和曲调存在 5 种高频同层共现关系，和其语法调或疑标存在 23 种低频跨层共现关系。

确信语气词 6 个：吗、没（有）、吧$_1$、不、不是、不成。它们和升调存在 5 种高频同层共现关系，还和促降调存在 1 种高频和 5 种低频共现关系。

确认语气词 5 个：吧$_2$、得了、好了、就是、算了。它们和降调存在 5 种高频同层共现关系，和其他语法调或疑标不具有共现关系。

（三）从语气和口气二分假设出发，将句子结构的假设完善如下：**句子 = 命题 < 语气结构（= 语法调 / 疑标$^{n=1}_{语气}$ + 语气词$^{n=0-3}_{口气}$）**。据此，述题语气词和语法调或疑标构成 95 种语气结构，分别表示 95 种"语气 + 口气"综合值。依据共现频次高低分为 26 种高频共现构成的"语气 + 口气"搭配值和 69 种"语气 + 口气"错配值（见表 5-9，表 7-4，表 7-5）。它们构

成普通话的语气结构系统。在这个语气结构系统中，每个述题语气词和每种语法调或疑标都以不同种类、频次、层次和功能关系参与类型各异、数量不等的语气结构，并各得其位，也理应各司其职——表示固定的口气。因此，以语气结构类型系统为操作平台，可以更客观、更直接地观察语气词，更可靠地分析并确定语气词的上位语气范畴，提取语气词的口气。

（四）在搭配型语气结构里，依据与之高频共现的语法调及其功能，依次从正反两方面推论出 4 种语气词所属的上位语气，如下所示：

上位语气	陈述语气	感叹语气	是非问语气	祈使语气
	↑	↑	↑	↑
述题语气词	肯定语气词	惊讶语气词	确信语气词	确认语气词

（五）由语气结构及其语法调或疑标和语气词的分工出发，离析出述题语气词口气功能的 4 个要素是：上位语气、给予/索取为主、（对命题及其语气）的主观性、交互主观性。给予为主为肯定、惊讶语气词共有；索取为主为确信、确认语气词共有。据此述题语气词的一般结构模式可概括如下：**给予/索取为主型语气＋言/听者指向＋主观性**(对命题及其语气)**＋交互主观性**(对听者)。仅据各自专有的结构成分，述题语气词的功能模式（见表 7-1）可简示如下：

　　　　肯定语气词＝(对命题及其语气)肯定及其强度＋(对听者)提醒及其强度

　　　　惊讶语气词＝(对命题意外性)惊讶＋风格

　　　　确信语气词＝(对肯定答案)确信（或预期）及其程度＋(对听者)态度

　　　　确认语气词＝(对祈使语气)确认＋(对听者)态度

以上功能模式分别为 4 种述题语气词口气的确定和表述提供了简明扼要的模板，有助于改变目前语气词功能刻画实践中的随意性。

（六）通过在搭配型语气结构所在的中性语境句中进行推导和多维对比验证，提取述题语气词的口气，并构建其口气系统（见表 7-2）。其中的肯定语气词根据肯定口气由弱到强分为 4 个下位小类，并依次分布在 4 个迭用段位。余可类推。

（七）总结述题语气词的口气具有如下 3 个特点：第一，两两分别拥有共同的"给予/索取为主" 2 个要素并分别属于 4 种上位语气范畴，彼此的区别仅仅在于两点：一是对命题的主观性"程度"或"风格"不同，二是对听者的交互主观性的"态度"不同。第二，分别共享"给予/索取为主"的述题语气词成员，共同将各自的上位语气分割为数量不等的次范畴。如肯定语气词将陈述分割为 10 个次范畴，惊讶语气词将感叹语气分割为 5 个次范畴，确信语气词将是非问语气分割为 6 个次范畴，确认语气词将祈使语气分割为5个次范畴。第三，在搭配型语气结构的中性语境句里，语气词各自表现出本来的口气，并与其上位语气构成搭配值。在非中性语境句里，它们的口气可能会受到语境成分（如语气副词、助动词等）的干扰。在错配型语气结构里，它们的口气会和上位语气一起有规律地浮现出特定的错配值（见表7-5），或受上位语气的抑制而临时失去部分乃至全部口气功能。简言之，述题语气词的口气功能绝非任人打扮的小姑娘或变色龙，只是在非中性语境句里会受到扰动，在错配型语气结构里会浮现出特定错配值或语用效应。

五、构建话题语气词的功能系统

话题语气词是广义话题标记的一种。学界提出的广义话题标记可区分为强制性标记和可选性标记（见表8-1、8-2）。从学界对话题语气词功能的已有表述的内容里减去强制性标记、话题前标和词汇性后标的功能，得出话题语气词的专有功能及其模式：提及话题的弱口气＋辅标话题信息类型±充当话语填充语。据此功能模式逐一刻画出话题语气词各自的功能（见表8-5）。由于附着的话题信息类型不同，内部分为2个小类。

六、构建准话语语气词的功能系统

准话语语气词附着话题或述题里的并列、对举和反复词语，句法上与之一起重组为例举短语、对偶短语、描摹短语、增情呼唤短语和轻责短语，语义上分别表示类指义、交替反复义、长时持续义、舒缓呼唤义和轻责色彩（见表9-4），韵律上作为韵脚重组为韵律块，构成"前后等长式"或"前短后长式"韵律模式，除具有特殊的口语色彩外，还能控制句子的模块数量。

至此，以上3类语气词可对比说明如下：第一，述题语气词、话题语气词和准话语语气词的成员数量依次递减，作用的层面依次递降。第二，准话语语气词具有一定的句法、语义、韵律功能，隐现的自由度最低或可选性最低，具有一定程度的逆语法化倾向。第三，从历时关系看，述题语气词里的确信语气词"吧₁"、惊讶语气词里的"啊、呀、哎、嘛（由"吗"异化而来）、哈"和肯定语气词里的"呢"，可能先异化为话题语气词，其中的"啊"再继续异化出准话语语气词；"啦（了、咧）、的"可能直接由述题语气词异化为准话语语气词。第四，上文从分的角度将它们一分为三，但从合的角度将三者视为一词多用也不无道理。

七、构建语气词选用系统

述题语气词在句末述题后2或3个右向递层选用，构成88个原型二选式和14个原型三选式以及10个边缘选用式，一共112个选用式。在选用式里，殿后的述题语气词将其前面的抑制在下层而自己表示最终口气。此外，话题语气词拥有 10 个二选式。其中"的话、的时候"在前，辅助标记话题的信息类型；"呢、吧、啊、嘛"在后，表示较弱口气。

八、构建普通话语气词句式系统

述题语气词和 4 种基本语法调或 3 种疑标一起构成 77 个单语气词句式、88 个二选语气词句式和 14 个三选语气词句式，一共构成 179 个语气词句式（见表 12-5）。语气词句式是在零语气词句式之上增加 1 到 3 个语气词构成的句式，因而语气词句式系统是对已有零语气词句式系统的重要补充。零语气词句式用于书面语和日常会话，语气词句式几乎只用于日常会话。

以上所论是语气词系统本体。以下是语气词系统的外部对比。

九、分析汉语语气词系统的历时变迁

语气词系统从上古、中古、近代到当代发生过多次更替，语气词成员及其选用式数量都出现过橄榄型起伏，聚合系统的语音格局、选用个数、选用式数量、选用顺序的语音机制都发生过重大变化。但是，古今语气词的主元音、选用顺序及其语义制约机制都表现出一脉相承的基因。

十、对比普通话和方言的语气词系统

普通话和方言的语气词在成员数量及其语音格局、语义颗粒粗细、声调类型、声调和语法调的关系、选用个数、选用顺序及其制约机制、选用式数量等方面都表现出类型学差异，这对方言分区具有一定参考价值。

十一、对比英语和汉语的语气系统

英语和汉语的语气及其类型、语气手段、语气结构的类型和多寡都表现出明显差异。其一，英汉语言都用疑标表示语气，英语还强制性用动词限定形式与主语的配列和相对语序表示语气、偶用升调表示是非问语气，汉语还强制性用语法调表示语气。其二，都用口气调表示口气，汉语还用语气词表示口气。其三，英语语气结构的模式是"主语 + 限定成分"，表示语气及其下位范畴；汉语语气结构的模式是"语法调/疑标 + 语气词"，表示语气及其下位口气。其四，英语单句有 3 类 5 种 68 式语气结构，汉语单语气词句有 2 类 4 种 77 式语气结构（见图 16-2）。其中，英语的祈使语气结构远多于汉语，汉语的陈述和感叹语气结构都多于英语，疑问语气结构更远多于英语。此外，汉语还有 9 个零语气词句和众多选用语气词句，分别表示更为多样的语气和口气的综合值。

以上所论是和普通话语气词系统有关的外部因素。

现在，可以在表 4-5 的四级功能系统里加入另外 3 个分类。一是述题语气词里的肯定语气词依据选用位置与肯定口气强弱分出的 4 个五级亦

347

即最终功能类（见第七章），二是话题语气词依据附着对象的信息类型、迭用位置分出的 3 个最终功能类（见第八章），三是准话语语气词依据间隔重用类型和重组短语的语法、语义功能分出的 2 个最终功能类（见第九章）。至此得出普通话语气词的三分五级功能类别系统，如下所示。

普通话语气词三分五级功能系统表

一级	二级	三级	四级	五级	成员	迭用	重用
话语语气词	述题语气词	给予为主	肯定语气词	弱肯定	去、来（着）、而已、罢了	n=2/3	
				肯定（静态）	似的、的		
				肯定（动态）	了		
				强肯定	呗、呢、着呢		
			惊讶语气词		啊、哦、哎、嘛、哈		
		索取为主	确信语气词		吗、吧₁、没（有）、不、不成、不是		
			确认语气词		吧₂、得了、好了、就是、算了		
	话题语气词		非现实话题后		的话、的时候、时	n=2	
			现实话题后		啊、哎、嘛、哈		
			非现实和现实话题后		吧、呢		
准话语语气词			间隔重用		啊、了、啦、的		n≥2
			成对或搭配间隔重用		也罢、也好		n=2
非话语语气词			逻辑标记		啊		n=1
			衬音词		啊、来		n≥1

印欧语是语法型语言，汉语是语用型语言（沈家煊 2016a：1—18）。汉语句子以零句为根本，由零句组成或实现的整句是由信息和语用结构决定的话述结构型（topic-comment）。句子的话题和述题联系松散，话题以省略为常，语义上话题和述题不必是及物性关系，句法上没有形态一致性，语音上更不能缩合为一个音节，因而能可选性插入话题停顿和话题语气词。话题和述题内部也都具有松散性，都能可选性插入句法或词语停顿，都能可选性插入准话语语气词和非话语语气词。

陆志韦指出，如果仅"从外国人的立场来研究汉语，会把很明显，很重要的问题忽略过去"，"必须把中国人整套的语言习惯放在眼前，当作研究对象"（陆志韦 1956：21）。研究语气词时就应该"像事物所是的那样思考事物（Think of things as they are）"，只宜参考而不宜照搬基于印欧语的各种假设。相对于绝大多数印欧语，语气词虽为"华文所独"，但即便是其中的述题语气词最多也只是部分地"济夫动字不变之穷"。相较于周边的阿尔泰语、南亚语、南岛语以及壮侗语、藏缅语等语气词语言及其方言，普通话语气词与它们有同有异。因此，我们提出的语气词聚合系统、功能系统、语气结构系统、组合系统以及语气词句式系统等，应该都具有一定的类型学意义。

我们相信，语气词"作为一个'世界'的条件主要取决于一种'有序安排'（即希腊语 taxis）的存在"（雅各布·克莱因，见卢克·希顿 2020：33）。但构建语气词系统仅能为语气词研究提供一个"发踪指示"的框架、一条思路，使我们不至于迷失在语气词的丛林中。"理性最多也不过是能够在一座预先构造的科学房屋四周'环行'，而直觉则有进入这座生命、感觉和经验大厦的高贵特权。"（M. 怀特 1981：62）同时，"网络社会＋青年人"时代也是新词汇、新语法随时喷发的时代。"每当新的语言现象出现的时候，很可能以前对此类现象的证明完全失去了价值。"（维特根斯坦 2016b：58）因而，我们殷切地期待着更多学者深入语气词"这座生命、感觉和经验大厦"之中，以弥补拙作之未逮。因为，互补性原理（Bohr's principle of complementarity / complementarity principle）告诉我们，一些经典概念的应用不可避免的排除另一些经典概念的应用，而这"另一些经典概念"在另一条件下又是描述现象不可或缺的，必须而且只需将所有这些既互斥又互补的概念汇集在一起，才能而且定能形成对现象的详尽无遗的描述。（百度百科"互补性原理"条）

参考文献

安国峰."你+啊（呀）+你"格式的语用考察.语文研究，2012（4）.
白达奕.《西游记》语气词研究.哈尔滨：黑龙江大学硕士学位论文，2009.
鲍红.安庆方言语气词考察.池州师专学报，2007（4）.
北京大学中文系1955、1957级语言班.现代汉语虚词例释.北京：商务印书馆，1982.
毕燕娟，刘澧，王珏.例举语气词与例举语块.对外汉语研究，2017（2）.
闭克朝.横县平话中的韵随调转现象.华中师范大学学报，1991（1）.
Bolinger D.语言要略.方立，李谷城，等译.北京：外语教学与研究出版社，1993.
布洛赫B,特雷杰G L.语言分析纲要.赵世开，译.北京：商务印书馆，2012.
蔡华祥，方环海，刘营营.丰县方言的"喽".中国语文，2016（3）.
蔡文俊.柳州方言和普通话句末语气词连用现象对比分析.文学教育（下），2014（1）.
曹逢甫.主题在汉语中的功能研究：迈向语段分析的第一步.谢天蔚，译.北京：语文出版社，1995.
曹剑芬.汉语声调与语调的关系.中国语文，2002（3）.
曹志赟.语气词运用的性别差异.语文研究，1987（8）.
曹志耘.汉语方言地图集.北京：商务印书馆，2008.
曹志耘.汉语方言中的调值分韵现象.中国语文，2009（2）.
曹志耘，王莉宁.汉语方言中的韵母分调现象.语言科学，2009（5）.
柴俊星，孙丹.海南文昌话语气词的功能表达义.海南大学学报，2015（3）.
朝克.鄂温克语助词结构.中央民族学院学报，1992（4）.
陈昌来.现代汉语句子.上海：华东师范大学出版社，2000.
陈昌霞.射阳方言语法研究.南京：南京师范大学硕士学位论文，2003.
陈承泽.国文法草创.北京：商务印书馆，1982.
陈光."啊"的类形态特质与"-啊-啊"所示展延量的差异.汉语学习，2003（4）.
陈国.汉语轻音的历史探讨.中国语文，1960（3）.
陈国华.语气、语式、态与宣意元素.当代语言学，2013（1）.
陈红芹.浚县方言语气词研究.开封：河南大学硕士学位论文，2008.
陈虎.基于语音库的汉语感叹句与感叹语调研究.汉语学习，2007（5）.
陈虎.语调音系学与AM理论综论.当代语言学，2008（4）.
陈建民.汉语口语.北京：北京出版社，1984.
陈健.绵阳方言语气词研究.昆明：西南大学硕士学位论文，2008.

陈骙，李涂．文则·文章精义．刘明晖，校点．北京：人民文学出版社，1960.
陈妹金．北京话疑问语气词的分布、功能及成因．中国语文，1995（1）.
陈茸，石媛媛．普通话疑问句语调的声学实验分析．牡丹江教育学院学报，2009（4）.
陈新义．我国境内语言声调的统计分析．辽宁教育行政学院学报，2011（6）.
陈一．汉语语法研究十讲．北京：中国社会科学出版社，2012.
陈颖．现代汉语传信范畴研究．北京：中国社会科学出版社，2009.
陈玉东，任倩楠．带"呢"句子的韵律特征分析．中国语文，2016（1）.
陈泽平．北京话和福州话疑问语气词的对比分析．中国语文，2004（5）.
陈振宇，杜克华．意外范畴：关于感叹、疑问、否定之间的语用迁移的研究．当代修辞学，2015（5）.
陈振宇．言语行为的逻辑——汉语语义与语用接口研究．待刊.
储诚志．语气词语气意义的分析问题——以"啊"为例．语言教学与研究，1994（4）.
储泽祥．现代汉语后缀语助词的数排式．湖北大学学报，1995（6）.
传田章．关于语气词——什么是"语气"．//第二届国际汉语教学讨论会论文选．北京：北京语言学院出版社，1988.
崔容．太原方言的语气词．语文研究，2002（4）.
崔素丽．河北曲周方言语气词研究．杭州：浙江师范大学硕士学位论文，2012.
崔希亮．语气词"哈"的情态意义和功能．语言教学与研究，2011（4）.
戴耀晶．动词后"了"的语义分析．//胡裕树，范晓主编．动词研究．开封：河南大学出版社，1995.
戴昭铭，董丽梅．汉藏语言句末语气助词的蕴含共性．学术交流，2016（12）.
戴昭铭．汉语语气助词的类型学价值．第39届国际汉藏语会议论文，2006.
戴昭铭．汉语叠合语气词的结构化．语文研究，2009（2）.
邓思颖．粤语句末助词的不对称分布．中国语文研究，2002（2）.
邓思颖．汉语句类和语气的句法分析．汉语学报，2010（1）.
邓思颖．汉语助词研究的两个问题．安徽师范大学学报，2016（4）.
邓思颖．句末助词的冷热类型．外语教学与研究，2019（5）.
邓文靖，石锋．普通话感叹词音高特征分析．//南开语言学刊2017年第1期．北京：商务印书馆，2017.
邓永红．湘南桂阳土话的语气词．//伍云姬主编．湖南方言的语气词．长沙：湖南师范大学出版社，2006.
邓云华．汉语联合短语的类型和共性研究．长沙：湖南师范大学博士学位论文，2004.
丁恒顺．语气词的连用．语言教学与研究，1985（3）.
丁加勇，罗够华．隆回湘语的语气词．//伍云姬主编．湖南方言的语气词．长沙：湖南师范大学出版社，2006.
丁加勇，许秋莲，肖蓉．衡东方言（新塘镇话）的疑问语气词．//伍云姬主编．湖南方言的语气词．长沙：湖南师范大学出版社，2006.
丁声树等．现代汉语语法讲话．北京：商务印书馆，1961.
丁一欢．兰州方言语气词研究．兰州：西北师范大学硕士学位论文，2015.

董正谊.攸县方言的语气词.//伍云姬主编.湖南方言的语气词.长沙：湖南师范大学出版社，2006.

杜道流.现代汉语感叹句研究.合肥：安徽大学博士学位论文，2003.

杜建鑫.语气词"嘛""吗"混用问题研究.理论界，2011（4）.

饭田真纪.粤语句末助词的体系.//张洪年，张双庆，陈雄根主编.第十届国际粤方言研讨会论文集.北京：中国社会科学出版社，2007.

范慧琴.山西定襄方言语气词研究.天津：天津师范大学硕士学位论文，2001.

范晓.三个平面的语法观.北京：北京语言文化大学出版社，1996.

范晓.汉语的句子类型.太原：书海出版社，1998.

范晓.关于句式问题——庆祝《语文研究》创刊30周年.语文研究，2010（4）.

范晓，张豫峰，等.语法理论纲要.上海：上海译文出版社，2003.

方光焘.研究汉语语法的几个原则性问题.//汉语史与汉藏语研究第六辑.北京：中国社会科学出版社，2020.

方梅.北京话句中语气词的功能研究.中国语文，1994（2）.

方梅.再说"呢"——从互动角度看语气词的性质与功能.//语法研究和探索（十八）.北京：商务印书馆，2016.

方平权.岳阳方言的语气词.//伍云姬主编.湖南方言的语气词.长沙：湖南师范大学出版社，2006.

方小燕.广州话里的疑问语气词.方言，1996（1）.

方小燕.广州话句末语气助词对句子表述性的作用.广州：暨南大学博士学位论文，2002.

方绪军.语气词"罢了"和"而已".语言科学，2006（3）.

房玉清.助词的语法特征及其分类.语言教学与研究，1981（4）.

菲尔墨."格"辨.胡明扬，译.北京：商务印书馆，2005.

冯胜利.声调、语调与汉语的句末语气.//语言学论丛第五十一辑.北京：商务印书馆，2015.

冯子伟.析山西黎城话的句末语气词.语文学刊，2009（3）.

福塞特.语义化的英语语气系统网络（Ⅱ）.何伟，顾颖，译.北京科技大学学报，2009（4）.

傅由.小议语气助词"嘛".中国人民大学学报，1997（6）.

甘于恩.广东四邑方言语法研究.广州：暨南大学博士学位论文，2002.

高本汉.中国音韵学研究.北京：商务印书馆，1994.

高华.汉语里的"话题问句".安徽师范大学学报，2009（3）.

高美淑.汉语祈使句语调的实验研究.//新世纪的现代语音学——第五届全国现代语音学学术会议论文集.北京：清华大学出版社，2001.

高名凯.汉语语法论.北京：商务印书馆，1986.

顾怀秋.湖州方言语气词研究.上海：上海师范大学硕士学位论文，2012.

顾炎武.亭林文集：卷四.//顾炎武.顾亭林诗文集.北京：中华书局，1959.

郭春贵.关于"了$_3$"的问题.//第一届国际汉语教学讨论会论文选.北京：北京语言学

院出版社，1986.

郭红.汉语传信语气词"嘛"和"呗".首都师范大学学报，2012（5）.

郭辉，郭海峰.皖北濉溪方言的语气词.淮北煤炭师范学院学报，2009（3）.

郭锦桴.汉语声调语调阐要与探索.北京：北京语言学院出版社，1993.

郭锐."吗"问句的确信度和回答方式.世界汉语教学，2000（2）.

郭锐.现代汉语词类研究.北京：商务印书馆，2002.

郭锐.语义结构和汉语虚词语义分析.世界汉语教学，2008（4）.

郭锡良.汉字古音手册.北京：北京大学出版社，1986.

郭锡良.先秦语气词新探（一）.古汉语研究，1988（创刊号）.

郭锡良.先秦语气词新探（二）.古汉语研究，1989（1）.

郭小武."了、呢、的"变韵说——兼论语气助词、叹词、象声词的强弱两套发音类型.中国语文，2000（4）.

哈特曼，斯托克.语言与语言学词典.黄长著，等译.上海：上海辞书出版社，1981.

海森伯.物理学和哲学.范岱年，译.北京：商务印书馆，1981.

Halliday.功能语法导论.彭宣维，等译.北京：外语教学与研究出版社，2010.

韩力，张德禄.语言情态系统探索.外语学刊，2019（1）.

何铃玉.湖南安仁方言语气词研究及其语料库建设.长沙：湖南师范大学硕士学位论文，2015.

何鸣.现代汉语语气词"啊"的意义和功能研究：语法——语用互动视角.长春：东北师范大学博士学位论文，2019.

何容.中国文法论.北京：商务印书馆，1985.

何霜.忻城壮语语气词研究.北京：中央民族大学博士学位论文，2007.

何永斌，彭德惠，陈奎彦.攀枝花方言句类撷谈.攀枝花学院学报，2004（3）.

何中清.英语祈使句的语气结构再分析.天津外国语学院学报，2003（1）.

贺阳.试论汉书面语的语气系统.中国人民大学学报，1992（5）.

贺阳.北京话的语气词"哈"字.方言，1994（1）.

侯精一.现代汉语方言概论.上海：上海教育出版社，2002.

侯瑞芬.再析"不""没"的对立与中和.中国语文，2016（3）.

胡炳忠.有关"呢"的两个问题.语言教学与研究，1989（2）.

胡范铸.从语气词"哪"看语义解释的一种模式.扬州师院学报，1992（4）.

胡光斌.遵义方言的语气词.贵州大学学报，2002（4）.

胡建华.《秦风·无衣》篇诗句的句法语义及其他——对一种以并联法为重要造句手段的动词型语言的个案分析.华东师范大学学报，2021（6）.

胡利权.内江方言疑问语气词"呢"的声韵调.内江师范学院学报，2019（11）.

胡明扬.北京话的语气助词和叹词.//胡明扬.北京话初探，北京：商务印书馆，1987.

胡明扬.语气助词的语气意义.汉语学习，1988（6）.

胡明扬.陈述语调和疑问语调的"吧"字句.语文建设1993（5）.

胡萍.长沙方言语气词研究.湖南经济管理干部学院学报，2002（4）.

胡松柏.广丰方言语气词的构造、音读和功能.南昌大学学报，2007（3）.

胡以鲁.国语学草创.上海：商务印书馆，1913.
胡裕树，范晓.试论语法研究的三个平面.新疆师范大学学报，1985（2）.
胡裕树.现代汉语（重订本）.上海：上海教育出版社，1995.
胡壮麟.英汉疑问语气系统的多层次和多元功能解释.外国语，1994（1）.
华宏仪.主谓谓语句语气型考察.温州师范学院学报，1996（5）.
华宏仪.感叹句语气结构与表情.烟台师范学院学报，2004（1）.
华建光.战国传世文献语气词研究.北京：中国人民大学博士学位论文，2008.
怀特 M..分析的时代——二十世纪的哲学家.杜任之，主译.北京：商务印书馆，1981.
黄伯荣.汉语方言语法类编.青岛：青岛出版社，1996.
黄伯荣，廖序东.现代汉语（增订四版）.北京：高等教育出版社，2007.
黄国营."吗"字句用法初探.语言研究，1986（2）.
黄国营.句末语气词的层次地位.语言研究，1994（1）.
黄磊.邵东方言的语气词.// 伍云姬主编.湖南方言的语气词.长沙：湖南师范大学出版社，2006.
黄梦迪.由原型句式、原型语气结构及其中性语境句研究"吗"的功能.外国语，2021（5）.
霍凯特.现代语言学教程.索振羽，叶蜚声，译.北京：北京大学出版社，1986.
甲柏连孜.汉文经纬.蔡剑峰，等编.姚小平，译.北京：外语教学与研究出版社，2015.
江蓝生.疑问语气词"呢"的来源.语文研究，1986（2）.
江蓝生.时间词"时"和"後"的语法化.中国语文，2002（4）.
江蓝生.跨层非短语结构"的话"的词汇化.中国语文，2004（5）.
蒋军凤.湘南东安土话的语气词.株洲师范高等专科学校学报，2002（3）.
蒋平."汉语方言声调资料库"的设计及其理论基础.方言，1999（3）.
金立鑫.关于疑问句中的"呢".语言教学与研究，1996（4）.
金立鑫.试论"了"的时体特征.语言教学与研究，1998（1）.
金立鑫.汉语典型情态词与动词短语在时体范畴上的制约关系.待刊.
金有景.北京话"上声+轻声"的变调规律.// 语海新探第一辑.济南：山东教育出版社，1984.
金智妍.现代汉语句末语气词意义研究.上海：复旦大学博士学位论文，2011.
劲松.北京话的语气和语调.中国语文，1992（2）.
克里斯特尔.现代语言学词典.沈家煊，译.北京：商务印书馆，2000.
克罗夫特.语言类型学与语言共性（第二版）.龚群虎，等译.上海：复旦大学出版社，2009.
雷莉.汉语话题标记研究.西南民族学院学报，2001（12）.
黎锦熙.新著国语文法.长沙：湖南教育出版社，2007.
李秉震.汉语话题标记的语义、语用功能研究.天津：南开大学博士学位论文，2010.
李辰冬.诗经通释.太原：山西人民出版社，2021.
李成军.现代汉语感叹句研究.武汉：武汉大学博士学位论文，2005.
李冬香.浏阳（蕉溪）方言的语气词.// 伍云姬主编.湖南方言的语气词.长沙：湖南师

范大学出版社，2006.

李芳. 晋东南地区陵川方言语气词研究. 济南：山东师范大学硕士学位论文，2013.

李芳娟. 乾县方言语气词研究. 西安：陕西师范大学硕士学位论文，2011.

李封. 宁波方言语气词研究. 杭州：浙江师范大学硕士学位论文，2009.

李国华. 邵阳方言的语气词. // 伍云姬主编. 湖南方言的语气词. 长沙：湖南师范大学出版社，2006.

李禾范. 魏晋南北朝时期陈述语气词小考. 郑州大学学报，2006（4）.

李珂. 茶陵下东乡方言的语气词. // 伍云姬主编. 湖南方言的语气词. 长沙：湖南师范大学出版社，2006.

李临定. 现代汉语句型. 北京：商务印书馆，1986.

李讷，安珊笛，张伯江. 从话语角度论证语气词"的". 中国语文，1998（2）.

李泉. 敦煌变文中的助词系统. 语言研究，1992（1）.

李人鉴. 关于动词重叠. 中国语文，1964（4）.

李莎. 轻声的宏观历史发展. 福建师范大学学报，2006（2）.

李晟宇. 疑问语气词的连用. 语文学刊，2005（17）.

李蔚. 湖南娄底双峰方言语气词研究. 南京：南京大学硕士学位论文，2014.

李文军. 祁东方言语法研究. 贵州：贵州大学硕士学位论文，2008.

李霞. 人称代词+"啊"的语用分析. 修辞学习，2006（1）.

李小凡. 苏州方言语法研究. 北京：北京大学出版社，1998.

李小军. 建国以来汉语语气词研究述评. 唐山师范学院学报，2007（6）.

李小军. 语气词"得了"的情态功能. 北方论丛，2009（4）.

李小军. 先秦至唐五代语气词的衍生与演变. 北京：北京师范大学出版社，2013.

李兴亚. 语气词"啊、呢、吧"在句中的位置. 河南大学学报，1986（2）.

李兴亚. 动态助词"了"自由隐现的条件. 中国语文，1989（5）.

李雄燕. 涟源荷塘方言中的语气词. 娄底师专学报，2003（3）.

李艳. 句末"没"从否定副词到疑问语气词的渐变. 深圳大学学报，2010（4）.

李艳. 新蔡方言语气词研究. 武汉：华中师范大学硕士学位论文，2011.

李焱，孟繁杰. 日本近代（1877—1949）汉语语气词研究模式分析. 古汉语研究，2021（1）.

李英哲，郑良伟，Larry Foster，等. 实用汉语参考语法. 熊文华，译. 北京：北京语言学院出版社，1990.

李宇明. "NP呢？"句式的理解. 汉语学习，1989（3）.

李宇明. 疑问标记的复用及标记功能的衰变. 中国语文，1997（2）.

李宇明. 论"反复". 中国语文，2002（3）.

李雨梅. 湖南湘乡仁厚方言的语气词研究. 长沙：湖南师范大学硕士学位论文，2007.

李云风. 现代汉语语气词"哦、哟、咯"的话语功能及其主观性研究. 合肥：安徽大学硕士学位论文，2017.

李振中，肖素英. 湖南武冈方言（文坪话）的语气词. 广西社会科学，2008（7）.

梁洁. 病理语音实验分析结果——平叙句的语调模式. 当代语言学，2002（2）.

梁磊．汉语轻声的历史层次初探．// 南开语言学刊 2007 年第 2 期．北京：商务印书馆，2007．

廖庶谦．口语文法．上海：三联书店，1946．

林春雨．汕头话的常见语气词．广东技术师范学院学报，2005（5）．

林华东．闽南方言的句首语气词．东南学术，2007b（5）．

林华东．闽南方言语气词研究．泉州师范学院学报，2007a（5）．

林华勇．广东廉江方言语气助词的功能和类别．方言，2007（4）．

林凌．成都方言语气词研究．长春：吉林大学硕士学位论文，2007．

林茂灿．疑问和陈述语气与边界调．中国语文，2006（4）．

林茂灿．汉语语调和句子节奏——从赵元任语调学说的示意图谈起．// 第十届中国语音学学术会议论文集，2012．

林焘．北京话的连读音变．北京大学学报，1963（6）．

林语堂．汉译开明英文文法．张沛霖，译．上海：开明书店，1940．

刘长桂，郑涛．一组汉语史上的重要著作——《助语辞》、《助语辞补义》、《助语辞补》和《助语辞补义附录》简介．淮北煤师院学报，1983（1）．

刘丹青．语法调查研究手册．上海：上海教育出版社，2008．

刘丹青．叹词的本质——代句词．世界汉语教学，2011（2）．

刘丹青．汉语中的非话题主语．中国语文，2016（3）．

刘丹青．汉语话题系统更新版暨主语话题关系新探，（开封）第十届汉语方言语法学术研讨会论文，2021．

刘光明．《颜氏家训》语气词的基本面貌与过渡性质．池州师专学报，2006（1）．

刘红妮．非句法结构"算了"的词汇化与语法化．语言科学，2007（6）．

刘丽艳．话语标记"你知道"．中国语文，2006（5）．

刘利，李小军．汉语语气词历时演变的几个特点．北京师范大学学报，2013（6）．

刘纶鑫，何清强．石城方言语气词．南昌大学学报，2001（4）．

刘娜．吴桥方言语气词研究．石家庄：河北师范大学硕士学位论文，2011．

［清］刘淇．助字辨略．章锡琛，校注．北京：中华书局，1954．

刘润清．西方语言学流派．北京：外语教学与研究出版社，2002．

刘守军．现代汉语"来着"句法及语用考察．上海：上海师范大学硕士学位论文，2009．

刘叔新．论现代汉语助词的划分，天津社会科学，1982（3）．

刘叔新．汉语语法范畴论纲．天津：南开大学出版社，2013．

刘顺，殷相印．"算了"的词汇化和语法化．语言研究，2010（2）．

刘颂浩．关于"A_1 呀 A_2 的"格式．汉语学习，1994（1）．

刘文莉．句子分析浅谈．华侨大学学报，1991（1）．

刘岩．论话题标记之"语序"．西南农业大学学报，2008（4）．

［元］卢以纬．语助校注．刘燕文，校注．郑州：中州古籍出版社，1986．

刘月华，潘文娱，故韡．实用现代汉语语法（增订本）．北京：商务印书馆，2001．

龙安隆．赣语永新话的句末语气词．井冈山大学学报，2013（5）．

龙国富．姚秦译经助词研究．长沙：湖南师范大学出版社，2004．

龙果夫.现代汉语语法研究(第一卷 词类).郑祖庆,译.北京:科学出版社,1958.
卢克·希顿.数学思想简史.李永学,译.上海:华东师范大学出版社,2020.
卢丽丹."就是"的多角度考察.上海:上海师范大学硕士学位论文,2010.
卢烈红.配对型"也好"源流考.中国语文,2012(1).
[元]卢以纬.助语辞.刘长桂,郑涛,点校.合肥:黄山书社,1985.
陆丙甫.语句理解的同步组块过程及其数量描述.中国语文,1986(2).
陆俭明,马真.现代汉语虚词研究散论.北京:北京大学出版社,1985.
陆俭明.试论左右句子意思的因素.新疆大学学报,1980(4).
陆俭明.现代汉语副词独用刍议.语言教学与研究,1982a(2).
陆俭明.由"非疑问形式+呢"造成的疑问句.中国语文,1982b(6).
陆俭明.副词独用考察.语言研究,1983(2).
陆俭明.关于现代汉语里的疑问语气词.中国语文,1984(5).
陆俭明.周遍性主语句及其他.中国语文,1986(3).
陆俭明.同类词连用规则刍议——从方位词"东、南、西、北"两两组合规则谈起.中国语文,1994(5).
陆俭明.在探索中前进——21世纪现代汉语本体研究和应用研究.北京:北京师范大学出版社,2011.
陆志韦.北京话单音词词汇.北京:科学出版社,1956.
吕叔湘.从主语、宾语的分别谈国语句子的分析.//开明书店二十周年纪念文集.上海:开明书店,1946.
吕叔湘.说"自由"和"黏着",中国语文,1962(1).
吕叔湘.汉语语法分析问题.北京:商务印书馆,1979.
吕叔湘.现代汉语八百词(增订本).北京:商务印书馆,1999.
吕叔湘.中国文法要略.//吕叔湘.吕叔湘全集:第一卷.沈阳:辽宁教育出版社,2002.
吕叔湘.语法学习.上海:复旦大学出版社,2006.
吕叔湘,孙德宣.助词说略.中国语文,1956(6).
罗杰瑞.汉语概说.张惠英,译.北京:语文出版社,1995.
罗祥义.出土先秦文献语气词研究述评.晋城职业技术学院学报,2016(5).
罗昕如,罗小琴.新化方言的语气词.//伍云姬主编.湖南方言的语气词.长沙:湖南师范大学出版社,2006.
[清]马建忠.马氏文通.北京:商务印书馆,1983.
马骏.广西金秀(柘山)话的语气词.广西师范大学学报,2002(3).
马清华.论汉语祈使句的特征问题.语言研究,1995(1).
马清华.论叹词形义关系的原始性.语言科学,2011(5).
马庆株.能愿动词的连用.语言研究,1988(1).
马庆株.多重定名结构中形容词的类别和次序.中国语文,1995(5).
马庆株.汉语语义语法范畴问题.北京:北京语言文化大学出版社,1998.
马晓琴,陶相荣.绥德方言语气词的连用.西北民族大学学报,2007(1).
马啸.现代汉语中的"A_1啦+A_2啦+A_n啦"格式——列举结构论之九,淮阳师专学报,

1992（1）.

马真．关于虚词的研究．// 吕叔湘，等著，马庆株，编．语法研究入门．北京：商务印书馆，1999.

马真．现代汉语虚词研究方法论．北京：商务印书馆，2004.

毛秉生．衡东前山话的语气词．// 伍云姬主编．湖南方言的语气词．长沙：湖南师范大学出版社，2006.

梅淑娥．江西临川方言中的语气词．现代语文，2008（7）.

孟琮．"咧"字小考．// 语法研究和探索（三）．北京：北京大学出版社，1985.

孟琮．口语里的"得"和"得了"．语言教学与研究，1986（3）.

孟昭连．破解"之乎者也"千古之迷——文言语气词非口语说．南京师大学报，2013（3）.

莫兰 E．方法：天然之天性．吴泓缈，冯学俊，译．北京：北京大学出版社，2002.

穆亚伟．辉县方言语气词研究．武汉：华中师范大学硕士学位论文，2013.

穆晔骏．巴拉语．满语研究，1987（2）.

牛汝极，牛汝辰．现代维吾尔语语气词初探．新疆大学学报，1982（1）.

彭逢澍．娄底方言的语气词．// 伍云姬主编．湖南方言的语气词．长沙：湖南师范大学出版社，2006.

彭锦维．重庆话语气词的特点．西南民族学院学报，2001（S2）.

彭兰玉．衡阳方言的语气词．// 伍云姬主编．湖南方言的语气词．长沙：湖南师范大学出版社，2006.

彭利贞．论一种对情态敏感的"了$_2$"．中国语文，2009（6）.

彭倩倩．凤台方言助词研究．重庆：西南大学硕士学位论文，2014.

彭小川．广州话是非问句研究．暨南学报，2006（4）.

彭泽润，刘娟．衡山方言的语气词．// 伍云姬主编．湖南方言的语气词．长沙：湖南师范大学出版社，2006.

彭泽润．论"词调模式化"．当代语言学，2006（2）.

平山久雄．从声调调值演变史的观点论山东方言的轻声前变调．方言，1998（1）.

戚雨村，董达武，许以理，等．语言学百科词典．上海：上海辞书出版社，1993.

齐沪扬．语气词与语气系统．合肥：安徽教育出版社，2002.

齐沪扬．现代汉语．北京：商务印书馆，2007.

齐沪扬，张谊生，陈昌来．现代汉语虚词研究综述．合肥：安徽教育出版社，2002.

钱成慧．平阳话的疑问语气词．北京：首都师范大学硕士学位论文，2000.

钱乃荣主编．现代汉语．北京：高等教育出版社，1990.

钱乃荣．上海方言的语气助词．语言研究，1996（1）.

钱文华，张玮．仙居方言常见的语气词．宁波大学学报，2011（4）.

钱曾怡．从汉语方言看汉语声调的发展．语言教学与研究，2000（2）.

钱锺书．管锥编（第一册）．北京：中华书局，1986.

钱宗武．今文《尚书》语气词的语用范围和语用特征．古汉语研究，2001（4）.

强星娜．"他问"与"自问"——从普通话"嘛"和"呢"说起．语言科学，2007（5）.

强星娜.知情状态与直陈语气词"嘛".世界汉语教学,2008(2).

强星娜.汉语话题标记的类型学研究.北京:中国社会科学院研究生院博士学位论文,2009.

强星娜.话题标记"嘛"与语气词"嘛".汉语学习,2010(4).

强星娜.话题标记与句类限制.语言科学,2011(2).

桥本万太郎.语言地理类型学.余志鸿,译.北京:北京大学出版社,1985.

桥本万太郎.汉语声调系统的阿尔泰化.王希哲,译.晋中师专学报,1986(2).

秦礼军.浅谈句中语气词的作用.语文教学与研究,1983(10).

秦思璇.曲沃方言单音节语气词研究.太原:山西师范大学硕士学位论文,2015.

曲阜师范大学本书编写组.现代汉语常用虚词词典.杭州:浙江教育出版社,1987.

屈承熹.话题的表达形式与语用关系.//徐烈炯,刘丹青主编.话题与焦点新论,上海:上海教育出版社,2003.

屈承熹.汉语篇章语法.潘文国,等译.北京:北京语言大学出版社,2006.

屈承熹.关联理论与汉语句末虚词的语篇功能.华东师范大学学报,2008(3).

屈承熹.汉语篇章语法:理论与方法.对外汉语研究,2009(1).

瞿霭堂,劲松.北京话的字调和语调——兼论汉藏语言声调的性质和特点.中国人民大学学报,1992(5).

人民教育出版社.汉语知识.北京:人民教育出版社,1959.

任晓彤.元杂剧语气词研究.北京:中央民族大学博士学位论文,2007.

任鹰.语气词"呢"的功能及来源再议.语言教学与研究,2017(5).

阮昌娜.汉语疑问句语调研究.北京:北京语言大学硕士学位论文,2004.

阮咏梅.浙江温岭方言研究.苏州:苏州大学博士学位论文,2012.

山娅兰.沾益方言语法研究.昆明:云南师范大学硕士学位论文,2005.

单谊.汉语话语标记语"你知道"的语用分析.浙江外国语学院学报,2014(2).

邵敬敏.语气词"呢"在疑问句中的作用.中国语文,1989(3).

邵敬敏."吧"字疑问句及其相关句式比较.//第四届国际汉语教学讨论会论文选.北京:北京语言学院出版社,1995.

邵敬敏.现代汉语疑问句研究.上海:华东师范大学出版社,1996.

邵敬敏.现代汉语通论(第二版).上海:上海教育出版社,2007.

邵敬敏.论语气词"啊"在疑问句中的作用暨方法论的反思.语言科学,2012(6).

申小龙.汉语功能句型研究的理论和方法.//申小龙编选.中文建构的文化视角.北京:商务印书馆,2017.

沈家煊.不对称和标记论.南昌:江西教育出版社,1999.

沈家煊.语言的"主观性"和"主观化".外语教学与研究,2001(4).

沈家煊.从英汉答问方式的差异说起.//方梅.互动语言学与汉语研究第一辑.北京:世界图书出版公司,2016b.

沈家煊.名词和动词.北京:商务印书馆,2016a.

沈家煊.汉语"大语法"包含韵律.世界汉语教学,2017(1).

沈炯.北京话声调的音域和语调.//林焘,王理嘉,等.北京语音实验录.北京:北京大学出版社，1985.

沈炯.汉语语调模型刍议.语文研究，1992（4）.

沈炯.汉语语调构造和语调类型.方言，1994（3）.

沈开木.论层次.华南师院学报，1982（1）.

沈开木.句子的性质和句法分析.汉语学习，1987b（2）.

沈开木."了$_2$"的探索.语言教学与研究，1987a（2）.

沈力.汉语的直陈语态范畴.//语法研究和探索（十二）.北京：商务印书馆，2003.

沈孟璎.元杂剧的语气词.南京师大学报，1982（4）.

盛译元.现代汉语语气词A的用法研究.北京：中国传媒大学硕士学位论文，2009.

盛益民.吴语绍兴柯桥话参考语法.天津：南开大学博士学位论文，2014.

盛银花.安陆方言语法研究.武汉：华中师范大学博士学位论文，2007.

施春宏.语言学描写和解释的内涵、原则与路径.//语言研究集刊（第十九辑）.上海：上海辞书出版社，2017.

石定栩.汉语的语气和句末助词.//语言学论丛第三十九辑.北京：商务印书馆，2009.

石锋，冉启斌.普通话上声的本质是低平调——对《汉语平调的声调感知研究》的再分析.中国语文，2011（6）.

石锋，王萍.汉语功能语调研究.北京：北京语言大学出版社，2017.

石锋，王萍，梁磊.汉语普通话陈述句语调的起伏度.//南开语言学刊，2009年第2期.北京：商务印书馆，2009.

石锋.语调格局——实验语言学的奠基石.北京：商务印书馆，2013.

石吉梦."也罢"与"也好"及其相关格式研究.上海：上海师范大学硕士学位论文，2008.

石毓智.汉语语法.北京：商务印书馆，2010.

史冠新.临淄方言语气词研究.济南：山东大学博士学位论文，2006.

史冠新.现代汉语语气词界说.山东社会科学，2008（10）.

史金生.传信语气词"的""了""呢"的共现顺序.汉语学习，2000（5）.

史有为.汉语如是观.北京：北京语言文化大学出版社，1997.

帅兰，龚涛.语言演化与大脑偏侧化.中国社会科学报，2013—02—04（A07）.

斯钦朝克图.康家语概况.民族语文，2002（6）.

宋洪民.鲁北三县语调的"单调性"及其对"舒声促化"和"准舒声促化"的影响.语言科学，2006（2）.

宋文辉.也论"来着"的表达功能——与熊仲儒同志商榷.语言科学，2004（4）.

宋文辉.再论汉语名词性并列结构的"欧化"说.语言教学与研究，2016（2）.

宋秀令.汾阳方言的语气词.语文研究，1994（1）.

苏德昌.日语的终助词与汉语的语气词.日语学习与研究，1992（3）.

苏丽红.玉林话的语气词.汉语学报，2011（1）.

苏丽红.玉林话的语气词（续）.玉林师范学院学报，2015（4）.

孙宏开，胡增益，黄行.中国的语言.北京：商务印书馆，2007.

孙景涛.连读变调与轻声产生的年代.方言，2005（4）.

孙汝建.语气和口气研究.北京：中国文联出版社，1999.

孙汝建.句中语气词对句法位置的选择制约.南京师范大学文学院学报,2006(3).

孙锡信.近代汉语语气词.北京:语文出版社,1999.

孙也平.语气·语调·语气词.齐齐哈尔师范学院学报,1982(3).

索绪尔.普通语言学教程.高名凯,译.北京:商务印书馆,1980.

太田辰夫.中国语历史文法(修订译本).蒋绍愚,徐昌华,译.北京:北京大学出版社,2003.

谭峥.日语终助词承接形的结合方式与意义功能的相关性考察——以二项承接形的研究为中心.北京:北京外国语大学博士学位论文,2013.

汤廷池.国语词汇学导论:词汇结构与构词规律.//汤廷池.汉语词法句法论集.台北:学生书局,1988.

佟桦.通辽市汉语方言陈述语气词研究.北京:中央民族大学硕士学位论文,2012.

涂光禄.贵阳方言语气词初探.贵州大学学报,1993(1).

弯淑萍.山西洪洞方言语气词研究.天津:天津师范大学硕士学位论文,2003.

完权.事态句中的"的".中国语文,2013(1).

完权."的"的性质与功能.北京:商务印书馆,2016.

完权.信据力:"呢"的交互主观性.语言科学,2018(1).

万丽媛.南昌(昌东镇)方言句末语气词的构造、音读和功能.//江西省语言学会2007年年会论文集,2007.

汪国胜.湖北大冶话的语气词.方言,1995(2).

王丹荣.基于语料库的汉语祈使语调和重音的实验研究.武汉理工大学学报,2017(6).

王敌非.满语语气词研究.满语研究,2009(2).

王丁丁.正阳方言语气词研究.开封:河南大学硕士学位论文,2013.

王冬梅.从"是"和"的"、"有"和"了"看肯定和叙述.中国语文,2014(1).

王飞华.汉英语气系统对比研究.上海:华东师范大学博士学位论文,2005.

王海霞.《祖堂集》语气词研究.长春:吉林大学硕士学位论文,2008.

王洪君.汉语非线性音系学:汉语的音系格局与单字音.北京:北京大学出版社,1999.

王建设.贵阳方言句尾语气词连用的结构层次和语用功能.贵州师范大学学报,2004(4).

王珏,毕燕娟.单音节语气词系统的语音格局历时变迁初探.//李葆嘉,贺胜.语言科技人才培养论坛文集.南京:南京师范大学出版社,2012.

王珏,毕燕娟.语气词"啊"三分及其形式与功能.外国语,2017(2).

王珏,毕燕娟.语气词句末选用顺序研究.语言教学与研究,2018(1).

王珏,陈丽丽,谭静.句子的三层结构及其分析程序.华东师范大学学报,2008(3).

王珏,黄梦迪."了$_1$"和"了$_2$"成句能力的制约因素.汉语学习,2020(1).

王珏.句子的三层结构及其三层分析法———一种新的句子结构观与析句程序.//邵敬敏,谷晓恒.汉语语法研究的新拓展(四).北京:北京大学出版社,2009.

王珏.现代汉语语气词系统初探.//邵敬敏,石定栩.汉语语法研究的新拓展(五).北京:北京大学出版社,2011.

王珏.现代汉语语气词的界定标准.徐州师范大学学报,2012(6).

王珏.现代汉语语气词特点的再认识.//齐沪扬.现代汉语虚词研究与对外汉语教学(第四辑).上海:学林出版社,2012.

王珏.汉语双标句符假设试说.汉语学习,2013(1).

王珏.汉语方言语气词南多北少之格局及其原因浅析.//刘丹青.汉语方言语法研究的新视角——第五届汉语方言语法国际学术研讨会论文集.上海:上海教育出版社,2013.

王珏.现代汉语语气词范围再探.汉语与汉语教学研究(日本樱美林大学),2013(4).

王珏.语气词的功能属性.//沈阳.走向当代前沿科学的现代汉语语法研究.北京:商务印书馆,2013.

王珏.汉语声调与词类范畴之间的象似关系.//中国语言学报第十六期,北京:商务印书馆,2014.

王珏.普通话拟声词阴平一统天下的三个谜题.//南开语言学刊2015年第1期.北京:商务印书馆,2015.

王珏.语气词的功能模式试论.//中国语言学报第十七期.北京:商务印书馆,2016.

王珏.语气词的功能系统试论.//语法研究和探索(十八).北京:商务印书馆,2016.

王珏.再论"吗"的属性、功能及其与语调的关系.汉语学习,2016(5).

王珏.说准话语语气词.语言科学,2017(6).

王珏.语气词句末选用式及其系统研究.当代修辞学,2017(4).

王珏.语气词声调类型与有关问题.//冯胜利,马秋武.韵律语法研究第三辑(第1期).北京:北京语言大学出版社,2018.

王珏.语气词句式及其系统初探.汉语学报,2019(4).

王珏.普通话语气词功能系统新论.汉语作为第二语言研究(Chinese as a Second Language Research),2020(1).

王珏.由功能模式出发研究语气词口气及其系统.中国语文,2020(5).

王珏.由语调/疑问标记和语气词的共现关系构建述题的语气结构.语言教学与研究,2020(2).

王珏.由非语气词与语气词声调的共时对立看语气词的历时来源.//中国方言学报第八期.北京:商务印书馆,2020.

王珏.由语气结构看普通话述题语气词的上位范畴——将语气词关进语气结构的笼子里研究其功能.//卢英顺,陈振宇.胡裕树先生100周年诞辰纪念文集.上海:复旦大学出版社,2020.

王珏."WP+语气词"句补论.//储泽祥,张金圈.名词研究论丛(第一辑).武汉:武汉大学出版社,2021.

王珏.由语气结构确定语气词的上位范畴.语言科学,2021(3).

王珏.语气副词和语气词的三个区别和层次.汉语学习,2021(05).

王珏.话题语气词的功能及其系统.汉语学报,2022(4).

王可峰.甘肃洮州方言中的语气词——河洮岷地区方言文化研究之一.现代语文,2012(2).

王力.汉语史稿.北京:中华书局,1980.

王力.中国语法理论.//王力.王力文集:第一卷.济南:山东教育出版社,1984.

王力.汉语语音史.北京:中国社会科学出版社,1985c.

王力.中国文法学初探.//王力.王力文集:第三卷.济南:山东教育出版社,1985b.

王力.中国现代语法.//王力.王力文集:第二卷.济南:山东教育出版社,1985a.

王力.汉语语法史.北京:商务印书馆,2005.

王丽华.闽语龙海方言的句末语气词.中国校外教育,2013(3).

王莉宁.粤语中的元音分调现象.中国语文,2011(1).

王启龙.助词及其再分类.//胡明扬.词类问题考察续集.北京:北京语言大学出版社,2004.

王天欣.现代汉语中两种表反复义的结构——"X(啊)X(啊)的"与"X(啊)Y(啊)的"比较分析.天津大学学报,2009(1).

王巍.语气词"了"的隐现规律研究.长春:吉林大学博士学位论文,2010.

王伟.现代汉语"了"的句法语义定位.北京:中国社会科学院语言研究所博士学位论文,2006.

王咸慧.语气词"嘛"背景信息共识化功能初探.中国语文,2021(6).

王晓君.赣语新余方言语气词的几个特点.新余高专学报,2006(5).

王彦杰."着呢"句式中形容词性成分的使用情况考察.世界汉语教学,2010(2).

王韫佳,阮吕娜.普通话疑问句语调的实验研究.//中国声学学会,中国中文信息学会、第八届全国人机语音通讯学术会议论文集,2005.

王自强.现代汉语虚词词典.上海:上海辞书出版社,1998.

维特根斯坦.数学基础研究.韩林合,译.北京:商务印书馆,2016a.

维特根斯坦.文化与价值:维特根斯坦的思想星空.许海峰,译.南京:江苏凤凰文艺出版社,2016b.

温宝莹,王萍,石锋.论普通话的中元音音位.//南开语言学刊2008年第1期.北京:商务印书馆,2008.

温锁林.汉语中的语气与情态.//南开语言学刊2013年第2期.北京:商务印书馆,2013.

文炼.疑问句四题.语文学习,1987(5).

文炼,允贻.语句的表达和理解.上海:上海教育出版社,1987.

文智芳.湖南永州方言语气词研究.长沙:湖南师范大学硕士学位论文,2014.

吴登鹏.汉阴县城关话语气词浅析.安康学院学报,2011(2).

吴福祥.从"VP-neg"式反复问句的分化谈语气词"麽"的产生.中国语文,1997(1).

吴福祥.近年来语法化研究的进展.外语教学与研究,2004(1).

吴力菡.多维度视角下汉语语调的语音和音系学研究.天津:南开大学博士学位论文,2012.

吴翩翩.武汉方言语气词研究.武汉:华中师范大学硕士学位论文,2009.

吴宗济.普通话语句中的声调变化.中国语文,1982(6).

武果."主位问"——谈"非疑问形式+呢?"疑问句.//语言学论丛第三十二辑.北京:商务印书馆,2006.

武氏明河.汉越语气词对比研究,上海:华东师范大学博士学位论文,2012.

习丹丹.河北唐山方言语气词研究.石家庄：河北师范大学硕士学位论文，2016.

夏征农、陈至立.辞海（第6版）.上海：上海辞书出版社，2009.

向柠.武冈方言的语气词.//伍云姬主编.湖南方言的语气词.长沙：湖南师范大学出版社，2006.

项梦冰.连城方言的话题句.语言研究，1998（1）.

肖放亮.南昌县（塘南）方言的语气词.南昌：江西师范大学硕士学位论文，2006.

肖雯瑾.湘潭方言语气词研究.桂林：广西师范大学硕士学位论文，2015.

肖治野，沈家煊."了$_2$"的行、知、言三域.中国语文，2009（6）.

谢赣萍.现代汉语语气词语体、句类选择趋向研究.南昌：江西师范大学硕士学位论文，2015.

谢奇勇.新田方言的语气词.//伍云姬主编.湖南方言的语气词.长沙：湖南师范大学出版社，2006.

谢群霞.话题后"啊"的语用功能研究.上海：上海师范大学硕士学位论文，2007.

谢晓明，陈琳."的话"的话题标记功能及相关问题讨论.语文研究，2012（4）.

邢福义.说"NP了"句式.语文研究，1984（3）.

邢福义.现代汉语的特指性是非问.语言教学与研究，1987（4）.

邢福义.汉语语法学.长春：东北师范大学出版社，1996.

邢红兵.现代汉语词类使用情况统计.浙江师大学报，1999（3）.

邢向东.内蒙古晋语语气词的连用及普通话对译.语文学刊，1995（4）.

熊正辉.南昌方言里语助词的读音.方言，1982（1）.

熊仲儒."来着"的词汇特征.语言科学，2003（2）.

徐春兰.新疆汉语方言语气词探析.伊利师范学院学报，2009（2）.

徐杰.句子的功能分类和相关标点的使用.汉语学习，1987（1）.

徐晶凝.汉语语气表达方式及语气系统的归纳.北京大学学报，2000（3）.

徐晶凝.语气助词"吧"的情态解释.北京大学学报，2003（4）.

徐晶凝.语气助词"呗"的情态解释.语言教学与研究，2007（3）.

徐晶凝.现代汉语话语情态研究.北京：昆仑出版社，2008.

徐晶凝.普通话口语中"啊、呀、哪、哇"的分布.语言文字应用，2018（2）.

徐烈炯，刘丹青.话题的结构与功能（增订本）.上海：上海教育出版社，2007.

徐烈炯，生成语法理论：标准理论到最简方案.上海：上海教育出版社，2009.

徐世荣.双音节词的音量分析.语言教学与研究，1982（2）.

薛凤生.试论汉语句式特色与语法分析.古汉语研究，1998（4）.

薛凤生.汉语句式特色之成因——赵元任先生给古文句法研究之启示.语言科学，2004（6）.

阎浩然.吴桥方言语法记略.济南：山东大学硕士学位论文，2009.

杨德峰.副词带语气词考察.天中学刊，2017（1）.

杨耐思.中原音韵音系.北京：中国社会科学出版社，1981.

杨绍林.四川彭州方言叹词和语气词研究.//地方文化研究辑刊第三辑.成都：巴蜀书社，2010.

杨苏平．隆德方言研究．石家庄：河北大学博士学位论文，2015．
杨秀明．漳州方言的句首语助词"啊"．漳州师院学报，1996（1）．
杨洋．岳阳县张谷英镇方言的语气词研究．长沙：湖南师范大学硕士学位论文，2016．
杨洋，郑礼珊．汉语韵律的标句作用及其实验研究．// 冯胜利，马秋武．韵律语法研究第四辑 2019 年第 1 期．北京：北京语言大学出版社，2019．
杨永龙．先秦汉语语气词同现的结构层次．古汉语研究，2000（4）．
杨永忠．语气范畴标记的句法地位．现代外语，2011（4）．
姚双云，刘红原．汉语会话互动中的话题结构．当代修辞学，2020（6）．
姚亦登．江苏高邮方言的语气词．方言，2008（3）．
叶述冕．声调、语调、语气词之类型学相关性——以是非疑问句为例．// 语言学论丛：第五十三辑．北京：商务印书馆，2016．
叶斯柏森．语法哲学．何勇，等译．北京：商务印书馆，2009．
意西微萨·阿错．藏语的句末语气词与声调、韵律的关系及相关问题．// 冯胜利，马秋武．韵律语法研究第三辑 2018 年第 1 期．北京：北京语言大学出版社，2018．
殷相印．微山方言语法研究．南京：南京师范大学博士学位论文，2006．
尹世超．说语气词"哈"和"哈"字句．方言，1999（2）．
营蓓蒂．宿州方言语气词及相关问题研究．南京：南京大学硕士学位论文，2013．
尤素梅．后置标记"好了"的相关研究．上海：上海师范大学硕士学位论文，2010．
游顺钊．香港粤语的语助词．方言，1980（1）．
于康．汉语"是非问句"与日语"肯否性问句"的比较．世界汉语教学，1995（2）．
袁家骅等．汉语方言概要．北京：文字改革出版社，1960．
［清］袁仁林．虚字说．解惠全注，北京：中华书局，1989．
袁思惠．汉语句末助词的声调研究．香港中文大学中国语言及文学系专题研究论文，2015．
袁毓林．现代汉语祈使句研究．北京：北京大学出版社，1993．
袁毓林．定语顺序的认知解释及其理论蕴涵．中国社会科学，1999（2）．
袁毓林．汉语话题的语法地位和语法化程度——基于真实自然口语的共时和历时考量．// 徐烈炯、刘丹青．话题与焦点新论．上海：上海教育出版社，2003．
袁毓林．汉语反事实表达及其思维特点．中国社会科学，2015（8）．
原苏荣．汉语的"哈"与英语的 Eh．外国语，2008（3）．
曾常红，危卫红．湘阴话的单音节语气词．// 伍云姬主编．湖南方言的语气词．长沙：湖南师范大学出版社，2006．
曾蕾，胡茜．洞口方言的语气词．// 伍云姬主编．湖南方言的语气词．长沙：湖南师范大学出版社，2006．
曾毓美，陈芳．湘潭方言的语气词．// 伍云姬主编．湖南方言的语气词．长沙：湖南师范大学出版社，2006．
曾毓美，臧志文．益阳方言的语气词．// 伍云姬主编．湖南方言的语气词．长沙：湖南师范大学出版社，2006．
查干哈达．蒙古语科尔沁土语的语气词．民族语文，1991（2）．

翟燕.清代北方话语气词研究.济南：山东大学出版社，2013.

张斌.现代汉语.北京：中央广播电视大学出版社，1988.

张斌.汉语语法修辞常识.香港：香港教育图书公司，1991.

张斌.语气和口气研究·序.//孙汝建.语气和口气研究.北京：中国文联出版社，1999.

张斌.新编现代汉语.上海：复旦大学出版社，2002.

张伯江，方梅.汉语口语的主位结构.北京大学学报，1994（2）.

张伯江，方梅.汉语功能语法研究.南昌：江西教育出版社，1996.

张伯江.疑问句功能琐议.中国语文，1997（2）.

张德禄.汉语语气系统的特点.外国语文，2009（5）.

张定京.哈萨克语虚词的成员及其语法化进程.中央民族大学学报，2002（2）.

张国丽.临城方言语气词的研究.石家庄：河北师范大学硕士学位论文，2008.

张赫."NP+语气词+NP"组合式的考察.延吉：延边大学硕士学位论文，2013.

张洪年.香港粤语语法的研究.香港：香港中文大学出版社，1972.

张华文.昆明方言常见的语气词.方言，1996（3）.

张华文.昆明方言常见的语气词（二）.方言，1997（4）.

张静.现代汉语.上海：上海教育出版社，1979.

张炼强.试说以"时"或"的时候"煞尾的假设从句.中国语文，1990（3）.

张美兰，陈思羽.清末民初北京口语中的话题标记——以100多年前几部域外汉语教材为例.世界汉语教学，2006（2）.

张邱林.现代汉语里的语气助词"哦".语言教学与研究，2013（2）.

张世方.汉语方言三调现象初探.语言研究，2000（4）.

张世禄.关于汉语的语法体系问题.复旦学报·语言文字专辑，1981.

张世禄.古汉语里的语气词和句子类型.//申小龙.中文建构的文化视角.北京：商务印书馆，2017.

张桃.宁化客家方言语法研究.厦门：厦门大学博士学位论文，2004.

张婷.韩国语终结语尾与汉语的对应形式研究——以陈述句为中心.延吉：延边大学硕士学位论文，2013.

张贤敏.光山方言的语气词系统.现代语文，2009（2）.

张晓勤.永州方言的语气词.//伍云姬主编.湖南方言的语气词.长沙：湖南师范大学出版社，2006.

张彦.句中语气词的分布.玉林师范学院学报，2006a（1）.

张彦.句重音与句末语气词的音高.汉语学习，2006b（2）.

张彦.语气词韵律特征研究综述.语言教学与研究，2008（2）.

张谊生.副词的连用类别和共现顺序.烟台大学学报，1996（2）.

张谊生.现代汉语虚词.上海：华东师范大学出版社，2000.

张谊生.现代汉语列举助词探微.语言教学与研究，2001（6）.

张玉金.殷墟甲骨文句类问题研究.古汉语研究，1997（4）.

张玉金.关于卜辞中"抑"和"执"是否句末语气词的问题.古汉语研究，2000（4）.

张玉来，耿军.中原音韵校本.北京：中华书局，2013.

张月.江阴方言语气助词研究.南京：南京大学硕士学位论文，2015.

张云秋.现代汉语口气问题初探.汉语学习，2002（2）.

张志公.现代汉语（中册）.北京：人民教育出版社，1982.

章士钊.《中等国文典》，上海：商务印书馆，1907.

赵长才.先秦汉语语气词连用现象的历时演变.中国语文，1995（1）.

赵春利，石定栩.语气、情态与句子功能类型.外语教学与研究，2011（4）.

赵元任.北京、苏州、常州语助词的研究.清华大学学报，1926（2）.

赵元任.北平语调的研究.//《最后五分钟》，北京：中华书局，1929.

赵元任.英语语调（附美语变体）与汉语对应语调初探.吴宗济，节译.//中研院史语所集刊外编第一种庆祝蔡元培先生六十五岁论文集.1932.

赵元任.国语语调.广播周报，1935（23）.

赵元任.北京口语语法.李荣，编译.上海：开明书店，1952.

赵元任.汉语口语语法.吕叔湘，译.北京：商务印书馆，1979.

赵元任.语言问题.北京：商务印书馆，1980.

赵元任.赵元任语言学论文集.吴宗济，赵新那，编.北京：商务印书馆，2002.

赵元任，杨时逢.绩溪岭北方言.//中研院历史语言研究所集刊，1965（36）.

赵媛.西双版纳傣语句末语气词研究.昆明：云南大学硕士学位论文，2012.

郑奠、麦梅翘.古汉语语法学资料汇编.北京：中华书局，1964.

郑娟曼."还NP呢"构式分析.语言教学与研究，2009（2）.

郑庆君.常德方言的语气词.//伍云姬主编.湖南方言的语气词.长沙：湖南师范大学出版社，2006.

郑伟，孙锐欣.常州方言的句末语气词.//语言研究集刊第五辑.上海：上海辞书出版社，2008.

中国社会科学院语言研究所词典编辑室.现代汉语词典（第7版）.北京：商务印书馆，2007.

钟隆林.耒阳方言的语气词.//伍云姬主编.湖南方言的语气词.长沙：湖南师范大学出版社，2006.

钟兆华.语气助词"呀"的形成及其历史渊源.中国语文，1997（5）.

周殿福.艺术语言发声基础.北京：中国社会科学出版社，1980.

周凤玲.内蒙古包头汉语方言语气词及其运用.语文学刊，2009（1）.

周一民.北京口语语法（词法卷）.北京：语文出版社，1998.

周溢辉，穆玲玲，昝红英，等.汉语语气词用法的自动识别研究.计算机工程,2010（23）.

朱成鹏，白志敏.英语语调的表意功能.解放军外语学院学报，1994（6）.

朱承平.先秦汉语句尾语气词的组合及组合层次.中国语文，1998（4）.

朱德熙.语法讲义.北京：商务印书馆，1982.

朱德熙.语法答问.北京：商务印书馆，1985.

朱德熙.语法答问.//朱德熙.朱德熙文集：第一卷.北京：商务印书馆，1999.

朱冠明.关于"VP不"式疑问句中"不"的虚化.汉语学报，2007（4）.

朱光潜．诗论．北京：北京出版社，2005

朱景松，周维网．江都话里的语气词．苏州大学学报，1995（1）.

朱韦巍．扬州街上话语气词研究．南京：南京林业大学硕士学位论文，2015.

朱晓丹．南京方言语气词研究．青岛：青岛大学硕士学位论文，2011.

朱晓农．亲密与高调——对小称调、女国音、美眉等语言现象的生物学解释．当代语言学，2004（3）.

邹飞．临澧方言语气词研究．上海：华东师范大学硕士学位论文，2006.

祖生利．元代白话碑文中助词的特殊用法．中国语文，2002（5）.

祖生利．元代直译体文字所反映的蒙汉语码转换机制．// 历史语言学研究第十二辑．北京：商务印书馆，2018.

左思民．普通话基本语气词的主要特点．// 程工，刘丹青．汉语的形式与功能研究．北京：商务印书馆，2009.

左思民．句类与以言行事行为．汉语学报，2010（3）.

上神忠彦．文末語気助詞類内連用のきまりについて．中国语学，1968（179）.

Bolinger, D. Intonation Across Languages. // Greenberg, ed. *Universals of Human Language*. Stanford: Standford University Press, 1978.

Booth, D. *The Principles of English Grammar*. London: Charles Knight and Co, 1837.

Bybee, J. & Fleischman, S. Introduction. // Bybee, J. & Fleischman S.. *Modality in Grammar and Discourse*. Amsterdam/Philadelphia: Benjamins Publishing Company: 1995.

Chao, Yuenren. *A Grammar of Spoken Chinese*. 北京：商务印书馆，2011.

Cheng, L. L. S. On the Typology of Wh—questions. Ph. D. Dissertation, MIT, 1991.

Duanmu San. A Formal study of Syllable, Tone, Stress and Domain in Chinese Language. ph. D. dissertation, MIT, 1990.

Firth, J. R. Papers in Linguistics 1934—1951. London: Oxford University Press, 1957.

Grundy. P. *Doing Pragmatics*. London: Hodder Education, 2008.

Guo, Xiaodan. A Primary Analysis of the Intonation of Chinese Imperative Sentences. MA thesis Tianjin Normal University, 2007.

Halliday, M. A. K. *An Introduction to Functional Grammar (2nd ed.)*. 北京：外语教学与研究出版社，2000.

Harris, Z. S. *Methods of Structural Linguistics*. Chicago: University of Chicago Press, 1951.

Huang, C.-T. J. On the Distribution and Reference of Empty Pronouns. *Linguistic Inguiry*, 1984（15）.

König, E. & Siemund, P., Speech Act Distinctions in Grammar. // Timothy Shopen, *Language Typology and Syntactic Description*. Cambridge: Cambridge University Press, 2007.

Li, Boya. *Chinese Final Particles and the Syntax of the Periphery*. The Netherlands: LOT, 2006.

Li, Charles N. & Thompson Sandra A. Subject and Topic: A new typology of Language. // Li Charles N.. *Subject and Topic*. New York: Academic Press, 1976.

Lyons, J. *Semantics*. Cambridge: Cambridge University Press, 1977.

Nuyts, J & Auwera, J. D. *The Oxford Handbook of Modality and Mood*. Oxford: Oxford University Press, 2016.

Nuyts, J. Surveying Modality and Mood: An introduction. //Nuyts, J. & Auwera J. van der. *The Oxford Handbook of Modality and Mood*. Oxford: Oxford University Press, 2016.

Ohala, J. J. Cross-language Use of Pitch: An Ethological View. *Phonetica*, 1983 (4).

Palmer, F. R. *Mood and Modality*. Cambridge: Cambridge University Press, 2001.

Quirk et al. A Comprehensive Grammar of the English Language. London and New York: Longman, 1985.

Sengfa, Holanouphab. Final Particles in Vientiane Lao. MA thesis Payap University, 2003.

图表目录

表 0-1	1924—2010 年语气词研究成果数量	3
表 0-2	不同历史阶段语气词研究成果的内容	3
表 0-3	五个历史阶段有关 24 个语气词的论文数量	5
表 0-4	21 位学者提及的普通话语气手段	7
表 1-1	学者提出的语气词	15
表 1-2	普通话单纯语气词的元音格局	23
表 1-3	语气词的音义象似性	30
表 1-4	普通话语气词的特点	31
表 2-1	声调词类系统	35
表 2-2	情态词和语气词的对立特征	36
表 2-3	语气词与轻声词、情态词的区别	38
表 2-4	候选语气词	39
表 3-1	三大类型语言的语气手段对比	42
表 3-2	古今语气词及其源点词对照表	49
表 3-3	非语气词和语气词的语音对立	53
表 3-4	零声母词的语音分类	57
表 3-5	语气词主元音及其分工	58
表 3-6	声母及其口气类型和主元音及其口气强弱	63
表 3-7	由两个零声母词对出发的语气词聚合系统	65
表 3-8	普通话单纯语气词聚合系统	68
表 4-1	语气词功能分类依据	71
表 4-2	语气词二级功能类别系统	72
表 4-3	语气词功能类之间的历时演变关系	76
表 4-4	话语语气词和准话语语气词的形式特征对比	79
表 4-5	语气词四级功能类别系统	82
表 5-1	语法调和口气调	92

表 5-2	普通话 4 种基本语法调及其强弱式	93
表 5-3	普通话语气手段及其功能系统	96
表 5-4	语气词和语法调/疑标共现的种类及其频次	97
表 5-5	语法调或疑标和语气词共现的种类及其频次简表	100
表 5-6	学界提出的感叹句和祈使句的句类标记	101
表 5-7	学界提出的句类关系模式	102
表 5-8	语法调和语气词高频共现的顺序及其层次关系	104
表 5-9	搭配型和错配型语气结构	111
表 6-1	肯定语气词和语法调或疑标共现的种类及其频次	117
表 6-2	肯定语气词和疑标构成的语气结构类型及其频次	122
表 6-3	"了"和语法调或疑标构成的语气结构及其频次、百分比	123
表 6-4	"呢"和语法调或疑标构成的语气结构及其频次、百分比	124
表 6-5	惊讶语气词和语法调或疑标共现的种类及其频次	126
表 6-6	"啊"和语法调或疑标共现的种类及其频次、百分比	129
表 6-7	学界对"嘛"和语法调或疑标共现的种类及其频次的认识	131
表 6-8	确信语气词和语法调或疑标共现的种类及其频次	134
表 6-9	确认语气词和语法调或疑标共现的种类及其频次	136
表 6-10	"吧"及其功能和语法调的共现关系	137
表 6-11	述题语气词所属上位语气类型	139
表 7-1	述题语气词的功能模式	144
表 7-2	述题语气词的口气功能系统	166
表 7-3	述题语气词参与的语气结构类型	167
表 7-4	52 种一般错配值	170
表 7-5	17 种特定错配值	172
表 8-1	强制性话题标记的分工	180
表 8-2	可选性话题前标类别系统	180
表 8-3	主位标记说对句中语气词功能的认识	185
表 8-4	对话题语气词功能的已有认识	186
表 8-5	话题语气词的个体功能	197
表 9-1	话题语气词与准话语语气词形式与功能对比	200
表 9-2	列举短语和例举短语的形式标记对比	205
表 9-3	准话语语气词及其重组短语功能对比	223
表 9-4	准话语语气词所附词语与重组短语的功能对比	224
表 10-1	20 世纪 80 年代以来学界提出的主要选用顺序类型	229

表 10-2	述题语气词选用顺序序列	230
表 11-1	语气词二选式系统	242
表 11-2	语气词三选式系统	245
表 11-3	语气词选用式系统	248
表 12-1	肯定语气词句式系统	260
表 12-2	惊讶语气词句式系统	263
表 12-3	单语气词句式系统	265
表 12-4	语气词句类及其单语气词句式系统	266
表 12-5	普通话语气词句式系统	267
表 13-1	《论语》的语气词聚合系统及其语音分布格局	272
表 13-2	《今文尚书》与《孟子》的单纯语气词数量与百分比对比	272
表 13-3	上古汉语气词选用式	273
表 13-4	上古汉语气词选用的语音格局	274
表 13-5	《颜氏家训》的语气词语音格局	276
表 13-6	中古汉语语气词选用顺序的语音格局	277
表 13-7	近代汉语语气词的语音格局	278
表 13-8	近代汉语语气词选用的语音格局	280
表 13-9	当代语气词聚合系统及其语音格局	281
表 13-10	当代语气词选用顺序及其语音格局	282
表 13-11	单纯语气词古今数量变迁	283
表 13-12	历代单纯语气词聚合系统的语音格局对比表	284
表 13-13	历代语气词选用顺序语音格局	285
表 13-14	上古汉语和普通话语气词的语音格局对比	287
表 14-1	南北亲属语言语气词数量对比	291
表 14-2	南北方言点语气词分布的音节数量对比	292
表 14-3	部分方言点语气词声调数量及其百分比	296
表 14-4	汉语方言语气词平均数量三分格局	298
表 15-1	本调方言点的调系与语气词数量	301
表 15-2	本轻方言点的调系、语气词数量及其声调轻重类别	302
表 15-3	轻声方言点的调系与语气词数量	304
表 15-4	8个一级方言的语气词声调类型及其方言点数量	305
表 15-5	1076个汉语方言点的声调数量	308
表 15-6	本调方言点的调系与语气词分布调类对比	309
表 15-7	本轻方言点的调系与语气词分布调类对比	310

表 15-8	盐城话疑问语气词的句类分布	321
表 16-1	英语 mood 范畴的手段及其功能系统	331
表 16-2	汉语语气和口气手段及其功能系统	333
表 16-3	英汉语气手段对比	334
表 16-4	英语直接祈使句的语气结构系统	337
表 16-5	英语建议式祈使句的语气结构系统	338
表 16-6	汉语语气结构类型系统	340
表 16-7	英汉单句的语气结构类型系统对比	341
普通话语气词三分五级功能系统表		348

图 0-1	本书内容结构图	13
图 3-1	语气词演变方向	67
图 5-1	语气词和语法调的共现关系	99
图 8-1	普通话话题标记系统	178
图 8-2	完整话题的结构模式	181
图 12-1	普通话句式系统	256
图 16-1	英语语气结构类型系统	340
图 16-2	汉语单语气词句语气结构类型系统	340

后　　记

　　唐开元十四年（公元726年），风流天子李隆基觉得《尚书·洪范》"无偏无颇，遵王之义"两句里的"颇"与"义"两字不押韵，竟然下诏将前一句改为"无偏无陂"（《新唐书·艺文志一》），以为这样"陂"与"义"就押韵了。这就是汉语经学史、音韵学史上著名的明皇改经事件。800多年后的1613年，顾炎武出生了。明皇改经这件千古往事成了一个砸在顾炎武头上的苹果。他发现，上古时期"义"不读yi而读若ngo，这样不烦改字"颇（po）"与"义（ngo）"就押韵了。而后，他在颠沛流离中用30年光阴研究古今声韵之不同，写出了清代古音学的开山之作《音学五书》，提出"读九经自考文始，考文自知音始"（顾炎武1959）的著名论断，撬动了古音学乃至训诂学研究的整个地球，成为乾嘉之学的先声，开启清代三百年学术史的崭新历程，被学林奉为清学"开山始祖"。

　　老朽资材平庸，更无明皇改经那个苹果砸在头上的运气，对语气词系统的研究仅仅源于10年前的一个假想。拙著《汉语生命范畴初论》（2004）一书出版后，曾有几年尝试着研究句子层次及其分析方法和程序问题，发表了几篇自以为略有心得的论文，还曾扩展成一本书并斗胆名之曰《汉语三层语法论》。但十多年过去了，至今也未敢拿去出版。因为有一个瓶颈问题没能彻底解决，那就是句子的标记或边界问题或者说是句子的识别问题。"句子是不确定的单位，因为我们常常不能断定，一个句子从哪里开始，到哪里结束，特别是在口语中。"（Quirk et al 1985: 47）对此，汉语学界大概有四种回答。

　　一是语气词说。许慎《说文解字》最早提出："兮，语所稽也。""矣，语已词也。""也，语已辞。"《说文》徐注："也，语之余也。凡言也，则气出口下而尽。"刘勰《文心雕龙·章句》早就提出："至于'夫''惟''盖''故'者，发端之首唱……'乎''哉''矣''也'者，亦送末之常科。"刘知幾《史通·浮词》也提出："夫人枢机之发，囋囋不穷，必有徐音足句为其始末，是以'伊''惟''夫''盖'，发语之端也；'焉''哉''矣''兮'，断句之助也。"清代王鸣昌原论、魏维新摘订《助语辞补义附录》将语气词称为"歇语辞"并分为"徐歇""实歇""顺歇""逆歇"等类。"发端之首唱""发语之端"是说语气词在口语里标记句子开始,"语已辞、语之余、送末之常科、断句之助"和"歇语辞"是说语气词标记句子结束。合起来,语气词的作用就是"徐音足句为其始末"。一句话,传统语文学家眼里的语气词,无一不是句子的天然标记或边界。

二是停顿说。赵元任(1979:41)指出:"一个句子是两头被停顿限定的一截话语。这种停顿应理解为说话的人有意作出的。"

三是停顿、语调和意义相对完整说。朱德熙(1982:21)认为句子是"前后都有停顿并且带着一定的句调表示相对完整的意义的语言形式"。

四是语调说。吕叔湘(1979:28)区分词组和句子时指出,"句子则是语言的动态单位,使用单位。说话起码得说'一句'。这'一句'可以很简单……也可以很复杂","更重要的是,句子说出来必得有语调,并且可以用不同的语调表示不同的意义","即使只是一个短语或一个词,只要用某种语调说出来,就是句子";"即使已经具备主语和谓语,只要用另一种语调说出来,就不是句子"。[①]这段话可以理解为,语调是句子的"必得有"即强制性的成分,且不同语调表示句子的不同意义(当然这个意义不是命题意义,而是交际功能或语气)。

遗憾的是,拿以上四种句子标记或边界去识别汉语句子都会与这样或那样的困难不期而遇。语气词说困难有三。首先,口语里,语气词不是句子的强制性成分,书面语里几乎不用。这意味着,单纯依据语气词不仅几乎不能识别书面语句子,也不能识别口语里的无语气词句。其次,语气词不仅常用于句末,还可用于句中话语停顿、句法停顿、逻辑停顿、音乐停顿乃至复合词内部停顿之处,几乎是无处不在。再次,即使是用于句末的语气词,学界向来认为它和句类之间不存在一对一关系而是一对多或多对一关系。这说明,仅凭语气词最多只能识别出口语里的频次极低的语气词句,却不能识别出句类。总之,语气词不是理想的句子标记或边界。当然,停顿说困难更大,"汉语口语里特多流水句,一个小句接一个小句,很多地方可断可连"(吕叔湘1979:27)。至于意义相对完整说,自身就需要另外的标准为依归,当然不能称其为标准了。语调对口语里的语气词句当然是极其重要的,但替换为书面语里的标点时,写者往往在句子应该已经终了的地方用的不是句号而是逗号,做语法分析的时候不能以此为依据。这固

---

① 吕叔湘(1979:281)还特别指出:"书面上,句子终了的语调用句号、问号、叹号来代表,有时候也用分号。"

然跟作者使用标点符号的习惯有关,但是也有客观原因,即"汉语口语里用得特别多的是流水句,很多地方可断可连,如果'句子'观念不强,就会让逗号代替了句号"(吕叔湘 1979:28)。

相比之下,语法调和语气词仍不失为口语句子里停顿之外最重要的、天然而非人为的两个句子标记或边界,而且语气词还是书面语里句末号之外最重要的、天然而非人为的句子辅助标记或边界,也不失为区分句子还是词语序列的重要辅助标记,更不用说它们还负载着言者对句子及其话语成分的口气呢。前三个依据,当代语言学尤其是计算语言学应该不会忽视,后一个依据则是判断语气词句的语气结构的两个参项之一。正是基于对语气词的这些初步认识,怀揣着发现句子标记或边界及其系统功能的冲动和梦想,过了耳顺之年,在"坐以待毙"和"垂死挣扎"之间选择了后者,踏上了语气词研究的学步之路。

语气词研究,历来有两条路线。一条是由黎锦熙、王力、吕叔湘和丁声树等第一代学者实践、提倡并由胡明扬、朱德熙等第二代学者继承下来的"由系统关照个体"的研究路线。另一条是由赵元任提倡的"各个击破"的研究路线。两条研究路线优劣互补,我们更赞成前一路线。被誉为《诗经》研究史上的爱因斯坦的李辰冬先生说:"全面的知才是真知,知道了全面然后才能知道细微。"(李辰冬 2021:自序)研究《诗经》如此,研究语气词也应如此。虽经学界百年研究但至今难识语气词的真面目,主要原因或之一是"只缘身在此山中",所以应该跳到云端俯视每一个语气词,"以便能在更高的视野来看它的表达功能"(赵元任 2002:731)。换言之,只有清醒地认识到语气词"是一个封闭的子系统"(胡明扬 1988)并从系统性出发,在语气词系统里发现每个个体的位置,才能更好地把握语气词个体的具体而微的功能。

2009 年撰写第一篇论文,2013 年写出初稿,同年申报国家哲学社会科学基金项目,而后重新就每个具体问题进行深入研究,先后写出 40 余篇专题论文。十多年欻然晃过,笔者由耳顺之岁踏进从心所欲之年。其间,由在岗到离休,放下了教学的千斤重担,唯一念兹在兹、寤寐思服的只有语气词。除了必要的散步、买菜,几乎大门不出,黎明即起,敲键不停,深夜带着未解入梦,梦里也常常和语气词不期而遇,奢望着能用衰年余力的"精诚之至"侥幸地窥见上帝之手藏在语气词背后的奥秘,为语气词功能研究"公说公有理,婆说婆有理"的现状提供一个方便解决的视角。本应按照本书构建的语气词新功能系统对每个语气词逐一展开具体讨论,但限于

后　记

主旨所在不宜过多展开。所可欣慰者，黄梦迪的大作已经奉献出第一个很好的样例。此外，由于书稿是在原稿基础上不断加入新的研究成果累计、补缀、修改而成的，致使学界已有研究成果和本书有关表述在不同章节重复引用或出现，虽然本意是在向已有研究致以足够的尊重，但也应向读者诸君致以深深歉意。

感谢崔山佳、陈振宇、储泽祥、方梅、冯胜利、金立鑫、李葆嘉、刘丹青、陆丙甫、陆俭明、罗天华、马清华、齐沪扬、邵敬敏、沈家煊、汪化云、王洪君、吴为善、赵国军、张伯江、张宝胜、张生汉、钟华、左思民等师友，给予始终如一的关心、热情鼓励和不吝赐教！感谢沈家煊先生慨然拨冗赐序，着佛光于草芥！

感谢语言学期刊、学报、专辑、网站发表或转载本研究的前期研究成果，感谢各院校和学术会议盛情邀请做线下或线上讲座！

感谢商务印书馆周洪波、朱俊玄先生，韩畅、徐丽芳女士和匿名审稿专家慷慨玉成之美意和甘做嫁娘的奉献精神。朱俊玄先生建议将原书名《现代汉语语气词系统研究》改为《普通话语气词系统论》，为拙作增色甚多。徐丽芳女士以女性的细心、专业的目光和敬业精神发现了原稿的诸多问题，使得拙作减少了不少贻笑世人的谬误！

感谢上海交通大学人文学院王骏先生、蔡成女士的无私帮助！

感谢河南教育学院蔡明先生，河南大学段亚广、辛永芬、张宝胜和张生汉先生，郑州大学司罗红先生，安阳大学李学军先生，河南电视台黄锦志先生，华夏博物馆馆长李宝宗先生，珠海出版社孙建开先生等旧友新朋的真诚关心，怀念与你们举杯畅谈的日子！特别是清晨醒来，每每收到张宝胜兄的新诗佳句，给踽踽独行的老朽以美的享受和写作的激情，催我警醒、振作。

感谢小孙女带给老朽的含饴之乐和儿媳的尽心侍奉，让老朽感到其乐也融融！

感谢退休后的宝贵时光。在岗期间，习惯于教学比天大，学生大于天。退休后卸下这副天大重担，得以一门心思从事写作。写累了，就优哉游哉地读书养心养气养志。正是太史公"成一家之言"的干云豪气和司马相温公对史学"嗜之不厌"的精神鼓舞着老朽在语气词研究之路上踽跚至今。

桑榆之光，理无远照，衰年之作，仅在改变自己。

是为后记。

2022 年 8 月 26 日